诞辰120周年纪念文集

北京大学经济学院 ◎编

图书在版编目(CIP)数据

岱宗仰止:陈岱孙先生诞辰120周年纪念文集/北京大学经济学院编.—2版.—北京:北京大学出版社,2021.10
　ISBN 978-7-301-32046-4

Ⅰ.①岱…　Ⅱ.①北…　Ⅲ.①陈岱孙(1900-1997)—纪念文集　Ⅳ.①K825.31-53

中国版本图书馆CIP数据核字(2021)第039777号

书　　　名	岱宗仰止——陈岱孙先生诞辰120周年纪念文集 DAIZONGYANGZHI——CHENDAISUN XIANSHENG DANCHEN 120 ZHOUNIAN JINIAN WENJI
著作责任者	北京大学经济学院　编
责 任 编 辑	兰　慧
标 准 书 号	ISBN 978-7-301-32046-4
出 版 发 行	北京大学出版社
地　　　址	北京市海淀区成府路205号　100871
网　　　址	http://www.pup.cn
微信公众号	北京大学经管书苑(pupembook)
电 子 信 箱	em@pup.cn
电　　　话	邮购部 010-62752015　发行部 010-62750672 编辑部 010-62752926
印 刷 者	北京中科印刷有限公司
经 销 者	新华书店
	720毫米×1020毫米　16开本　30.25印张　彩插19　555千字
	2021年10月第1版　2021年10月第1次印刷
定　　　价	118.00元

未经许可,不得以任何方式复制或抄袭本书之部分或全部内容。
版权所有,侵权必究
举报电话:010-62752024　电子信箱:fd@pup.pku.edu.cn
图书如有印装质量问题,请与出版部联系,电话:010-62756370

▶ 陈岱孙先生在北京大学镜春园79号甲,摄于1979年

序　言

每次走进燕南园,路过陈岱孙老先生晚年的住所——北大燕南园55号,我总忍不住要看看院子里他高大的全身铜像。先生双手扶着拐杖静静地坐在那里,一脸沉思,凝望着远方。每次驻留,眼前的景象总能勾起我对老先生的许多回忆……虽然先生离开我们23年了,但我们对他的怀念,却一点都没有随时光而稍减,他高尚的人格和治学治教的精神,给我们留下了无尽的宝贵财富。

今年是陈岱老诞辰120周年,北京大学经济学院主编并修订的《岱宗仰止——陈岱孙先生诞辰120周年纪念文集》新收录了很多纪念文章,其中饱含着大家对先生无尽的缅怀和追思。欣闻即将再版,我内心深感欣慰。

云山苍苍,江水泱泱,先生之风,山高水长。先生从教的各个时期,学生都留下了珍贵的回忆。我们从这本纪念文集中,走近了一位依然活在我们心中的、真实的、真性情的世纪老人。

（一）

先生一生平和从容、与世无争,却始终心怀祖国。无论是"出国学习就是为了回国服务,没有想过不回来"的留学初衷,还是20世纪30年代,日本侵略军已踏入华北大地之际,他毅然只身奔赴长沙参与临时大学的筹建,继而又随临时大学迁往昆明筹建西南联合大学,其思其行,无一不出自拳拳报国之心。西南联大时期,在物质极端匮乏的条件下,既要躲避日本飞机的狂轰滥炸,又要忍饥挨饿,先生却依旧保持乐观精神,每天穿城绕城,坚持步行去给学生们上课,始终不忘"为国育才"之使命。他还和众多教授联名发表了著名的《十教授公开信》,要求停止内战,实现国内和平民主,并撰写了多篇文章声讨日本的侵略行为,极力保护爱国进步学生,以所学之长对战时经济建设提出重要主张和建议。

抗战胜利后,先生奔赴北京,担任清华大学校园接管负责人,并全心投入清华大学的恢复建设中。他还和广大爱国知识分子一起,投入到反对内战、要求和平建国的抗争行列。1948年,他断然拒绝前往台湾,坚决留在北京等待新中国的诞生。

作为知名学者,在政治思潮涌动时期,先生始终坚守学者立场不动摇,整整20年不曾写文章。正如有人评价的那样,"先生写文章与不写文章,都彰显了一个真正爱国知识分子的人格"。改革开放后,他积极投身经济学教学和研究,为我国经济建设提出了很多宝贵意见,特别是对我国经济体制改革起到了重要指导作用。

孙中山先生说:"做人最大的事情,就是要知道怎么样爱国。"中华民族在长期发展中形成了具有自己特点的爱国主义精神。深受中国传统文化熏陶的陈岱老,一生都在践行爱国报国之志,矢志不渝地将个人命运融入国家命运、以个人梦想推动国家梦想,使学校与国家民族命运紧密相连,让爱国主义成为流淌在北大人血液中的精神基因。这正是陈岱孙先生这一代知识分子爱国之情最生动的阐释与写照。

(二)

经师易求,人师难得。陈岱老把教书看作"离开名利的工作",一辈子最引以为傲的就是教书。他常说,"为师者,就要使求学者长学识,长智慧,长道义"。十年动乱结束后,他着急于有些老师英文水平跟不上,就组织学习小组,亲自给经济系的老师辅导英语,甚至一对一进行指导。对于中青年教师在教学科研中遇到的困惑,他都耐心给予解答,为他们修改讲稿和文章,甚至亲自编写资料供他们参考学习。先生晚年时,因为腿脚不便,不能走太长的路,他就拄着拐杖从居住的镜春园出西校门,走到公交站等车,坐两站公交到北大南门,去给学生们上课。耄耋之年,他仍坚持授课、写作、带研究生,还费大量宝贵时间用心阅读毕业论文和文稿。对这种"为人做嫁衣"的事,他曾在一次访谈中说到,"老马识途,老马过去走过许多弯路甚至犯了许多错误,所以他知道回家的路怎么走,我把自己过去的经验教训和大家谈谈,或许有点用"。谁能想见,95岁高龄的他,还在亲自主持博士生毕业答辩。据北大经济学院胡代光先生回忆,陈岱老曾指导博士研究生的论文初稿,亲笔写下近两万字的建议意见书……学生们每忆及这些与先生相处的过往细节时,都唏嘘不已。我们何其幸运,能拥有这样的好老师、大先生!

让我印象特别深刻的,是晏智杰教授在纪念陈岱老的文中曾详细描述过

"一件风衣"的故事。关于这件事,我也曾问过晏老师。有一天我们在一起开会,我看见他穿着一件风衣,便笑问:"晏老师,您怎么穿这样一件时髦的风衣?"他说这是在他出国前去陈先生家辞行时,先生送给他的。因为是老师送的,他很珍惜,不管是在国外还是回国后,他都一直穿着。从这件事中,我能体会到那种深深的师生情谊。

从清华园到西南联大,从中央财经学院到北大燕园,陈岱老从教70余年,桃李遍布天下。他的一位学生说:"我是岱老善待过的无数学子之一,我应做的就是善待自己的每一个学生。"我想,这大概会是一生从教的陈岱老最大的欣慰,也是北大师德师风传承的意义价值所在吧。

(三)

陈岱老年轻时就融中西文化学术于一身,有着深厚的国学功底和广博的西学知识,27岁便成为教授,29岁任院长,是我国经济学界的一代宗师。他曾说,"治学如筑塔,基础须广大,然后层层堆建上去,将来总有合尖之一日"。今年新冠肺炎疫情爆发的特殊时期,我在毕业典礼上,还特别用陈岱老这段话鼓励年轻的学子加强基础学科的学习。陈岱老言行一致、行为世范,活到老、学到老,耕耘一生,不断接受新思想,攀登学术高峰。在81岁高龄时,他出版了唯一一部专著《从古典经济学派到马克思》,阐明古典经济学与马克思主义政治经济学的关系,解决了马克思主义三个来源之一的问题。此著作以其博大精深的体系构造、高屋建瓴的崭新视角、透彻精辟的解析论述,成为中国当代"外国经济思想史"研究的经典作品,被誉为"结束了一个时代,又开启了一个时代",其影响至大而深远。

陈岱老一生坚持不懈追求学术和真理。他一贯强调经济学是致用之学,在经济学教学和研究中必须坚持理论联系实际,主张对西方的理论既不能一概排斥也不能全盘接收,而是要注重从中国国情出发。在如何看待西方经济学,如何解决理论经济与应用经济、实证经济与规范经济的矛盾等方面,他都有自己精彩独到的见解,这些观点对后人的经济学研究都具有重要影响。

陈岱老一生执着于攀登学术高峰,他丰富而卓越的学术思想,是北大学术宝藏中熠熠闪耀的明珠,也是值得我们大声欢呼、为之骄傲、努力继承的宝贵财富。

（四）

陈岱老既有学者的儒雅风仪，又有"绅士"的精神气度。很多学生的回忆文章中都提到，他经常一身笔挺的西装，头戴深色呢帽，手持一根手杖，走到哪里都是衣着整洁、风度翩翩。哪怕是在西南联大破落的茅草校舍中，也一样西装革履，衬衫袖口永远雪白。不仅如此，他的这种"高雅"气质更体现在面对困难与挫折时不屈不挠的坚毅态度上。十年动乱时期，陈岱老被批斗、被刁难。某次他被要求参加一场"特殊"的考试。他兀然端坐，沉默数小时，一字不着，考试完毕傲然离场，体现了先生的傲骨与尊严。他的学生王曙光教授曾说，"他所研究的经济学，本是烟火气很浓的经世致用之学，可是他却通身出世气质，摒弃尘俗，超然从容"。

陈岱老一生谦逊平和，淡泊名利，不计得失。他生活简朴，对物质几乎无所求。20世纪40年代后期，从昆明西南联大返回北京时购买的一对老式沙发，他一直用到离世。即便是十年动乱时期，在自己生活也并不富裕甚至常陷入困境之时，他仍然始终保持内心的纯净，坦然接济他的学生，照拂他的朋友。其中很多故事，都让人无比动容。

我毕业留校后，有幸多次联系、接触陈岱老。那时他担任经济系主任，每次来校办开会，我发现他总是第一位到达办公楼103会议室，端坐在那里，并很热情地与我们打招呼。那么多年过去了，他的君子风度，他的严谨谦和，他面带笑容的样子还一直留在我的脑海里。特别是最近我常常翻阅商务印书馆出版的陈岱老那本《往事偶记》小册子，从书中可以感受到，就是在这些承载着岁月烙印的场景中，在点点滴滴的小事中，行走着一个真实、生动、让人肃然起敬的陈岱老。正如唐斯复女士所说，"他的一生是座挖不完的宝藏"。此文集是对先生的致敬之作，亦是先生师者风范和精神传承之明证。愿先生之风随文集的再版，给予我们更多启示和鼓舞，愿陈岱老的精神与人格的魅力如春风般哺育更多莘莘学子，如阳光般照亮我们前行之路。

郝 平

2020年秋于燕园

目 录

编一 水木芊芊 南渡苍茫

经济泰斗 典范永存／顾毓琇	003
访芑公 忆岱师／洪 同	006
学而不厌 诲人不倦／巫宝三	008
道德文章 与世长存／戴鸣钟	010
岱孙师超人的记忆力／张骏祥	013
怀念陈岱孙恩师／张德声	014
清华受教忆岱孙师／蔡孝敏	016
记岱孙师数事／戴宜生	017
怀念陈岱孙老师／薛 寅	020
恪庄肃穆 淡泊自持／蔡麟笔	022
忆我的恩师陈岱孙先生／罗会文	026
怀念陈岱孙老师／胡世凯	028
怀念陈岱孙恩师／谭振樵	031
文章风范润千秋／张培刚	034
悼念陈岱孙先生／宗 璞	041
一代师表／韩克信	044
陈岱孙：一代学人的终结／鲲 西	048
忆陈岱孙老师在西南联大／宋同福	050
陈岱孙老师和《展望》壁报／刘彦林	052
我的老师陈岱孙／王传纶	055
高山仰止 风范长存／诸有琼	061
纪念导师陈岱孙／俞 成	064
陈岱孙老师的精神长存／任凤台	066

一个伟大的爱国者 / 李贵凤 ………………………………………… 069
感谢教诲 / 侯舒华 …………………………………………………… 074
我钦敬的陈岱孙先生 / 任继愈 ……………………………………… 075
师恩难忘 / 张定华 …………………………………………………… 079
万世师表　遗风永存——琐忆岱孙师 / 陈羽纶 ………………… 085
风态卓殊　无怠无畏 / 钱亿年 …………………………………… 090
悼念一代宗师陈岱孙 / 钱荪年 …………………………………… 093
浓浓师生情 / 肖德义 ………………………………………………… 095
永远怀念陈岱孙教授 / 郑国安 …………………………………… 097
忆陈岱孙教授 / 何燕晖 ……………………………………………… 100
西南联大的灵魂和骄傲——在清华大学陈岱孙先生
　　塑像揭幕仪式上的讲话 / 郝诒纯 …………………………… 101
陈岱孙先生与清华经管学院 / 曲文新 …………………………… 103

编二　燕鸣悠远　济世情长

缅怀一代宗师陈岱孙教授 / 胡代光 ……………………………… 111
淡泊名利　学贯中西 / 张友仁 …………………………………… 114
在陈岱孙教授百岁诞辰纪念会上的发言 / 范家骧 ……………… 126
弦歌不绝　道德文章 / 厉以宁 …………………………………… 130
怀念陈岱老 / 石世奇 ………………………………………………… 139
最好的纪念 / 王德炳 ………………………………………………… 142
一数之差　一袭布衫 / 刘　伟 …………………………………… 143
一代名师　后学楷模 / 海　闻 …………………………………… 146
一棵能给人荫凉的大树 / 晏智杰 ………………………………… 149
追忆先师陈岱孙先生 / 晏智杰 …………………………………… 152
与时俱进，求实创新，追求卓越 / 晏智杰 ……………………… 157
百年校庆忆岱老 / 张秋舫 …………………………………………… 172
难忘的教诲 / 蔡沐培 ………………………………………………… 177
我失去一位良师益友 / 商德文 …………………………………… 180
高山仰止　景行行止 / 高天虹 …………………………………… 182

追忆平凡事　缅怀陈岱老 / 何绿野　陈为民 …… 185
玉山高与阆风齐　玉水清流不贮泥 / 平新乔 …… 187
我记得 / 刘文忻 …… 195
深情怀念恩师岱老 / 王志伟 …… 198
等您,在燕园…… / 胡　坚 …… 206
陈岱老与《经济科学》 / 于小东 …… 211
经学济世　宁静致远 / 薛　旭 …… 219
"得天下英才而教育之" / 王曙光 …… 222
一生清高,三立不朽 / 王曙光 …… 226
人民的经济学:院系调整中的北京大学经济学科 / 刘群艺 …… 229
陈岱孙早期经济思想的特征及其缘起 / 张亚光　毕　悦 …… 242
追忆岱老对我的悉心关怀 / 孔繁敏 …… 260
浊世翩翩迥不群 / 汤　燕 …… 262
文章永在　风范长存 / 林其屏 …… 267
求实的学风　博大的胸怀 / 梁小民 …… 269
永不磨灭的记忆 / 徐慧荣 …… 275
一株挺拔的劲松 / 黄范章 …… 277
献上一瓣心香 / 钟　民 …… 282
导师风范励人前行 / 辛守良 …… 290
三清精神 / 王梦奎 …… 292
虚怀若谷的经济学大师——陈岱老 / 牛德林 …… 295
岱者,泰山也 / 刘晓东 …… 298
和陈老在一起的日子 / 刘姝威 …… 302
追忆陈岱孙先生 / 胡景北 …… 306
北大的"国宝"——陈岱老 / 张　宏 …… 310
敬忆陈岱孙先生 / 陈　芳 …… 313

编三　蜡炬春蚕　吾国吾乡

陈岱孙对探索经济改革理论基础的贡献——来自俄罗斯的
　　观点 / 博罗赫 …… 321

一代宗师　教泽流芳 ／ 陶大镛 …………………………………………… 333
一代宗师关心后辈成长——缅怀岱老为
　　我国金融系统培养研究生二三事 ／ 甘培根　唐　旭 …………… 335
我国西方经济学研究的引路人陈岱孙先生 ／ 谭崇台 ………………… 338
自由之意志　独立之精神 ／ 程巢父 …………………………………… 341
陈老师永远活在我的记忆里 ／ 罗承熙 ………………………………… 344
深切的思念 ／ 胡企林 …………………………………………………… 346
关怀后辈学子的楷模 ／ 蒋自强 ………………………………………… 349
忆陈爸 ／ 周如苹 ………………………………………………………… 354
经济学界"不老松" ／ 王健平 ………………………………………… 358
记陈岱孙先生与中央财经大学 ／ 杨禹强 ……………………………… 363
八年前的一件往事 ／ 海　波 …………………………………………… 368
心中往事 ／ 李依真 ……………………………………………………… 370
深情怀念岱孙伯父 ／ 陈　俱 …………………………………………… 371
我的大伯父陈岱孙 ／ 陈　彬　代　明 ………………………………… 373
世纪同龄人 ／ 唐斯复 …………………………………………………… 377
我的大舅——陈岱孙 ／ 唐立苏 ………………………………………… 386
听舅公讲故事 ／ 唐　晖　徐燕萍 ……………………………………… 389
舅公，您好吗？ ／ 陈　晴 ……………………………………………… 391
忆岱孙伯公 ／ 陈　郁 …………………………………………………… 393
他的生命因孤独而见深邃 ／ 萧　冰 …………………………………… 395
陈岱孙　林中此路 ／ 李俊兰 …………………………………………… 398
一棵大树——陈岱孙 ／ 李彦春　甄　蓁 ……………………………… 407
后人叙谈陈岱孙 ／ 阳　子 ……………………………………………… 411
记忆与传承 ／ 王乐仪 …………………………………………………… 419

编四　総総如川　弦歌永扬

陈岱老学术精神纪念 ／ 唐　琦 ………………………………………… 423
一生只为一件事来 ／ 张轶龙 …………………………………………… 426
汲汲于求知,戚戚于众生 ／ 吴群锋 …………………………………… 429

纪念陈岱孙先生诞辰120周年 / 刘子宁 …………………………… 432
静坐听雨 / 戚逸康 …………………………………………………… 434
忆陈岱孙先生 / 周凌云 ……………………………………………… 437
追思陈岱孙先生 / 邓尚律 …………………………………………… 440
先生之风　山高水长 / 沈　博 ……………………………………… 443
松石为骨　清泉为心 / 毕　悦 ……………………………………… 447
传承中的"变"与"不变" / 张皓辰 ………………………………… 452
陈岱孙教授学术年表 / 晏智杰　刘　昀 …………………………… 455
代跋：陈岱孙先生的三重身份 / 刘　昀 …………………………… 465

编 一

水木芊芊　南渡苍茫

▶ 陈岱孙先生赴美留学前夕,摄于1920年8月,上海

▶ 陈岱孙先生在哈佛大学

▶ 陈岱孙先生在威斯康星大学麦迪逊分校 Mendota 湖畔，摄于 1922 年

▶ 陈岱孙先生留美归国后，在清华大学新林院 3 号寓所门前，摄于 1936 年

▶ 陈岱孙先生在清华大学新林院3号寓所门前

▶ 20世纪30年代的陈岱孙先生

▶ 清华大学1932年度校务会议成员，左起：叶企孙、陈岱孙、冯友兰、梅贻琦、杨公兆、张子高

▶ 抗战期间，陈岱孙（左一）、金岳霖（右一）与周培源全家在昆明

▶ 陈岱孙先生，清华大学经济学系主任兼法学院院长、校务委员，摄于1936年

▶ 前排左起：林徽因、梁再冰、梁从诫、梁思成、周如枚、王蒂澂、周如雁；后排左起：周培源、陈意、陈岱孙、金岳霖，摄于1939年，昆明

▶ 左起：周培源、梁思成、陈岱孙、林徽因、金岳霖、吴有训，孩子为梁再冰、梁从诫，摄于1939年

▶ 左起：周培源抱周如玲、陈岱孙、王蒂澂、金岳霖扶周如雁、朱自清、李继侗扶周如枚，摄于20世纪40年代初

▶ 清华大学30周年校庆，清华大学校务会议成员在昆明迤西会馆合影，左起：施嘉炀、潘光旦、陈岱孙、梅贻琦、吴有训、冯友兰、叶企孙，摄于1941年4月

TSING HUA COLLEGE
PEKING

TO WHOM IT MAY CONCERN:

This is to certify that Mr. Chien Tsung was admitted into the High School as a Junior in 1918, and that the following subjects which he passed at the entrance examination were given normal credit:

Chinese Composition
Chinese History
Chinese Geography
History of Chinese Literature
English (High School) 8 hours per week
Hygiene and Physiology (Middle School)
    4 hours per week
Elementary Algebra (Middle School)
    4 hours per week
Plane Geometry (High School)
    4 hours per week
Intermediate Algebra (High School)
    1 hour per week
Ancient and Mediaeval History (High School)
    4 hours per week
Modern History (High School)
    4 hours per week
Solid Geometry (High School)
    2 hours per week

June 17, 1921.

F. H. Wang
REGISTRAR

The University of Wisconsin

Name in full .... Mr. Mrs. Mrs.
    Last   First   Middle   Check
Date of birth .... 17.... Place of birth ....
Permanent home address .... China
    Town   Street   State
Father's nationality .... Chinese .... Mother's nationality .... Chinese
Name of parent or legal guardian .... Occupation ....
Permanent address of parent or guardian ....
    Town   Street   State
Preparatory schools attended .... Tsing Hua College, Peking, China
Higher institutions attended, including summer sessions, or correspondence work, if any ....

Recommendation for Admission from Accredited School

Date .... 19....

M.. is a graduate of the .... School, in the .... course, Class of ....; has pursued the studies recorded on the following page with the success indicated by the attached standing; has satisfactorily completed requirements for admission, and is hereby recommended for admission to the College of .... Freshman Class, University of Wisconsin.

Pass mark of school .... Studies per day .... Length of recitation period ....
Number of weeks in school year ....

Remarks—Not Confidential

.... Principal.

Admitted on .... credits .... from .... Tsing Hua Coll. .... School
to .... B.S. .... course.
.... Registrar.

Approved by .... Permit to register issued .... Admitted by ....

THE UNIVERSITY OF WISCONSIN
COLLEGE OF LETTERS AND SCIENCE

COMMITTEE ON ADVANCED STANDING

The Committee on Advanced Standing has voted to allow you the credit stated below for study at other institutions.

.... Chairman

To ....
Studied at ....
Total credits granted: 62 Credits granted in required studies:
    English/ ; French ; German ; Greek ; Latin ;
    Spanish ; Mathematics ; History ; Biology ; Botany ;
    Chemistry ; Geology ; Physics ; Zoology
Other studies credited: Psychology ; Education ; Economics .
Credits required: ....

▶ 陈岱孙先生的威斯康星大学入学注册表（威斯康星大学档案馆留存）

▶ 威斯康星大学学生名录（1921 年 11 月）（威斯康星大学档案馆留存）

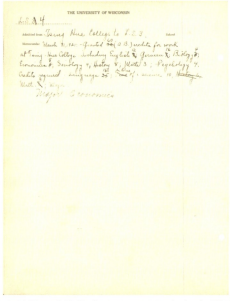

▶ 陈岱孙先生在威斯康星大学麦迪逊分校的本科学习成绩单（1920—1922 年）（威斯康星大学档案馆留存）

▶ 威斯康星大学 1922 年毕业纪念册，陈岱孙先生毕业论文题目《煤炭业的产业治理》（Industrial Government in Anthracite Industry）（威斯康星大学档案馆留存）

▶ 陈岱孙先生在威斯康星大学麦迪逊分校的本科学习成绩单（威斯康星大学给哈佛大学提供的陈岱孙先生入学档案，哈佛大学档案馆留存）

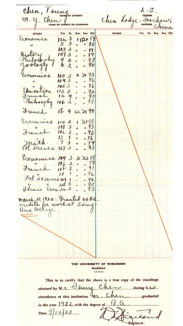

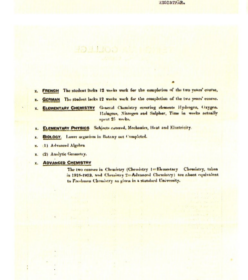

▶ 陈岱孙先生在清华学校（现清华大学）就读期间的成绩单（1918—1920 年）（清华学校给威斯康星大学的陈岱孙先生本科入学档案，威斯康星大学将拷贝件转给哈佛大学作为陈岱孙先生硕士入学档案）

▶ 陈岱孙先生在哈佛大学的经济学硕士项目申请登记表（1922 年 9 月 25 日）（哈佛大学档案馆留存）

▶ 陈岱孙先生在哈佛大学硕博四年成绩单（哈佛大学档案馆留存）

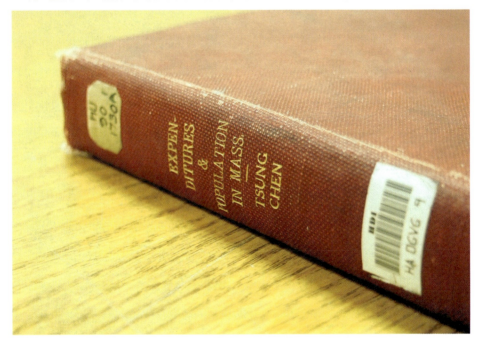

▶ 陈岱孙先生博士毕业论文《麻萨诸塞州地方政府开支和人口密度的关系》（The Relation between Local Governmental Expenditures and Density of Population in Massachusetts）由哈佛大学出版社收入《哈佛大学经济学丛书》并于当年出版（哈佛大学档案馆留存）

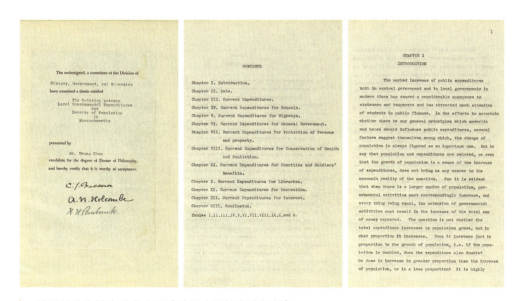

▶ 陈岱孙先生博士论文内页（哈佛大学档案馆留存）

▶ 陈岱孙先生博士论文内页（哈佛大学档案馆留存）

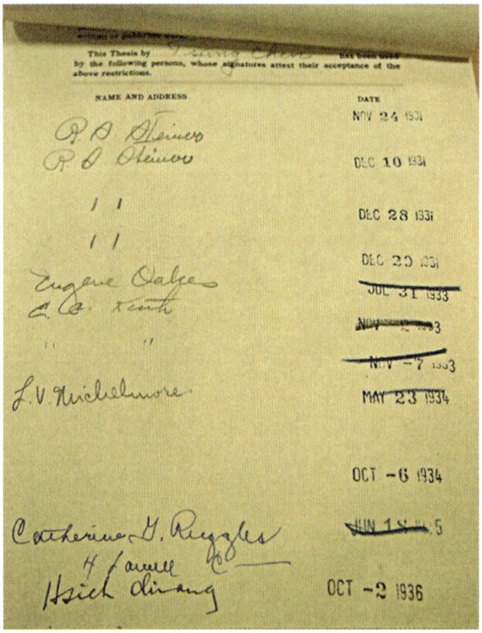

▶ 陈岱孙先生博士论文的引用记录（哈佛大学档案馆留存）

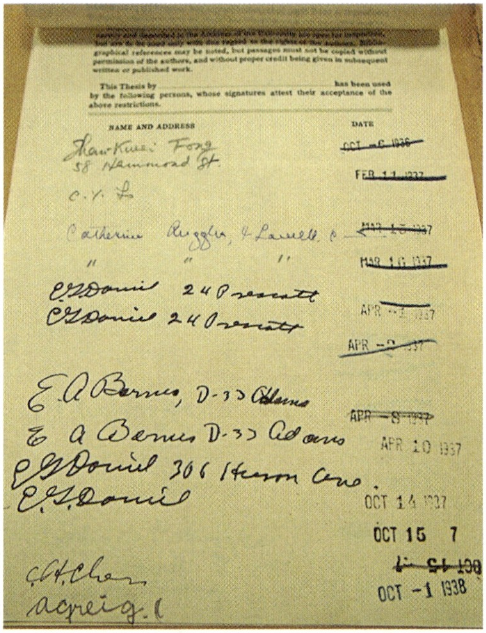

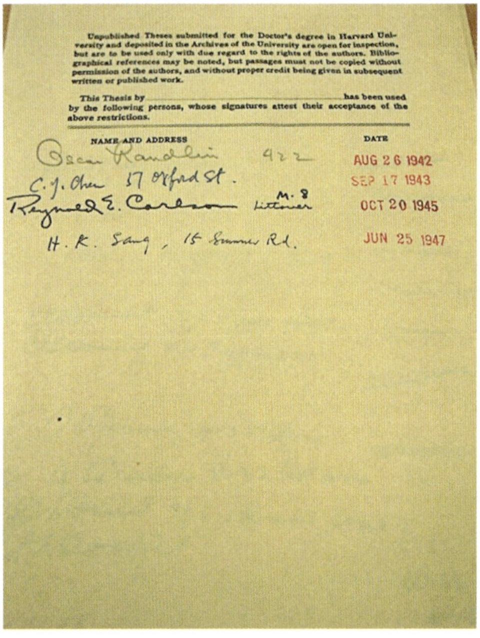

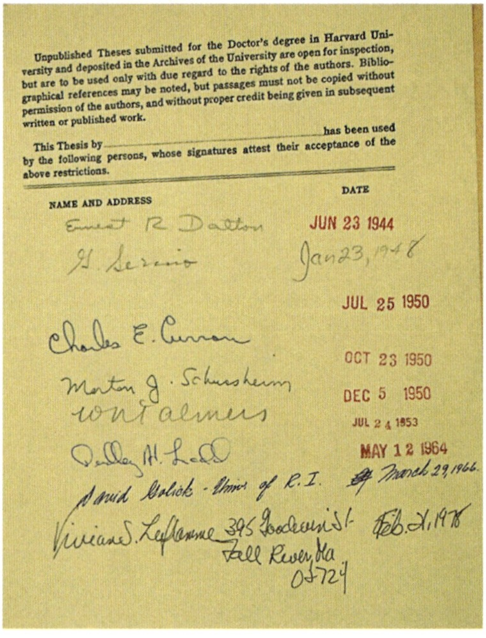

经济泰斗　典范永存

□ 顾毓琇[*]

本人于 1932 年秋返母校清华任教,担任电机系教授兼主任。是时工学院新成立,由梅贻琦校长兼任工学院院长。原有土木工程系,由施嘉炀教授兼主任。新成立的机械工程系,由庄前鼎教授兼主任。1933 年春至 1937 年冬,本人兼任工学院院长,1935 年,兼任航空研究所所长及无线电研究所所长。

清华大学原有文学院,由哲学系教授冯友兰兼任院长。理学院 1929 年起由物理系教授叶企孙兼任院长,1937 年由吴有训教授接任。法学院由经济学系教授陈岱孙兼任院长。

抗战以前,由 1933 年至 1937 年,清华文、理、法、工学院院长,分别由冯友兰、叶企孙、陈岱孙及本人担任,合作年间,实感欣幸。叶企孙,清华 1918 年毕业,公费赴美,1923 年在哈佛大学物理系得哲学博士。陈岱孙,清华 1920 年毕业,公费赴美,1926 年在哈佛大学经济系得哲学博士。本人清华 1923 年毕业,公费赴美,1928 年在麻省理工学院电机系得科学博士学位。以生年计,叶企孙生于 1898 年,陈岱孙生于 1900 年,本人生于 1902 年,各差两年,得博士学位时分别为 1923 年、1926 年、1928 年,相差两年至三年。同在美国剑桥的哈佛或麻省理工学院深造,亦可作为"三剑客"也。

1937 年 7 月 7 日,卢沟桥事变爆发。清华、北大及南开三大学奉教育部令合组长沙临时大学,后迁昆明成立西南联合大学。本人在长沙临大半年,1938 年春,参加抗战政府,担任教育部政务次长,因此向北大蒋梦麟校长及清华梅贻琦校长请假。后虽然因公曾屡次赴昆明访问西南联大,但未能继续任教,殊为憾事。

陈岱孙先生继续在西南联大担任经济学系主任,抗战结束,岱孙先生奉清华梅校长命,先赴北京,筹备复校,工作艰巨。1946 年秋,清华在北京原地址复校,岱孙先生之功不可没。1952 年 10 月,全国高等学校院系调整。清华之文、

---

[*] 顾毓琇,科学家、教育家、音乐家、诗人,清华大学工学院原院长。

理、法三院并入北大。因此，冯友兰、叶企孙、周培源、黄子卿、陈岱孙诸教授改调北大，继续培养人才。北大增加许多名教授，而清华损失甚大。

本人于1973年由美首次返中国，叶企孙兄因病未能见面。但周培源（时任北大校长）兄宴请，得与冯友兰、陈岱孙、黄子卿诸兄面晤，殊觉欣幸。本人又于1979年、1983年、1986年返国，故得与周培源、冯友兰及陈岱孙诸兄晤面畅谈，甚为亲切。

忆1986年访大陆，本人向政府建议"股份制"对于国营及民营事业均可试办，且对吸收外资、侨资或可有助。事后请教陈岱孙兄。岱孙兄在哈佛名校专研经济，对资本主义及市场经济富有研究。现在中共中央经济开放，趋向"市场经济"，对硕学鸿儒如陈岱孙教授者十分重视，并时常请教。当时清华校友姚依林荣任国务院副总理，对岱孙师十分尊敬。因此本人推测，陈岱孙教授经济学识必曾引起外人不知之作用。

后本人收到《陈岱孙文集》两巨册，乃知岱孙兄不仅对马克思主义理论有研究，且能配合"市场经济"与社会主义融会贯通。今姚依林副总理遽归道山，而清华校友朱镕基副总理不久将升任国务院总理，还亲自兼清华大学管理学院院长，乐育青年，亦早接受岱孙老师的熏陶。朱氏对国家经济开放，用最大毅力实施，使通货膨胀自20%减至5%，国有企业大幅整顿，金融波动不受影响，人民币并不采取贬值措施，对世界经济大有稳定作用。

岱孙兄一生致力经济教学，培养英才。由清华至西南联大，由联大回清华、北大，教化所及，桃李春风，不胜钦敬！

岱孙兄长本人两岁，与冯友兰兄均臻高寿，较之叶企孙、吴有训二兄谢世，晚了20年，乃国之大师也！国之人瑞也！

经 济 泰 斗
典 范 永 存

1998年2月6日，时年96岁

作者顾毓琇及夫人与陈岱孙先生合影

访芑公　忆岱师

□ 洪　同*

　　清华人所敬爱的陈岱孙师以 97 高龄遽归道山。失去了这样一位品德高尚、学问渊博的老师，每一个清华人都感到无限伤恸，无限悼惜。

　　犹忆近年我曾三度回到北京，访问母校，每次都承校友会副会长承宪康学长伴同我到北大燕南园探候岱师，每次岱师都以岸然道貌，挺直腰杆坐在沙发上和我亲切交谈。1994 年最后一次拜谒，他依然健康，告诉我虽已不上讲堂，在家仍然指导两个学生做研究，当时我一方面为他以 94 高龄老而弥健的身体仍然致力教学而窃喜，另一方面也以他以如斯高龄能否再胜繁剧，是否影响健康为虑。不想，这却是最后一面，从此我再也不能亲聆謦欬、沐其教诲了。言之曷胜伤恸！

　　1997 年 10 月接到承宪康学长来信，告以陈先生的纪念文集已在计划编辑中，盼望在台湾的清华人能就对岱师的怀念和追思写一些纪念文字。接信当时，我立即想起在台北的 1920 级老学长李榦（字芑均，我们都尊之为"芑公"）是目前在台湾的"学祖"，他和岱师同年，又在清华和哈佛两度同学，能请他为岱师写一篇怀念和追思的文字，该是最为理想的了。

　　当时我就联络《校友通讯》的记者陈素金准备录音机和我一同拜访芑公，进行一次访谈。芑公虽届 97 高龄，但头脑清晰，反应灵敏，言谈如常。我开始和他交谈，以下是我记录下来他对岱师的一些忆述。

　　芑公说，他与岱师于 1920 年在清华毕业后，就和全班 86 位同学一同到上海搭轮船赴美深造，到美后他去了密苏里，岱师则去了哈佛，其后因为同班级友萧叔玉（萧蘧）的邀约，他也转入了哈佛，于是和岱师再度同学。在哈佛，岱师和级友曾昭承在学校附近赁屋而居。他们去哈佛上课时，时常到岱师他们的住处歇脚，因此岱师那儿无形中成了同学们的一个活动中心。

　　在芑公的印象中，岱师是一位对人诚恳、对事认真、生活严谨、自律甚高的

---

* 洪同，教育家，台湾清华大学教授，清华大学经济学系校友。

典型学者。芑公说,岱师治学、为人,始终保持一种坚定、执着、专心的精神。他终身不娶,专心治学,取得了辉煌的成就。

芑公又说,他们先后在美学成归国,岱师去清华任教,他则在上海授课,一南一北,平时甚少晤聚,只是每年一通贺卡,互为祝福而已。不过,在他的记忆里,当年在南京国民政府主持财政大计的宋子文先生,曾经邀请岱师"出山",到政府任职,为国家财政贡献所长,但却为岱师婉谢了。在一阵学者从政的热潮中,岱师屹然不动摇,表现了他巍然独立的风格,这就是岱师的精神。

芑公说,他深以有岱师这样一位同窗级友为荣、为傲。

其实,芑公这一番话,也正代表了清华人的心声。每一位清华人何不都为清华拥有岱师感到骄傲和荣耀呢?岱师是永远活在我们心中的。

在美国留学的清华学校1920级同学聚会合影,前排左一李榦,左二陈岱孙,左三甘介侯,后排左一曾昭承,摄于1922年

学而不厌　诲人不倦

□ 巫宝三[*]

陈岱孙先生执教清华大学经济学系和北京大学经济系70年，从未间断，为国家培养了大量经济人才，举国罕有其匹。他授课深入浅出，语皆精义，无题外话，听讲者莫不称誉。尤其是他高尚的人品和精审的文章，广泛地受到社会人士赞扬，公认他为一代宗师。我从1930年至1932年在清华大学受业于先生，以后常有承教机会，"文化大革命"后20年来见面聆教机会较多，愈来愈敬仰先生为人与为学的品格，常有"高山仰止，景行行止"之感。我想就这方面谈点具体事例。

岱孙先生对于所担任的公职或社会团体职务，都是自始至终认真负责，把能做到的事尽力做到。他担任清华经济学系、北大经济系主任时，是如此；担任清华大学法学院院长时，也是如此。再就他任中华外国经济学说研究会会长来说，在此会成立之初，他就被公推为会长，以后大家拥护他为终身会长。20年来，他领导会务，始终不懈。在上次年会开会时，他以95高龄，几次参加大会，并在大会讲话。古人有云："自始及末，无亏风范，从微至著，皆有称职。"岱孙先生就是如此。

岱孙先生生活朴素，温文尔雅，淡泊名利。以他的声望，他可以做大官，颐指气使。但他矢志教育事业，乐度教书生活，他在20世纪二三十年代用的一只小牛皮箱，在80年代到外地开会时还用它，到90年代他的卧室里居然还架着它，这是很多人，包括我，所亲眼看到的。汤佩松先生90寿辰时，岱孙先生赠他的贺词是："学而不厌，诲人不倦，仁且智矣，文以益之，彬彬然君子哉！"其实，这也是岱孙先生之为人。

岱孙先生不辞辛劳，奖掖后学。这方面事例很多，就且举二事说明之。大家如果读了《陈岱孙文集》，就会看到他为学生辈的著述和译书所写的序文之多，感到惊佩。要知道这些序文，几乎全部是在岱孙先生80高龄以后各年写

---

[*] 巫宝三，中国社会科学院经济研究所原研究员、北京大学兼职教授，清华大学经济学系校友。

的,除表明他高度重视各种学术问题的研究和讨论而外,显然也表明他不辞辛劳对后学的鼓励之情。另一事是我亲身感受的,我任北大兼职教授,在 1980 年去北大讲课时,没有想到,岱孙老师以 80 高龄与同学一道来听讲,并且自始至终听到完。老师的这种情意,我感到既是对我为学的一种鞭策,也是对我为学的莫大鼓励,使我毕生难忘。

岱孙先生是一位大师。他虽然离开了我们,他的道德文章将留在人间,供我们学习,鼓励我们前进。

道德文章　与世长存

□ 戴鸣钟*

岱师在辛勤执教长达70年后,安详地辞世了。他临终在病房中说:"这里是清华大学。"他怀着对清华的无限留恋之情走了,一去不复返了。

今天在写这篇短文,悼念岱师时,面对遗像,思念万千。他那深挚的眼神,清癯的脸庞,使我在沉痛的哀思中,回到了他当年在清华园为我们讲课的情景。他以矫健的步履迈入清华学堂古老大楼的教室,用抑扬顿挫的声调、逻辑严密的论述,为我们讲解课程内容;引经据典,剖析入微。他说话不舒不疾,师生目光交射会神。课后我们目送岱师走出教室。在那宽敞的走廊上,同学们还会不时议论一番听课的体会心得。这一情景已是60年前的事了,而至今犹历历在目,难以忘怀。

岱师为我们在三年级时开设财政学,四年级时开设西洋经济思想史这两门课。这两门课都是学年课程、必修课、重点课程。岱师布置我们选读了亚当·斯密、大卫·李嘉图等古典经济学家和阿尔弗雷德·马歇尔等新古典经济学家的不少原著。这些原著不仅论述经济学的种种理论,还涉及哲学、政治学、法律、社会学等多个领域,这样就大大扩展了我们的视野,提高了我们的思维能力。他要求我们在阅读时,要多多思考,真正读懂。岱师讲课的突出之处在于启发学生去探索、去研究。清华图书馆对学生也开放书库。藏书丰富,新书极多。我们进书库后,在书架中间走来又走去,寻找想读的书。半小时后夹了可多达十本的书出来,回到寝室,慢慢细读。读书风气之盛,是岱师等清华一批教授所启发引导的。

岱师在美国留学时,致力于财政金融这一学科的研究。他讲财政学这门课时,对财政金融制度、赋税原理、预决算编制、税制税法等讲得很透彻,指定的参考书也不少。20世纪30年代宏观经济学、微观经济学尚未形成今日这样的学科体系,但岱师在讲课时,已提到国家金融财政与企业收入及居民收入之间、与市场营

---

* 戴鸣钟,经济学家,清华大学经济学系校友。

销之间、与国际贸易及收支之间的消长制约机制。在岱师的指导下,我在毕业时,撰写的论文题为《重商主义》。这是可以联系岱师所授两门课后的一次体会汇报。

1936年毕业后,学校选我去德国留学。1935年起清华与德国文化交流中心签订协议,互派留学生,称交换生。我因学了德文,在毕业论文中又引述了德文资料,故被选送去德。经岱师及萧师(经济学系萧蘧教授)商定,我去了柏林大学学习。柏林大学是一所闻名世界的大学,于19世纪初由威廉·冯·洪堡及亚历山大·冯·洪堡兄弟创办(第二次世界大战后改名为洪堡大学)。经济学中的历史学派即发轫于该校。我去德时,维尔纳·佐姆巴特等著名教授年已古稀,仍在讲课。我在德也涉猎了民法、商法,以后报考博士学位,即以民法、商法作为副科应考,通过考试。我所以对法律感兴趣是因为岱师讲课常涉及法律,故萌志也学些法律。

归国后,我于1946年应萧师之聘,去江西教书。萧师随清华内迁,在西南联大任教,后出任中正大学校长,兼经济系主任。萧师以无暇兼顾系务,命我继任系主任。萧师不久辞职,去联合国工作,不久病逝美国。我在江西任职至1953年,院系调整后,去了湖南大学。1964年再调上海机械学院(现改名上海理工大学)。我弱冠进清华,风华正茂,65年后,以耄耋之年,伏案执笔,为文以悼岱师之逝世,追念其对我教育之恩,哀思不已。

20世纪80年代初岱师与其他几位清华老教授南来考察苏南乡镇企业。当时苏南乡镇企业方兴未艾。考察完后,一行来沪。清华年长校友设宴欢迎他们的教师,我见到岱师清健如昔。之后,于80年代末因事去京,曾趋访岱师于北大。时值冬季,无数盆花移入室内,绿色映目,春意盎然。岱师留我和他共餐,欢叙多时。我以清华设有陈岱孙奖学金,曾捐款资助;乃蒙岱师邮寄《陈岱孙文集》上下两卷相赠。拜读宏文,益见岱师知识渊博,敬仰备至。今文集在案,而哲人已逝;抚今追昔,感伤逾恒,难以言喻。

岱师留给后人的,不仅是他渊博的知识,精辟的见地,更为重要的是他的德行楷模。他严以律己,宽以待人。他言传身教,对学生既严格要求,又循循善诱。他教我们如何为人,如何为学,如何处世。他爱国、爱家、爱学校。他疾恶如仇,质直坦率。他诲人以德,故人亦报之以德。岱师以世纪同龄人,享有遐龄。而今他安静地去世了,他的道德文章定将与世长存。

路漫漫无垠兮,怀我师而凄涕;将上下探求,以善继我师之遗风兮。

1997年10月6日

左起:陈岱孙、施嘉炀、金岳霖、萨本栋、萧蘧、叶企孙、萨本铁、周培源,在清华园北院 7 号门前合影,摄于 1929 年

岱孙师超人的记忆力

□ 张骏祥*

1936年夏季,在清华大学经济学系八级临近毕业时,岱孙师介绍金城银行总行派员来清华招考行员。班上报名参加考试者不少。我与张婉华均被录取。毕业后要去报到,在离开清华前夕,我和张婉华去岱孙先生家辞行并致谢。陈先生正在房前廊子上乘凉,见了我们两人说:"这么大热天要去上班了呀!"对我们鼓励有加。五十多年后,陈先生有一次到昆明开会,我和当时云南大学经济系主任朱应庚特在云南大学综合食堂设宴邀请岱孙师欢聚并聆教诲。谈及往事,陈先生仍记得此事。朱应庚在西南联合大学毕业后已近五十年,有一次赴北京开会去拜谒陈先生。陈先生正在开会,朱应庚请人将陈先生请出来。陈先生一见朱应庚便指着他说:"你是朱应庚嘛!"近五十年未见的学生,陈先生一眼就认出。陈先生学识渊博与其记忆力之强是分不开的。

我在清华大学即将毕业时,学生均担心一时找不到工作。陈先生尽力为学生与社会联系介绍工作。陈先生曾介绍我到浙江兴业银行、浙赣铁路局洽谈,后因我被其他单位录用而未去,但我对陈先生的恩情至今不忘。

---

* 张骏祥,清华大学经济学系校友。

怀念陈岱孙恩师

□ 张德声*

我在 1935 年入清华经济学系学习。当时陈先生是法学院院长兼经济学系主任。我与先生接触极少,只是常见他昂首阔步地走在二校门到图书馆的路上,一身笔挺的西服,一头乌黑光亮的美发,令人肃然起敬。常听到人们称道陈先生为人正直,处事公道,厌弃为官。记得徐毓楠先生在一次经济学会上只用一个词称赞陈先生,说:"陈先生,gentleman,gentleman!"

我听过陈先生主讲的经济思想史和财政学,言简意赅,主题明确,条理分明,精髓突现,启人深思。人们常说,陈先生一堂课就是一篇精彩的文章。经济思想史是一门哲理性极强的课程。可是,陈先生结合史实乃至现实,讲来很是生动。陈先生讲课总是很严肃的,但并不使人望而生畏,而是感到入理入情,很自然,有时也饶有风趣。给我印象最深的一次是陈先生讲凯恩斯的经济思想时,最后提到凯恩斯也投资股票,赚了不少钱。

虽然我和陈先生接触不多,可是受到的教育、帮助很大,感到亲切。抗战爆发时,我辍学参军。日本投降后,一日见报载陈先生代表清华飞抵北平办理清华复校事宜,在骑河楼清华同学会办公,我立即去北平见陈先生,请求复学。陈先生详细地介绍情况说,清华破坏很大,生物馆、大礼堂做了马棚,四院还住着日本伤兵……复学无期。最后,很关切地送我到大门口。清华复学后,我还是如愿以偿复学了。

毕业以前,我曾到陈先生寓所致敬,给陈先生拍了一张照片,并同他合了影。现在这应是极珍贵的纪念了。

最后一次见到陈先生是在 1997 年春天。我离休后,为了适应国家改革开放、经济建设对外语、外经、外贸人才的需要,在通州区办了一所外语外经贸学校。一起办学的有清华校友罗会文和叶庆刚。我们想和美国一所私立大学合作办学。为此,我和罗会文一道去请教陈先生,把那所学校的威斯康星州政府

---

* 张德声,清华大学经济学系校友。

的立案批件和银行账号等文件的复印件请先生过目。过几天,先生写了一封亲笔信给我,亲切地称我"德声弟",信中说这个学校注册才一年多,恐怕没有什么实力,希望我们慎重考虑。后来我们听从陈先生的意见,没有与他们合作。那些复印件字迹十分细小,已96高龄的老者看来当是如何吃力,可以想象。可是,陈先生却能仔细地看过,并发现问题,提出忠告。这种对事、对人、对学生的真情实意,实在令人感佩!

  惊闻陈先生仙逝,我内心万分沉痛,深深地怀念他高尚的人格、高深的学识、深厚的教益和真挚的帮助。更悔恨过去为什么没有更多地向陈先生请教。良师已去,何可重聆教益!

1998年3月

清华受教忆岱孙师

□ 蔡孝敏*

北平五大学(清华、北大、师大、辅仁、燕京)球类比赛,是当时引人关注的体育活动。因辅仁实力最强,连续六年夺得五大学足球锦标,清华足球队被迫屈居亚军席位。1935—1936年,我被选入校足球队担任守门员。为了夺回荣誉,经常于每星期一、三、五和英国兵足球队练习,我队球技有长足进步,而辅仁还被蒙在鼓里。果然美梦成真。第一循环赛1936年冬季在清华举行,清华以3∶2得胜。另一循环赛在辅仁举行,上半场尚未赛完,因辅仁球员行为凶暴,清华11人中,已有10人受伤,清华队不得不在体育助教张龄佳率领下弃权离场。加赛之一场,是于1937年春季在燕京大学举行,裁判员三人,结果清华以2∶0夺得锦标归。每当清华足球队在校园内比赛,陈岱孙院长(清华法学院院长兼经济学系主任)向例西装革履,站在球门后观赏。因为我担任守门员,整个赛程90分钟,自始至终看到陈院长在场观看。

陈院长曾教我大学二年级财政学。他上课时不苟言笑,在50分钟内,必将所有内容分析得清清楚楚。只要你肯用心听讲,全部记录下来,就是一篇极好的演讲稿。

陈院长给分很少,考及格大致可以,能在70分以上是很难的。本人曾得过81分,算是好成绩。某次考试,陈院长发觉某位学生夹带纸条,当场将其考卷没收,赶出课堂。

---

* 蔡孝敏,清华大学经济学系校友。

记岱孙师数事

□ 戴宜生*

未见岱孙师的面有十多年了，每逢联大、清华校庆，都想回去看看，得睹师颜。但连续多次被一些杂事冲掉了机会。原想1998年联大校庆也许能有缘一见，不料1997年7月间接讣告，岱孙师已仙逝，哀悼之余，丝丝往事袭来，倍感思念。

我是1944年入西南联大经济学系一年级的。在报考之前，我就读重庆南开中学时期已从重庆《大公报》上看到过包括岱孙师在内的西南联大教授们关于时局的宣言，其中的没收一切贪官污吏、发国难财的奸商的财产以实国库的主张，令人感到痛快淋漓，引发了我对联大师长们的衷心敬佩。以后上了联大，能有机会亲聆师长们的教诲，更是一生中的幸事了。

我1944年入联大经济学系，1946年转入清华经济学系，1948年从清华毕业。在大学的四年中，受岱孙师的教诲颇多。岱孙师是系主任，又亲自给我们上过三门课，即经济学概论、财政学和经济思想史。岱孙师教授的经济学概论我是在1944年大一时在联大上的课，选这门课的人很多，成了一个百人左右的大班，在一个庙堂式的教室里上课。课室虽破，但站在讲台上的岱孙师却保持着雅洁的外表：笔直的身板，笔挺的西装，伸展的裤线。岱孙师写板书时两个手指握住粉笔的顶端，在黑板上写出大大的英文字母，这也是很优美的姿态。我有时联想，他就像提着一根乐队的指挥棒在指挥。当时，联大在炮火连天、艰难困苦中弦歌不辍，教授们的衣着各有不同，有的是长袍飘髯，显出学者的潇洒；有的是夹克马裤，显出务实气派；有的是不修边幅，却使人感到学识超凡。岱孙师在这里面独树一帜，增添了联大教授们的风采。岱孙师授课的特点是逻辑性强，条理清晰，道理讲得明明白白，复杂的理论，他能深入浅出地令学生理解。岱孙师还有他独特的幽默。我记得在他讲到边际效用和消费行为的关系时，他说："有个王小二，在街上抬头一望，看见大烧饼1元1个，不觉心中暗喜（课堂

---

* 戴宜生，清华大学经济学系校友。

众笑),原来王小二心中,烧饼的边际效用是3元。以后待王小二吃到第3个烧饼时,他心中的烧饼已是1元1个的边际效用了,于是停止了购买。"岱孙师就是用这样浅显有趣的例子把需求曲线、供给曲线讲清楚了。鉴于经济学这门课理论比较深奥复杂,岱孙师规定凡经济学系的学生,在每周课堂授课以外,还要参加一次由系里助教主持的讨论课。据我以后了解,当时其他大学经济学系对经济学概论并未要求上讨论课,由此可见,岱孙师对我们打好基本功是很重视的。

以后,我到了大二、大三,岱孙师又给我们亲授经济思想史和财政学两门课。我离开清华后,就再没有接触过经济工作了,但岱孙师当年讲授的一些原则,我却至今未忘,而且觉得对我颇有益处。例如财政学中的量入为出、足够储备的原则;经济思想史中的注重各派思想产生的社会条件和历史局限,要允许各派学说在争论中取长补短,互相促进,不可定于一尊等。在我毕业后的50年中,我常以这些原则去认识时局,判定形势。有时遇见一些问题,我会脱口而出:"这些问题嘛,当年在大学时,陈岱孙老师就曾经反复讲过了。"

1948年,在我四年级将毕业的那一学期,经济学系的系会举办了社会主义与资本主义制度优劣辩论,辩论会是事先定题,会前准备,双方各三人发言,我是社会主义制度优越方面的主要发言人。辩论会的评判组,主评是岱孙老师,他代表评判组最后宣布社会主义制度优越方胜,但他同时指出,学术辩论应有正确的学风,这次辩论中有些人以嬉笑怒骂的态度与词句发言,这是不可取的。岱孙师实际批评的是我,因为我在支持社会主义优越方面,虽然搜集了大量的论据和材料,甚至引进了当时波兰经济学家兰格的社会主义条件下计划经济与市场经济相结合的思想,从而论据上优于对方,但我在发言中却用了"要揭穿资产阶级经济学家的面目,暴露他们的嘴脸"等一些哗众取宠的词语。岱孙师的那次批评使我终生铭记于怀,他讲的不是治学而是为人。以后,我在历史变换的风暴中也常想到此事,而在20世纪70年代当我在报上看到"梁效"(清华、北大两校)的"斗、批、改"经验时,更惦念岱孙师的处境。

岱孙师对老师的要求也是很严的。我记得在大学最后一年,上国际贸易课的老师×××教授(据说因个人问题产生波折,精神受过刺激)开讲三个星期,仍每课翻来覆去地讲李嘉图的比较价格,学生不满起哄,以致哄散课堂。我最初以为学生采取这样迹近罢课的行为,岱孙师会发火的,但岱孙师找来学生代表,问明缘由后,当场表态说:"你们回去上课,我要×××限期改正。"以后该教授讲课大有改进。

以上都属点滴回忆,每当我忆起在联大、清华那些美好时光,就少不了有岱孙师的形象出现。对岱孙师的学术成就,我没有资格去叙述,但作为一个学生,我深感岱孙师在"传道,授业,解惑"三个方面都做出了表率。我离开清华后,一直到 20 世纪 80 年代回到北京之后,才有缘再见他面。第一次是在我听美国经济学家罗斯托讲"经济增长论"时见到他,因会场条件所限,只打了招呼,未能再说话。第二次是听美国供应学派的某学者(已忘其名)做报告,这次正好和岱孙师坐在一起,我对岱孙师说:"从报上看见你在北大买盒烟也要自己去排队,学校对你们真太不照顾了。"他笑着说:"这样的报道除了让我的学生都知道我还没有戒除吸烟的坏习惯,没有一点好处。"还是当年的幽默。此后,又一次在清华校庆上见着他,他认出了我,说:"你胖多了。"以后,我就再没有见着他了。1996 年还在《求实》杂志上看见他的文章,心想岱孙师一定可以活到百岁以上,正准备抽空去看他,不料他提前离开人世了。我记下回忆中的点滴小事,以寄托我的哀思。

1998 年 3 月

怀念陈岱孙老师

□ 薛　寅*

1946年我回清华社会学系二年级复学,选修陈先生讲授的经济学概论,用的是 F. A. Richard 著的 *Elementary Economics*。这本书从自然界的吝啬与人们的无穷欲望二者构成经济学的基础,讲到一系列的边际概念,以及供求两条曲线决定市场价格等内容。整一学年,六个学分的课程,一课不落,一贯到底。陈先生学贯中西,深入浅出,听他讲课确实是一种享受。还记得有一次当他讲授资本的概念时,曾说鲁滨孙飘流到荒岛,自己动手制作了一根钓鱼竿,利用这根钓鱼竿开始钓鱼时,便可视为最原始的资本,而鲁滨孙就是拥有这根钓鱼竿的资本家,引得哄堂大笑。在国统区课堂上讲授《资本论》是犯忌的,每当陈先生讲到马克思这一家之言时,总是一带而过,让同学自己到图书馆去查读有关书籍。

陈先生平易近人。记得1946年秋冬之交,一个星期天的下午,我从城里回清华园,恰巧和陈先生同坐一辆校车的最后一排,但见他手里提着一只十来斤重的大鸨,当我问他:"陈先生,这种鸟好吃吗?"他随口告诉我:"我观察到凡食肉的动物的肉都不好吃,如鹰、猫;凡食素的动物的肉都好吃,如牛、羊、鸡、鸭等。这种大鸨也是食素的,主要吃草籽与粮食,所以它的肉肯定好吃。"50年过去了,这件事仍深刻地印在我的脑海里。虽是坐车闲谈,他又为我上了一堂生动的生物学课,读书人真无往而不是学问,吃还要吃出点名堂。

陈先生26岁获得美国哈佛大学博士学位,听说他那篇博士论文是哈佛历史上罕见的,故特授予他"Wisdom Key"(智慧之匙)。这是殊荣,优中之优。但他回国后教了70年的书,也担负些教学行政职务,如经济学系主任、法学院院长、财经学院第一副院长等。听说中华人民共和国成立之前,宋子文当行政院长时,曾请他出任财政部部长,他婉言谢绝。至于中华人民共和国成立之后出任政协委员、政协常委等职,应该认为是人民对他毕生从事教育、学术获有殊绩

---

* 薛寅,清华大学经济学系校友。

的鼓励。这与某些人削尖脑袋要往上钻截然不同,不可同日而语。

几千年来,中国知识分子(士大夫阶层)走的是一条"学而优则仕"的老路,什么"斗大黄金印,高官白玉堂,读得万卷书,才能伴君王"之类的民谣,深入人心。学是手段,仕是目的,目的既达到,有名有利,学也到头。终生为学、甘耐清贫的寒士,毕竟只是少数,而陈老师却是这少数人中的佼佼者,可谓学而优不仕的代表。作为生产力先导的科学知识,若无大量人力、物力、财力的投入,又如何能突破、赶超世界先进水平呢?一旦步入官场,竟日沉湎于迎来送往、文山会海之中,哪还有什么时间去做学问?

陈老师已先我们而去,但他的音容笑貌、道德文章,永远活在我们的心里。

1997 年 11 月 15 日

陈岱孙先生与费孝通赴香港讲学,在机场受到香港清华同学会的热烈欢迎,摄于 1983 年

恪庄肃穆　淡泊自持

□ 蔡麟笔*

先生讳总,字岱孙,以字行。闽籍。陈氏,闽地望族也。聪颖逾伦,才华天赋。清华卒业后,入哈佛大学学习,殆博士学位完成时,以成绩优异,获该校颁赠金钥匙一把,以示荣誉。该校并盼其留校任教。先生答曰:"余受清华栽培,且以其公费来美研读。义宜遄返。焉可食言背约,致创恶例?"哈佛亦感其至诚而莫之强,且益敬佩其为人之忠恳。归国后,先生即担任清华经济学系教职。旋任系主任暨法学院院长(在联大时,并兼商学系系主任)。作育后进,不遗余力,故桃李遍天下,精英辈出。

先生体形伟岸,秉性谦悫,举止进退,不失矩蠖。平素弗苟言笑,望之俨然。若以陈长祚笔下所描绘之诸葛孔明"身长八尺,容貌甚伟,正而有谋"诸语比之,差可拟矣!其为人恪庄肃穆,淡泊自持,据闻宋子文组阁伊始,曾有意邀先生入阁,先生以"非其志,非其才"而婉谢之。其羽毛自珍,胸襟卓识,亦由是可见。

居昆明时,以待遇菲薄,物价飞腾,租屋用佣,左右支绌。而先生每日上班授课,衣着冠履,必整必洁。

先生授课,数十年如一日。从未迟到早退。书本甫启,钟声亦鸣。吐辞清晰简洁,绝无闲言赘语。除特殊字词,如犬儒学派(Stoics)、重农主义(Physiocracy)、重商主义(Mercantilism)等名词外,鲜用板书。其音调铿锵,言简意赅。学子无不全神贯注,奋笔疾书。待其讲毕合书,下课钟声亦同时起奏,从无延误。复员后教财政学、经济思想史,无不若是。每课后翻阅笔记,但觉篇篇皆完美佳作,毋庸增减一字,妄加一语。其为学子之所敬仰钦慕者,良有以也。忆在台时,曾以此事询及樊际昌先生,承告:岱孙先生每授课前皆预做准备,定稿后,复重复校正,背诵成文。对时间之掌控,尤分秒不忒。故能滔滔不绝,而条理分明也。若然,则其对教学之步骤,内容之擘画,态度之严谨,工作之热诚,殆前无古人欤!其命题方式,则难易兼具。唯易者占60%左右,间有难题数则,往往为

---

* 蔡麟笔,清华大学经济学系校友。

平素不注意,或常被忽略者,如犬儒学派之经济思想,又如乌托邦主义(Utopianism)对经济社会之影响等。此类问题,教科书中偶有提及,课堂上,亦点到辄止,端视学子之用心否耳!故读先生之课,及格容易,欲得高分,则戛戛乎其难矣哉!

抗战胜利后,负责接收清华者,仅先生与另一位先生二人。历经倭寇之践踏破坏,抵校后,但见疮痍满目,一片荒瘠。经实际观察,彻夜擘画,乃即决即行。时以体育馆、图书馆、清华学堂(最古老之建筑)、工字厅、骑河楼、大礼堂、招待所、科学馆等损毁最为严重(以倭寇用之饲马及做仓库之故),故列为优先处理。旋即鸠工议价而修整之。一切酬庸从优就宽,但求"速""实"。以法币在后方贬值甚巨,而在沦陷区则否。为恐夜长梦多,并求精工实材。乃自签约后,先付包商1/5至1/3之价款,俾利其选材购料、支付工资之用。甚且加成订约,以安其心。然严限时日,亲验材质。必使一切吻合契约,一丝不苟。完工之日,由另一位先生逐一验收,终底于成。次则整修教职员宿舍及学生住宿之各斋,举凡床垫、桌、椅等,凡有损毁者,无不更新或修复。而水管、蒸汽、门帘等,亦无一遗漏。内外兼顾,巨细靡遗。其辛苦琐屑,又岂外人所可想象!校园内倭寇所建之碉堡,甚为坚固,乃央军方爆破除之。其他如办公室、各馆、各斋及各处之道路,亦大致复旧。至于梅月涵校长所居之梅园,则更花木扶疏,专候故主矣!而骑河楼、招待所,尤为整洁。其他如各教职员宿舍所需之餐具、桌、椅、书架,以及室外庭园之花木草茵,无不完备。学生宿舍所需之家什、储藏室等,亦无不具备妥帖,无虞匮乏。其思考之周延,处事之慎重,行动之敏捷准确,成果之完美丰硕,无不令人叹为观止。先后耗时,不过数月耳!故梅校长每谈及此事,无不奇其效率之神速,能力之超越也。潘光旦先生亦言:"九年噩梦,已成云烟;今日归来,恍若离家未久,一切如故。"故于1946年师生复员返校时,无不兴奋惊讶,倍觉温馨,一若重返故居。全校上下无不怡然欣然,各尽其职,各守其分,为我清华,再创新机。苟无陈先生等人之辛劳,曷能致此?

时原图书馆之书籍,散佚甚夥,而实验室之仪器设备,又多遭盗窃。先生念之良殷,有暇则往逛破烂市,甚至远至天桥,爬罗剔抉,广为搜寻。凡见有清华标识,且尚完整可用者,不计价格,悉数购返,稍事修葺,复予使用。此种爱校精神,实亘古难求也。

清华复员后,昔日职员、工友多有来归者。虽或已年迈,然先生悉予复职,故旧不遗,足证其宅心仁厚,迥逾常人矣!

凡由昆明返校之同学，多派住新斋；女生则住静斋。其他新生及临大所分发之学生，则分居平、明、善各斋。饭厅、厨师无不安排就绪，井井有条，使生徒了无后顾之忧。

方倭寇仓皇逃亡时，其所遗留校园之物品甚夥。其中枪炮弹药，由北平警备总部、北平行辕派员接收。其他衣物杂项，则散置各馆，无人具领。虽屡向有关单位交涉，然皆互相推诿，拒不接纳。或因军统局以贪污罪处决马汉三等甫竟，故人多所顾虑邪？其后，终得复电："此类杂物，自行处理可也。"陈先生等乃共议：将此等物什，混装编号，打包捆绑，按师生人数，不分等次，抽签分配。于是，待昆明师生返校后，咸获通知，依指定时间，前往抽签，否则，以弃权论。笔者亦抽得清酒一大瓶、倭奴呢制披风一件、胶鞋一双，以及肠胃药一盒。除披风外，余皆赠送服务于本楼层之工友老刘。

1947年复员后第一次校庆，一循往例，凡属校友，均欢迎偕眷参加。故有三代或四代"清华人"同堂而来之逸事。远途来校者，无不派车迎送，住招待所，供应三餐。开会时，于梅校长简短致辞后，人或提议授奖陈先生等人以褒其接收复建之功。陈先生等人坚拒婉谢。第曰："为所应为，作所应作。不周之处，但希谅察。此皆抗日将士之功也。吾等何敢剽掠？"其谦冲恳挚，非君子而何？

陈先生思虑周密，处事严谨，方正不阿，言笑弗苟，意志果断，一秉于诚。可则可，不可则不可，了无敷衍商榷之余地。学生每遇之于校园，向其行礼，彼辄视若无睹。平素独处家中，落落寡合，鲜会宾客，稀与宴会（校庆与毕业典礼则除外）。人或谓其傲慢、骄矜、狂狷、孤特等，殊不知此正为其人格特质也。太史公曰："有高人之行者，固见负于世；有独知之虑者，必见放于民。""论至德者，不和于俗。"（《史记·商君列传》）以言先生之特立独行，孰曰不宜？抑其受老聃"致虚极，守静笃"之影响耶？"吉人之言寡"，信矣哉！然学子卒业后，先生每邀叙于其家中，布茶敬烟，笑容可掬，有若招待故友嘉宾。与其平日之肃穆凛然，判若两人。其淡泊庄肃、方正严谨之风范，无不令人印象深刻，铭记于心。故凡清华师生，莫不敬重有加，仰止高山。

凡本系学生选课，先生无不一一审阅。1946年，笔者选修Dr. Robert Winter之莎士比亚（Shakespeare）。先生睨我片刻，旋命助教寻出以往之成绩表，见我大一、大二及"修辞与作文"等之成绩尚可，乃于签字后告之曰："该课外语系学生多苦之，曷不多选本系所开之选修科目？"我答以：已选徐毓楠先生之高等经济学与刘大中先生之数理经济学矣！况今时清华之图书馆，藏书丰而座席多，正可借此博览群籍,以弥往日之不足。先生笑而诺之。

先生爱校如家,毕生尽瘁于教育。浮云荣利,无求无欲。知足知止,磊落坦荡。思虑缜密,严谨不苟。公而忘私,弗计小节。行过其言,德越其才。不苟言,不轻诺,真铁中铮铮,人中佼佼者也。在清华如此,在长沙临大、昆明联大,莫不如是。身正心诚,忘我忘劳。无怨无尤,唯事是适。而又情操高洁,持身如玉。矗然孤特,昂首阔步,顶立乎天地之间,非只为清华之砥柱,亦为教育界之楷模也。又岂斗筲投机之徒,所能望其项背邪?笔者受业于先生四载,愧赧于所知所闻者寡,今仅就记忆所及,质之其行事,参照其为人处世之实,简而述之,不免挂一漏万,有待方家指正。先生享年九十有七,亦奇人了。今盖棺论定,综其一生,纵无夷吾、孔明赫赫之业,然其为人处世,则无别也。他日有作《陈岱孙先生传》者,若太史公、班孟坚、陈长祚者流,奋其如椽之笔,以叙斯人之真,而传之后世,则幸甚矣!

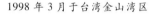

1998年3月于台湾金山湾区

国立清华大学接收委员、(北平)校产保管委员会主席陈岱孙在设于北平城内骑河楼的清华同学会办公,摄于1946年2月

忆我的恩师陈岱孙先生

□ 罗会文*

从1945年在昆明进西南联大经济学系一年级开始到1946年转入清华大学直至1949年毕业,我一直受教于陈先生。参加工作后,由于工作和理论学习上的需要,曾与陈先生直接接触过两次。所有这一件件往事,在我眼前不断地掠过……

经济学概论是经济学系一年级学生的必修课。这门课是由陈先生亲自讲授的。陈先生讲课不仅自己坚持理论联系实际,而且也要求和培养学生学会理论联系实际的学习方法。我们这些学生在中学念书时,惯于死背定理、名词概念,刚进大学的门,还改不了这种学习方法。有的同学平时温习功课时,还是死记硬背笔记内容,对陈先生指定的英文参考书很少去阅读,或虽阅读了,也未能深入思考。在这样的学习方法下,不少同学在考试中吃了败仗。在经济学概论的期中考试时,陈先生出的试题除了在课堂上讲的内容,还包括部分参考书中的内容。不仅如此,有的试题还要求学生发表个人的见解(这部分题占分比重大)。考试分数一公布,使人意外地发现不少同学没有及格,更使人吃惊的是,有一个同学的分数竟低到只有25分!从这次失败的惨痛教训中,同学们醒悟了,认识到死记硬背的这套学习方法是不行的。也只是从这个时候起,才真正地体会到要学有所得,必须多读书,要联系实际,做一番比较、分析、归纳,达到融会贯通的运作过程。陈先生通过经济学概论课传授了经济理论知识,但更重要而可贵的是,陈先生教给了我们学习方法。从这一点来说,陈先生又是我们学习方法上的启蒙老师。

陈先生平时比较严肃,不多说话,不论站立或走路时,都腰板挺直,颇有一派绅士风度。不了解他的人,以为陈先生有架子,不易接近。但我和陈先生有两次直接接触后,在我心目中,陈先生却是一位平易近人、待人热情和蔼的人。第一次和陈先生接触是在1949年夏。当时我从清华大学毕业后分配到华北人

---

* 罗会文,清华大学经济学系校友。

民政府财政部的研究室工作。为了研究各国税收和税制情况,研究室领导交给我搜集有关欧美各国的税收和税制资料的任务。为此,我到清华大学陈先生家,请求帮助。陈先生知道我的来意,并知道我是在搞研究工作,就勉励我要多读书和报纸杂志,要研究财税理论,并根据财税工作实践,开动脑筋,选定课题进行研究,以便为改进和提高财税工作提供理论依据。之后,他略加思索,拿起笔在纸上写下几本涉及税收和税制的英文书的书名及作者姓名。接着,又写了一张便条给图书馆的负责人,请他为我提供方便,准许我进书库查找并借出使用。因为得到陈先生这样热情的支持和帮助,我顺利地把有关各国的税收和税制情况翻译整理出来并请陈先生审阅修改后交研究室领导。虽然这件事并不大,可是它给我的印象是很深刻的。首先,陈先生对我的一番谆谆教导,他那慈爱的神情是我终生难忘的。其次,陈先生在事先没有准备的情况下,即刻准确地写下了几本有关税收的书名及作者姓名,可见这些书陈先生曾经仔细地看过。这充分说明陈先生广览群书,知识渊博。最后,过去听说陈先生只埋头治学不问政治,通过这次接触,我感到陈先生不仅仅是因为出于师生之情帮助我完成任务,更确切而深一层的意义是,陈先生通过我为党和政府制定社会主义税收政策提供理论依据,显示出他对中国共产党和新中国的爱!这不是陈先生过问政治的具体表现吗?

30年后,在1979年夏,我从哈尔滨出差来北京,顺便带着财政学教学和科研中的一些问题到北京大学找陈先生请教。陈先生在他办公室接待了我。他给我泡了茶又让烟,把我当作客人一样。我向陈先生汇报了这30年的变动情况,和我近年来在学校的教学和科研情况。接着,我将带来的问题向陈先生陈述了一遍。陈先生听得很认真。当我把话说完后,陈先生系统地把我提出的问题归纳为几方面,并问我是不是这些方面。我点头表示认定。陈先生说:"好,我一个一个地为你安排解决。"(真敬佩陈先生当时已是将近80岁的老人,还有这么好的记忆力和分析归纳的能力!)就这样,陈先生亲自安排了他系里的同志和我交谈,并送给我一些资料。

陈先生虽然离开了我们,但他为我国高等教育,特别是在经济理论教学和科研领域做出的杰出贡献,他那为人师表的学者风度和高尚人格,他那待人诚恳亲切、热情的音容,永远铭记在我心中!

1998年1月21日于北京

怀念陈岱孙老师

□ 胡世凯*

我在中华人民共和国成立之前进入清华大学经济学系学习,1951年毕业。陈岱孙老师教过我三门课:经济学概论、财政学和经济思想史。按当时的学制,这些都是一年级的课程,每门六学分,上下两学期每周都上课三学时。学生在不同的年级学习不同的课程,而他老人家则同时讲授这三门课,每周上课九学时。他又是清华大学法学院院长和经济学系主任,工作是相当忙的。

当时我十几二十岁,陈老师四五十岁。他高高的个头,白皙的皮肤,西装革履,头戴礼帽,举止温文尔雅,风度翩翩。同学们都对他怀着敬畏的心情。"敬"是敬仰他的人品和学问。他讲课时,语言精练简洁,不啰唆,不重复,条理清楚,逻辑性强,学生印象深刻。"畏"是因为他表情严肃,不苟言笑,青年学生难免会有几分害怕,不敢接近他。在那几年时间里,我都没有同陈老师做过长时间的单独谈话。

我毕业那年清华经济学系已有研究生,没有再招新生。我去厦门大学跟随王亚南老师当研究生,那时王老师是厦门大学校长。当时研究生学制两年,我1953年毕业,被分配到山东大学任教。那时山东大学没有经济系,我在马列主义教研室讲授政治经济学。

1952年,全国高等院校学苏联,进行院系调整,清华成为单纯的工科大学,经济学系并入北京大学。陈老师被任命为中央财经学院第一副院长,一年后他到北京大学任经济系教授,后兼任系主任,讲授经济学说史。1956年年末,我写信给陈老师,说想到北大给他当助手,教经济学说史。当时我并未抱很大希望,我想他大概不记得我。可是,我很快就收到他的回信,欢迎我去北大,当然我是非常高兴的。1957年年初的寒假,我到了北大。陈老师对我说:"你在这里住下,等着吧。"当时调动工作要山东大学同意放,北京大学同意收,手续繁多,需时很久。后来鸣放反右开始,工作调动事停顿下来,我重新回到山大。但在北

---

* 胡世凯,山东大学经济学院教授,清华大学经济学系校友。

大居留的八个月里,我同陈老师接触较多,消除了对他的畏惧心理,感到他很温和慈祥,对后生晚辈是很关怀提携的。

重回山大后,我同陈老师很少联系,转眼间二十多年过去。1979年中华外国经济学说研究会在北京成立,我又见到了他。他被推举为会长。此后,我差不多每年都能在开会时见到他。

1980年,我有幸获得去美国哈佛大学进行博士后研究一年的机会。那年9月下旬,我到北京参加出国前的政治集训,为期一周。我本想去拜望陈老师,但不慎扭伤了脚,行走困难,几乎上不了飞机。10月初,我到达哈佛大学,写信告诉陈老师,我已到美国,未能向他辞行。他很快回信,还附了一封介绍信,介绍我去见在哈佛大学公共卫生学院讲授经济学的美籍华裔萧庆纶教授。萧教授的父亲原为清华的老教授,是陈老师多年的同事和朋友。我在美国一整年的时间里,萧庆纶教授给过我很多帮助和指教。

陈老师在给我的信中还介绍我认识黄范章同志,他当时在中国社会科学院经济研究所工作,比我先到哈佛。我们在国内没有见过面,在那一年里几乎每天都见面,成了朋友。

1981年,上海人民出版社出版了陈老师的专著《从古典经济学派到马克思》,他赠我一册。陈老师在中华人民共和国成立之前的《清华大学学报》上发表过很多文章,署名"陈总"。中华人民共和国成立之后,可能由于谨慎,他一直不写文章,直到出版这本专著。他长期研究西方经济学,而这本专著显示出他对马克思主义经济学也有很深刻的研究。他用马克思主义的立场、观点、方法分析。他在后来发表的一些文章中告诫我们,在吸取借鉴西方经济学的同时,要提高警惕,不要迷信照搬。他指出,在西方经济理论的发展过程中,国家干预与经济自由这两大思潮的斗争是其主线,这种见解对于我们理解西方经济学是极有教益的。陈老师治学严谨,学识渊博,英语和法语水平很高,这些是他的历代学生和中华外国经济学说研究会全体会员所深深敬仰的。他在哈佛大学获得金钥匙奖的故事在他的学生中代代相传。

这里,我还要提到一位刘景江同志。他在"文化大革命"前进入北京大学经济系学习,"文化大革命"初期毕业。在老教授们被关入"牛棚"的时候,他是看管他们的红卫兵。他对老教授们从来没有粗暴的语言和行动,对陈老师尤其照顾。他毕业后分配到山东省泰安市山东农学院农业经济系任教。他有时还到北京去向陈老师请教。陈老师对他说:"你离我太远了,你以后可以到山东大学去找胡世凯。"后来刘景江多次来找我,我们已很熟悉。刘景江在20世纪80年代曾两次去德国访问和讲学,并研究西欧国家的农业问题,1991年出版了一本专著《欧共体农业——发展、政策与思考》。他想请陈老师为他作序,陈老师手头另有工作,转请厉以宁教授为他作序。厉以宁以自己的名义为刘景江写了一篇颇长的序言。

从陈老师关心刘景江和我的上述事例,可以看出他对后生晚辈的关怀。陈老师已经永远离开了我们,但他留给他学生们的印象和影响仍将长期存在。

怀念陈岱孙恩师

□ 谭振樵*

经济学界一代宗师陈岱孙教授是一位非同寻常的好老师。在我最尊敬的老师之中,他老人家是突出的一位。他不但传我以知识,关心我的学问进展,而且关心我立身处世,为炎黄子孙争光,还关怀我的下一代的成长。

回想20世纪50年代清华时期,我原拟追随陈老师专攻财政学。后来,环境变了,我的研究生专题也改变了。但是,陈老师的高尚品格和治学精神,仍然给我极大指引,即使我移居海外,改革开放以来,始终受着教诲。

1980年9月尾,我第一次回国在北京庆祝国庆。由于当时还是改革开放初期,我又属于一个旅行团的成员,自由活动的时间不多,范围也不大。我打算在电话中向他老人家请安便了,以后另找机会拜见他。岂知第二天清早,还不到6点钟,陈老师已经亲临华侨大厦。阔别25年(1955年我到北大经济系讲授农业经济学时,时常见到他,向他请安),高兴激动的心情是难以形容的。我说:"该是我到北大拜见您,反而令您远程跋涉到市内来。"他说:"我也应该来看看你。"他问了我的工作、生活和家庭等,更关心我的孩子们的成长。我一一向他禀告。之后,我答允会带领孩儿们回国拜见他,他点头微笑。临别时,我发觉他多了一根手杖,便要雇一部车送他回北大。他坚持不要,还说已经习惯了坐公共汽车,手杖只是"以防万一而已"。我只好怀着歉意送他走出华侨大厦,看着他的手杖的确没有沾地,在手中拿着像个"装饰品",知道他的确很健康,心里高兴至极,一直回想着见面时的一席话。虽然,他的说话仍像课堂上讲课一样扼要精炼,但是,我感受到他老人家(当时他已80高龄)亲自来看我,比讲一千句一万句更有价值。

以后多次回国,我们夫妇总是去拜见陈老师,而且带领儿子们回去拜见他。我知道我是他的学生,但也感到他把我当作自己的子侄来看待、来关怀(陈老师博爱,凡是他的学生,他都非常关怀,如同自己的子侄,我相信学长们、学弟们均有同感)。所以,在我们夫妇心目中,他老人家是我们在国内最亲、最敬的人之

---

* 谭振樵,加拿大华人侨领,清华大学经济学系校友。

一。带领孩子们回去拜见他,除了让他老人家感到高兴,更想让孩子们学习他的高尚品格、爱祖国的坚贞品质和进取治学的精神。孩子们尤其记得他们的师公在哈佛大学的骄人成绩,为华人争了光。这些都给孩子们无限的鼓舞与动力,因而孩子非常尊敬他,乐意去拜见他老人家。每次,他听完了孩子们称他"师公"和报了名字后,总是非常高兴地说"你们在国外长大还会说普通话,真好",并且很关心他们的学习和工作情况。当他知道孩子们已经获得医学博士学位,做了医生时,连说"医生是好职业",还说:"你们的父亲当年在你这个年龄时是我教的,而你们已经是医学博士。"孩子们要为他拍照片或是与他合照时,他总是乐意相随,发出称意的微笑。因而孩子们更不觉得陌生,反而好像与老爷爷团聚一般。但是,每次分别时,我们都看得出,陈老师很舍不得,一直送到门口。我们三番四次请他回屋里去他都站住不动,要目送我们的出租车离开。当然,我们也舍不得,于是我答允他老人家一两年内再回来探望他。这样,他才点头,表现得愉快了一些。

每次,我稍有一些进步,陈老师就会给我更多的鼓励。1982—1983年,加拿大联邦政府多元文化部部长费林明(Jim Fleming)先生委任我为该文化部顾问,老师获悉后勖勉我。1989年4月,我幸获加拿大杰出公民奖(4月18日为颁奖日),他老人家从张友仁教授处得知这个消息后,专门给了我一道手谕,勉励至多,还借张友仁教授于5月间应邀来加拿大讲学之便,给我带来一大盒人参茶,他更谦虚地说是"千里鹅毛"。但是,我知道老师的为人,手谕训勉和"鹅毛"实在是一个大奖赏,是我又一次的"杰出公民奖"。同年10月,《人民日报(海外版)》刊登了一篇对我的采访,老师在高兴之时立即剪寄给我,训勉更多。我明白老师的用意,因此,我更继续努力,想为华人争光。

随着时光推移,我感到陈老师对我的关怀和爱护越来越深厚。1990年,在加拿大首都渥太华中国大使馆的国庆招待会上,张文朴大使一见我面就说:"我刚从北京回来,陈岱老托我带口讯回来问候你。"1994年首都师范大学出版社为陈老师出版了《陈岱孙学术论著自选集》,陈老师希望我能及早读到,除了先行用书信告知我,还特别托人将书带到美国寄给我(《陈岱孙文集》两卷早已在出版的当年,我回到北京时蒙受赐赠)。同年圣诞之前不久,我收到了关英老学长的信,说陈老师非常惦念我,叫我快去信、多去信,以慰老人家。我除了写信上禀,向老师请罪请安,还寄奉一张全家福相片。他老人家很高兴。所以,1996年圣诞前较早时间,我赶紧提早给他老人家贺节拜年,还向他禀告11月中旬北京电视台来加拿大拍摄《龙腾四海》片集,我是被访者之一。在拍摄过程中,我案头上老师的文集和自选集都被摄影师的镜头对准过。我的原意是以这个讯息,作为节日的贺礼之一,以冀老师能够欢喜。今年1月3日他老人家掷下手谕,我知道他很高兴,还给我嘉言勉励:"……这次得到《龙腾四海》在加拿大被访极少数人物九人中之一人之誉,和两年前'世界华人精英传略'丛书之人选,实为吾弟近几十年来一切工作应得之承认,为我侨界莫大之光荣也。""……唯近年小照一片,希哂纳。"信中还说:"在家疗养,医诫戒作任何脑力及体力活动也。"我原以为他老人家疗养一段时间,又不再做博士生的指导工作,会恢复健康的,百岁高寿定会达到。想不到,这封信成了遗训,照片成为遗物。噩耗传来之后,我一直因为连老师最后一面也没能见到而自怨自责。一个多月以来,心绪总不能平静。张友仁学兄多次鼓励,要我写些纪念文字,但是,每次提起笔,总是泪水打湿了笔和纸。陈老师已仙逝了,事实已是如此,自责于事无补,唯有铭记老师的训诲。愿陈老师在天之灵安息。

1997年9月

作者谭振樵与陈岱孙先生合影,摄于1993年

文章风范润千秋

□ 张培刚*

1997年7月27日，我国经济学界泰斗、我的留学导师、一生执着治学育人的陈岱孙先生，以97高龄离开了我们，至今近一年。哲人其萎，山河同悲。我们永远怀念岱孙师，他的音容风貌、道德文章，也永远留在我们心间。

一

20世纪30年代初，我到北京工作，初来乍到，就闻知当时在教学界已很有名望的陈岱孙先生。

1934年八九月间，秋高气爽，我暑假刚从武汉大学经济系毕业，被选送进了北京以陶孟和先生为所长的中央研究院社会科学研究所，开始从事农业经济方面的调查研究工作。当时同事中，清华毕业生最多；先我两三年进所的有老友吴半农、汤象龙、巫宝三、梁方仲诸兄，后我一年进所的有老友严中平兄，他们都是岱孙师的学生，经常对我谈起岱孙师的教课和为人令人钦慕不已。

我闻知1927年秋，岱孙师被聘为清华大学经济学系教授，时年仅27岁。不仅如此，1928年夏，岱孙师又被聘任清华大学经济学系主任，1929年起兼任清华大学法学院院长。在短短三年中，岱孙师以教学优秀、办事精明，连升三级；真是才华初露，众望所归。

我还闻知清华教授中有著名"三荪"：文学院金龙荪（金岳霖，著名哲学家）、法学院陈岱荪（陈总，著名经济学家）、理学院叶企荪（著名物理学家）。[①] 他们学识高超，风度潇洒，更有一个共同的特点：三人都是单身不婚。

二

直到抗日战争时期，1941年五六月间，我才在昆明有幸面谒导师陈岱孙先

---

* 张培刚，华中科技大学教授，发展经济学奠基人，清华大学校友。
① 陈岱孙、叶企孙曾分别用名"陈岱荪""叶企荪"。——编者

生,亲聆指导和教诲。

1940年一二月间,从昆明最高学府里传出了一个让青年学子激动的消息:停顿了数年之久的清华庚款公费留美考试,第五届将于本年8月在昆明和重庆两地同时举行,共招取16名(外加林森奖学金1名),每个科目1名,其中绝大多数为理工科门类,而文科只有2名:经济史1名,工商管理1名。我决定报考工商管理。8月在昆明云南大学一大教室内考试。英语和5门专业课,连考3天。

1941年4月,我忽然接昆明友人一信,附剪报一张,上面载有"清华留美公费考试发榜"之消息,共取17名,每种门类1名,其中文科门类仅2名:张培刚(32商管理),吴保安(即吴于廑,经济史)。越数日,接清华正式通知:第一,告知我已被录取"工商管理"门。第二,清华留美考委会为我指定和聘请武汉大学杨端六教授、清华大学陈总(岱孙)教授为留学导师,以备为我留美选校及其他有关事宜请教和咨询。第三,要求我于5月初旬到昆明西南联大内清华留美考委会报到,以便转赴重庆办理出国护照等手续,然后飞往香港,乘船去美。

到了西南联大,我首先到清华留美考委会报到,办理有关认领文件和领款手续;然后由一工作人员引领,到一客室拜见导师陈岱孙先生。一见面,我行一鞠躬礼,恭恭敬敬地说:"陈先生,您好!"岱孙师连忙用手把我扶住,说:"不必客气,快坐下。"岱孙师身材修长,风度翩翩,谈吐高雅风趣,态度严肃和蔼,令人可敬可亲。我还记得他穿着米黄色西服,真是一表人才。我当时心里一阵嘀咕:这样好的人才风貌,为何至今不婚,岂不有负上天美意?正好岱孙师首先向我道喜,说这样的考试得中,是很不容易的。然后问我:"杨端六先生(我读武大时的恩师,曾讲授会计学、货币与银行、工商组织与管理诸课,也是这次我的另一位留学导师)可好,有否通信?"我回答:"杨先生在四川乐山武大临时校址,通过一次信。他回信说,陈先生早年留学哈佛,对美国学术情况熟悉,要我多多请教陈先生。"岱孙师又对我说:"不久前,清华留美考委会讨论过,就工商管理这门学科而言,哈佛大学工商管理学院是世界上最好的学院之一,因此决定让你进这个学院,并已办妥申请手续。"岱孙师接着又说:"哈佛工商管理学院有三大特点:一是不招本科生,只招研究生;二是不招女生,只招男生(不仅管理学院如此,哈佛全校皆然;第二次世界大战结束后,情况改变);三是管理学院采用独特的'案例教学法'(case method),各个课程不用指定课本,而以不同的实例报告作为学生分析和课堂讨论之依据教材;当然,有时还必须参阅有关书刊。"岱孙师最后还告诉我:"哈佛工商管理学院与哈佛校本部相隔一条河,地点较空旷,环境更幽静。"

岱孙师是清华留美"主考官"之一,我们一行17人,不管文科理科,谈起他来,都非常敬重和仰慕。我们这一届清华庚款公费留美生,有几大特点:第一,在美国都进了各个有关专业的名牌大学,学习勤奋,成绩优秀,大多数获得了博士学位。第二,绝大多数都回国服务,有的甚至是放弃了国外异常优厚的待遇而回国的。第三,回国后大多在各自的岗位上做出了重要贡献。这些,我们特别要感谢岱孙师等老一辈的留学生和学者的身教言传。

三

光阴荏苒,自从昆明辞别岱孙师,转瞬过了三十多年,到了1978年5月间,经济学界人士有难得的机遇在北京会合,我们又和阔别已久的岱孙师相聚了。

当时中国社会科学院经济研究所向全国发起和组织编撰我国第一部《政治经济学辞典》,由所长许涤新同志主编,编审组的主要负责人为刘诗白、刘国光、严中平、宋则行、巫宝三、吴承明、张培刚、苏星、陶大镛等。高等院校和研究机关的教学及科研人员有组织地参加编写词条,少数学有专长的学者被短期借调主持其事。会上,大家推举我和宋则行、宋承先诸兄负责编撰"外国经济思想史"部分。在整个编撰和讨论过程中,我们主要依靠北京大学、中国人民大学和经济研究所有关本专业的诸位同仁,特别地,大家都以德高望重的岱孙师为本组的最高顾问和总导师。

岱孙师这时即将届八秩高龄,但思维敏锐,精神矍铄,谈吐风雅,仍和三十多年前我在昆明拜见时一样。当时本组外地成员数人,住在经济研究所办公楼里。每遇疑难问题,则先由本组最年轻成员、经济所黄范章同志,与北大最年轻同行厉以宁同志联系,向岱孙师报告,约定时间,然后我们数人驱车同赴北大,登门求教。岱孙师则不厌其烦,有求必应,有问必答。

在当时改革开放的新形势下,如何对待西方经济学,就我们"外国经济思想史"组来说,成了一个重大的理论问题和迫切的现实问题。岱孙师对这一问题的态度是始终一贯的,毫不含糊。他认为,对待西方经济学,既不能一概排斥,也不能全盘照搬,而应当结合我国国情,对之加以具体分析,而后决定取舍;既要重视,又要分析,不要陷于盲目性和片面性。岱孙师的这一观点,符合中央改革开放方针的精神,指导我们全组在词条撰写和审阅方面的工作,沿着正确的道路,向前推进。

1979年4月间,我们编审组七八人,来京工作恰好一年。经过全国撰稿人和我们编审组同仁夜以继日的共同努力,我们终于完成了《政治经济学辞典》"外国经济思想史"部分初稿。接着,由经济所任维忠同志与杭州大学蒋自强教授具体安排,我们全组成员以及全国高校特邀专家教授共二十余人,在岱孙师的带领下,齐赴杭州集中一个月,从事最终审阅、讨论、修改、定稿工作。当时正值党的十一届三中全会闭幕数月,全国正感受到改革开放的春天来临;作为知识分子,我们更是满怀激情,格外感到春意浓郁了。

当时在整个对词条的审阅、修改和定稿的过程中,经常困扰我们的一个问题,就是如何正确对待在经济学中应用数学方法,也就是如何正确对待在运用定性分析的同时,运用定量分析。每次讨论,岱孙师所发表的意见常常为我们诚心接受。两三年后,岱孙师把对这个问题的见解,概要地写进了一篇文章,题为《现代西方经济学的研究和我国社会主义经济现代化》。现摘引其中有关段落如下:

"在若干主要方面,现代西方经济学的研究对于促进我们经济建设现代化是有用的。

"西方经济学近几十年内,在经济现象定量分析方面,做了大量的试验。20世纪30年代后,几乎和凯恩斯学说出世同时,并随即与之相结合的,由瓦尔拉斯—帕累托学派所建立的运用数学以说明、分析经济现象的数理经济学,得到大步的发展。近代电子计算技术的发展又为之提供了前所未有的计算手段。突出的学科的发展是经济计量学。经济现象的变量关系为探讨的核心。研究的步骤归结为建立模型、检验理论、进行核算、做出预测等。当然有人也曾批评这种分析法,认为它企图以数学代替知识,以计算来代替理解。但是我们过去对于定量分析过于忽视了,实际上数学本来是一个严密的分析工具,没有理由认为不能让它为研究我们的经济服务。这绝不是否定定性的研究。我们更反对滥用数学,把经济探讨变为数学游戏。如果我们善于应用,它可以成为经济分析的一个有用的工具,但是不能对它抱迷信的态度。"

岱孙师的这一见解,对于我们今天从事经济学说的教学和科研,仍然具有重大的现实意义。

1979年9月,中华外国经济学说研究会在北京成立,到会代表一致推举陈岱孙先生为会长。是年冬,在岱孙师的指导下,在国家科委于光远同志等的关照下,"国外经济学讲座"开始在北京举行;听课学员除了大专院校教师、研究机关人员，还有国家各部委的高层次干部（司、局长）；课堂设在北京大学大礼堂，每次学员凭听课证领取讲义入座；听众一般有四五百人，在当时是很有一点声势和影响的。课题从开头的宏观经济学、微观经济学、经济增长论、发展经济学、区位经济理论、数理经济学、经济计量学，直到投入产出分析原理和方法、经济预测理论和方法等，共约六十讲，两年讲毕。研究会的成立和讲座的举行，对于现代西方经济学理论和方法在我国的评介与传播，起了相当大的创导性作用，也为我国实行改革开放以及引进和采行市场机制，在思想认识上打下了一定的基础。

四

岱孙师一生，无论为人或治学，皆为一代宗师风范：朴实谦虚，认真严谨，孜孜以求，诲人不倦。

记得1979年冬到翌年春，"国外经济学讲座"的各次讲课，岱孙师或在台上主持，或在听众席上听讲，一个单元两节课或三节课，岱孙师以八秩高龄，总是专心致志，自始至终。我清楚地记得，当我讲"微观经济分析"时，岱孙师就坐在北大大礼堂第二排偏右的座位上，拿着讲义，聚精会神地听着，一种师生关怀爱护之情，溢于言表，令我十分感动，而又忐忑不安。

1984年8月间，中华外国经济学说研究会工作会议在华中工学院（即现在的华中理工大学）召开。岱孙师率胡代光、李宗正、黄范章等同志由北京来到武汉，陈彪如同志从上海来，在武汉的有刘涤源、谭崇台等同志参加会议。会议期间，岱孙师还在一个可以容纳三百余人的阶梯教室为与会代表和华工经济专业的师生讲了一个重要的专题"西方经济学中经济自由主义和国家干预主义两思潮的消长"，分两次讲完。此专题内容岱孙师虽然非常熟悉，但在讲课前他仍然认真备课，一丝不苟，写出讲稿。讲课效果极好，大家受益良多。

1985年我写《微观经济学的产生和发展》一书，写到"垄断竞争理论产生的历史背景"一节时，欲考证张伯伦的《垄断竞争理论》是否导源于20世纪20年代后期英国皮罗·斯拉法（Piero Sraffa）的《在竞争条件下的报酬诸规律》的论文。尽管张伯伦曾多次声明，在斯拉法教授的论文发表时，他本人的作为哈佛大学博士论文（1927年4月1日）的《垄断竞争理论》一书的书稿，业已完竣，但国际学术界对此却长期存在疑惑。我当即想到了张伯伦与岱孙师是在20世纪20年代初同时进入哈佛大学研究生院学习的。于是写信向岱孙师求询，岱孙师回信说:"1926年张伯伦的博士论文《垄断竞争理论》确已基本完稿。"这就有力地证实了张伯伦本人声明的可靠性,为经济学说史澄清了这一疑惑。① 这里值得特别提出的是,岱孙师在华中工学院举行的中华外国经济学说研究会工作会议上所做的学术报告中曾指出:斯拉法、罗宾逊夫人和张伯伦关于"垄断竞争"或"不完全竞争"的观点,都是受了马歇尔的《经济学原理》第5篇第12章第2节第458页附注①(中译本下卷,第139页,附注①)的启发。马歇尔在附注中说:"当我们考虑个别生产者的时候,我们必须以他的供给曲线和他自己的特殊市场的特殊需求曲线相配,而不是和广大市场上他的商品的一般需求曲线相配。"这里所谓"特殊市场",便含有"垄断竞争市场"或"不完全竞争市场"的含义和内容。②

1993年正值我从事科研教学60周年暨80岁生日,岱孙师以93岁的高龄竟然亲笔为我写了一封满满五页纸的贺函③,真是令我惊当不起,心里十分感动。函中他提到我当年在哈佛的博士论文《农业与工业化》,获得哈佛大学1946—1947学年度最佳论文奖和大卫·威尔士奖金,并按例收入《哈佛大学经济丛书》出版一事,为我感到高兴。他写道:"我终于看到一个中国留学生跻身于哈佛大学最高荣誉奖获得者的行列。"岱孙师的赞誉是对我治学的莫大鼓舞和鞭策。

接着岱孙师还写了一个鲜为人知的"小故事":"我想在此穿插进去一小故事。我是在1926年春在哈佛大学获得哲学博士的。我的博士论文题目是《麻萨诸塞州地方政府开支和人口密度的关系》。也许当时对以烦琐的数学资料用统计分析的方法,对某一经济问题做实证探索的研究不甚多,我这篇论文颇得我的导师查尔斯·卜洛克(Charles Bullock)教授称许。在我于1927年来清华任教的第一年忽然得到卜洛克教授的一封信,略称他曾将我的论文推荐给'威尔士奖金委员会'参加评选,但可惜在最终决定时,奖金为我的同班爱德华·张伯伦的《垄断竞争理论》博士论文所得,表示遗憾云云。张伯伦是1927年获得哈佛大学哲学博士的,但他的初稿已于1925年写成,并在一次哈佛大学经济系研究生的'西敏纳尔'会上向我们做过全面的汇报。我听了之后,当时就认为他的论文中的观点是对于传统的市场经济自由竞争完善性假定理论的突破,是篇

---

① 张培刚:《微观经济学的产生和发展》。长沙:湖南人民出版社1997年版,第126—127页。
② 同上书,第129页。
③ 谭慧:《学海扁舟——张培刚学术生涯及其经济思想》。长沙:湖南科技出版社1995年版,第257页。

不可多得的论文。因此,我对于他这篇论文的获奖是心悦诚服的。"岱孙师所述的这个"小故事",使我感到他的博士论文具有很高的学术价值,此其一;其二是岱孙师心胸开阔,谦虚务实,值得我们后辈认真学习。

1980年岱师八旬华诞,我学习写了一首七律祝贺:

> 人生七十古来稀,更喜春秋八十奇。
> 桃李芬芳五五载①,风云变幻三三期②。
> 青松早荫清华园,白发长歌北大漪③。
> 文景贞观今胜昔,百龄四化两无疑。

1997年7月27日晚9时,忽接北京大学经济学院院长晏智杰同志的电话,告知岱孙师已于当日逝世的噩耗,不胜悲恸,彻夜难眠。次日晨,我写了一首挽诗(也可说是双幅挽联)寄往北大,以表达学生对恩师无限崇敬和永远怀念的心情于万一:

> 青松早荫清华园,白发长歌北大楼。
> 桃李芬芳溢四海,文章风范润千秋。

1998年4月于武汉

四位同为哈佛大学校友的中国经济学家,(左起)张培刚(本文作者)、陈岱孙、陈彪如、谭崇台,摄于1984年,中华外国经济学说研究会工作会议于华中工学院(今华中理工大学)召开期间

---

① 岱孙师1926年在美国哈佛大学取得博士学位后,回国在清华执教,中华人民共和国成立之后调北大任教,至1980年时已任教55载,桃李满天下。

② "三三期"可作二解。岱孙师历前清、民国、中华人民共和国成立之后三个时期,可谓大"三";亦可作小"三"解,指"文化大革命"前、"文化大革命"中及拨乱反正后。

③ 漪,指北京大学未名湖。

悼念陈岱孙先生

□ 宗 璞*

陈岱孙先生是大学者,是我的父执,是长辈。但在我心中,总觉得他是一位朋友,一位"老友"。

不知道这是不是高攀,也不知道他是不是把我当作小友。我们的来往并不很多,而他待人的平等亲切,让人免去俗套,感到友情的萦绕。

约在20世纪80年代中期,顾毓琇先生到京,来访先君冯友兰先生,让我邀请陈先生也到三松堂。那是一个下午,阳光从西窗射进来,照亮了三位老人的白发。不知是谁说了句"这是三位老院长的相聚",我猛然一惊。三人中,冯是文学院院长,年最长;陈是法学院院长,年居次;顾是工学院院长,最年轻。回想当时在清华,年最长的不过三十出头,各领一方,和同仁们一起,建立了清华的学术地位,那时是何等的意气风发!而转眼间都是老人了。座谈间,顾先生话语最多,他将中国喻为初醒的巨龙,正待腾飞,言下十分振奋。

1989年,陈先生迁至燕南园,与我们成为斜对门的邻居。一天,他和他的堂妹陈荷一起来探访。当时父亲已经坐在轮椅上,乃由我陪两位陈先生在院中看看。看看乱草中新长出的铃兰,枯叶中新长出的玉簪,还有那一小片属于香椿树的土地,树旁钻出的许多枝条也已有了嫩叶。因说起陈家院子里该种些什么,我说:"种一棵香椿吧,可以吃到最新鲜的香椿芽。"随即让人挖出两根枝条。陈先生接过,把它们举了一举,说:"给了我两根木棒。"他的笑容是那样年轻。

父亲去世的次日,陈先生由厉以宁先生陪同来吊唁。当时家里人很多很乱,看到陈先生高大的身影,我沉重的心感到一丝宁静,好像有一只无形的手帮我移去了什么。数日后,在冯友兰哲学思想国际研讨会上,陈先生讲了话,谈到他在南岳与父亲相处的日子,说到《贞元六书》和爱国主义。这篇讲话后来整理为《冯友兰纪念文集》的序言。1994年清华以三松堂捐书建立冯友兰文库,开幕那天,陈先生和大家一同乘面包车前往参加。举行仪式后,大家去参观文库,

---

* 宗璞,原名冯钟璞,当代作家,哲学家冯友兰先生之女,清华大学校友。

因文库在五楼,陈先生对我说:"我不上去了,我在车里等。"幸亏有车先送他回去。那年陈先生是94岁,现在我进入老年还不太久,已经步履维艰,才体会到那是多么重的情谊。

陈先生还帮助我了解历史,在我的记忆之井里添贮活水。家中有一张1948年中央研究院第一届院士会议的照片,其中许多人我们都认不出,都说去问陈先生。陈先生总是不嫌麻烦,耐心解答问题。我去看望他时,谈话的很大一部分内容是昆明的生活。有一次陈先生对我说,20世纪30年代末,他曾随马帮到丽江去旅行,晚上披着麻袋坐在房檐底下,算是住宿。自己煮饭,煮牛干巴,肉汤很好喝。一天来到一片黑压压的树林,据说是强人出没的地方,大家都很紧张。马帮头一声令下,大家逃命似的冲过树林,总算没有遇险。

又一次,谈到一份杂志发表的陈先生的经济学文章,我不懂经济学,记得陈先生说,凡事都有来龙去脉,不连贯起来看,就看不懂问题,也许会得出相反的印象。

他看见《中华读书报》上有关于我的简讯,画了圈,让人送来给我,家人说:"连陈先生都帮你搜集资料。"

1995年我偕外子去美国,到费城,得见顾毓琇先生。顾先生应我之请题词。他写的是"学究天人,道贯古今;哲理泰斗,典范永存"16个字,笔力遒劲,后放在《冯友兰研究》第一辑中。顾先生还要我们代为问候陈先生。我们回京后,到陈宅讲起顾先生情况,陈先生极言顾先生多才多艺,顾先生为科学博士,却又能写诗词、剧本,其英诗译作很有味道。

老人渐老和小孩渐长,都是可以看得见的。所以,说人"见老了""见长了"很传神。不记得什么时候,我听说陈先生在会上晕倒了,便去看望。陈先生说:"是在会后饭桌上,没有任何先兆,忽然失去了知觉,现在已经好了。"自那以后,他似乎出门少得多了。又过些时,他说:"我现在是大门不出,二门不迈。"客厅里靠窗摆着两张沙发,他总是坐那靠门的一张,让客人坐靠内室的一张。因为门边有风,一直不解为什么这样坐,想说,踌躇了一下,以后也就忘了。再过些时,陈先生说:"我老是觉得很累,早上一起来就累。"说了些话以后,我怕他累,起身要走,老人说:"不要走,再坐一会儿吧。"于是我就再坐一会儿。这一会儿很重要,从此再没有见到陈先生。

我家的后院离商店、邮局比较近,陈先生有时从这里穿过,一直是腰身挺直,稳步而行。后院的石子小路坑洼不平,曾想让人修整,像我对一切事一样,总是一再蹉跎,等到把那些坑洼填平,老人已经太累了,已是"大门不出,二门不迈"。也曾想到做点什么好吃的送过去,但不是有事就是有病,这想法终于成了完不了的心愿。

1997年我索性一病经年,住了三回医院。待回到家来,发现燕南园墙外正在大兴土木,日夜施工,令人不能安枕。"陈先生怎么受得了!"我想,"可能学校会安排老人暂避一时。"过几天,知道陈先生住医院了。住几天也好,我们议论。没有想到,陈先生一去不回,永远地离开了。

我们去陈宅吊唁,灵堂里有鲜花有遗像,十分肃穆。这又是贤孝外甥女儿们的劳绩。还有那两张沙发,依然留在窗下,我见了不禁悲从中来。

我很伤心,世上又少了一位宽厚仁让、能主持公道的长者。人常用"学贯中西""中西合璧"等形容人的学问,我想,陈先生身上体现了人格的中西合璧,既有中国的发自内心的"礼",又有西方的平等精神,这样的人愈来愈少了。我难过,倒也不全是为陈先生,敬他爱他的人很多,无需我这一掬泪。我是被两句诗击倒:"侬今葬花人笑痴,他年葬侬知是谁。"它们不知怎么忽然跳到我心中。那是曹雪芹假托十余岁少女林黛玉的锦心绣口说出的,我到70岁才有些懂得。这是一个可以抽象出来的道理。父亲曾为许多朋友写过悼念的文字,陈先生为父亲写了悼念文字,我现在又在悼念陈先生。再往下呢?后人而复吊后人,代代无已。在这条来去匆匆的路上,人们"见长""见老",要停也停不住。

1998年4月下旬

"文化大革命"中的陈岱孙先生与冯友兰教授(左),摄于1973年

一 代 师 表

□ 韩克信*

我曾在清华大学经济学系受业四年。当我从八级学长胡家驹的电话中获知令我终生崇敬的陈岱孙老师已经离我们而去的不幸消息时,我陷入了深深的哀思;但又得悉陈师离世时身心安静,因血压降得过低而呼吸安然停息,返归自然,哀思之中又心获宽慰。由于我年届87,无力亲往悼念,乃请同级章玉和学长与九级经济学系同学联名吊唁。

陈师一生从事教育,培育英才,70年间未曾稍息。特别在抗战和战后复校期间,历尽艰辛,苦心筹划,百事集身,自青年至老年,一生献身于育人事业,甚至终生无机遇得一终身伴侣(某次在对陈师电视采访中,记者曾问及为何一生未求伴侣,陈师坦然答称:一生忙于工作,没时间没机会得遇合适人选)。陈师培育英才何止万千,而此等英才对国家对社会之贡献又何可计量!我们悼念陈师一生的伟大业绩,缅怀陈师终身的崇高风范,诚为一代师表,永为师者楷模!

严肃而和蔼

1933年,我转学考入清华经济学系二年级。第一次见到陈师是在校图书馆前面。我和一个同学在那里遇到一位先生,他高大的身材,穿着一身整洁的西服,头戴深色呢礼帽,手持一根手杖,面貌年轻而严肃,迎面走来。他走过后,同学低声告诉我:这就是法学院院长兼经济学系主任陈岱孙先生。我一听立刻感到这位经济学系主任有点威严可畏。当时我还未办注册手续,而这手续是须先经系主任审阅的。因此,对面谒系主任,心有所怵。

第二天我到教务处领注册表。教务处除告我去请系主任签字外,还给我提出个问题,说我必须学一门自然科学——物理学或数学,因为我在原河南大学习修的生物学没有学年考试成绩,而且生物学是否可以代替上述两门课还是问

---

* 韩克信,清华大学、西南联合大学经济学系校友。

题,嘱我去请系主任决定。这样,这一关更使我发怵了。当然我只有遵嘱而行。那时经济学系主任的办公室就在图书馆楼下。我怀着不安的心情去到那里,见到陈师正端坐在那里办公。我就把教务处提的问题请他审核。他一听就看我的转学成绩表,只温和地说了一句话:"学了生物学可以免修物理学或数学。"但当他看到我学的生物学课程没有学年考试成绩时,便问我原因。我解释说,因在原校和同学办了一个刊物被当局查封,正值学年考试前夕临时出走,未参加考试。陈师听后考虑一会儿说:"你写个文件,叙明情况后再定。"我写后再去。陈师看后,仍说说话很少,只说:"可以。"然后就批上:"可免修自然科学。"这是我进清华第一次接触陈师,而且是第一次请他审批一个可能引起麻烦的问题,他就这样只说两三句话就解决了。他语音低缓,态度温和。我立时感到这位系主任不是威严可畏,而是和蔼可亲。

为毕业生尽力谋职

1933年我考进清华后,因病休学一年多,未能随九级经济学系于1937年毕业。抗战后,我先复学于长沙临时大学,后转移西南联大,1938年夏毕业于云南蒙自。毕业后我前往昆明谋求工作。时值战乱期间,学校为毕业生谋求工作至为困难。陈师为此又费尽心血。为使自己培育的学生能从事适宜的工作,又不愿一有机会就随意推荐,所以毕业生离校就职进展缓慢。陈师很费周折地与重庆中央机关联系,谋得了几个工作职位。1939年1月初陈师通知我和另三位同学去他那里洽谈此事。陈师告诉我们,重庆经济部有四个工作机会,对我们所学甚为适宜,希望我们尽速前往任就。这次同承陈师荐往重庆经济部工作的另外三位同学是籍传质、夏壮图和刘树森。从此我们在陈师四年培育之后,又以陈师的推介开始了我们一生的事业。

授课言简意赅、内容丰富

在清华经济学系课程中,经济思想史和财政学(或公共财政)是两门重要的必修课,均由系主任陈师亲授。我在听陈师讲授这两门课程的过程中,深感其学识深厚,讲解清晰,言简意赅,内容丰富。陈师讲课声调缓慢、用语简洁,听者易懂易记。由于听时理解清楚,笔记简要明晰,因而容易系统掌握要义,学识增益效果亦高,考试时就能应付裕如。这是所有听陈师授课者的共同感受。陈师讲课态度极为严肃,端坐椅上,时而眼望课室同学,时而目视面前提纲。初时我以为提纲中必有详细记述。一次在课间休息时,陈师在旁答一同学问题,我乘机走上讲台看提纲,企图理解陈师为何能将详细准备之提纲以简言慢语讲解清楚。一望提纲,大为惊奇。那一页讲课提纲上,陈师只写了十几个英文提要。现在似乎还记得那份讲课的提纲是这样的:"Classical school: A. Smith—Laissez-faire, laisser-faire. D. Ricardo—Comparative cost。"在 Marxism 项下,只写了"K. Marx—The Capital, surplus value"。足见陈师对这些重要经济思想只记了讲的次序,对各家经济思想内容已融会贯通存记于脑中了。

鼓励与教导

直到我晚年 80 岁时,还有机遇得陈师的一次亲切鼓励与教导。

我从清华毕业后,主要从事经济研究工作。1956 年起专事国际贸易研究。20 世纪 80 年代之前的近三十年间,只能给领导和业务部门提供参考资料,不能以个人名义发表文章。这期间写作虽不下百余万字,但在"文化大革命"中均付之一炬。80 年代改革开放后,我参加国内和国际经济、贸易、金融等研讨会较多,写作也渐有积累。1990 年我出版了两本著作:《现代国际经济贸易问题》和《现代国际市场》。出版后寄给陈师,请审阅指正。不几日就得到陈师复函。承他以中国式红格直行信纸用钢笔亲书一篇亲切鼓励与教导的信。大意言我多年研究已取得很大成绩,经济学已进入新时代,用新方法处理甚为适宜(意指书中以数学计量方法研究了某些问题),但在改革开放和现代化条件下,仍应继续紧跟现代化不断前进。当时陈师已近 90 高龄,我得此鼓励与鞭策,至为感动。一时想前往北大寓所省候并亲聆教导,但转念其年事已高,不免有扰清神而作罢。

"文化大革命"中我对陈师的处境极为关心。

"文化大革命"初,我听说清华和北大许多著名老教授被打为"黑帮分子""反动学术权威"等,不免猛然想起我受教多年的敬爱的陈师是何遭遇。关切与怀念终使我专程去清华看看情况和大字报。到清华后走遍校园,也没见到这类大字报,心想所听情况不实。但这时我忽然醒悟自 20 世纪 50 年代初院校调整后,陈师已转往北大,乃折返前往北大。进校园后,我确实发现一个大木牌,上列许多被打为"黑帮分子"的名单。每个名字都用红笔打上大"X",说明栏内分别写着"大黑帮分子""大地主""反动学术权威""大特务"等吓人名称。我担心地按姓名逐一看完,最后没发现陈师的名字,才宽怀放心而返。

最后,我再次重述在清华四年受陈师培育之恩,一生铭感。而陈师一生教育的英才已遍布天下。陈师人格之高洁,风范之纯正,堪称一代师表,永为师道楷模!

1997 年 9 月 30 日于北京龙潭寓所,时年八十有七

陈岱孙先生在清华园,摄于 20 世纪 30 年代

陈岱孙：一代学人的终结

□ 鲲 西*

陈岱孙先生以97高龄不久前去世。70年从事大学经济学教学,从没有离开过岗位。70年的教学,桃李满天下,那些最早期的受业者如今健在的海内外都有,对于陈先生的去世必同表哀悼,因为他的死标志着上一代学人的终结。

朱自清先生早期即与陈先生在清华共事,但两人交往较密是当三校南迁在昆明的时候,朱先生有《赠岱孙》一诗:

> 浊世翩翩迥不群,胜流累叶旧知闻。
> 书林贯串东西国,武库供张前后军。
> 冷眼洞穿肠九转,片言深入木三分。
> 闻君最爱长桥戏,笑谑无遮始见君。

陈先生原籍福州螺江,与陈宝琛太傅同宗,故首句云"胜流累叶"。1927年哈佛载誉归来即在母校任教,而陈先生的专门研究又是财政学,所以诗用晋杜预典治财有道,朝野称誉号曰杜武库。陈先生在清华不到30岁即任法学院院长直至南下,抗战胜利仍回清华园,院校调整直至后期才改隶北大,可是他的身影、他的风度却是清华园人最熟悉的,即使是理工学院的学生也都认识诗所谓"浊世翩翩迥不群"的这位年轻教授。你有时会在图书馆看到他在杂志阅览室翻看西文杂志,这就是他的风格。20世纪30年代中,清华一度有教授从政之风,著名的有历史系的蒋廷黻和我的老师吴景超先生,而陈先生看来对于校园之外的事总保持着一定的距离。在昆明时有教授办的《今日评论》,陈先生偶有文章,所言必是关于治理财政方面的事,要言不烦,而有言必入木三分,这正如他平素待学生和善可亲,但却不苟言笑,这使他在校园中成为最有魅力的一位年轻教授。

20世纪30年代中期的校园常是不平静的,罢课罢考的事时时有。一次罢

---

* 鲲西,原名王勉,上海古籍出版社原编审,清华大学、西南联合大学校友。

考,陈先生按时携试卷进入教室,没有学生,他空坐一个钟头后离去,他只用这样的方法表示抗议。战时国民党的教育部一度在二陈控制之下,那时有所谓部聘教授和集中有代表性的教授于重庆集训之事,自视为清流的教授为了敷衍亦不得不参加。据说在集训结束举行的招待会上,席间陈先生代表教授致辞,而此时某巨公亦在座,对于陈先生大有垂注之意,陈先生不为所动。奔竞的人不是没有,但那不是陈先生。在学校,他和任教务长的潘仲昂师是梅月涵校长的左右手。抗战胜利复员时陈先生是最早进入清华园的,日军占领期间清华园沦为马厩。1946年上海有过盛大的同学会,在八仙桥青年会,梅校长南下也来参加,陈先生在会上报告他怎样进入荒草满地的校园和怎样从国民党手中抢回被取走的图书馆阅览室的椅子,这些椅子是用上等木材特制的。一生忠于教学,热爱这个数十年眠食之地的清华园,冷眼看世界,他爱国爱校,只是他要以他自己的方式保持距离,广义地说这就是上一代学者多少具有的共同的性格。所以他的死标志着这一代学人的终结。我们遗憾他没有看到为他送行的如今尚健在的同时人,还有他那许多受业者,因为他是属于清华园的,这样的风范以后再也不会有了,这是使人们永远怀思的。

(原载1997年8月23日《文汇读书周报》)

本文作者所在西南联合大学法学院1938级毕业生与教师合影,前排左三钟书箴,左五陈岱孙,左六浦薛凤,左七余肇池,摄于云南蒙自

忆陈岱孙老师在西南联大

□ 宋同福*

陈岱孙教授是60年前抗日战争时期,我在长沙临时大学和昆明西南联合大学读书时的授业老师。我毕业离开学校后,多年来虽然再没有和他见面,但那时在校的一些情况,回忆起来,恍如昨日。现略述一二,以表怀念。

我是1935年考入北京大学经济系的,系主任是赵迺抟教授。1937年7月7日卢沟桥事变后,7月29日、30日,平、津相继沦陷。8月19日,北京大学校长蒋梦麟、清华大学校长梅贻琦、天津南开大学校长张伯苓,经教育部批准,决定在长沙联合成立国立临时大学。随即登报通告三校师生于9月30日前到长沙报到。

临时大学的校舍,租用韭菜园圣经学院做校本部及法学院学生上课之用,文学院借用衡山庙宇上课,理学院、工学院因需实验,借用湖南大学实验室上课。这是一所名副其实的临时大学,学校设备虽差,但三校教师好,教学质量并不差。

1937年10月,临时大学如期开学上课。三校合并后的经济学系由陈岱孙教授担任系主任,他原为清华大学经济学系主任。我到校后,就向他报到。他身穿西装,平易近人,很受同学们尊敬。开学时北大经济系主任赵迺抟教授、周作仁教授,南开经济系李卓敏教授、张德昌教授等,均到校授课。三校教师,都是一流的。

没想到临时大学开学不久,京沪战事急转直下,1937年11月12日上海沦陷,12月13日南京亦告失陷。日本飞机开始轰炸长沙,学校开始议论再度迁移之事。

1938年1月19日,经教育部批准决定,长沙临时大学迁往昆明,到昆明后改称国立西南联合大学。

昆明西南联合大学的校舍,1938年4月建校之初,除在西门外自筹资金开始建筑新校舍外,理学院、工学院租用迤西会馆上课,文学院、法学院借用蒙自

---

* 宋同福,北京大学、西南联合大学校友。

海关上课。

蒙自海关是一所花园建筑,有一个很大的花园,周围有砖墙。园内有亭子、山石花木,读书环境很好,但这里因地方很小,我们经济学系同学与陈岱孙老师、赵迺抟老师等课内课外天天见面,非常亲切。

1938年9月,文学院、法学院的学生在西门外农业学校上课,住在昆华师范。这一年,我是四年级的学生,曾选读陈岱孙老师经济思想史的课程,受益匪浅。毕业论文是赵迺抟老师指导的。

1939年7月,我从西南联大毕业。那时大学生毕业,学校不管分配。用人单位可登报招考取用或经人介绍聘用。我毕业时,中央研究院社会科学研究所向西南联大经济学系聘用两名研究生,并指明清华、北大各一名。陈岱孙老师与赵迺抟老师推荐我和桑恒康应聘。经审阅毕业论文后,我们两人即被通知于8月1日报到,所长陶孟和先生分配我在财政组任研究生。从此,财政研究工作成了我的专业。两位老师的恩情,永志不忘。

陈岱孙老师是国内著名的经济学专家、一代宗师。他一生从清华大学到西南联合大学,新中国成立后又由清华大学到北京大学连续执教七十多年,为中国高等教育事业做出了杰出贡献。他热爱祖国,为国家培养有用人才,他的学生遍布国内外,他的教育兴国精神,将永远受到人们的敬仰,值得人们学习。

1998年3月20日于上海

陈岱孙先生在长沙下麻园岭,摄于1937年

陈岱孙老师和《展望》壁报

□ 刘彦林*

岱孙老师不但在学术上是我们的恩师,在思想上、做人方面也是我们学习的榜样。在我们遇到惊涛骇浪,处于极端困难、危险的境地时,是他挺身而出,伸出慈爱之手,挽救了我们,这怎不令我们感佩终生,永不忘怀呢?

事情还得从头说起。

我是西南联大经济学系1943届毕业生,1943—1945年又就读于清华大学研究生院经济学部。岱孙老师一直是我的系主任。1939年全国统一招生,经济学系是热门,西南联大的经济学系拥有清华、北大、南开三校的全国最知名的一批教授,大家十分向往,因而招来许多优秀的学生,其中有的成了我的挚友。

朱声绂,可说是我们班上的第一才子,陈老师最得意的门生。他聪慧超人。我亲眼看到他能一字不差地默写出诸葛亮的《前出师表》《后出师表》,他的英文字和汉字都写得极其漂亮、潇洒、流畅,他打桥牌几乎没有对手,他的歌声圆润、高昂,能用英语唱多首名歌。多门功课成绩优异,毕业论文是用英文写的,1943年毕业后留做陈老师的助教,由于工作出色,1953年即晋升为教授,成为当时清华大学最年轻的正教授。不幸1957年反右时被打成"右派",从此一生坎坷,前两年病故。

孔令济,是我们班另一名高才生。他不但多门功课成绩优异,而且思想进步,有很强的分析问题的能力。别看他温文尔雅的学士派头,内心却像一团烈火,对同学极其友爱,肯热情帮助。那时我阅读了大量的进步书籍,其中有不少是他借给我的,如艾思奇的《大众哲学》、葛名中的《科学的哲学》、华岗的《社会发展史纲》、钱俊瑞的《怎样研究中国经济》、斯诺的《西行漫记》以及《联共党史》等。他毕业后也留做助教,后来是中国人民大学的教授,前两年还带几名研究生。现仍健在。

陈良璧,生活上不拘小节,比较散漫,可读书不错。在三年级时,他看我研

---

* 刘彦林,西南联合大学、清华大学经济学系校友。

读《资本论》,便口出狂言,说要和我结成马克思和恩格斯式的友谊。他毕业后到英国剑桥大学留学,回国后在北大、吉大、内蒙古大学等处任教,是第六届全国人大代表,前几年病故。

刘景丰,是个安分守己、埋头读书的好学生。为人诚恳,善交朋友,能把所学运用到实际工作中去。毕业后从事地质工作近50年、地质教育近40年。他是石家庄经济学院(原河北地质学院)教授中的元老,桃李满天下,全国许多地质局的管理负责干部都曾受教于他。该院1997年为祝贺他的80寿辰,出版了一本学术论文专辑,称他是"一位有影响的地质经济管理学家,是中国地质经济管理学科的创立者之一"。

我们这几个人不仅在学习上互相帮助,而且经常在一起交流思想,关心时局,对当时社会上的腐败现象深恶痛绝,对当时党的外围组织"群社"组织的各种进步活动,总是积极参加。"皖南事变"后,许多地下党的同志离开了学校,一段时间,学校里有些死气沉沉,反动气焰有些嚣张,《青年》《南针》等壁报连篇累牍的造谣、谩骂文章实在令人气愤。我们这几个1943届经济学系的好友感到有些憋气,就与社会系的朱鸿恩、同系1944届的顾书荣等一起研究,也出一份壁报,"呐喊"一番,打破沉寂的空气。经商量推举我和陈良璧为主编。那时学校当局为了统制学生的活动,出壁报要请一位教授为导师,还得到训导处登记,经过批准,才能出刊。

我们经过慎重考虑,决定聘请潘光旦老师做我们的导师。有一天晚上(经查是1942年1月12日)我和陈良璧到了潘老师家里,说明我们对时局的看法,我们的政治态度、出壁报的目的等,他欣然答应做我们的导师。他问壁报叫什么名字,我们说叫《展望》吧,他遂即说:"啊!Outlook!展望未来,展望世界,好!"他还说到政府对思想统制的危害,说他的文章有时就找不到发表的地方,等等。

1月21日,《展望》第1期出刊了,悬挂在新校舍一进大门的墙壁上。上面有孔令济写的发刊辞、朱声绂的《论言论自由》、陈良璧的《论思想统制》,我写了一篇《论学风》。我们这些文章的观点与《青年》《南针》针锋相对,自然吸引了大批读者。可以想象,《展望》一诞生,就成了三青团和一些党徒的眼中钉、肉中刺了。

随后,《展望》大约半个月出一期,记得我还写过《论正统》《论真民主、假民主》等文章。总之,我们的这些文章的主要内容是反对独裁、提倡民主、要求自由等。5月间出刊的第7期上刊登了刘景丰的一篇《吉普女郎》的文章,大意是说有的女大学生不好好念书,而整天坐着美军的吉普车兜风,与美军鬼混,败坏了学风,有失人格,有失体统,应悬崖勒马、改邪归正,等等。学校当局借此说我们污辱了女同学,勒令停刊了!《展望》不到半年时间就被扼杀了。

更有甚者,我与陈良璧、刘景丰被各记大过一次!这对我们来讲,真是晴天霹雳!事后得知,学校当局本来是要把我们三人开除的,潘光旦老师当然不同意,陈岱孙老师更是挺身而出,仗义执言,说他是了解我们的,说这几个学生是真正读书的,他们发表意见,即使用辞有点偏激,也不能就开除学籍啊!由于他的极力干预,仅仅各记大过一次才算了事。是陈老师挽救了我们,使我们免遭失学之苦,而继续留在学校里读书。

不幸的是,到1942年暑假,陈良璧、刘景丰两人离开昆明,准备回绥远老家一趟,在半路上被特务抓获,押解西安,入了劳动营,过了一两年铁窗生活,后经多方营救,才先后回到了学校,继续他们的学业。

而我没有离开昆明,可以说是在岱孙老师的关怀保护下,顺利地在1943年暑假毕业,并继续在清华研究院读了两年。而且在这期间还组织了读书会,参加的有何孝达、朱鸿恩、肖而兰、杨霖生、朱友平等,在我们成员之间还发行名为《晚星》的刊物,前后印了三期,登载我们自己的文章,互相交流,共同提高。

中华人民共和国成立以后,我们和岱孙老师一直保持着联系。最近几年,每逢西南联大校庆,我们总是结伴去探望老师,每次都能得到恩师的教诲;看到他老人家亲切慈祥的笑容,我们感到特别幸福和受鼓舞。本来约好于1997年11月1日校庆时再去看望老师的,哪知没有这个机会了。老师永远地走了,但老师的恩德永远留在我们心里!

1998年2月

作者刘彦林(左一)和《展望》壁报的另两位编者刘景丰(右二)、孔令济(右一)与陈岱孙先生合影,摄于1996年

我的老师陈岱孙

□ 王传纶*

2011年,清华大学百年校庆,我参观了清华大学新落成的校史馆。满墙的照片,梅贻琦校长、我的师长、我的同辈、我的后辈,多数我认识的都已经故去,我有很多感慨。陈岱孙先生的照片也在那里,看着他,想着我从1938年进西南联大读书和他初识到1997年他过世,我很遗憾在他离世时没能在他身边,中间近60年,我很怀念他。

好 教 员

陈老先生是福建福州人,家里是当地望族,在明清两代出过不少进士和举人,清末帝师陈宝琛就是他的伯祖父,他的外祖父、舅父则是清政府驻国外的公使,父母两支都是人才济济。在这样的家庭里,陈先生从小就有很好的国文基础,十多岁时就读于福建的英华中学,这是一所教会学校,外语教育训练很好,使他又打下了很好的外语根底。陈先生很小就从福建到上海,再到北京求学,上清华学堂留美预备班,然后很自然地去了美国读书,先在美国威斯康星州立大学经济系,再到哈佛大学经济系取得博士学位,之后他在欧洲游学了一年左右的时间,结束后回到祖国,一直再没去过国外。

我1938年考入西南联大,从哲学心理系转入经济学系要系主任签字,那时,我第一次见到了陈先生。他很高,有一米八多,很挺拔,很严肃,不苟言笑,非常整洁。他喜欢穿西服,虽然西服并不是很讲究,有的已经很旧了,但相当整洁。他上课的时候,都是提前到,准备非常之充分,讲课才能非常好,课堂内容条理逻辑清楚,如果录音录下来,直接就可以成讲义、成书。他在黑板上写字,写得非常之清楚,板书非常漂亮。他从不迟到,亦不早退,以至于有人说"如果陈岱孙先生说了下课而下课的铃声未响,那一定是钟坏了",他就是这样一个好教员。

---

* 王传纶,中国人民大学财政金融系教授,西南联合大学校友。

陈先生对学生很爱护。抗战期间，学生和家人间多有离散，有位家长写信给陈岱孙先生，询问自家在清华读书的子弟的去向。陈先生在办公室门口的黑板上贴纸条请知情人尽早转告以解其家人的"倚闾望切"之苦，这四个字我记忆很深。

我自己更是受到陈先生很多恩惠。我在北京读研究生，他支持帮助我出国；我在英国结束学业，那时新中国已经成立了，我托周培源先生带书信给他问国内是否有合适的工作机会，陈先生告诉我"你回清华吧"，他担着风险没有通过当时的一般手续经过教育部帮我回到清华任教，但后来那么多年，他很少再提起。后来，我去普林斯顿、伦敦、香港办事，去深圳教书，他都给过很多帮助，都会介绍他过去的学生、朋友给我认识，托他们照顾我。

任教不从政

陈先生一生没离开过学校，他关心国家、世界大事，也有从政的条件，但他不愿意做官，不想在政府中做事情，觉得教育才是他的终身事业。

陈先生是20世纪20年代的学生，那个时候的留学生愿意回来，在选论文题目的时候，多数是选一个和中国相关的题目，但老先生的博士论文题目比较特殊，他希望对美国当时的情况了解得详细一些，于是选择了研究马萨诸塞州的财政问题，将题目定为"麻萨诸塞州地方政府开支与人口密度的关系"。他的论文写得很具体，写得很实，下了很大的功夫。一个中国人，尽管语言上没有障碍，但背景不一样，写美国的情况还是比较困难的。后来这篇论文收在北京大学出版社出版的《陈岱孙论文集》里，在书中可以看到论文的附录全是统计表格，多达105页。

由陈先生的论文也能看出，他对政府的活动是很关注的，也有自己扎实的研究与见解，平时他写的文章也多半是政府、经济、税收这些方面的事情，所以有传说他是要从政的。有一个时期蒋介石想找一些名流到国民党政府里去做官，陈先生给蒋介石讲过课，传说宋子文也想过请他到国民政府里去，但他走了一条不一样的路，选择在学校待了一生。他曾对去做官的清华同事、同乡说"你们把自己放在火上去烤了"。

他愿意在学校里教书，在这一方净土上发表一些自己的见解，做一些自己想做的事情，他就是想做好教育。我回头去想，这大概有两方面的原因：一方面他觉得中国的教育落后，他应该做点事情。他曾经对我讲过，也对其他人讲过，他在上海的一个公园看到"华人与狗不得入内"的牌子,这很伤害他。他非常自信中国人不比别人差,在美国念书的时候,无论是为人,还是兴趣,和普通的美国学生比,他都是很优秀的。他觉得中国人不能屈服于外国,并选择了教育去实现自己的理想。另一方面他看到国民党时期的情况,他的所学也不可能和西方的经济理论结合起来。他为自己选择了清华,选择了教育,这也是一个中国高级知识分子的自尊心。

开明不保守

陈先生的学术观点在最初和西方的观点是一致的。他接受的东西,最初讲授的东西,现在看是古典经济学,没有超出西方经济学的范围。他给经济学系学生讲的入门课"经济学概论"用的就是美国的教科书。他给学生讲市场经济中的均衡理论、局部均衡理论、无形的手等,这些问题都讲得很清楚。最初的时候并没有新的东西,但后来就有些变化了。

这种变化和西方经济学本身的变化有关系。陈先生20世纪20年代在西方学习,到了30年代以后,慢慢地西方经济学自己内部也出现了很多新变化,比如关于垄断和竞争的关系,市场经济和垄断有冲突的地方,垄断会限制竞争,但垄断之间也有竞争;再比如凯恩斯革命、凯恩斯经济周期理论等,陈先生对这些都有关注。后来,第二次世界大战爆发,英、美都是参战国,这些国家进入战时经济体制,很自然地它们的市场经济也在发生变化,陈先生觉得战争环境下经济上是需要计划控制的。现在回头看,他20世纪20年代在西方求学,是在古典经济学学术体系内接受训练,但他始终关注西方经济学的学术变化,不固守在原来的位置,现在去想,这很不容易。

陈先生1928年起任清华大学经济学系教授和系主任,次年起又兼任清华大学法学院院长,后来在西南联大历任经济学系教授、系主任,商学系主任,他以奖学金的形式派了一些优秀的学生出国,然后再通过努力把他们找回来,让他们讲在国外的所学、所思,通过交流互动促进学术沟通。他从剑桥找回了徐毓枬,带来了凯恩斯的经济学;清华复校后,他注意到其他一些国家用统计方法来计量经济的变量,用统计计量的方法来研究经济问题、研究国民收入问题,又为清华请来了那时还比较年轻的刘大中。除此以外,经济改良主义、英国工党的经济学理论,他也都接收和允许。

他本人学术思想上也有一些变化,开始把自己所学更多地和中国的现实相结合。他对法国重农学派的经济学说比较重视,因为考虑到这一派的思想比较适合对中国经济的分析和研究。他也曾经考虑过将马克思主义的经济危机理论和西方国家经济周期的计量分析研究相结合,在这方面做过一些工作,也鼓励学生做这方面的工作。

在陈先生的主持下,清华、西南联大的经济学系和其他社会科学院系都比较开放,有很多讨论。他在这些探讨中有多少马克思主义的观点不见得,他自己对这些学说有多深的研究也不见得,但他无歧视无偏倚的开放态度,为清华搭建了一个干净、自由的平台。他自己主要是搞教学行政工作,是系、学科的带头人,他虽然严肃,但很开明,他对中国的经济科学,尤其是现代的经济科学是有贡献的。他培养出来了一些人,带出来了一些人,这些人很严肃,很认真。他不去从政,不当官,在学校倾注了自己全部的力量,也以自己的风骨为后辈树立了榜样。

直到晚年,陈先生一直都保持着对学术的开明态度。当年林毅夫希望进北京大学读经济学,就是经陈先生同意才进的,后来也是经陈先生同意,才又到美国读的博士学位。陈先生一直都是这样的学术态度,很不容易。

高效具才干

陈先生的行政工作能力很强,办事效率高。他教的经济学概论是大课,几百个学生,上完以后要考试。虽然有助教判卷、登记,但陈先生总会要求助教做一个分数的比例分布图给他,然后根据图看分数的分布是否正常,要是不正常他会自己再去看卷。在昆明西南联大的时候,经济学系是大系,每个年级有一百多人,所有的转系、选课、重修、复学工作他都要管,而且总能在很短时间内毫无差错地处理妥帖。

抗日期间,日本军占领华北,清华的很多地方被日本军队占着,他们甚至用清华的体育馆来养马。抗日战争结束,清华回迁,梅贻琦校长知人善任,让陈先生负责复校的工作。当时的清华园满目疮痍,百废待兴,陈先生在日方、国民党以及敌伪三者间周旋,努力恢复清华旧貌,其间艰难可想而知,可他同样也很少提及。只是后来他送给我一些书,在其中的一册中夹了一个本子,上面记着每天他用车去哪里,做什么工作,和谁联系,从中可以看到他当时的工作之繁,他的确有功于清华。

孤单有操守

陈先生外形挺拔，为人清正，富于才干，而且兴趣广泛，他的网球、棒球、篮球和桥牌打得都很好，还会骑马，爱打猎，喜欢旅游，是很活跃的，但他一直是一个人。偶尔会听他提起在国外留学时参加的舞会，听他描述舞会上女士们的穿着。我也听到过关于他和周培源、周培源夫人的传说。但据我所知，他和周培源先生是极好的朋友，那时他们四十岁上下，正是风华正茂的年纪，经常相约出去玩。他们深受西方教育影响，男女间并无当时一般人心中那样多的条框，有时会挽着胳膊一起走，也许别人的故事源自此也未可知。陈先生很少和人讲心里的情感。我自己身为学生，也始终没有勇气去问他这方面的问题。

陈先生年轻时喜欢旅游，但年纪大了以后都去不了了。有一次聊天的时候，我说："咱们出去看看吧，我们搭旅游船，我陪你去，可以沿海访问一些国家和地方。"他说他不去了。他怕麻烦别人。

陈先生从不肯麻烦别人，不为自己的事情向人张口。当年他从中央财经学院到北大的时候，北大院系调整已经结束，很难给他安排一个比较合适的房子，后来就用旧木料把一个旧房子给修理了起来，房子从外面看还可以，是很宽大的，但是实际上比较简陋。房子所在的地方比较潮湿，他家里的地砖上常常有水，但他从没提过换房子的要求。他这样的资历是可以直接向学校要车的，他八十多岁的时候跟我说想出去转转，我说那就要个车，让学生或助教陪你出去走走，但他也从没要过。

晚年的陈先生确实很孤单，他单身一人住在燕南园，一个远房的堂妹在身边照顾他。我每个月都去看看他。有一次我去看望他，他在燕南园房子的门口晒着太阳，他坐在一把很简单的椅子上，我在旁边，另一边是他的堂妹。那时大概是暮春，阳光挺煦暖，他晒着太阳和我聊着聊着就睡着了。我也没有走，就在那里等着，过了个把小时，他醒过来，看我还在，但他已经站不起来了，就和我招招手。在阳光里他流露出来的情感，向我招手的样子我都记得，一辈子。

陈先生做了一辈子教员，在清华做了一些工作，他的影响不光是对经济学系，对清华的风气都有很大的影响。他从清华出来，又在清华教书，又做行政工作，直到院系调整，他又到北大去，北大、清华这些人也都在他身边。他始终在教育界，在培养人才，培养年轻人。他自己是非明确，哪些做，哪些不做，很清楚。他不保守，不喜欢声张，他尽他的力量跟上这个时代。他既严格而又宽容。

他，很不容易的这么一个人，清清白白，这么一个老人。

清华有这样一批人，都是属于这一类。他们这一代知识分子，受民主自由主义教育的时间长，有自己的坚守，但回到当时的中国，碰到实际情况，有些事不太可能去做，所以他们中的有些人就在学校里待了一辈子，守着这片干净的热土。对于搞人文社会科学的人来说，这是很不容易的。他们在这样一个环境学习打造出来，却在另外一个不同的环境中生活，对他们来说，有个适应的过程，但他们做得还好。

这些人都故去了，他们这一代人，那个时代，现在慢慢地可以去了解。我们现在能相对全面地看他们、看那个时代了，这个问题，好的，坏的，可以更客观了。这一代老知识分子，不管他们在西方待了多久，但中国文化的底子还是很深的。他们可贵的地方，是他们个人的品性比较好，性格开放但又坚定，不做坏事，个人得失的考虑不见得没有，但考虑得比较少，物质生活上要求不高，精神生活上可以称上"贵族"两个字。

这一代老知识分子，不容易，他们故去了，不容易再有这样的人了。

（原载《金融博览》2012年第4期）

高山仰止　风范长存

□ 诸有琼*

陈岱孙教授是我国著名的经济学家、教育家,是我国经济学界的一代宗师。他是我最敬仰的师长之一。20世纪40年代,我在西南联合大学读书期间,有幸聆听他精彩的讲课,至今难忘。

陈先生在1997年97岁时离开了我们。如果加上闰年闰月,他该是超过百岁的长寿老人了。把一生奉献给教育事业的,在教育界不乏其人;但是一生站在讲台上坚持教学工作达70年之久的,恐怕就是凤毛麟角了。陈先生26岁在美国哈佛大学获博士学位,27岁回国,到清华大学任教,后来先后在西南联合大学、中央财经学院、北京大学执教,一直面对学生70年。他教了多少学生,无法统计,真可谓"桃李满天下"了。他主讲财政学、统计学、经济学概论、经济学说史等多门课程,并指导研究生。国内外许多知名的经济学家都是他的学生。

陈先生的讲课艺术是十分高超的。我学的是他讲授的经济学概论。他讲课稍带一点福建口音,口齿清楚,快慢适中;讲课内容条理清晰,言简意赅,便于理解,没有一句多余的话,记下来几乎就是一篇通顺的文章。他对讲课时间的掌握更是令人叫绝。每堂课他都把手表摘下来摆在讲桌上,总是在他最后一句话刚讲完,下课铃声就响了。这在学生中传为美谈。

陈先生曾在我的纪念册上题词"学而不厌"。这是老师对我这个学生的勉励,也正是他人生的一个信条。陈先生在年轻的时候就拼命读书。用他自己的话说:"山外有山,天外有天,埋下头去,发奋念书。"他在哈佛大学研究院整整四年的时间,从不外出游玩,就在图书馆专用的小阅览室里发奋读书,一分钟都不浪费。那时他已通读了马克思的《资本论》。他学问渊博,学贯中西。中华人民共和国成立之后,对如何加强理论联系实际,促进我国社会科学研究和教学工作的开展,以便更好地为社会主义经济建设服务等方面,陈先生有不少真知灼见。但是他从不以权威自居,而是活到老、学到老。他说:"老之将至而不知,知

---

* 诸有琼,资深记者,西南联合大学、北京大学校友。

后还要'挣扎着不肯服老'。"这就是他坚韧不拔地追求真理和自我完善精神的生动写照。

我体会到,"诲人不倦"是陈先生的另一个人生信条。十多年前,我作为记者曾访问过陈先生。那时他已是80高龄,仍然坚持上教学第一线。我问他为什么,他说:"我年纪这么大了,为什么还要教课?客观上,培养学生是教师的职责;主观上,我对青年有所偏爱。青年学生朝气蓬勃,思想活泼,提出的许多问题,能够促进教学,对科研也有启发。常和青年在一起,好像自己也年轻了。"事实上,自那以后的十几年,他仍然一直坚持讲课和带研究生。我多次看到他离开镜春园住所,拄着手杖出西校门到332路车站等车,我以为他是进城,后来他告诉我,他是乘两站车到南校门去上课。他的腿不好,不能穿校园走太长的路。在教学中他注意对学生加强基础理论、基本知识和基本技能的全面训练。他的教学经验很丰富,对教学内容十分熟悉,可是他每次讲课前都认真备课。他说,因为听课的对象不同,要联系的实际不一样,有时自己还有一些新的见解,所以同样的教材,讲法也不尽相同。正因为这样,陈先生的教学质量高是当然的了。

陈先生的诲人不倦,不光体现在培养学生上,还体现在对青年教师的关心和培养上。他热心指导青年教师的业务进修,解答疑难问题,还亲自编写资料供他们参阅。他曾对我说,按他的身体健康状况,一星期讲几次课完全不成问题,但是为了使中年和青年教师有更多上教学第一线的机会,他自己甘当"B角",而由中青年教师当"A角"。

高等院校部分教师认为搞科研可以提高自己的业务水平,对评定职称和晋级都有好处;而认为做教学工作是"输出""支出"。因此,出现了教师不愿教书的反常现象。陈先生认为这是一种错误的认识。他说,当然,有些学校在执行政策上有不够全面的地方。比如,在评定职称时,有科研成果、学术论文的教师可以优先;而一些长期兢兢业业地从事教学的教师却往往得不到同等对待。他说,事实上,教学与科研是相辅相成、互相促进的。教师直接担负着培养人才的重任,他们的主要任务就是搞好教学工作。在教学过程中,善于言传身教,用科学的世界观和方法论去指导学生,用高尚的情操和道德修养去影响学生,做到既教书又育人。学校安排一定数量的教师在一定时期专门从事科研工作是必要的,但多数教师则应当结合教学进行科研。从教学中往往能够提出科研课题,科研成果又能丰富教学内容。科研上不去,教学质量难以提高;学有专长、有教学经验的教师不教课,教学质量也得不到保证。

陈先生正是用实际行动证明上述看法的。他是把教学与科研有机结合的典范。他长期从事教学工作，主修财政金融学，早年曾在《清华学报》和其他报刊上发表有关财政经济方面的论文四五十篇。他多年讲授经济学说史课程，写成40万字的教材，后来在这基础上主编《政治经济学史》著作。在教学过程中，常常有学生问他：马克思主义的政治经济学与古典经济学有什么关系？马克思对古典经济学派是怎样批判和继承的？为了回答这些问题，他为北京大学经济系的学生专门开设了经济学说史专题讲座。之后在这基础上出版了一本20万字的专著《从古典经济学派到马克思》。这本书出版后，他立即赠送一本给我。这是他的一部代表作，具有很高的学术价值，成为研究西方经济学和马克思主义经济学的必读之书。党的十一届三中全会以后，陈先生更是焕发了学术的青春。十多年来，他陆续发表了包括专著、论文、教材、回忆录和随笔等各类题材的成果不下百万字，许多篇已收进《陈岱孙文集》和《陈岱孙学术论著自选集》。

这位世纪同龄人，经历了几个"朝代"，历尽沧桑。他是中国老一辈爱国知识分子的典范。当他获得了美国哈佛大学博士学位后，赴英国、法国、意大利做短期考察研究，即回到祖国。他没有犹豫，没有回国还是留在美国的思想斗争。在他看来，"学成回来，报效祖国"是天经地义，义无反顾。但是国民党的反动统治令他失望，他对官僚阶级的腐败深恶痛绝。中华人民共和国成立前夕，清华大学校长梅贻琦劝他去台湾，说："这是飞台湾的最后一班飞机了。蒋(介石)先生请您一定动身，到台湾再办清华大学。"他谢绝了。他盼来了新中国。20世纪50年代，我曾约他为报纸写文章，他写的题目是《开诚布公成知己》。可以看出他对共产党的坦诚，他希望党与知识分子之间开诚布公、肝胆相照。他把毕生精力无私地奉献给了我国的教育事业，为国家培养了一代又一代的人才，对国家经济科学的建设与发展做出了卓越的贡献。他在长期担任全国政协委员和常委期间，积极参政议政，以他敏锐的洞察力和深厚的学术功力，对党和国家制定政策发表了许多重要意见，提出了有价值的建议，受到党和国家领导人的关怀和重视。

陈先生的光辉业绩为后人留下了宝贵的财富。他那高尚品质和人格魅力光彩照人。他不仅是我学习经济学的老师，更是我学习做人、做事的良师。高山仰止，风范长存。

纪念导师陈岱孙

□ 俞 成[*]

我和陈先生的关系要追溯到20世纪30年代,是半个多世纪以前的事了。当时父亲俞平伯在清华任教。陈先生小我父亲一两岁,那时已是清华年轻有为的人才之一了。至今在我脑海中还不时浮现出他在我心目中的形象,由此可见他对我由幼年到青年时期的影响。我从他身上学到了许多书本以外的东西,受益终身。

陈岱孙先生是清华大学元老之一,对清华有巨大的贡献。"桃李满天下"对他来说是当之无愧的;这也就是在他逝世后,海内外学子之所以要为他塑铜像、出纪念文集的缘由。

1937年日本侵华,北京危在旦夕。清华大学、北京大学和天津南开大学欲迁到长沙成立临时大学。当时陈先生是最早为这件事奔跑的人。他曾特意与当时在南京的梅贻琦商讨。

我那年由济南到长沙临大借读,陈先生是经济学系主任。那时他给我的第一印象是严厉、脸上很少有笑容;讲课时虽带着一点福建口音,但课讲得深入浅出、有条不紊,学生们都喜欢听他的课;他讲大课时,教室也总是满满的。有些调皮的学生因为他不苟言笑,背后称他"铁青脸"。他认识班里的每一个学生——不论是成绩好的还是坏的学生。我则是坏学生中的一例。有一次考试,我因贪玩没有复习,偷看坐在我旁边同学的考卷,被陈先生发现。他走到我座位旁,用手轻轻地敲了一下我的座椅(那时是没有课桌的,只有一块板连在椅子的右边),立即离开我。由此可见他虽外表严肃,内心对学生们是倍加爱护的。

毕业后,我辗转各地,一直没有和他联系,直到20世纪70年代西南联大校友每年在清华或北大开校友会,才再次见到他。他虽然添了几丝白发,但风度依旧不减当年;第一次与他再见面时,他竟能叫出我的名字。

---

[*] 俞成,西南联合大学经济学系校友。

前年我曾和李佩登门探望陈先生。他虽年事已高,行动亦缓慢了,但仍热情地叫我们坐,问我们的生活情况。1996年举行联大校友会时,他因行动不便,已不能参加了。

陈先生离我们去了,而他留给后人的,则有很多很多……

1997 年 12 月 12 日

陈岱孙老师的精神长存

□ 任凤台[*]

我于1938年入西南联大经济学系,读了四年,受教于陈岱孙老师。1960年以后我与陈老师不断往来,遇到不懂的问题,常去请教。陈老师不仅教我知识,还教我做人,让我受益匪浅。现仅就我所知道的有关老师的一些事,记述下来,永志不忘!

我在一年级时,上陈老师的经济学概论课,记得开宗明义第一章是边际效用。本来这类西方主观主义的抽象东西,对我们来说比较难于理解。陈老师根据学生的情况,采取了适当的教学方法,他先提出边际效用的定义,然后举例深入浅出地加以讲解;课后,再组织学生分组进行讨论,事先印发讨论题,由助教(王秉厚先生)辅导和解答问题。这样我们对边际效用能较好地理解了,印象也深刻。后来,学习需求弹性课等,他也都采取这种办法,效果很好。我在20世纪80年代给我们学院讲管理经济学课时,遇到了边际分析和需求弹性问题,由于我有在联大学习过的基础,在教学中没遇到大的困难,这是得益于陈老师教学有方。

陈老师讲话一向简洁,讲课也是一样。他讲课时,操着福建官话,讲得很慢,但吐字清楚,论点明确,逻辑严谨。我们记笔记,一字不落,课后把笔记从头到尾读一遍,真是一篇好文章。陈老师讲课的情景,直到现在回忆起来,憬然赴目,终生难忘!

陈老师重视工作效率,严格遵守规章制度。有一年,开学前选课,规定是上午八点开始办公。我们班的一位同学七点多就来了,看陈老师在办公室,马上进去将选课单递上,陈老师把手向墙上的钟一指,并说:"请你看看时间。"这位同学立刻意识到,还不到时间,很尴尬地出来了。后来同学们在议论此事时,认为陈老师是对的。既是规定,老师与学生应共同遵守,迟到不对,提前也不对,如果你提前了,别人比你再提前,怎么办,那样规定就没意义了。

---

[*] 任凤台,西南联合大学经济学系校友。

陈老师对工作极其认真负责。每年开学前，系主任处理学生选课的任务相当繁重，特别是对将要毕业的学生，更要辛苦。四年级学生在开学选课前，老师必须对他们三年的成绩进行逐项核对、审查（如必修课、总学分、各项课程成绩等），做到心中有数，如有问题，四年级予以补救，以免影响学生毕业。经济学系1942年毕业生有七十多名，全部审查一遍，工作量不小。这项工作要求认真仔细，即使是小问题也不能遗漏。如我在四年级选课时，亲眼看见我的成绩单上有陈老师写的一张纸条，注明缺大学一年级语文的作文和军训成绩，要我找有关老师补上。这说明陈老师对工作认真负责。经济学系的历年毕业生，从未被联大毕业审查委员会提出过问题。联大有人说，陈岱孙的毕业生，可以免予审查。可见陈老师在联大的威信。

我1942年毕业后，因生活和工作关系，一直未和陈老师联系。1949年，我在粮食部门工作，1960年调回北京。陈老师那时住在北大镜春园，我差不多每年都去看望老师好几次，尤其是春节，必去给老师拜年。记得有一年春节，我到老师家时已经接近中午，老师想到我回去路远，可能耽误午饭，便让家人给我做了一大碗面条，因我顺便还要看别的朋友，便没有吃。这虽是一件小事，但体现了老师对学生的关怀与情谊，使我难忘。

陈老师治学严谨，学识渊博。陈老师的专著《从古典经济学派到马克思》，是他1949年之后写的第一本书。我拿到后，一口气读完。读后，犹如吃了一顿珍馐，肚子填得满满的，回味无穷。我认为老师对马克思的剩余价值理论真正研究透了。这本专著虽然只有四章（四个专题），但它涉及的是剩余价值理论的关键部分，是大家不容易搞清楚的一些问题。在论述这些问题时，陈老师虽然也引用了马克思的原著，但书中主要部分，是老师以马克思主义的立场、观点、方法，根据多年研究的心得而写出来的，关键之处，寥寥数语，却解释得清清楚楚。在全书中，找不出一句重复别人的套话，读起来使人感到新鲜，茅塞顿开。

陈老师治学一向严谨，不言则已，言必有中。我以为，这也是老师不轻易写文章的原因。老师十分谦虚，他对不懂的或者还没完全弄懂的问题，很少发表意见，即使对他的学生也不例外。我记得在联大时，一位同学请教老师关于凯恩斯理论方面的问题，老师坦率地回答："这方面我没有研究，不懂，请你问徐毓楠先生，他是专门研究这个问题的。"凯恩斯的《就业、利息和货币通论》是1936年问世的，第二次世界大战期间凯恩斯理论风行一时，陈老师身为联大经济学系主任，不研究凯恩斯是不可能的，可能认为自己还没有完全研究懂，所以向学生推荐徐毓楠先生,也有提挈后进之意,足见老师品德的高尚了。

陈老师研究问题在综合、归纳、概括、分析和文字表达等方面具有超人的能力,有时很复杂的问题,一经老师讲解,学生很快就弄清楚了。这种情况,上面我已经提到了,但还有两件事给我留下的印象太深了。

有一次,我看到一篇评论法国重农学派的文章,作者认为重农学派的理论中心是重视农业。对此,我有怀疑,去请教老师。老师回答:"还不能这样说,重农学派所说的农业,是资本主义的,实质上(重农学派)要求的是发展资本主义。"我听后,对重农学派的实质就清楚了。

还有一次,我问老师英国李嘉图的比较成本学说作为国际贸易理论,当前应如何评价。老师回答:"(比较成本学说)不是对不对,李嘉图认为国际贸易就是按照他说的那样做的。"老师的话我认为简单明了。以上两个问题,在我都不可能一下子搞清楚,老师一句话,胜我读十年书,不愧一代宗师!老师在学术上之所以能达到如此高深的境界,当然与老师非凡的聪明才智、良好的家庭教养、深厚的中外文基础等有关;我认为更重要的是老师从事教学和研究经济学七十年如一日,兢兢业业,付出长期的艰苦劳动才取得的。老师在耄耋之年,仍坚持讲课、带研究生、撰写文章,从事教学工作之久,奉献之大,可谓举世罕见。

我最后一次看望老师是1994年春节。1995年我的爱人得了癌症,1996年病故。我两年为医治和照顾病人而身心憔悴,未能去看望老师。1997年7月,我打算在秋季天气凉快一点的时候再去看老师,不幸老师于7月27日病逝,我见报后十分悲痛,未能在老师病逝前见一面,成为终身遗憾!

老师一生治学之严谨,学识之渊博,品德之高尚,心胸之坦荡,诚为我们之师表!愿陈岱孙老师的伟大精神永存!

1998年3月29日

一个伟大的爱国者

□ 李贵凤*

岱老以97高龄于1997年7月27日离开了我们。自他走后,我时刻回忆他的高大形象。作为他的学生,我一直感到自豪;对于他的离去,我感到万分悲痛。他走后许多报纸、杂志刊登了纪念他的文章,对他的学识、人格、道德情操等各个方面都有所记述,我读了一遍又一遍,深受感动。但对岱老的一生来说,还是远远不够的。凡是接触过岱老的人,特别是我们经济学系的毕业生,每个人都会对岱老有所感受。因此,出版一本《陈岱孙纪念文集》就非常必要了。我接到唐斯复女士来信后,曾和在京及外地同学联系怎样写纪念岱老的文章。有的同学对我讲,纪念岱老的文章,实在不好写,因为他太高大了,怎样写也不能完全表达出我们内心想说的话。

1939年日寇侵华期间,我在北平河北高中毕业后,从天津乘船经烟台、青岛、上海、香港到越南海防,改乘火车沿滇越铁路到达昆明,经考试进入西南联大经济学系,1943年夏毕业。我们这一届是纯联大学生,我的学号是"联"字头2492号,当时还有北大、清华、南开三校因"七七事变"未毕业的复校生,也有辅仁等大学的借读生。当时经济学系是人数最多的一个系,系主任就是岱老。

一、 岱老不但是做学问、教书的楷模,而且对育人极端负责

听岱老讲课是最大的享受。在我们到达昆明后就听到1938年考入联大经济学系的同学介绍岱老的讲课、为人,无不十分景仰。当时联大图书缺乏,外文书更少,学生常为借书挤破图书馆的门。上课、听讲完全依靠记笔记,教授上课一般也不带讲稿。听岱老讲课,每堂课笔记记全了就是一篇好文章,听过他讲课的人都如是说。我们初入经济学系的学生,上课前就对岱老有了好印象。1939—1943年,四年中岱老为我们讲授经济学概论、财政学两门课程。当时联大经济学系还有许多知名教授,如教统计的戴世光、杨西梦,教货币银行学的周

---

* 李贵凤,西南联合大学经济学系校友。

作仁，教国际贸易的萧蘧，教经济思想史的赵迺抟（北大经济系主任），教国际经济政策的吴启元，教会计学的丁佶等。

岱老教学有几个特点，值得所有教师学习：

第一，时间安排恰当、紧凑。每堂课岱老总是提前几分钟到教室，从不让学生等老师；下课前几分钟恰好告一段落。当时联大文、法学院教室分散，只有大西门外新校舍是新建的简易平房，其余都是租用原昆华中学的校舍（因躲避日机空袭，中学生被疏散下乡）。岱老主讲的经济学概论和财政学都是经济学系的必修课，因人数较多（1939年入学的达128人），要在原昆华中学大食堂上课，其余课程（如英语、历史、语文等）又分别在新校舍和联大办公处、南区等地上课。学生要往返奔波，岱老总是留出一段时间使同学不致误课。这样的时间安排也是要费一番心思的。由于他这样遵守时间，同学也从无迟到或早退。

第二，岱老学贯中西，不但有渊博的学识和丰富的教学经验，而且有高超的教学艺术。他讲课吐字清楚，条理清晰，层次分明，重点突出，深入浅出，速度适当。他担心一些英文专有名词学生听不清，就书写在黑板上。一百多人的课堂只有岱老讲课声和同学做笔记的沙沙声，安静极了。这真是人生最大的享受。把每一节课的笔记加以整理，就是一篇好文章。有的同学偶尔因病或因事缺课，都要借同学的笔记补齐。至今，同学们都把课堂笔记视为珍宝保存。这样的教学魅力在中国教育史上能有几人？

第三，认认真真地育人。联大的主要课程每学期至少有一次小考，岱老亲自批阅同学的小考试卷。我记得，和我住一个宿舍的经济学系同年级的一位同学经济学概论小考得了四十多分，岱老在试卷上批示："大好时光，如此虚掷，岂不可惜！"那位同学看后深受触动，此后奋发图强、刻苦学习，大有长进。从岱老的批示中可以看出，他是多么爱护每一个学生。昆明四季如春，在艰苦的抗战环境中，聚集了北大、清华、南开三所大学国内外知名的教授，这是千载难逢的求知环境，岱老是多么希望他的学生将来都成为建设国家的栋梁之材啊！后来的事实证明，岱老的学生没有辜负他的期望，每个人都从岱老身上获取了丰富的营养，在各自岗位上发挥了应有的作用。岱老不但善于教书，而且认真育人。像这样认认真真教书，积极负责育人，七十年如一日者又有几人？

二、岱老也是一个伟大的爱国者

岱老出国留学是为了报效祖国，从未想过不回来。他从五四运动开始直到以 97 高龄去世,始终表现出一个伟大爱国主义者的情操。"七七事变"后,他不顾个人财产,从庐山会场只身奔赴长沙参加临时大学的筹建工作,1938 年 2 月临时大学又迁往昆明成立西南联大。岱老因终身不娶,无家室之累,加上他办事认真,每遇大的动作他都打头阵。1945 年日本投降后,他也是代表清华最先从昆明到北平从日寇手里接管清华园校产,筹建复校工作的。在昆明西南联大期间,联大教授主办了一个杂志《今日评论》,撰稿者多是知名专家或教授,是联大教授发表时论的阵地。杂志在当时的大后方知识界影响很大。我记得 1941 年有一期刊载过岱老一篇文章,题目是《经济统制的礁石》。当时的昆明、重庆等地物价飞涨,民不聊生,而四大家族却利用权势大发国难财。当时战略物资、紧俏商品奇缺,国民党政府成立了物资局进行统制(局长是湖南人何浩若),但四大家族对此统制办法置若罔闻。岱老认为四大家族的经济实力操纵市场,是经济统制的礁石,礁石不除,经济统制就是一句空话。联大当时民主气氛浓厚,每次学生运动他都站在进步学生一边。对于关系国家、民族利益的大是大非问题,他不顾个人安危,总是挺身而出。他曾和张奚若、闻一多等十教授联名发表要求国民党当局停止内战的《十教授的公开信》。这在当时国民党高压统治、特务横行的时代是极其危险的(此后不久闻一多、李公朴两位伟大的爱国者惨遭国民党特务杀害)。日本投降后,他重返清华园。由于国民党的腐败,短短三年时间,到 1948 年秋,形势急转直下,他断然拒绝去台湾的劝说,留在北京迎接新中国的诞生。为什么不去台湾?他以"腐败"两字概括。他是多么痛恨腐败!

中华人民共和国成立后,思想改造、肃反、反右、"四清""文化大革命"等运动接连不断。许多同学都与岱老断了联系,大约从 1949 年到 1979 年的 30 年间未与岱老谋面。1979 年我回到北京商学院任教。这时我已经 60 岁,岱老已 79 岁了。回北京后联系到在联大同班及前后班经济学系同学较熟悉者已不过十几人,加上在联大新校舍二号草棚宿舍同住的同乡、朋友读政治、历史其他系者也不过二十几人,当年的年轻小伙子大都成为白发苍苍的老头了,每个人都有一段坎坷曲折的经历和道不完的心声,但大家都在精神上得到了解放,能为祖国贡献余热,都焕发了青春。在相聚闲聊时,往往回忆起联大生活,自然也怀念起岱老。不久联大校友会在京成立。每年 4 月底清华校庆,5 月 4 日北大校庆,我们联大校友都可参加,大家都希望见到岱老,而每次两校校庆他都亲临给我们讲话,不论是经济学系的学生,还是其他系的,都对岱老无比景仰。当他每次出现在校庆大会会场时,大家都报以热烈的掌声。当我们得知他以 80 多岁的高龄仍担任北大经济系主任、为研究生讲课时（哪里知道他在 95 岁时还指导博士生），无不敬佩。这时岱老也焕发了青春，除在北大任教外，他还参加了政协和许多社会活动，著作也多了起来。他从国家和民族的利益出发，对我国的经济建设提出了不少真知灼见，如市场经济要与宏观调控相结合；反对经济过热，反对通货膨胀有益论；正确对待西方经济学；等等。这些对我国的经济工作，都具有指导性意义。他的一言一行都贯穿着一个伟大爱国者的情怀。这也是他给我们以及后辈留下的最珍贵的财富之一。人人都成为爱国者，这个国家民族才有希望。

三、念念不忘出版一本联大校史

1982 年秋，我和商学院几位老师在原商学院顾问黄肇兴教授（当时也是全国政协委员，与岱老相识）指导下合译了美国学者桑德拉·科斯赖特（Sandra Costinett）所著《英语会计知识》一书。该书出版后，我送到岱老寓所，并向他请教，顺便向他索要由他主编的《政治经济学史》。这是从 1939 年在昆明联大作为他的学生起四十多年中第一次和他单独晤面领教。他的住处是那样简朴宁静，他对他的学生是那样慈祥、平易近人。他精神那样矍铄，我感到非常高兴。他说《政治经济学史》都送光了，连一本也没有留。谈话间回忆起联大生活和其他老师、同学的情况，出乎意料的是，岱老提到一位美国学者两天前为写西南联大校史向他请教了解情况，美国人不甚清楚为什么联大能在那样艰苦条件下培养出像杨振宁、李政道那样的诺贝尔奖奖金获得者。美国人要写联大校史，我们联大人为什么不写自己的校史？在岱老的支持下，在联大全体教职工及同学特别是校史编辑委员会全体同学不辞辛劳的努力下，经过十几年的奋斗，《联大校史》终于在 1996 年年底与读者见面了。岱老在为校史写的序言中答复了那位美国学者和对联大存有同样疑问的人们所提出的问题。岱老在序言中指出：联大的实体虽然已不复存在，其名字所以能载入史册，其事迹所以值得人们纪念者，不得不把这成果归功于同学们的求知愿望和教职员的敬业精神。而这二者实植根于以爱国主义为动力的双方共同信念和责任感。其一，是联大师生对抗战必胜的信念；其二，是联大师生对国家民族前途所具有的责任感，为战后建设国家培养各类人才。岱老在《联大校史》序言中明确回答了那位美国学者和有同样问题的人们所提出的联大为什么在短短的九年中、在那样艰苦的条件下为国家培养出一代的国内外知名学者和众多的建设国家需要的优秀人才。从

《联大校史》的发起到面世一直倾注着岱老的心血。在这一过程中也充分体现了岱老的爱国敬业精神。在岱老离世以前,他亲眼看到校史的出版,让联大精神代代相传,这对他也是一种慰藉吧。

四、一生淡泊名利,乐善好施,只讲奉献,不计报酬

岱老一生专门利人,从不考虑自己。包括他的"走",也是如此。正如他走后,唐斯复女士对岱老遗体泣言:"在大舅不能为社会尽责尽力的时候,自己需要人照顾的时候,他,走了。"他生得伟大,走得那样利落,更加令人怀念。他人虽然走了,但他的光辉业绩,他的人格魅力,将通过他的学生,他的学生的学生,通过他的遗著,通过怀念他的文章,当然也通过这本文集一代一代地传下去,永远普照大地。

1998 年 3 月

陈岱孙先生和朱自清、冯友兰、汤用彤、沈有鼎、郑昕、钱穆等人结伴,在从长沙经桂林辗转赴昆明的路上,摄于 1938 年

感 谢 教 诲

□ 侯舒华[*]

1938年国立西南联合大学在昆明成立,陈总(岱孙)教授是经济学系的主任兼教授,丁佶是商学系的主任兼教授。我是商学系的学生,不是经济学系陈教授的正规弟子,只是他的旁听生。

那是在开学后听经济学系的同学说,陈教授在抗战前是清华大学经济学系的主任兼教授,课讲得非常好。我就很想听听他的教导,可是商学系没有他教的课,我就下决心去旁听他在经济学系的讲课。

进陈教授讲课的教室后,看他高高的身材,穿一身整洁合体的西装,昂立在讲台前,既有中国学者风度,又有英美绅士派头,仪表堂堂,令人敬畏。他用普通话讲课,不快不慢,深入浅出,条理清晰。学生虽多,但都悄悄静坐,眼望教授,耳听讲课声音,大家聚精会神,仔细地把课听完。一堂课很快过去,但课堂内容却永留心间。陈教授在下课前一二分钟结束讲课,使学生们从容有序地离开教室,他最后目不旁视地走出门。

学校成立后,人多房子少。我们的宿舍就是一间房内对面摆两排上下双层的床,中间只有进出过道,不能放桌椅,看书学习都在床上。人多嘈杂,不能安心学习、备课,只得去图书馆。每当我走进图书馆,陈教授已先在他经常坐的座位上阅读、写字了,从未间断过。很晚我才回宿舍。教授和他同去的人也相继离开。看来教授们比学生还用功,所受艰辛更非一般人所能体会的。

我从听陈教授讲课和看到他备课,领略到他对学生认真负责的精神和对学问研究不懈、精益求精的品质。他是我们做人的典范,学习的楷模。这些言传身教,使我受益终身,永世难忘。

后来我突然遭到不幸事故,旧病复发,不得已离开学校。一别就是五六十年! 遗憾的是我时时想对陈教授说一句"我感谢您的教诲!"却一直没说出口!

---

[*] 侯舒华,西南联合大学商学系校友。

我钦敬的陈岱孙先生

□ 任继愈*

抗日战争前,北平市有五所大学(其他高等学校如工学院、医学院、女子文理学院、法商学院等都属于专科学院,不称大学),即北大、清华、燕京、辅仁、北京师大。其中,北大、清华两校地位相当,性质相近,都是国立多学科的综合性大学,清华比北大多了一个工学院,历史较短;北大历史较长,文科师生人数较多,两校师资多为国内一流学者。这两校的关系较亲密。我在北大哲学系读书时,清华大学金岳霖、闻一多、张申府先生都在北大兼课。哲学系与经济系少交往,陈岱孙先生没有在北大兼过课。

抗战开始,北平沦陷,在长沙成立临时大学,半年后,临时大学迁往云南昆明,成立西南联合大学。临时大学的第一年,昆明的校舍未建成,文法学院在云南蒙自县,借用蒙自海关旧址上课,租用歇业的一家法国洋行作为单身教师及学生的宿舍。我们有较多的机会看到久已闻名、未得谋面的老师们的生活断面。

在学校网球场上,有四位教授的身影经常出现。这四位是金岳霖、陈岱孙、赵迺抟、浦薛凤。陈先生风度翩翩,赵迺抟先生穿中式短裤褂。他们的球艺很娴熟,特别是陈先生打网球,频频上网拦击制胜,引人注目。在蒙自半年,昆明新校舍建成,文法学院同在新校区域上课。

我未读经济学系,听到经济学系老同学传来的一些陈先生的逸闻,引起人们的兴趣。

第一,讲课条理清晰,时间掌握准确,为全校第一。上课前一两分钟陈先生已站在黑板前(西南联大新校舍没有讲台),上课铃响,他开始讲课。这一点,别的老师认真去做不难办到,难得的是陈先生讲完最后一句话,恰恰是一定段落,下课铃也响起来。同学们对他的讲课艺术既惊叹又欣赏。这一点是任何老师

---

* 任继愈,哲学家、宗教学家、历史学家,北京大学哲学系原教授、中国社会科学院研究生院原博士生导师、国家图书馆原馆长,北京大学、西南联合大学校友。

无法比得上的。陈先生讲课并不念讲稿,听课者只要手头勤快,记下笔记,这一节课就是完整的一章一节教科书的一部分。这种出口成章的才能,西南联大教授中只有两位,一位是陈先生,另一位是冯友兰先生。

陈先生讲课认真,以身作则,给同学做出榜样,同学们听课从未敢迟到。个别同学去迟了,不好意思进教室门,就站在教室窗外听讲。好在西南联大的新建校舍有门窗而无玻璃。昆明气候温和,无狂风暴雨,有似热带雨林气候,阵雨过后,雨过天晴,也无需玻璃挡风遮雨。站在靠近讲台的一端听讲,比坐在后排还听得清楚,只是没有扶手椅,记笔记不方便。

第二,陈先生还兼任经济学系主任。经济学系是大系,每个年级有一百多人。学年开始,选课同学拥挤在他办公桌前,他能不加思索地处理每位同学所选的课,有重修的,有复学的,有需补修课的。陈先生都毫无差错地处理得妥妥当当,几乎不到一分钟就在一张选课单上签了名,从未发现差错(选课单系主任当面看过,签字后,才能交教务处正式登记)。在规定时限内,可以加选,也可以退选某门课程。陈先生执行起来十分认真。有一位同学,过了学校规定选课时限,来要求加选课程,抱着侥幸心理,企图碰碰运气,写了一个申请,说了一些延误的理由。陈先生看过他的申明,一言未发,把信推在旁边,接过下面另一同学的选课单。这位同学看到碰运气没有指望,也一言未发,悄然退出。陈先生办事一丝不苟的精神在同学中享有很高的威望。讲这件故事是一位西南联大的老同学任继亮,今年已八十多岁,乃记忆犹新。

第三,陈先生在经济学系开过财政学课程,有一次学年考试,考题是"假如我是财政部长"。这个题目等于对财政学的全面测试,不光考记诵,还要考联系实际的措施。可以想见陈先生教学的学风,很注意理论联系实际(闻自西南联大经济学系黄钺)。

新中国成立后,1952年,全国进行院系调整,原清华的文法学院大部分师生并入北大。陈先生调到北大经济系。全国上下一面倒地学习苏联,全盘接受苏联的大学教材,认为西方资本主义的经济学一无是处,对西方学者的经济学,避之唯恐不及,对西方的学说故意置之不理。中国自我封闭了近二十年,形成人才断层。"四人帮"清除后,拨乱反正,西方资本主义各种流派大量涌来。学术界有一批趋时者刮起"不讲马克思主义,唯西是从"的风。

陈先生不愧为一代宗师。他通晓西方,对苏联的经济学也有长期深入的理解。在极"左"思潮时期,陈先生没有公开发表评论苏联经济学的机会,但是他对马克思主义有深刻的了解。他对西方资本主义经济学也有过系统研究。以他毕生的精力,辅以深邃的学识,加上他多年学术积累,虽然年事已高,在十年内,发表著作《从古典经济学派到马克思》,主编了《政治经济学史》,还参加了许多政治活动、学术活动。《庄子》说:"水之积也不厚,则其负大舟也无力。"他的学术活动、学术著作,绝非十年之内从头起步可以完成的,这是他多年蕴藏的能量爆发出来的硕果。

在极"左"思潮时期,学术问题不能讲透,政治棍子动辄到处飞舞。一些学者仗义执言,如马寅初、孙冶方,遭到意外横祸;有些"识时务者",随风转舵,不顾事实,昧着科学良心,有的甚至落井下石,以谋个人的富贵。陈先生屹立不动,保持20年的沉默。

陈先生写文章、发表著作,不写文章、不发表著作,都显现出爱国知识分子的人格风范。

陈先生一丝不苟的认真精神,表现在治学方面,也表现在为人处世方面。他的门生弟子遍及海内外,有声名显赫的,有学术卓越的,有在职的,有退休的,也有由于各种机遇碌碌无闻的。凡是来请教、送文章请提意见的,都受到春风般平等的接待,虚而往,实而归。学识渊博如陈先生,比一般专家更懂得科学的严肃性和治学的艰难。他常对来访者说"这个问题我没有研究过""这个问题我不懂"。其实,即使是他自称"不懂"的某些领域,也比自以为"懂了"的人懂得还多。真正实事求是的学者都能从中受益。

改革开放以来,商品经济活跃,市场上出现一些假冒伪劣产品,文化教育界也出现了某些伪劣的专家、教授。再加上"文化大革命"之后,文化教育这个重灾区元气大伤。大学里能正确无误地传授知识的教师已经算上乘。学识渊博、贯通古今中外的大师已十分难得。品重士林,行不言之教,影响深远,为同行钦仰,陈先生是我所认识的少数前辈学者之一。

从陈先生一生言行中,可以看到20世纪中国知识分子的爱国主义精神和中华民族雍容宽厚、博大深沉的民族性格。

1998年6月

陈岱孙先生在昆明迤西会馆,摄于 1938 年

师 恩 难 忘

□ 张定华[*]

1997年8月8日上午,北京八宝山革命公墓告别室门前人流簇拥。我们这一群白发苍苍耄耋之年的西南联大学生,心情沉痛,热泪难禁,肃立在人群之中。我们是来悼念我们最后的一位老师——我们无限敬重和爱戴的恩师陈岱孙先生。

德高望重的陈岱孙先生是我国教育界、经济学界一代宗师,享年97岁。陈先生一生为我们民族独立和国家富强不懈奋斗,为我国教育事业和经济科学无私奉献。70年来,他先后在清华大学、西南联合大学、北京大学担任教授,毕生坚守教育岗位,为祖国的革命和建设事业培育人才,尽心竭力,鞠躬尽瘁。他的光辉业绩、卓越成就和高尚品德为今人和后代留下了珍贵的精神财富。他的名字将在我国教育史上熠熠生辉。

陈先生是西南联大学生的恩师,他对西南联大的创建与发展做出了不可磨灭的贡献。西南联大是在抗日战争中,由北京大学、清华大学和南开大学三校南迁联合组成。先在湖南长沙成立长沙临时大学,一学期后迁往昆明改称国立西南联合大学。当年在日寇侵迫、兵荒马乱、炮火连天的国家民族危亡之秋,西南联大几经流徙迁到西南大后方昆明,师生生活极其艰苦,设备异常简陋。但就在这铁皮顶、土坯墙、黄泥地的校舍中,师生们精神昂扬向上,抱着抗战必胜的坚定信心,坚持从事科学文化的学习钻研。即使在日本飞机狂轰滥炸之中,仍然弦歌不辍。虽然国民党当局屡图控制、横加干涉,但"五四"和"一二·九"以来的爱国革命精神、民主精神和科学研究的优良传统,仍然在西南联大得到继承和发展,西南联大一直站在大后方爱国民主运动的前列,因此当时它不仅被公认是国内第一流的高等学府,也被称为大后方的"民主堡垒"。西南联大与抗战相始终,成立于1937年8月,在抗战胜利后一年——1946年才告结束,三校各自返回平津复校。九年之中,前后在校学生约8 000人,毕业生3 800人,

---

[*] 张定华,西南联合大学校友。

为我国的抗战、革命与成立中华人民共和国培养了大批的有用人才。他们之中有人成为国内外知名的学者、专家;有人是抗战与革命中的烈士、斗士;更多的人在祖国建设各条战线上发挥了骨干力量。这所简陋的大学在极端艰苦的条件下做出如此不平凡的成绩,有其特殊历史条件下的特殊原因。但其中主要原因之一就是西南联大集中了雄厚的、优秀的师资力量。清华大学原校长、西南联大的常委、联大的实际负责人梅贻琦先生说过:"大学者大师之谓也,非大楼之谓也。"西南联大是他这句话的具体体现。这所没有一幢大楼的大学却集中了一代爱国敬业、学识渊博、品德高尚、富有奋斗与牺牲精神的教师。陈先生就是这些大师级教授中的一位,比较年轻的一位,与联大相始终的一位,而且是最先为西南联大的创建冒着生命危险在敌人的炮火之下奔波奋斗的一位。

1937年7月7日,野心勃勃妄图三个月占领全中国的日军以炮火挑衅,发动卢沟桥事变。一时战云密布,局势危殆。而蒋介石却于两天之后在庐山召开国事座谈会讨论战和问题。座谈会除去国民党军政要员之外,也邀请了一些国内知名人士参加。北大校长蒋梦麟、清华校长梅贻琦和南开校长张伯苓及胡适、傅斯年、顾毓琇、陈岱孙等教授也在被邀之列。会议开了十多天,表面上战和尚在未定之中。但从蒋介石的总结发言中已露出端倪,他说"牺牲未到最后关头,决不轻言牺牲""希望由和平外交方法求得卢事的解决"。他仍想屈膝求和不抵抗。会后三位校长逗留南京等候消息。陈先生北上返清华。火车到天津时战事已起,日军重兵袭击平津,交通断绝。陈先生困居天津旅舍,直到平津地区全部沦入敌手,两地通车,才得赶回北平。当时日军封锁控制城郊交通。陈先生抵平即与学校电话联系。清华大学教务会同人认为城郊交通没有保证,不让他返校并建议他即日南下与梅贻琦校长商议学校南迁事宜。陈先生毅然担起重任,不返校中寓所,翌日即返天津,乘海船到青岛,转赴南京。到南京后,得知当局决定北大、清华、南开三校联合在长沙成立临时大学,他又匆忙奔赴长沙。离开北平之前,陈先生明知此行旅途艰险,搭车乘船有持枪举刀的日军严行搜查。侵华日军凶横暴虐,肆意残杀拘捕,如果被他们看出或怀疑是站在抗日救国运动前列的清华、北大师生则更是必遭毒手。陈先生也明知此去家中一切将遭损失,他不顾安排转移,买到车票立即成行。果然陈先生走后,家中的财物,特别是他所珍惜的研究资料和两三年来陆续写出的手稿,全被洗劫一空。陈先生不顾个人安危,不惜牺牲一切,只穿着一件夏布长衫到达长沙。

长沙临时大学的创建工作艰巨繁重,没有校舍,经费拮据,教师困留平津出不来,学生由战区奔来生活无着落,图书仪器运不到……陈先生是最早到长沙的教授之一,抵达后立即投身于筚路蓝缕、百事待举的建校工作。

日军紧逼,南京陷落,武汉告急,日机轰炸长沙的次数不断增加,临时大学决定迁往昆明,1938年春更名为国立西南联合大学。西南联大在昆明一住八年。陈先生在联大一直担任经济学系教授和系主任,并曾兼法商学院代院长。八年中,他连续被教授会推选为出席第一届至第八届校务会议的代表,参与讨论、研究学校的大政方针、行政管理、教学实施、学生学习及应急事宜,并且从长沙临大起陈先生曾被推选担任"图书设计委员会""课程设计委员会""学生贷金委员会""一年级学生课业指导委员会""毕业生成绩审查委员会""学生入学资格审查委员会""三大学联合迁移委员会"等十余个委员会的委员或兼召集人。对于这些兼职不增薪的工作,陈先生无一不是认真负责地及时完成任务。在教学工作繁重的同时承担了如此多项兼职工作,这不仅说明陈先生肯于承担重任,作风认真负责,办事精明能干,深孚众望,也充分表明陈先生对西南联大的创建发展的赤忱执着奉献精神。

联大经济学系是全校各学系中学生人数最多的一个系,毕业生人数也是全校之冠。陈先生担任系主任并亲自授课,为法商学院学生讲授专业基础课经济学概论及必修课财政学等,同时也为文、理学院一年级学生讲授经济学概论,为工学院一年级学生讲授经济学简要。陈先生学识渊博,治学谨严,备课认真,语言精练,逻辑性强,教学经验丰富,讲课艺术高超,深为学生称道和敬佩。记得1938年12月初,西南联大开学的新校舍还未及修建,暂租借当地的昆华农业学校上课。陈先生在农校三楼大教室为经济学系和文、法、理三院一年级学生讲授经济学概论。上课之前,我们一些文学院的女生认为经济学是门高深繁难、枯燥无味的课程,当时既无教科书,又不发讲义,全靠自己记笔记,我们生怕听不懂、记不下来、读不进去,又听说陈先生教学严肃认真,一丝不苟,分数卡得极严。初上课看见陈先生面容严肃、不苟言笑,心里未免诚惶诚恐,疑虑重重。上课之后才知道陈先生讲课从容不迫,条理分明,言简意赅,深入浅出,生动幽默,中英文板书清晰流利,不仅笔记好记,而且使我们学习兴趣盎然。他带领同学们在学海中自在遨游,一百余人的课堂里鸦雀无声,偶尔他用生动幽默的例子为我们比喻解释经济学的专门名词而引起了哄堂大笑,他自己却从来不笑。他为我们讲解 marginal utility(边际效用)一词的清亮声音和用吃苹果来解释、比喻的例子,60年后的今天仍然萦回脑际。陈先生上课从不迟到早退,更不缺课。

他自编教材,但上课之前仍要认真备课。他对每课内容掌握精确,讲完最后一句,恰好响起下课铃声,从来分秒不差。经济学概论成为同学们喜欢的课程,同学们不仅学到宝贵的知识,也从老师认真负责的严谨治学作风中受到深刻的教育。

在公务繁忙、教学任务繁重的同时,陈先生还撰写了一系列文章愤怒声讨日寇的侵略行径,着重论述在抗战条件下经济工作的各种问题,提出对战时经济建设的主张与建议。1945年秋,陈先生和西南联大的张奚若、闻一多、朱自清等教授联名发表《十教授的公开信》,要求停止内战,实现国内和平民主。他对国家前途时刻关心。

在昆明八年,物价飞涨,1942年到1943年时昆明的物价较抗战开始已涨了三四百倍,而教职员的薪金只增加五倍。1941年年底联大54位教授联名呼吁改善待遇。呼吁书中写到"始以积蓄贴补,继以典质接济,今典质已尽,而物价仍有加无已……"国民党当局不予理睬,他们再次要求调整薪金,增发米贴,均遭拒绝。米珠薪桂,教授们的生活困窘难以尽述。陈先生当时拮据到连一支一支买的香烟也抽不起。以陈先生这样学贯中西驰名中外的教授不难在海外另就待遇优厚、生活安适的职位。国民党当局政要曾几次以高官厚禄相邀,一些大发"国难财"的豪门巨贾也曾重金敦聘他去担任顾问,都被他推诿拒绝。他清寒自守,洁身自爱,勤勤恳恳,诲人不倦,坚持粉笔生涯。陈先生在极端贫困的条件下,在日本飞机狂轰滥炸下,在日寇铁蹄逼近昆明时,在国民党特务暗杀威胁中坚持上课。长年累月,风雨无阻,由西郊新校舍到东城拓东路迤西会馆的工学院,穿城绕城20里路,步行来去坚持上课。1945年抗战胜利后,三校决定北返,陈先生又担起清华复校任务,负责接管、修葺校舍等繁重而艰巨的工作。他在朔风凛冽天寒地冻的11月里飞抵北平,亲率"清华校舍保管委员会"人员日夜辛劳,白日工作,夜晚巡逻,抢着在几个月里将被日军糟蹋得满目疮痍的清华校舍修建起来,即时迎接北上师生回校开学上课。陈先生善始善终,坚持不懈地完成了西南联大的创建与结束工作。

几十年后,陈先生谈到西南联大这所流亡大学之所以取得不平凡的成果,是"归功于同学的求知愿望和教职员的敬业精神。而这二者实植根于以爱国主义为动力的双方共同信念和责任感"。联大师生对抗战必胜的信念从不动摇联大师生对国家和民族前途的责任感,共同认识到为国家提供人才的重任是责无旁贷。陈先生为西南联大所做的不可磨灭的贡献,其动力正是源于强烈的爱国主义精神。1918年夏,18岁的陈先生到上海投考清华学堂。考试过后一天,他在黄浦江畔的公园门前看到一块牌子,上面大字写着"华人与狗不得入内"。陈先生回忆说:"瞪着这牌子,只觉得似乎全身的血都涌向头部。在这牌子前站多久才透过气来,我不知道……我们民族遭到这样凌辱创伤,对一个青年来说,是个刺心刻骨的打击。"惨痛的亲身经历使他对国家民族的命运有了更多的思考。祖国的忧患在青年陈先生心中引发了以研究经济学为国家民族富强效力的志向,留学回国选择教育工作、为贫弱的祖国培育建设人才以实现报效祖国的愿望。忧国忧民、爱国报国的炽忱在他心中燃烧一生。记得1939年春节前后,西南联大话剧团在昆明新滇大戏院上演宣传抗日救亡的话剧《祖国》,闻一多先生担任舞台设计,孙毓棠先生担任导演。演出中休息时,陈先生和几位教授到后台看望他们。有人问陈先生为什么还不结婚,陈先生的回答是:"匈奴未灭,何以家为!"陈先生一生未婚,他把自己的时间、精力、青春年华奉献给为祖国培育人才的教育工作。1945年春,我在联大复学后,参加为欢送从军同学演出的话剧《草木皆兵》。我扮演汉奸县长的太太。那天我婆婆带着我刚会说话的女儿毛毛也来看戏,她们的座位恰好在陈岱孙、陈福田等先生的后面。当我上场说了几句话后,毛毛忽然大叫:"妈妈,下来!妈妈,下来!"哭闹不止,引起了哄然笑声。奶奶责骂毛毛不乖搅扰了爷爷们看戏。陈先生说:"不要怪她,孩子是不愿妈妈当汉奸。"片言只语中也透露出陈先生的爱国之忱。1989年1月,西南联合大学北京校友会成立会上,陈先生发言仍在叮嘱我们,成立校友会"浅近的目的是它可以作为校友间互通声气的机构,但更重要的是通过声气的互通,使我们国内外校友们能在今天祖国经济建设过程中,群策群力,为四个现代化的实现做出更多的贡献"。

随着时间的推移,我们对陈先生的尊敬和爱戴越来越加深;随着年龄的增长,我们也越来越体会先生为西南联大创建发展所做的重大贡献与牺牲。我们这些亲聆教诲的老学生胸中的感激之情与日俱增。我们以为健康高寿的老师定能安享期颐之年,在为他祝贺百年寿辰时趋前诉说老学生们的感激之情,感激他的言传身教和伟大人格精神的哺育、熏陶使我们终身受益。不想先生走了,我们最后的一位老师走了。我们心中默祷:恩师,您毕生腰板挺直、双目前瞻、健步向前的一代宗师的光辉形象与崇高风范必将光照人寰,百世流芳!

1998年3月23日

作者张定华(左四)与其他西南联大校友在北京大学陈岱孙教授铜像揭幕仪式上合影,摄于1998年5月4日

万世师表 遗风永存

——琐忆岱孙师

□ 陈羽纶*

一、中华人民共和国成立之前

岱孙师和我是师生关系又有亲戚关系。他的博学睿智，学贯中西，在教育界和学术界谁人不知，谁人不晓。凡是接触过岱孙师的人无不留下深刻的印象。

20世纪30年代末，我想到内地参加救亡运动，由香港乘船先到越南海防。船重仅约1 500吨，故甚颠簸，没有舱位，我只得睡在甲板上，第二天醒来，连鞋都被偷了。到了海防，转乘滇越铁路那又破又烂的火车，穿过无数山洞，到达昆明。本想接着再北上，可是和我那些年轻的朋友相聚后，他们每天谈的多半都是关于西南联合大学的事，特别是关于许多名震遐迩的硕学鸿儒、一流专家、学者如冯友兰、金岳霖、吴宓、陈寅恪、朱自清、闻一多、华罗庚、钱端升等名教授的事，其中给我印象最深的，就莫过于岱孙师了。他们谈起岱孙师更是情绪高涨，说他20岁赴美入威斯康星大学，22岁入哈佛大学，经过四年的学习和研究取得了哈佛大学硕士和博士学位，并荣获可随身佩带的金钥匙，以示学习和研究成绩之辉煌。他们还说他的博士论文水平极高，无人企及。他27岁即回国执教清华大学，被先后聘为教授、经济学系主任和法学院院长，真是才华出众，令人仰慕。抗日战争爆发，平津失守，北大、清华、南开三大学南迁湖南，合组为国立长沙临时大学。迨京、沪失守，武汉震动，临时大学进而南迁云南，岱孙师率学生徒步经贵州、抵昆明，学校改名为国立西南联合大学。这时他才三十七八岁，多年轻啊！总之，可圈可点之事甚多。听得多了，我不但对岱孙师万分景仰，而且对西南联大产生了很深的感情，被它吸引住了，我宁愿牺牲原拟北上的计划，

---

* 陈羽纶，《英语世界》杂志首任主编，西南联合大学校友。

决定报考西南联大。当我知道已被联大录取时,真是喜出望外,心中最关切的就是能见到岱孙师。

我第一次见到他是在注册的时候,同时见到的有李继侗和查良钊等老师。岱孙师言简意赅,绝不啰唆;照章办事,效率极高。几张接受学生办理入学手续的小桌前,别的老师桌前老是排着长龙,围着一群学生喋喋不休地争辩不已;可是岱孙师桌前的学生却一个接着一个地很快就处理完毕,如有学生提出额外要求或节外生枝,他一概不与其"辩论",该怎么办就怎么办,一切照规章办事,绝无讨价还价之余地。他这种高效率的作风,大概是已名声在外,所以即使有求情之处也很少有学生敢在他面前软磨硬泡的了。后来我入学了,上他的课时,意外地发现他好像不用讲稿,出口成章,一句就是一句,半点废话都没有,所以听讲时必须精神高度集中,松懈不得,要认真地记笔记,字字珠玑,一句也不能落,如果记全了,可以说不必再加润色,就是一篇很严谨、很漂亮的论文;反之,如果一走神或者打个盹,就无法接着顺利地再听下去和记下去了,并肯定会影响考试成绩。但有的教授,讲课时,你尽管打个盹儿,醒来还是能照旧接着听下去,毫无问题。所以学生对岱孙师是由心眼里既景仰又害怕。还有更令人敬佩的是,有一次他"麾下"的教授因急病忽然不能来上课,学生们正不知如何是好,这时岱孙师出现了,他能顺当地把平常不是他教的那门课接着讲下去,并且讲得很充实、很深入。这显然不是别的教授所能做到的。由此可见他的才学的博大精深,高山仰止。

西南联大名义上是由清华、北大、南开三校校长梅贻琦、蒋梦麟、张伯苓三人组成的常务委员会领导,但校风是教授治校,学术自由,科学民主,注重实干。学校的许多事由教授会议和教授组织的各种会来决定,如聘人,也由教授会议决定。据说当时岱孙师威信很高,在教授会议上常起决定性的作用。

联大课程多,上一堂课和下一堂课往往不会恰巧安排在一个教室里讲授,而且有时两个教室距离相当远。学生必须在上一堂课一结束立刻站起身拔腿就跑,才能在下一课堂里占到一个前排或者较好的座位;否则只好坐到后面去,甚至找不到一个合适的座位。听一堂安排在较远教室的岱孙师的课程时,常常会发生这种情况,即等你跑到他授课的教室时,前几排早就坐满了女同学,那你只好坐到后面几排的座位上去了。说起来这情况并不难以理解,因为岱孙师相貌英俊,仪表非凡。他一米八几的个头儿,穿的西装面料和做工无疑是高品位的,下身有时穿的是条花呢灯笼裤,配上苏格兰多色花格羊毛长筒袜,袜子的上端系着的绑带下垂着两朵羊毛坠子,再加上岱孙师左嘴角经常叼着一个同福尔摩斯同样经常叼着的咖啡色烟斗,配着他的着装是那么自然,那么和谐,就更显得他是那么风度翩翩、气度不凡了,这谁不想多领略他的风采呢!岱孙师和雪莱一样,出身于名门世家(其伯祖即宣统的名师陈宝琛),美仪表,怎不使学生心仪其人!再加上岱孙师那时尚未婚娶,异性相吸,那也是无可厚非的了。不过,在抗战时期,西南联大师生们学习和生活的环境和条件是十分艰苦的,学生住的是草顶子宿舍,一个宿舍住几十个人,上下铺,而老师多住在乡下,有的距离昆明十多公里,晚上看书只有一盏油灯,岱孙师当然也不例外。

我于1944年年初参加远征军被派往抗日印缅战区工作,趁休假到印度首都新德里买了一些新书。1945年8月抗战胜利,我乘战车回昆明时特地选了一本好书奉献给岱孙师,他愉快地接受了。我献书后略微谈了一下在缅甸战场上的情况就告退了。

二、 中华人民共和国成立之后

1945年抗战胜利那一年和岱孙师别后,我到过上海、韩国、欧洲、中东……1950年年底回国后又经历次运动,直到1959年才在北京东城东总布胡同我称呼为九姨,即岱孙师的二婶母的家中与岱孙师重又晤面。这时岱孙师是北大一级教授、经济系主任、全国政协常务委员,大概是由于我年纪大了许多,所以这时主观上觉得岱孙师反而比从前和蔼可亲多了,我竟敢和他探讨些时政问题了,由那时起我常到北大镜春园那所独院里去拜望他。

到了1966年全国掀起了"文化大革命",据说"四人帮"竟胡闹到专设考场用农民生活知识水平的东西来考"反动学术权威",而岱孙师很聪明,他一字不写就交了"白卷",以示抗议。

"文化大革命"中期,我由干校回京后不久参加文化部成立的翻译组参与翻译工作,有些涉及经济学领域的问题,我常去请教岱孙师,他都一一帮助解决。有一个时期,岱孙师每月都进城到东光路和他的堂妹(我叫荷姊)以及荷姊的女儿唐斯复、唐立苏住在一起。我大哥大嫂和我几乎每星期天都一起去看望他们,他们做了许多好菜给我们吃。这时我也胆子大了起来,跟着我的大哥大嫂管岱孙师叫大哥,大家都说家乡福州话,跟一家人一样。这是我与岱孙师接触比较频繁的一段时期,他是那样的平易近人,有说有笑,我不禁由心底深处更敬爱他了。

1981年我创办《英语世界》,后来听荷姊说岱孙师也还喜欢看,这颇出我的意料。他那么大的学问,荣获哈佛大学金钥匙的博士、权威教授,以他的学术水平与英语水平,怎么会喜欢看这份小英文杂志呢?这跟后来听英语界权威学者北大李赋宁教授对我说的核能专家王淦昌也喜欢看《英语世界》时的感觉一样,真是我万万没想到的。接着,在《陈岱孙文集》两卷本出版时,岱孙师还特地送给我一套,并在衬页上亲笔写上:"羽纶老弟存念/岱孙。"这真使我受宠若惊。这两桩事使我想到《英语世界》常发表经济方面的文章,既蒙岱孙师厚爱,何不请他当顾问,以便于多向他请教。我和也是岱孙师的亲戚沈师光同学一起去拜望他,向他提出敦聘他为《英语世界》顾问的请求时,很荣幸,他很痛快地就接受了。细想想这也并不奇怪,因为数十年来,岱孙师总是助人为乐,他把毕生的精力无私地奉献给我国的教育事业,为国家培养了一代又一代的人才。比如说《英语世界》顾问、英语专家许孟雄老教授是清华大学第一班毕业的,年纪虽仅比岱孙师小三岁,但也受教于岱孙师。当我提起岱孙师的时候,他总是非常恭敬地并引以为豪地说他也是岱孙师的学生。我1988年作为访问学者访问英美时,在纽约曾赶上旅美同学召开清华或西南联大同学会,他们讨论和计划筹集岱孙师基金时,其情绪之热烈,充分显示出对岱孙师的敬仰之情。岱孙师年逾八旬,还坚持上讲台,年过九十,还亲自带研究生,其中有不少出国继续深造。岱孙师真正是春风化雨,桃李满天下,令人称颂不已。

岱孙师严谨求实和平易近人的风范,令一代又一代的学子称道并引为楷模。北京西南联大校友每年"五四"在北大开校友会时,都敦请他莅临讲话,他也都欣然出席并畅谈联大的过去和联大人的现在与将来。他每次讲话,还是像在昆明联大讲课时一样,简洁、清楚、明快而深刻,回忆过去,展望未来,字字珠玑,感人肺腑。老校友听后无不为岱孙师的当年风范犹存所感动,互相为岱孙师的精神和健康称庆,有的甚至流下热泪,因为岱孙师还是和几十年前在昆明讲课时一样令人倍感亲切。1994年4月24日联大叙永班举行50周年纪念会时,他虽已行动有些不便,但还是拄着拐杖满怀热情地去参加了。平时,国外来京的同学都想去拜望他。比如有一次港事顾问、香港印刷和图书出版业的名流、老同学吴树炽博士,要我陪着去看他。当时他身体虽感不适,但还是表示欢迎。总之,他对联大的学生就像父母对待自己的孩子一样,都给予无限的爱。

1997年6月16日岱孙师的高徒、美国侨报专栏撰稿人赵景伦同学由美国来京时,就像往常每次他回国时一样,都特地要我和他一起去拜见恩师。当时一起去的还有沈师光同学。落座后,看岱孙师是比前些时憔悴多了,但他谈话还是那么有条理,说明他的精神还可以。他坐在沙发上,和我们谈得颇久,我们还拍了好多张照片。我们告辞后都说他是 20 世纪的同龄人,他的岁数是再好算不过了,再过三年就是人瑞了。日月如梭,百岁一晃就到,那时他已是有七十多年教龄的一代宗师,又是历届政协委员和常委,北大和政府有关领导一定会比给他办 95 岁大寿时要办得更像样更热闹,让国内外的门生和亲戚故旧好好地为他庆贺庆贺。没想到,我们的这次拜见,仅时隔一个多月,就竟成永别!岱孙师忽地走了,我们失去了一位尊敬的导师,经济学界、教育学界失去了一位权威性的教育家。但他的形象和风范将永远存在于人们的心中,他的榜样和影响将永远鼓舞着我们奋进。

风态卓殊　无怠无畏

□ 钱亿年*

我在西南联大读书时和陈老师并没有很多的接触。一个原因是我在三年级时才上他教的财政学,而很多的同学在二年级就选他的课了。我在1940—1941年去四川叙永时是进工科机械系的。1941年秋又在昆明金碧路工学院住读了半年。我在叙永时,数学教授刘晋年和物理教授霍秉权两师选出三个工科学生鼓励他们去读理科,我幸落名在内。但在我请示于家父时,他问我有无恒心过一生教授的生活,当时我不能做肯定的答复,而同时我已感觉工科对我个性不适,便在1942年冬转入经济学系了。那年我补读了基本课程,如经济概论、逻辑学、政治概论、会计学之类。

另一原因确是难说。三年级正属我读书兴趣的高潮,我每天下课的时间都用在图书馆,把教师指定的参考书读了不少。陈师说收税如拔鸡毛,要越不痛越好。在考试时我就把参考书所读到的理论加进答案里。我说当财政者对各种项目的收税都要恰到好处,要做到各种交税人的边际苦痛(marginal pain)相等为止,在这样的情况下,集体的苦痛就是最小的了。这种答法,全是理论。第一,边际的苦痛不能数量化,就连苦痛也不能数量化;第二,即使苦痛可以数字衡量,那整个观念,是一个静态的分析,不能反映动态的社会或经济的变动。陈师大概想我是一个书呆子,给我的评分是丙等。那时我认为答复来自陈师指定的一本参考书,我感觉有苦说不出来,还有一点不太服气。

1944年年初,我级被教育部下令提早毕业,全部级友被征调为翻译官。经过三个月的军训就分散到各战区或其前线服务去了。我被调到国民党空军,附属于美国第14空军队,到老河口南阳一带,用无线电在地面和天空的飞机通话,做前线陆空联络的工作。事实上,在老河口的李宗仁将军和在南阳的刘汝明将军都不肯打仗。

等我辞职时已是1945年秋天了,那时我已有意到美国留学,但是自己觉得

---

* 钱亿年,西南联合大学校友。

对经济学了解不够。我便回到昆明联大补读未完成的四年级下半年的学业。

我在联大"再度"或"真正"毕业时是1946年6月。在昆明办好了出国的手续,由重庆、汉口到上海,因当时美国全西海岸海员罢工,我终由上海飞东京转旧金山,在1947年1月22日到丹佛(Denver),进修于丹佛大学的商学院,主修经济兼工商管理。

在丹佛时我发现大多数的科目都极容易,当年年底就考硕士(只有口试)。老师们说,我的一些答复他们以前没有听说过。这一下让我了解抗战时联大经济学、统计学、国际贸易学的水准并不下于国际的水平,有些地方至少比丹佛大学高。从这一点经验悟会到陈师在学校时的一个大的贡献就是聘请、保留和领导有才能的教师创立并保持了一个优秀的学系。当时经济学系属于法学院,我记得陈师当时兼任法学院院长。

教授们和我握手后建议我去另一学府读博士学位并允诺代我找教学工作。这样我就被招收于明尼苏达(Minnesota)大学,半工半读,先做助教约一年半,后做研究生教员约两年半,先后教经济学概论、统计概论、经济分析、商业统计等课。1951年5月3日上午考取该校经济学博士,当天下午考取统计学硕士。

1953年秋在我考过博士学位的笔试(Preliminary Examinations)后,就离开明尼苏达大学到一家化学公司做市场研究工作。1954年做该公司的科主任。1957年任职于一个制药公司,先为销售课主任,后任商务发展处负责人。在1976年代表该公司去广交会购买西药医药原料,这样给了我30年后第一次踏上故土的机会。

1978年第二次返国,行前写了一封简信寄北京大学经济系负责人表示我有访母校之意。不久即收到陈师亲笔回信,才知道那"负责人"仍是他老人家。他约我去北大参加一个座谈会和经济系的同学、朋友们见面。最出乎意料的是他在信里问我二姐华年近况。我姐茂年、华年和妹茀年都是联大的学生。陈师的记忆力真是出类拔萃。那次座谈会是在临湖轩举行的,我才重见到阔别大约33年的老师。他风度如昔,谈吐自若,神采奕奕。

那时我已创办了一个由中国向美国出口医药原料和医疗器械的美国公司,我前后因此事回国约21次,去北京约4次,去北大拜望陈师2次。我妹茀年也是经济系毕业的,现住台北。她后来也去过北大拜望陈师,陈师出版的文集是我妹由台北转寄给我的。

我们和陈师就此告别了。他为人正直,对人诚恳,风态卓殊,谈吐实在,无怠无畏,有始有终,虽一生未婚,却桃李遍世,做了千万人的师范。他不仅是一代宗师,也应名列在千古大师以内,我辈后生,可谓望尘莫及也。

1998年2月26日敬写于美国加州鹅石海岸(Pebble Beach)

悼念一代宗师陈岱孙

□ 钱茀年*

记得是1992年,外子和我及我大姐茂年三人回国探亲,特去清华大学访问参观,我们都是第一次去这所举世闻名的学府。我和姐姐都是在抗日战争时从昆明西南联合大学毕业的,西南联大包括清华大学、北京大学及南开大学三校。因1937年日军占领了北京、天津,这三所大学避难迁往昆明组成西南联大。在北京的清华我们并未上过,我们怀着朝圣的心情去参观,不料竟得到了"地主"的热情款待,清华大学联同北京大学及联大校友会招待了我们。在晚宴时,得知陈岱孙老师也要来,不禁心中窃喜,我们正想见他。我们方在北大客厅坐下,陈师一个人来了,身着便服,神色凝重,手中虽拿了一杖,但看他步履稳健,并不需那杖帮助,一看就使我回忆起50年前在昆明联大上他的课——经济学概论的情景。

那时的老师正值英年,穿着整齐,态度严肃,手执教鞭在黑板上划着讲解,他不浪费每一分钟的时间,紧扣着那堂课的进度,清晰有力地、引人入胜地讲完那堂课正好铃响下课。学生们屏息静听,埋首疾书。一百多人的教室,外加窗外挤不进来的旁听生,竟一点杂声都没有,老师把枯燥的经济学概论讲得让人兴趣盎然。这门课大家都要赶早去抢位置,成了一年级必修课中最叫座的一门,其原因在于老师精湛的讲解及认真的态度,循循善诱地指导经济学说的理论所在,自然树立了现今所谓的魅力。

席间他没有说什么话,已是92岁高龄的老人了,"文化大革命"的冲击使人感觉到他是忧郁的。

我们返台后,陈师有信来,谢谢我给他订的杂志,并托我找他在台湾的一位哈佛大学同年同系的同学李榦先生,陈师托人带了两册他的著作《陈岱孙文集》给李先生,问收到没有。我查访到李榦先生,他原任台湾地区货币政策主管机关副总裁,已退休,因眼疾不能写字看书。我把两册书借来,看了一部分,其中

---

* 钱茀年,西南联合大学校友。

学术方面的没有专心研读，倒是在其自述及其他生活小品文中得识陈师文采风范。他出生于 1900 年，于福建闽侯的一个书香世家，起初就读私塾，学习古书，主要的经、史、诗文都读过了，又博览家中丰富的藏书，培养了爱读书、求学问的功力。虽然在 15 岁才开始进入新式学堂，但凭其天资及努力，一跃而考进初中三年级，再到上海应清华学堂的插班考试，一帆风顺地进入清华学堂，考取公费留学，后进入美国波士顿的哈佛大学，于 1926 年毕业取得博士学位时，才 26 岁。从 15 岁到 26 岁，仅以 11 年的时间完成了普通人需要 20 年以上才能完成的学业，这样的奇才、天才，难怪赢得国际认同的一代宗师称号。

1995 年值我班毕业 50 周年，北京清华又来邀访，我约同在美国的杨郁文、萧庆莩（经济学系）、邢传节、许有榛夫妇、徐乾若、李润才夫妇共七人再返北京清华，再度晋谒陈师，那时他身体已有不适，住进北京医院，经承宪康老师安排，他仍从医院回到家中接见了我们。他家在北京大学燕南园 55 号教授宿舍，他打起精神坐在椅子上，我们照了些相片，但见他住处有些阴森，树木多，阳光就少了，屋内油漆斑驳，又是孤身一人，大家都有些担心。不过承师说有人来做饭、打扫，还有他的亲属照顾，可以放心。想他老人家多年都是一人生活，已习惯了。

怕他劳神，我们小坐即告辞，但心中多少有点酸楚。回程经香港，和香港校友们餐叙时，我报告了陈师情况，大家决议合送一台 Mini 音响、CD 及 Cassette 等，由我在北京的亲戚代为选购献呈，为之解闷。因在他自述中提到在美国哈佛大学读完博士后，又赴英国、法国的大学研究，在法国时周末每以观赏歌剧消遣，想他在音乐修养上，亦必有造诣。

此后每于接获北京清华校友通讯时，必急着找有无陈师消息，以 no news is good news 为安。孰料今年 10 月我和外子自美返台时，终于接到承宪康老师的通知：陈师已在 7 月 27 日仙逝，享年 97 岁。这世人必走之路他是载誉而归了。他一生的功绩、学术贡献，自有专家论述，我谨在此祝祷他老人家在天之灵安息。

1997 年 11 月 14 日于台北

浓浓师生情

□ 肖德义*

我于1941年自贵州浙大到昆明,入学于久慕盛名而梦寐以求的西南联大经济学系岱老门下。先生给我深刻而终生难忘的第一次印象是:态度庄重严肃,衣履整洁,不苟言笑,行走目不旁视,俨然大教授风度,新生多敬而畏之。但一经接触,在谈话中发现:先生态度慈善和蔼,语言简练,热爱学生如子弟,顿感可亲又可敬,浓浓师生情暖在心头。

我第一次接触经济学领域的启蒙老师是岱老。当年联大教育非常重视基础课,基础课必须由系主任或富有多年教学经验的名教授担任,系主任也必须担任本系两门重点必修课的讲授。所以我读了先生大一开设的经济学概论和大三的财政学。

联大采取学分制,并严格规定:在学期成绩中如有二分之一学分不及格则令退学,如本系必修课一门不及格则令转系。故先生所授经济学概论对经济学系大一学生来说是非常重要的。这可能也是大一本系主课大都由系主任讲授的原因。

先生所授课程,在上第一节课时首先开列一大堆参考书目,全是英文本。然而在抗战艰难时期,来自沦陷区的流亡学生自然买不起,即使比较富有的学生有钱也买不到,少量教本,还由上年级同学读完而转让出售或借给下年级。因而图书馆所藏有限的书是非常抢手的。例如,先生所授《经济学概论》图书馆只有三四十册影印本,每在图书馆开门之前,门外即有大批学生在等候,门一开即蜂拥而入,抢在借书台前排队借书。且参考书不能带出馆外,更显得教授讲授水平非常重要。

先生授课的特点是,在当时西方主要国家名牌经济院校所采用的经济学教科书中选择一两种教材作为蓝本,如费尔切尔德的《经济学基础》和马歇尔的《经济学原理》,讲授时结合自己的观点和研究成果。由于当时条件差,印发讲

---

* 肖德义,中央财经大学教授,西南联合大学校友。

义困难,所学内容全靠学生上课记笔记。先生每以其高大的形象,庄重的态度,整洁的衣履,愉快的心情,更有为国家培养人才的责任感走进教室,那偌大的课堂立即肃静下来。先生讲课条理清晰,深入浅出,表达精练,无一句废言,每节课自成段落。学生则思想集中,埋头记笔记鸦雀无声,几乎每句必录,当堂笔记虽然潦草,但可说是一篇好文章,二三十年后还有同学将当年的经济学笔记保存完好,可惜毁于"文化大革命"。

其后,先生年事已高,尚以八九十岁高龄上讲台、带博士研究生、悉心著书立说留于后人。先生研究西方经济学的理论是以马克思主义的基本观点,对当代西方经济学采用科学分析的态度,既反对盲目批判、一概排斥的态度,又反对盲目崇拜、照抄照搬、一切肯定的做法,并与世界经济发展的研究结合起来,兴诸家之长,批各派之短;强调加强对发展经济学的研究,避免从一个极端走向另一个极端;重视发展中国家经济发展的时代特征,不赞成完全干预或绝对自由的两种倾向。

先生26岁学成回国,27岁执教,97岁仙逝。70年的讲台和科研生涯,为国家培养了一代又一代的经济人才,为经济建设提供了诸多卓有高见的宝贵意见,为后代留下了百万字的成果,更重要的是为高等教育战线树立了高级知识分子的高尚品德、敬业精神和富于时代责任感的崇高形象。

1998年2月于北京中央财经大学

永远怀念陈岱孙教授

□ 郑国安*

1997年9月25日我接到北京清华校友总会承宪康学长惠来手书,告及陈岱孙教授于7月27日上午8时12分在北京医院不幸逝世的噩耗,随函附来《陈岱孙教授生平》一文以及在陈府吊唁陈老的灵堂照片一帧。我接信后,随即向珠海市清华大学校友会张鸿庆副会长电告。翌日即把承宪康学长寄来的资料全部邮寄福州福建师大附中(原为福州鹤龄英华中学)杨玛罗校长,向中学母校汇报。

回忆我在昆明西南联大就读时,曾听先叔郑华炽教授、先舅邓稼先学长和郑雯先学长(郑天挺教授的女儿)等介绍:"陈岱孙教授是清华、联大经济学系学术权威,他26岁已经取得了美国哈佛大学博士学位并获得该校金钥匙奖,回国后即担任清华大学经济学系教授、系主任和法学院院长的职务了。"我听了之后,对陈教授很敬佩,尤其是知道陈老是福州人氏,而我本人少年时代也曾在福州念过初中,先母是福州人,先父是广东中山人(他于1931年参加过十九路军在福州建立人民政府,失败后,携眷逃难返回广东并曾定居于澳门),可以说我是半个福州人。在联大期间,我似有一种发自内心的"同乡"感,曾几次擅自去旁听过陈岱孙教授的授课。他讲解清晰。记得有一次我向他请教经济学概论里的"边际效用"问题,他很慈祥地给我详细地举例分析了边际效用的概念,想起迄今已经是事隔半个世纪了。

1994年4月3日,正值福州鹤龄英华中学母校(现为福建师大附中)113周年庆典,我携同先室、嫡孙、外孙女夫妇五人一起归宁母校祝贺和参观。惠承杨玛罗校长和俞继圣主任等几位校领导的热情接待并引介参观,观看了母校名校友栏目,看到画像侯德榜(我国制碱化工专家)、林森(国民党前主席)、陈岱孙(我国经济学家)、陈景润(我国数学家)、陈簾(我国科技战线铁人)等人物事迹时,才知道自己在联大所认识的陈岱孙教授原来是福州鹤龄英华中学的老校友

---

* 郑国安,西南联合大学校友。

前辈,使我对陈老的名望更加崇敬。

我从多期《清华校友通讯》的报道中知道陈教授的学术成就和他近年的患病情况。近两年我曾以晚辈的身份和陈教授通信,向其表示慰问。1996年春,我有机会重返北京归宁清华母校,参加庆祝清华大学建校85周年华诞暨联大46届毕业50周年纪念活动,特意从广东珠海带上一份礼物敬献给在病中的陈教授。原拟于5月4日同联大校友一起参加北大98周年校庆日,亲自到燕南园陈府拜谒尊敬的陈教授——也是福州鹤龄中学母校的老学长前辈,聊表我的一片心意。旋因清华的余寿文副校长和樊汉斌、郑秀瑗、张伟钹、刘敏文等领导同志要赶于5月2日先行南下珠海,我见有学校领导南下广东,可以顺道陪同我南返珠海,所以未能圆我参加北大校庆和拜谒陈教授的美梦;只好在5月1日晚,只身在甲所住处赶写好一封慰问陈老病况并向他老人家道歉的短信,连同专门由珠海带来的礼物,拜托承宪康学长抽便代我送呈陈教授。

陈岱孙先生母校——福州鹤龄英华学校,摄于1920年
(英华学校原址目前为福州高级中学使用,小教堂仍在,改为体操馆)

陈老已届 97 高寿,一生教育英才满天下,为人高洁,风范纯正。回忆他在旧社会里,从不受国民党政府的利诱;林森尊敬陈岱孙教授为福州英华校友,而且既是留美博士,又是经济学泰斗,曾联同蒋介石邀请他出任当时四大家族把持的财政部长,却遭到陈老拒绝。陈老当年宁可在昆明联大当个穷教授,清贫自甘,专心治学育才,确有鲁迅的骨气。抗战胜利后,陈老作为清华校舍保管委员会主任,为了争取时间从日本投降者手中接管清华,为了要把满目疮痍的清华园尽快恢复以迎接从昆明还都的师生可以正式上课,付出了极大的心血,立下了辉煌的功绩。陈岱孙教授虽然溘然仙逝,但他老人家在长达 70 载的教学生涯中,为我国高等教育事业和经济科学的创新与发展,默默耕耘所做出的贡献,将永载于青史。

1997 年 12 月 30 日写于广东珠海

忆陈岱孙教授

□ 何燕晖[*]

我接到张友仁教授函告岱孙老师去世的消息是在 1997 年 8 月刚从国际政治经济学人年会(在波兰举行)回来时。这不幸的消息,震荡了我的胸怀。

犹记差不多 50 年前,我初入西南联大一年级,岱孙老师讲授经济学原理引我入门。那时我的梦想是要彻底了解世界,进而改造世界,所以主修哲学,只随岱孙老师学了一年经济学,以后我就没有机会在课堂聆听他讲课。但是经济学原理课给我印象很深。可以说,它是隐藏的基因,引我在美国进研究院选读经济学科,并将经济作成为我一生的专业。

我记忆中的岱孙老师,是高耸直立、目视前瞻的人,是思维清晰、分析谨严、有条有理、讲释不厌其详的学者。大一以后,我虽然无缘常聆面训,但常听同学的赞誉,也常拜读岱孙老师的文章。

最后一次与岱孙老师见面,是 1992 年深秋,我从美国到北京度进修假。由联大同学李凌、张友仁、许冀闽等人一同特地赴陈宅(北大校园内)晋见。阔别了 40 年,陈师还是一派活跃的渊深学者风度,我们后生又钦佩又敬仰。岱孙老师教出的卓越经济学家满天下,对中国经济建设,对世界发展,都有辉煌的贡献。我这小卒,也愿沾些光彩。

---

[*] 何燕晖,西南联合大学校友。

西南联大的灵魂和骄傲

——在清华大学陈岱孙先生塑像揭幕仪式上的讲话

□ 郝诒纯[*]

陈岱孙先生为传道授业,发展教育事业,培养国家需要的人才,奉献了他的一生,是我们当年的西南联大学子特别敬仰和钦佩的老师之一。他的品德风貌、人格魅力,令我们耳濡目染,受到极其深刻的教益。我是学地质学的,与陈先生的专业不同,当年无缘亲见受教诲,也极少个人接触。但是,今天瞻仰陈先生的遗像,缅怀和老师在同一个校园中八年相处的情景,使我想起一些受益很深的往事,记忆犹新,时间有限,在这里我仅简单地读几件,以表对先生的景仰和忆念。

西南联大被誉为抗日战争期间大后方的"民主堡垒"。在昆明的八年中,联大师生为争取团结抗日,抗战到底,为反对内战,反对独裁,争取和平民主,所进行的爱国民主运动从来没有停止过,陈先生当年在联大的法学院、经济学系和全校的一些领导与决策机构中都拥有很高的声誉与地位,他的见解和言论足以影响大局。陈先生一直坚持真理,捍卫正义,坚定地站在爱国进步师生一边,总是非常明智、冷静和沉着地,为捍卫联大的生存和完整,为支持师生们的爱国民主活动,保障进步师生的安全,运用他的影响,默默地做着许多从不为人道的工作。他的这种努力也是八年如一日从来没有停止过,这是所有联大校友由衷感佩的。

在昆明期间,学校的物资条件非常差,教授的工资极低,有一段时间不断遭受日本飞机的狂轰滥炸,生命安全没有保障,有家眷的教授都被疏散到校外的农村,只有陈先生和叶企孙、金岳霖三位单身教授,在学校附近合租一间小房子居住,自己开火做饭,生活十分艰苦。当时不少人在困苦和危险面前,动摇了信心,整天愁眉苦脸,垂头丧气,意志消沉,但是每当三位教授在校园里出现,不论

---

[*] 郝诒纯,中国科学院院士,西南联合大学原北京校友会会长。

是去上课还是同大家一起跑警报,他们那平静安详、乐观豁达、谈笑风生、神采奕奕的风貌,大家看了精神都为之一振。他们给我们青年学生做出了光辉的榜样,使我们受到深刻教育和启迪,懂得了在那时国难当头的困苦艰险处境中,应该用什么样的精神行动对待生活与学习。

陈先生的讲课艺术和效果在联大是脍炙人口的,每堂课总是有很多学生去旁听。座位不够,学生就站着听或在室外听,我听过陈先生讲"经济学概论"。他讲课好像讲一个非常熟悉的故事,娓娓道来,十分流畅,极少看讲稿,而且深入浅出,层次分明,条理清楚,简要易懂,逻辑性和启发性很强,初学者也能够充分理解并且记下笔记。每到一定的段前,把听课笔记认真整理出来,就是一篇简短的论文。我只是因为慕名去听了陈先生的几节课,受到的教益却至今不忘。我一直在大学里工作,讲了几十年的课,每当对自己讲授的效果不满意时,总要回想起陈先生讲课时的情景,分析一下他成功的原因,找出自己改进的方向。

我们西南联大北京校友会成立至今差不多二十年了,陈先生一直被校友们推举为校友会的名誉会长,陈先生对校友会的关心、帮助和支持使每个校友都非常感动,每逢校友会组织活动,只要他没有十分重要的事情,一定出席,直至他年近九十岁的那些年,仍然如此。他对校友会工作提出过许多重要创议和意见,每次参加活动几乎都发表热情亲切而意义深远的讲话,对共产党、新中国和社会主义的热爱使大家感受极深,对我国四化建设的美好前景充满信心,使大家深受教育。他每次都对校友们提出殷切的希望和很多的要求,虽然联大校友在20年前绝大多数业已步入晚年,但多年来在陈先生的多次鼓励和鞭策下,很多人都学习陈先生不言老的精神,焕发了青春,加倍努力,做出了更多的成绩。

今天清华大学决定将陈先生的铜像立在清华,举行隆重的揭幕仪式,使我们联大校友几年来的殷切希望今天得以实现,我们感到非常欣慰。陈先生的遗像立在这里,不仅表示我们对老一辈学者的缅怀与崇敬,同时供青年学生们瞻仰并学习陈先生的人品与业绩,对他们将是极其宝贵的素质教育,意义更加重大。

我谨代表联大北京校友会和全体校友对清华大学举办这个活动表示钦佩和感谢,也向对举办这个活动的发起者和捐赠者表示钦佩及感谢。

陈岱孙先生与清华经管学院

□ 曲文新*

  中国老一辈著名经济学家、教育家、经济学界泰斗,深为清华人崇敬和爱戴的陈岱孙先生离开我们已三年有余了。今年十月适逢他老人家百年诞辰。由于工作关系,过去的15年中我有幸多次参与陈岱孙先生参加的经管学院的活动,并近距离接触他,深深感到了"他永远平和从容,没有轰轰烈烈,他的影响来自人品学问的高大",心情十分不平静。他老人家的音容笑貌时时浮现在眼前。从经济管理工程系到经管学院,经管学院发展过程中的每一个重要阶段都饱含着陈岱老的深情、关爱和亲切指导,浸透着他老人家的心血。他不仅培育了我国数代经济学人,将其一生无私地奉献给中国的经济学研究,也贡献给了清华经济学和经济管理学科的建设与发展。

  为了适应社会主义现代化建设的需要,逐步将清华大学建成综合性大学,学校于1979年恢复成立了经济管理工程系。1980年校庆,清华经济学系老校友返校聚会,当校长兼党委书记刘达同志在会上希望诸老前辈和老校友给予支持、帮助和指导时,年届八旬的陈岱孙先生非常高兴地做了回应,他说:"1952年院系调整后,在清华这个大家庭中,我们这一房(经济学科)没有了。现在成立经济管理工程系,把这个线接上了,以后我们就可以回到这一房里来了。我想,我可以代表今天所有在座的校友表示,如果母校对于我们有所驱使的话,尽量提出来,我们一定尽我们的力量,做我们力所能及的事。"他的话不仅获得与会校友暴风雨般的掌声,也给学校,尤其给经济管理工程系的师生给予了巨大鼓舞。陈岱孙先生愿意接受"驱使",绝不是一种客气的表态,这为他其后十几年的行动所证实。

  经教育部批准,1984年4月清华大学经济管理学院正式成立,由时任国家经委副主任、1951级电机系校友朱镕基同志兼任院长,陈岱孙先生被聘为第一批名誉教授。5月14日,大礼堂举行隆重的成立大会。会上,陈岱孙先生深情

---

* 曲文新,清华大学经济管理学院教授。

地说:"我离开学校32年了,虽然离开了,我与清华还是维持着'香火之缘',但只是心理上的一种关系。今天,校长聘我为名誉教授,有机会成为清华大学教职工的一员,我十分高兴。年龄虽稍大了点,学校有什么驱使的地方,我只要能做到的,就无不尽力,我这里向同志们做一个保证。"接着,陈岱孙老师尖锐地指出:"讲起经济管理这门学科,过去我们重视得不够。我们过去对科技人才的培养比较重视,不太重视经济管理人才的培养,比例不协调。我们技术落后的还不是太多,在经济管理上落后更大了。清华大学过去在培养科技人才方面有很大成绩,有了这个学院,至少清华在人才培养的失调方面,是会有改进的。"对于经管学院办学应坚持的原则,他认为:"有人问我,清华经管学院是偏重理论还是实际应用? 我个人想法,不要这样提,在经济科学中,包括经济管理,恐怕没有一种脱离实际的经济理论,也没有失去理论依据的实际应用,两者是结合在一起的。过去有一种错误的想法,好像经济理论与实际应用可分开,将两者分为互不往来的独立王国。古往今来,任何一个经济理论都是针对当时实际经济情况提出来的,总结成为理论的,没有不是这样的,中国如此,外国也如此。没有离开实际的理论,也没有离开理论的实际。当然,在具体工作中还是有所偏重的。学院要避免只是抽象地讲理论,搞概念游戏,或者只是围绕着具体问题转,不能上升到理论。"陈岱孙老师关于办学原则的观点引起了学院师生的高度重视,从而为学院建设沿着正确的方向发展奠定了基础。

清华大学成立经管学院,是学校建设综合大学的重要一步,它不仅受到国内经济学界老校友的欢迎,而且受到身居海外的经济学界的老学长的支持。在美国的经济学系1932级老学长王秉厚先生知道学院成立后,通过陈岱孙先生与学院联系,决定捐赠10万美元在学院设立"陈岱孙经济学奖学金"。1987年10月,学院举行了首届"陈岱孙经济学奖学金"颁奖会,兼任奖学金评选委员会主任的朱镕基院长、高景德校长和陈岱孙老师向获奖学生颁了奖。颁奖会上,陈岱孙老师着重讲了奖学金捐赠人的情况,他说:"王秉厚先生清华经济学系本科毕业,后在西南联大任教,抗战胜利后赴美深造,获学位后适逢联合国成立,应聘在联合国工作几十年,前几年退休。王先生是依靠工资生活的人,不是富翁,他一笔笔地从自己的积蓄中捐赠奖学金,是出于对母校的感情,更是出于对祖国的热爱和对祖国现代化急需经济管理人才的感情。如果只讲科技现代化,不讲经济管理的现代化,那么,现代化就有功亏一篑的危险。这个奖学金的设立,就是提供者怀着强烈的爱国热情为避免这种情况所做的协助的表现。奖学金的名额是有限的,但它所蕴含的意义是重要的。在清华这个著名的高等学府学习的人数实在是太有限了,是少数人,所以大家对我们的同学都有一种期望,希望你们学有成就后,对我们的国家、社会应有一种责任感和使命感,如果让'经济人'在今天复活起来,用它指导、主宰自己的一切,那将是很不好的。"全院的学生热烈地为陈岱孙老师的讲话鼓掌,衷心地感谢他对后学的"为人"的谆谆教诲。

1990年10月19日,正值陈岱孙老师90寿诞前一天,当日清华在主楼后厅举行了隆重的庆贺大会,朱镕基院长专门从上海(时任上海市委书记兼市长)发来贺电,张孝文校长代表学校向陈岱孙老师赠送了寿礼。会上,陈岱孙老师以高龄做了深情的讲话:"我和清华的关系有几段,1918—1920年在清华学校读书,1927—1952年在清华当教师,后来中断,1984年又回来了,在组织上又回来了。我一生的生涯是教书。我选择教学工作,似乎是偶然,又不尽然。……现在看来,我这个选择是对的,我现在没有后悔。……几十年时间,一下子就过去了,年纪大了,常有力不从心的感觉,但又不愿意饱食终日。今年是'马'年,就联想到许多'马'的成语,首先是'老骥伏枥',还有……'老马识途',这可以借鉴,我可以向青年同志提供过去在治学和工作方面走过的错路和弯路,和'老马'一样,只是在经过许多错路、弯路之后才认识到归途,这对于我们青年同志来说,也许是可以吸取的以免重蹈覆辙的教训。最近几年,我指导研究生,不时地与国内认识的青年同志通通信,一方面教学相长,另一方面可以为青年朋友讲讲自己过去走的错路、弯路的教训。"陈岱孙老师的肺腑之言,深深地打动了学院所有教师和学生的心灵。作为一名教师,如何对待自己的工作和学生,这位九旬的长者在我们的面前树立起光辉的榜样。

经管学院在1984年成立,通过十年的工作,取得了很大的进展。1994年3月31日,大礼堂举行了院庆十周年大会,时任副总理的朱镕基院长出席并发表了重要讲话。大会上,王大中校长致辞后,94岁高龄的陈岱孙老师在全场雷鸣般的掌声中讲话。他在回顾与清华的紧密关系和祝贺学院十年中所取得的成绩之后说:"我们要不以过去十年的成绩为满足,要努力争创更好的第二个十年的成绩。第二个十年如何做?我粗浅的看法,认为有两个方面,一个是作为协助学科的任务,另一个是作为独立学科的任务。清华大学有不少学科,有工科、理科,还有管理学科。经管学院作为综合性的清华大学的一个单位,有责任帮助、配合其他学科单位;作为独立学科,为国家培养经济管理人才,两方面任务是相辅相成的。作为协助学科,'牡丹虽好全靠绿叶扶',作为独立学科应'责无旁贷'。"他亲手为建院十周年题词。文中说:"在建设社会主义市场经济的中国,我们迫切需要一大批德才兼备的新型管理人才,社会主义市场经济的企业家、理论家。任重而需急。我们幸而已有了十年的办学基础。我们要加倍努力,日进无疆。"

陈岱孙先生在清华大学经管学院成立10周年大会上讲话,摄于1994年

经管学院成立后,根据朱镕基院长"从各个部门聘请一些有长期经济工作实践经验的同志担任教授"的指示,十年中共聘任36位兼职教授、副教授,他们没有收取任何报酬,积极地以各种方式支持、帮助学院的建设和发展。1994年12月23日,朱镕基院长专门邀请了在京的兼职教授座谈,表示他和学院的诚挚谢意,同时也听取大家的意见。会上,朱院长尊敬地请陈岱孙老师讲话。陈岱孙老师说:"今天与我平常一样,每次都有回家的感觉,每次回来都感到不一样了。我组织上回清华已经十年了。听了学院发展的前景我很兴奋,我相信一定会达到。"随后,他谈到应注意吸取国际上先进的商学院的教学方法。"七十几年前我在哈佛大学念书时,哈佛成立了商学院,他们标榜用一种新的方法教学——案例教学,就是理论联系实际,当时的学校都是偏向理论方面的。哈佛商学院在当时是唯一采取这种教学方法的学校,据我了解,这也就是以后它能站得住脚的原因。当然,另一方面,我也谈过,这并不是放弃理论,应在理论的基础上联系实际,两者是相互关联的。"

1995年10月20日是陈岱孙老师95寿辰,朱院长原定登门为他祝寿,学院还准备了生日花篮,上书"恭贺陈岱老九五华诞,朱镕基"。后因公务,无法践约,朱镕基同志专门派秘书奉上花篮和亲笔贺信。

1997年7月27日,经管学院广大师生所崇敬的陈岱孙老师走完他97年平凡但却高尚的一生。"我要自己起来,我要是起不来,就永远起不来了",这是经济学界一代宗师在北京医院给人世间的最后遗言。在弥留之际,不用家人的搀扶,陈岱孙老师挺着1.8米的身板走进卫生间,自理完一切,最后头脸光鲜,衣着整齐,安详地离开了我们。1997年8月8日,朱镕基同志和李岚清同志暨各界人士在八宝山烈士公墓与陈岱孙老师做最后的告别。

根据西南联大校友的倡议以及清华大学、广大校友和师生的要求,为了永远纪念陈岱孙老师,学院请专家为他塑造了一尊半身铜像。铜像高42厘米,铜像中陈岱孙老师神采奕奕,目光深邃而又稳重平和。铜像的基座上嵌刻着陈岱孙老师的一句名言:"我这一辈子只做了一件事:教书。"王大中校长2000年4月30日在经管学院院馆——伟伦楼举行的陈岱孙铜像揭幕仪式上讲了一段话,可以作为本文的结束语,他说:"陈岱老担任教授、系主任长达25年。他不在清华任教期间,依然关心着清华大学事业的发展。自1979年学校恢复成立经济管理工程系以及1984年经济管理学院的建立,陈岱老更是倾注了巨大的心血,为学术建设事业做出了杰出的成就。……今天,在这里建立陈岱老的塑像,一方面表明他的学生对他的真诚的怀念和尊重,另一方面也昭示了今天的清华大学经济管理学院,同1926年建立的、以陈岱老为系主任的经济学系的历史渊源,一脉相承。"

敬爱的陈岱孙老师,这位与学院的建设和发展息息相关并做出重大贡献的一代宗师,清华大学经济管理学院的广大师生永远怀念您!

陈岱孙先生与朱镕基在清华大学经管学院"陈岱孙经济学奖学金"第一次颁奖大会上向获奖学生颁奖,摄于1987年

编 二

燕鸣悠远　济世情长

▶ 北京大学档案馆馆存陈岱孙先生证件照

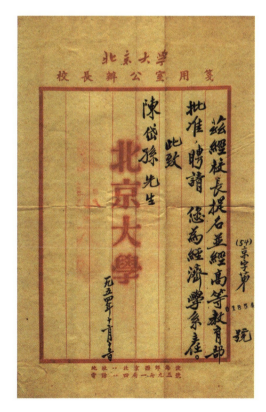

▶ 1954年12月，陈岱孙先生被聘任为北京大学经济系主任

▶ 燕南园 55 号,陈岱孙先生故居

▶ 静园四院,陈岱孙先生曾经的办公场所

▶ 陈岱孙先生与古玛青柯、严仁赓、周炳琳、赵迺抟、陈振汉等教授的合影，摄于 20 世纪 50 年代

▶ 经济系陈岱孙、陈振汉、赵迺抟、叶逸芬、刘方棫、熊正文、朱克烺、周炳琳、侯建儒、张秋舫等老师在香山留影，摄于 1954 年

▶ 北京大学经济系 1957 年毕业合影,前排左六陈岱孙,左七赵迺抟

▶ 20 世纪 80 年代,陈岱孙、陈振汉及夫人、厉以宁、王铁崖(法律系教授)等老师合影

▶ 经济系研究生导师（第一排左起）陈为民、朱克烺、刘方棫、李德彬、熊正文、陈振汉、陈岱孙、胡代光、杜度、赵靖、张友仁、范家骧、石世奇，摄于1982年

▶ 20世纪80年代在陈振汉先生家聚会，陈岱孙、罗志如、陈振汉、巫宝三（社科院）等教授

▶ 陈岱孙先生在书房,摄于 1991 年

▶ 晚年陈岱孙先生,摄于燕南园家中

▶ 后排左起:蒋怀栋、杜丽群、晏智杰、马凤娣、刘向民在陈岱孙先生家里合影,摄于1994年12月

▶ 左起:胡江云、杜丽群、陈岱孙、刘宇飞、刘向民、王长青、史学军在陈岱孙先生家里合影,摄于1995年10月

▶ 陈岱孙先生在北大西校门

▶ 陈岱孙先生晚年在燕南园 55号院

缅怀一代宗师陈岱孙教授

□ 胡代光[*]

岱老去世多年了。我始终未能忘怀岱老献身教育、全心全意为人民服务和办事认真负责的高尚精神,以及联系群众与发扬民主的优良作风。

自20世纪50年代上半期至1984年,岱老一直担任北京大学经济系主任。作为他的助手之一,我从岱老的思想品德和工作作风等方面学习到许多宝贵的东西,受益良多。

全心全意为人民服务是岱老进行教学、科研和行政工作的宗旨。岱老一生诲人不倦,教书育人,真是桃李满天下,他为我国高等教育事业做出了卓越贡献。最使我感动的是,岱老在耄耋之年,还孜孜不倦地培养博士研究生,他对学生的学习既细心指导又严格要求。他认为如果指导教师自己在学术研究方面不做充分准备而贸然招收研究生,放鸭式地进行"培养",那将是误人子弟。他曾对《北京日报》记者说:"我年纪这么大了,为什么还要教课?客观上,培养学生是教师的职责;主观上,我对青年有偏爱。常和青年们在一起,好像自己也年轻了。"我记得,岱老对他指导的一名博士研究生的博士论文初稿进行审阅后,亲笔写下近两万字的如何修改其内容、提高其质量的建议意见书。岱老的这种悉心指导博士论文的范例是值得我们认真学习的!

岱老为处理全系教学行政工作和密切联系群众,总是按每周规定的时间,准时到达系主任办公室,从未迟到或早退,即使其间一时无事可办,他也要静坐在办公室内,直到下班时刻才离去。岱老召开会议,常是事先准备好议事程序或发言提纲,他从不长篇大论,夸夸其谈,而是让与会者充分发表意见,畅所欲言,然后由他归纳,得出共识或结论。总之,在岱老身上,官僚主义的影子是丝毫没有的。

岱老是第二届至第八届全国政协委员,第六、七届全国政协常委,他关心国家大事和我国社会主义建设事业的发展,积极参政议政,发表了不少真知灼见。

---

[*] 胡代光,北京大学经济学院教授。

例如,早在1957年,他和其他政协委员就联名提出提案,建议在中国科学院成立人口问题调查研究中心,并在高等学校成立人口学课程或人口学专业。在政协会议上,岱老曾多次对财政部将国内外债务数额计入我国财政收入内(即只承认财政"硬赤字"的存在)持有异议,认为这样的计算方法是不科学的。一段时期,有人提出"通货膨胀有益论",岱老对这种论调却表示不能苟同。他在政协会议上和其他有关学术座谈会上,一再发表他的看法"通货膨胀是一种变相的、不公平的税",无助于经济增长。针对有些舆论宣传曾把市场经济庸俗化,岱老及时指出"市场并非万能的",莫将市场"神化"了。实践已证明,岱老的以上见解是十分正确的。

作者胡代光与陈岱孙先生合影于1983年

岱老的学术造诣甚高,有许多创见一直影响着我国经济科学界及晚辈学人。这是需要另用专文综述的。这里我只回忆岱老如下的学术研究成果所起到的影响。20世纪70年代,岱老撰写的《从古典经济学派到马克思》这本专著,以马克思主义为指导,评论中肯,分析深入,对价值学说、剩余价值学说、社会总资本的再生产和流通学说、经济危机学说的变革进行了深入阐述,有独到见解,已成为研究经济学说史的必读文献。20世纪80年代,岱老发表了论文《现代西方经济学的研究和我国社会主义经济现代化》。他明确指出,我们可以借鉴利用西方经济学中科学的东西,但西方经济学不能成为发展我们国民经济的指导思想,对西方经济学"不要盲目推崇,全盘搬套"。有关中央领导同志对岱老的这篇文章所论述的观点及时给予充分肯定,并指示《人民日报》转载。岱老的这篇论文产生了很好的社会效果,是对我们如何正确对待西方经济学具有指导性的文献。岱老向来认为"经济学是致用之学",也即"学以致用,学用结合",而要做到这一点,就必须使理论密切联系实际,坚持实事求是,从我国的国情和实践出发来解决社会经济发展的问题。因此,岱老特别强调:"西方经济学无论如何,是植根于西方国家、社会经济的产物。中国的实际在种种方面和西方实际大不相同。要借鉴、利用西方经济学一些理论分析解决中国今日面临的经济问题,我们不但要排除其在本国实践上已证明为错误者,即使对在基本上已证明有成功经验者,我们也得详察其是否适合中国的国情。"岱老的这种观点体现了辩证唯物论和历史唯物论,值得我们认真学习运用。

缅怀岱老,一代宗师将永远活在我们的心中。

(原载《高校理论战线》1997年第9期,收入文集时有修改)

淡泊名利　学贯中西

□ 张友仁*

长寿名师与世长辞

我们得知陈岱孙老师病重的消息后,当即于1997年7月27日早晨7时驱车赶去探视,赶到北京医院北楼310病房时,已是8时42分了,晚了半个小时,陈老师已于8时12分仙逝。我们悲痛万状,只能瞻仰遗容和目送遗体被推往太平间。

陈老师享年97岁,对于如此高龄的老人来说,身体尚属健康。他在有关领导关怀下,1996年曾住入北京医院检查身体,宣告无病,出院。1997年,北京天气奇热,是一百多年来所未有的。入夏以来,陈老师感到乏力和吃不下饭,需要住院诊治。由于一般医院要病人前往各部门检查,陈老师年高,体力受不了,希望能再住入北京医院,可以在自己病房中用各种仪器检查身体。经各方努力,陈老师终于在7月9日住入北京医院,经过连日用多种良药作静脉滴注,本盼会有转机,可惜终于未能挽回。主治大夫说:"如果是70多岁,我们还能治,他是97岁的老人了,我们已尽了一切努力,用了一切办法了。"

陈老师病中很顽强,临终前一天的早晨,他说:"我要自己起来!我今天起不来,就永远起不来了!"他还不要别人帮助,自己起来,走进卫生间,自理完一切,衣着整齐地回到病床上。他还对身边的亲属们说:"你们以为我要走了?没有这么简单!"下午虽出现过危急状态,但经过抢救,他的血压心跳均已恢复正常。亲友们都认为陈老师还可以延年益寿的,谁也没有想到翌日早晨他就离开了人世!

对于陈老师的逝世,我们感到非常震惊,非常悲痛。谁也没有想到他会这么快地离开我们。1997年春节,我们去燕南园55号看望他,在他家客厅的沙发上摄有合影多张,想不到这竟是他同我们最后的合影。担心影响他老人家的休

---

* 张友仁,北京大学经济学院教授。

息,我们不敢频繁地去看望他,可是他却十分关心我们。不久以前,我接到他打来的最后一个电话,是告知我所要的五十多年前发表在上海《文汇报》上的一批文章,他已经托他的外甥女——该报工作人员唐斯复女士替我去找了,一有消息就再打电话告诉我。不意竟成永诀!

1997年8月8日上午10时在北京八宝山革命公墓第一告别室,举行了陈岱孙老师遗体告别式。他的学生和生前友好前来告别的有五百余人。党和国家领导人都送了花圈,朱镕基、李岚清以及费孝通、雷洁琼等亲自来向遗体行三鞠躬礼。陈老师面容安详地安卧在花丛中。

陈老师是学贯中西的马克思主义经济学家,是我国经济学界的一代宗师,道德文章堪称万世师表。他的逝世是中国经济学界、教育界的无可补偿的重大损失。

一代宗师,教学70年,桃李满天下

陈老师于1926年获美国哈佛大学哲学博士学位,旋即到欧洲各国进行考察、进修和研究,他自称是"游学",主要是在著名的法国巴黎大学听一些课程。1927年回国并开始在清华大学任教授,至逝世已任教70周年。在这70年里,他培养了许多有用的经济人才。我认为,中国经济学界中有六代人师出他的门墙,受过他的恩泽。朱镕基就是其中的一位。他在1995年给陈老师的信中写道:"先生年高德劭,学贯中西,授业育人,六十八年如一日,一代宗师,堪称桃李满天下。我于1947年入清华,虽非入门弟子,而先生之风范文章,素所景仰。"

1943年我到西南联大经济学系读书时,陈老师是经济学系主任,我从那时开始受到他的教导,距今已经54年了。我所修的经济学概论课程,原来是萧蘧教授讲授的,不久萧蘧老师出任中正大学校长,改由陈老师讲授。他讲课非常认真清楚,一丝不苟。听了他的讲课,再读原版的教科书就好理解了。在听课之外,我们还参加由别的教员主持的经济学概论的讨论课,以加深对原理的理解。后来我还修习过他教的财政学课程。他的谆谆教导和严格要求,为我打下了西方经济学的扎实基础。

西方经济学的教科书中只讲资本家、企业家、土地所有者和雇佣劳动者,而对广大的个体劳动者则往往视而不见,不加探讨。这显然是不够的,而且更不符合中华人民共和国成立之前有大量小生产者的实际。陈老师在期末考试中出了这样一个题目,大意是:分析西南联大校门外摆摊的修鞋匠等人的经济成分。这使得同学们大受启发,突破了西方经济学教科书的框框,来注意探讨中国经济的现实生活。

陈老师经常发表文章,提出自己对抗战和经济建设的主张。1945年10月1日,陈老师和张奚若、周炳琳、闻一多、朱自清、李继侗、吴之椿、陈序经、汤用彤、钱端升共十位教授联名,致电蒋介石、毛泽东,提出国是主张,要求立即召开政治会议,成立联合政府等。

1952年我国高等院校进行院系调整,北大、清华、燕京、辅仁四所大学的经济系,只有其中的政治经济学专业调整到新的北大经济系,其他广大的财经专业的教师们调整到新建校的中央财政经济学院。这个学院的负责人当时是非陈老师莫属的,于是他受命为第一副院长。由于院长人选空置,由他主持全院工作。一年以后,这个学院完成了它的历史使命,被取消,全体教师和同学并入中国人民大学。这样,1953年陈老师才由当时的教育部派到北京大学经济系任教授,直到逝世,历时44年。1954年他开始担任系主任,直到1984年,历时30年之久。

在北京大学,陈老师担任经济学说史的教学工作。在教学过程中他以马克思主义为指导,对各种经济学说进行分析研究,撰写出40万字的《经济学说史》讲义,在校内油印出版。这份教材在当时的国内外都是高水平的,可是由于那时不正常的政治环境,教材不但得不到公开出版,反而在1958年受到颠倒黑白的批判。这是我国学术界的一大憾事。

"文化大革命"开始后,教学工作完全停顿,陈老师也受到毫无理由的专案审查。"文化大革命"后期,教学工作局部恢复,但只能学《毛主席语录》和马列经典著作。陈老师就转而同我们一起参加马列经典著作的教学工作。他非常认真地对待这项新的教学工作。在讲课之前,他总要查阅各种文字的版本,校出汉译经典著作中存在的大量误译和不准确的地方,弄清经典著作的原意,然后在此基础上讲清经典著作的内容和理论实质。例如,在《反杜林论》的教学中,他每次讲课总要叫我先在黑板上将本章译文的主要错误和更正写出,然后进行教学。又如,《〈政治经济学批判〉导言》这部难懂的经典著作,我在他指导下校译的文字,在原书上批改得密密麻麻。

"文化大革命"中全国都在学习《反杜林论》,可是此书十分难懂,陈老师以其卓越的学识,把它讲解得清清楚楚。特别是此书第二篇第十章《批判史》,大部分人都读不懂,有如"天书"。当时全国有各种版本的《〈反杜林论〉学习辅导》教材,可是对这一章都是空缺。陈老师凭借他在经济学说史方面的高深造诣,破译了这部"天书",把这一章讲解得十分清楚。他在北大经济系集体编写的《〈反杜林论〉学习辅导材料》中,第一次写出《批判史》的辅导教材,填补了这一章辅导教材的空缺。

在《资本论》的教学中,陈老师讲授过劳动价值论和剩余价值论的理论渊源,以及《资本论》中提到的各有关经济学家的生平和学说等,得到师生们的交口称赞。1976年唐山大地震那天早晨,他仍准备去给经济系进修班的学员们讲授《〈资本论〉中有关古典学派的经济学说》专题,直到同学通知他因余震危险暂停上课才作罢。过了两天,他在一片抗震声中就在露天场地上给学员们讲起课来了。

改革开放以后,北大开始招收博士生,陈老师是我国首批博士生导师。他认为研究生应具备"坚实的专业必备基础、深入的专门知识、有一定创造性的研究成果"。他还提出研究生培养工作中"个人指导和集体教学如何正确结合"的问题。他主张通才与专才教育相结合的教育方式,给学生以金字塔式而不是独秀峰式的知识结构。他在博士生和进修教师的培养中,往往采取课堂讨论式的教学方式,主要是为了发挥学生的高度主动性和积极性。

北大经济系的中年教师经历了30年闭关自守的环境,英语有所荒废。为了提高他们的英语水平,陈老师挤出时间来教他们英语,既讲解英文著作,又进行口语辅导,有时还校阅他们的英文译稿。在他的热心指导下,改革开放以来,已有多位教师凭借提高了的英语能力,完成了出国讲学和研究等任务。

陈老师在耄耋之年仍十分严格地要求自己,以身作则积极参加经济系和教研室的教学工作与各种活动。每次开会他都提前到会,而且从不早退。这种精神得到中青年教师们的无比敬佩。

70年来,在陈老师的热心教育下,一代又一代的经济系本科生和研究生毕业成长。现在,在国内外都有不少经济学家和财经工作者曾经有幸受到过他的教益。"诲人不倦,桃李满天下"之誉,陈老师当之无愧!

学贯马克思经济学和西方经济学,著作等身

陈老师出身哈佛,对西方经济学有坚实的功底和精深的研究。中华人民共和国成立以来,他认真学习马克思主义经济理论,较好地掌握了它,是我国学贯马克思经济学和西方经济学的经济学家。

陈老师热爱经济学,并为之奋斗终生。他认为经济学不是教条,而是致用之学、经世之学。他不同意政治经济学是一种"郁闷的科学"的说法,并为之做了详细的考证,指出:这种说法仅仅是"多玛斯·卡尔莱尔曾经给政治经济学取的一个绰号",而不是"政治经济学的一般绰号"。他一生致力于经济学而乐此不疲。

在热爱经济学和学贯中西的基础上,他在经济学研究上做出卓越的学术贡献,取得无可比拟的成果。

早在 20 世纪 50 年代,他就写出空前水平的 40 万字的《经济学说史》讲义,在北京大学校内使用。此书分上中下三册,从希腊罗马的经济思想,到古典资产阶级经济学说、空想社会主义学说,再到近代和现代的资产阶级经济学说,一直写到马列主义经济思想的发展,而且厚今薄古。这部讲义是我国学者在中华人民共和国成立后以马克思主义为指导研究西方经济学以及研究马克思主义经济思想发展的最早的成果。它的水平显然已经超过了那时在苏联和我国流行的经济学说史教材,为我国后来数十年间编写经济学说史的教材做出了榜样,奠定了基础。

在 20 世纪 60 年代初高教部组织全国统编教材《经济学说史》的编写工作中,陈老师担任了马克思以后六个经济学流派的编写工作,同时还参加了全书的讨论和修改工作,贡献卓著。

1981 年陈老师主编的《政治经济学史》(两卷本)出版。该书力求在正确领会有关原著的内容和以马克思主义为指导思想的基础上进行写作。该书改变了对马克思经济学说仅仅按年代做介绍的做法,而是真正把它作为科学的政治经济学说来加以系统而深入的分析。该书还对人们难以掌握的近代资产阶级庸俗经济学的各个流派做了较为详细的分析。陈老师作为主编,不仅主持了全书的设计、讨论和修改定稿工作,而且亲自撰写了大部分章节。在上册的 14 章中,他就亲自撰写了多达 9 章的内容,其精炼的内容和精辟的分析,使广大读者深受其益。

1979 年陈老师在北京大学经济系做了《魁奈〈经济表〉中再生产规模的问题》的学术报告,并在 1981 年以《魁奈的经济思想》为题发表,其中提出了他在研究法国重农主义经济学家魁奈经济思想上的新成果,把魁奈经济思想的研究推到一个新的高度。过去一般的政治经济学史教科书,都认为魁奈的《经济表》只涉及简单再生产问题。陈老师根据新的材料和新的考证,深入论证了《经济表》中所涉及的再生产规模,指出其虽是以简单再生产为基础,但还进一步分析了扩大再生产和缩小再生产的情况,而且魁奈在利用《经济表》来说明法国农业政策的错误以及他所主张的改革措施时,都是将简单再生产的均衡模式改变成扩大再生产或缩小再生产的模式来说明问题的。这就澄清和更正了长期以来学术界根深蒂固的错误观念,给人正确结论,令人信服。直到今天这项研究成果在国内外学术界还是独一无二的。

1981年陈老师出版了《从古典经济学派到马克思》的学术著作。这是一部有很高学术价值的经济学说史专著,解决了马克思主义三个来源中的一个重要来源问题。众所周知,列宁说过古典经济学是马克思主义的三个来源之一,可是言之不详,有待学者做进一步的研究和阐述。然而,环顾国内外,还没有这样的专著出版。这本书凭借陈老师渊博的学识、精辟的论断,清楚地说明了马克思的劳动价值学说、剩余价值学说、社会总资本的再生产和流通学说、经济危机学说的来源,科学地论述了马克思在批判地继承资产阶级经济学的有关理论的基础上,在政治经济学各重要领域上所完成的科学变革。这才真正解决了古典经济学是马克思主义的重要来源问题。

近年来,陈老师仍致力于所谓"亚当·斯密的矛盾"的研究,并且提出崭新的深刻的结论。问题是这样产生的:亚当·斯密早年写过《道德情操论》,提倡利他主义的人性论,后来出版的名著《国富论》则被西方经济学家认为利己主义是它的哲学基础和红线。它们之间似乎存在明显的矛盾。陈老师以其深厚的学术功底和敏锐的洞察力,对亚当·斯密哲学思想的来源和发展进行了深入的分析,对这两部著作的内容做了缜密的比较研究,得出令人耳目一新的观点。他认为,这两部著作的矛盾只是表面上的而不是本质的,它们之间的共同和一致才是基本的,搞市场经济和提倡高尚的道德情操并不是互相对立的。这就对企图利用《国富论》来鼓吹利己主义的倾向做了有根有据的反驳,有利于促进社会主义市场经济的健康发展。

陈老师还密切关注及研究我国经济生活中的重大理论问题和实践问题,他的主张和研究成果对于我国当前经济体制改革起着无比重要的指导作用。怎样正确对待西方经济学就是一个重要的理论问题和实践问题。我国曾经对西方经济学采取一概否定的态度,改革开放以来也有一些人对它采取完全接受的态度。从1983年《现代西方经济学的研究和我国社会主义经济现代化》一文发表开始,陈老师发表了一系列论文,提出了重要的指导性意见,认为对于西方经济学,既不应一概排斥,也不应全盘接受。一方面,由于国情不同,西方经济学不应也不能作为我们的指导思想和理论基础;另一方面,在一些具体问题和方法上,西方经济学又有可以借鉴之处。陈老师写道:"现代西方经济学作为一个整个体系,不能成为我们国民经济发展的指导理论。同时,我们又要认识到,在若干具体经济问题的分析方面,它确有可供我们参考、借镜之处。"在《求是》杂志1996年第2期中,他又撰文进一步深入论述了这个基本观点。

现在,许多人接受了陈老师的观点,认为这是在正确对待西方经济学上具有指导性意见的重要观点。他的学生江苏省副省长金逊同志1997年5月2日在给我的信中写道:"我读到《求是》杂志去年第2期他的文章,深受教益,至今放在手边。这是对当今经济学界和经济工作都具有针对性很强的大作,可见陈师非常关心国家和人民大事,深刻研究各方面的情况,唤醒人们警惕和平演变,严防出现前苏联、东欧那种命运。陈师爱国爱人民的精神,永远令人敬仰。"像金逊学长这样对陈老师如何正确对待西方经济学的观点的评价,是有普遍性、代表性的,所以我特加引用来悼念陈老师。

在如何认识掌握我国经济生活的现状和规律,确定经济体制改革的总体取向上,陈老师也提出了重要的意见。他竭力主张,市场经济应与国家宏观调控相结合。他认为,我国不能走某些西方国家的扩张性财政政策和货币政策的老路,而应当从发展生产力着眼,不断提高劳动生产率,增加供给,同时要注意加强宏观调控,以保持总量平衡和各部门的协调发展,力求避免出现大的波动。他对于我国经济生活中不时出现的过热现象,尤其是过高的通货膨胀,深表忧虑和担心。他认为通货膨胀是对一部分人实行剥夺。他对于那种借改革之机,侵吞国有财产、化公为私的现象,更是深恶痛绝,同我们谈起时总是为之痛心疾首。

他的主要著作先后收集在《陈岱孙文集》(两卷本)和《陈岱孙学术论著自选集》中,字数不下100万。他还有许多其他著作没有收集进去。如果加上他主编的经济学百科全书、经济学辞典、各种经济学学术专著和学术刊物等,摆在一起,将会远远超过两米高。他在学术上的卓越成就,树立了新中国经济学研究的榜样,为后人留下了宝贵的财富。

著作等身,经世济民,唯陈岱孙老师足以当之而无愧!

生活简朴,淡泊名利

陈老师洁身自爱,道德高尚,生活十分简朴,安贫乐道,淡泊名利。他总是穿着中华人民共和国成立初期缝制的布质中山装。饮食简单,基本吃素,不饮酒,晚年不抽烟。

在住的方面,1953年到北京大学后,学校为陈老师在镜春园新盖了一所五间平房,供他居住。"文化大革命"后,平房先是被人挤占了一半,只剩下两间半。可是,当时领导学校的军宣队还说陈老师的住房太多了,把它压缩为一小间。他毫无怨言,而是把家具卖掉大部分,图书也舍弃了一部分,才挤进一间12平方米的小屋中住宿和工作。尼克松总统来华那一年,外间广泛误传尼克松是陈老师的学生,要来拜访他,这才给他恢复为两间半。半间是指那只剩下一小条走廊形的所谓客厅。室内水泥地面,十分潮湿。尤其令人难以忍受的是邻人收音机中放出来的高音,他却处之泰然。许多领导人来拜访他都曾在这个客厅坐过,记者们都只能在这个狭长客厅的一角拍摄照片。后来,庭院中被人违章地盖起房屋。1986年"五四"校庆,陈老师的学生、中央统战部副部长李定来看望他,惊讶地对人说:"怎么陈老师住的房子如此狭小、如此破旧?"可是,陈老师就是在这半幢房屋中居住了二十余年!

1989年秋冬,在准备给陈老师庆祝90岁大寿的过程中,北大领导尽了很大努力,才腾出房子,请他搬迁到燕南园55号的新住所。那里只不过是五间旧平房,陈老师始终没有加以任何室内装修。房中一直没安装一台空调。在北大安装空调要先交电力增容费2 000元,以后每月一切用电都要收取高价的电费。他只是用一台普通的电扇。就在这所旧房中,他一住八年,直到生命的终结。

在行的方面,陈老师在中央财经学院副院长任期内是有一辆专用的红色小轿车的。调到北大初期,他就买公共汽车月票从东城中老胡同到西郊北大来上课。起初,公务出行还是可以由学校派车的,他却很少要车。"文化大革命"之后,就全得挤公共汽车了。他的学生和朋友们经常看到这位老学者颤颤巍巍地去挤公共汽车,他们实在看不下去,纷纷向中央反映,情况才有所改善,可是陈老师仍然很少要车出行。

作为一级教授,陈老师近年的月工资收入,名义上有1 000多元,实际上扣除了房租、水电、电话、修缮、住房公积金等费用,每月实发至多数百元,有时甚至被扣成负数。这是他人所想象不到的。

近年来,传记书籍的出版盛极一时,各种传记书刊、名人词典等纷纷来请他写传记。他写过《私塾内外》和《往事偶记》两篇,主要是童年和青少年时代的回忆文章。后来他往往将写传记的任务委托给我,让各出版社来找我"代拟"。

我只好一一遵命。在为他撰写传记的过程中,我不断受到他人格的感召,深受教育。

陈老师乐于助人,自己省吃俭用,却在1995年将历年节约下来的仅有的2万元积蓄,拿出来成立了陈岱孙经济学基金。在他无私奉献精神的感召下,历年的学生也纷纷慷慨解囊,将这笔基金增加到100万元。1996年第一批陈岱孙经济学奖金已经评出,发给北大经济学院对教学和科研有较大贡献的同事们。

乐于助人,一代师表

改革开放以来,陈老师在大学任教的学生们纷纷从事学术研究和撰写学术著作,他们往往要请陈老师审阅指正和撰写序言,他从不推辞,认真审阅,写出序言,奖掖后学。陈老师在序言中对学生著作中的任何可取之处都做了充分的肯定,但绝无溢美之词,而是精辟地分析了有关问题,大都是具有独立学术价值的论文。

例如,陈老师在1978年《厉以宁〈论加尔布雷斯的制度经济学说〉序》中,对资产阶级经济学"正宗"和"异端"的消长关系,做了全面精辟的论述,指出它们的消长取决于资产阶级对本阶级整体利益的考虑。这是该学术专题上空前的卓越的学术论文。

1980年我将佚版了一百多年的英国古典经济学家拉姆赛的名著《论财富的分配》英文原本送给陈老师看,并请他为该书的中文译本写篇序言。他十分愉快地答应了,很快就认真阅读完了这本50万字的原著,并且写出了《拉姆赛〈论财富的分配〉汉译本序》。序言中对拉姆赛在经济学说史上的积极作用做了正确的评价,指出本书最有意义而被过去资产阶级学者所视而不见的贡献,是接近了正确理解剩余价值的来源。正因为本书在剩余价值学说史上有积极的贡献,而有碍于资产阶级的辩解,致使本书受到漠视和贬低,以致几乎湮没无闻。陈老师的观点是高度科学的,也是极为深刻的。

陈老师在1985年写的《张秋舫〈反杜林论中的政治经济学〉序》中,对《反杜林论》这部经典著作做了正确的评论。陈老师一反当时普遍流行的观点,指出它是一本论战的著作,虽然有对马克思主义观点的正面阐述,但是不能认为《反杜林论》的内容完全包括了马克思全部理论体系,不能认为它是对马克思主义三个组成部分第一次所做的全面系统的总结。这种论断是需要有惊人的胆略和卓越的学识的。

1987年陈老师在《晏智杰〈经济学中的边际主义〉序》中,对经济学中的边际主义原理的历史、应用和发展这个复杂的问题做了全面的论述,这篇序本身就是一篇独立而深刻的学术论文。

1989年陈老师在《张友仁、李克纲著〈社会主义经济理论发展史〉序》中,对社会主义经济理论的曲折发展做了科学的论述,并且预见到社会主义经济理论将会有和过去不大相同的崭新的发展。

1996年出版的由陈老师写序和审稿的《国立西南联合大学校史》,在分头写作过程中得到他很多的指导和帮助。他本身就是一部活的校史。我分工撰写的《经济学系·商学系》这一章,得到他更多的指导。在写作之前,我请陈老师先给讲一讲,初稿写出后又得到他认真审阅后提出的细致的修改意见。

在陈老师八九十岁高龄时,还经常有很多单位和学生请他评阅学位论文和主持学位论文答辩会。他都不惜在繁忙中挤出时间认真评阅,及时提出中肯的意见。对于优点他总是充分地加以肯定,缺点也委婉地加以指出,有时还改正论文中的文字和标点符号错误。

这一类工作往往多得令陈老师难以兼顾,他却从不推辞,有时实在忙不过来,才叫他的学生去评阅。有时由于学术观点不同,他也从不轻易下结论,以免判断错误。1982年北京政法学院的一位政治经济学专业硕士生送硕士论文到北京大学来申请硕士学位,陈老师已经"穷两日之力看了一遍这篇论文",可是他认为,"我对于这方面不熟悉,判断起来有困难",于是,他就转给别人再做评审。他写道:"是否这论文应请张友仁同志看看。他过去曾指导过智效和同志关于'生产劳动和非生产劳动'一问题的论文。在这问题上他比我熟得多了。或者让周元同志看看。……让他们做出决定或许更适合些。"他说我更熟悉此问题,我实在受之有愧,我岂敢班门弄斧呢!但这说明了陈老师襟怀坦荡、奖掖后进和对同学、对学术极端认真负责的态度。

1995年,陈老师已95岁高龄,还应邀主持北京大学的博士论文答辩。他十分认真对待,清早起来,提前到会,认真提出问题和听取答辩。那次会议开得很长,到了中午陈老师终于体力不支,昏厥过去,过了片刻,才告复苏。这一次可把人们吓坏了!此后,我们才知道要照顾他老人家的身体,不敢再请他参加会议了。

陈岱孙先生与最后一位由他主持论文答辩会的博士生、来自台湾地区的邓玉英,摄于 1995 年

中华人民共和国成立以后,陈老师没有再出过国。他在国外的学生写信来和汇路费来请他出国,他都没有去,并且将汇款退了回去。可是他对于学生们的出国却都加以鼓励和支持。我每次出国讲学都得到陈老师的指导和帮助。1982 年我应邀去加拿大讲学,那是我第一次出国,对国外很多具体情况都不熟悉,行前陈老师教我在国外讲学应注意的问题等,并写信将我介绍给他在加拿大的学生和友人。

1989 年陈老师的学生谭振樵先生荣获加拿大杰出公民奖,陈老师十分高兴,专门致函祝贺。信中写道:

"日昨张友仁教授来谈,得悉吾弟最近获加拿大杰出公民佳奖,十分欣慰,特此专函致贺。

"张教授本月下旬将应加拿大几个地方大学和学术团体邀请,去加讲学几个月,当路经 Montreal(蒙特利尔——引用者注)奉看,托他带一小盒饮料(人参茶——引用者注),亦千里寄鹅毛之意也。

"贱况如昔,又懒了一点,大概是体力又有所下降,但仍然可以在校内走来走去两个多钟头,记忆力又差些,但思考力还可以,这一切堪以告慰也。

"此间其他情况,张教授可详,不赘了。"

同年,陈老师还给他的世侄和学生——我国驻加大使张文朴同学写信,请他对我在加的学术活动给予协助。

1993年我们去美国访问,陈老师又给他在伯克利的学生蒋庆琅、萧福珍教授写信。信中写道:"兹有北大经济系同仁张友仁、张秋舫两伉俪应约来美讲学,当在加州作一时期之勾留。……特此为之绍介。此间一切,他们都会奉告也。"

陈老师关心他人,不仅在学术研究上,同时也在生活上。当知道我曾患重病后,经常嘱咐我:"悠着干,不要太劳累了!"他曾向人们介绍治疗胆结石的经验。知道我院有几位教师患了癌症,他多方设法寻找有效的药方,复印出来,分送给患者。周元同志病重住院时,陈老师已是95岁高龄,还到医院病房去探视。

陈老师虽然和我们永别了,但是他留给我们的精神遗产是十分丰富的。我们要学习他高尚的品德,勤勤恳恳的治学态度,坚持真理的科学精神,诲人不倦、助人为乐的教学精神,继承和发扬他优秀的学术成就,来告慰陈老师在天之灵!

(原载《经济学家》1997年第5期)

作者张友仁与陈岱孙先生,摄于1988年

在陈岱孙教授百岁诞辰纪念会上的发言

□ 范家骧*

自从1997年7月27日陈岱孙老师逝世以后,我在报刊与专著中,读到许多悼念的文章,使我了解到我前所未闻的许多事迹,加深了我对老师的景仰之情。我有幸参加这次经济学院主办的陈岱孙教授百岁纪念会,回忆起三十年来承蒙陈老师的教诲与照拂,不禁百感交集。现将我与老师交往中的一些情况缕叙于后,事情虽小,对我说来却永远在记忆之中,并从中吸取教益。

陈老师一生生活简朴,乐于助人。1960年我调入陈老师所在的经济史、经济学说史教研室筹组新课并担任教研室工会小组长,当时一般教员家中尚未安装电话,有关工会的通知,需要分别到户传达。为了节省时间,我经常在下第四节课后,骑车执行这项任务。有两次我到镜春园陈老师住所,正值陈老师在堂屋吃中饭。当时陈老师八十多岁的老母亲还健在,一人面前一碗面条,别无其他菜肴。我想他们年事已高,需要增加营养,为何吃得这样简单?以后曾同一位教员去看望陈老师,这位教员是他的小同乡,谈话之间,这位教员突然问了一个我从来不想也不便问的问题:"陈老师你在本系里工资最高,你如何支配这笔收入呢?"陈老师听了并不生气,平静地回答:"我以前的朋友与老家的亲戚故旧都知道我在北京,他们有经济困难或者要办什么事缺钱,就来信要求帮助,我就得接济他们,加上自家的生活费,就所剩无几了。"张友仁教授说六七十年代陈老师还经常接济经济困难的学生,由此看来,陈老师一生生活简朴与乐于助人是密切相关的。

陈老师顾全大局,保持守时的美德。陈老师调入北大后,学校用现成的建筑材料,在镜春园的一个荷塘东边为陈老师盖了一所住宅。我们都认为选址选得好,夏日可以闻到阵阵荷香,月明之后欣赏荷塘月色。没想到过了几年,房子出现了问题,到了夏天水泥地面反潮,以后进一步恶化,所有墙壁都"出汗",挂有许多水珠,寒气逼人,住着很不舒服。学校和系里的领导都关注此事,早就决

---

* 范家骧,北京大学经济学院原教授。

定请陈老师搬到燕南园,但因故房子腾不出来。陈老师对我们从不谈房子问题,肯定是从大局出发,等待学校解决。这时陈荷老师已住到镜春园,照顾陈老师的日常生活,倒是我主动与陈荷老师交谈,我们认为房子出现这些问题是由于塘水渗入地基中,而地基中不是缺乏一层足够厚的柏油防水层,就是防水层太薄不起作用。换房一事直到"文化大革命"结束后才告实现。可叹的是搬到燕南园以后,陈荷老师有一次浇花,由于苍苔路滑,不慎跌跤,卧床三载,终于逝世。我们不仅哀悼陈荷老师过早去世,也担心陈老师自己料理生活的艰难,如果陈荷老师健在,这次纪念会也许会变成庆祝会。

陈老师时间观念极强,无论是系里开大会,教研室开小会,他都是提前到会,带动其他人准时到会。更令人感动的是,每次外出开会,学校派车接他,请他在住所等候。但是每次轿车开进燕南园转弯后,远远望去就看到陈老师已经扶拐站在路旁等候了。

在学术方面,陈老师学识渊博,诲人不倦。陈老师学贯中西,为学术泰斗、一代宗师,虽然曾在西方受过教育,但对西方经济学主张不应一概排斥,也不应全盘接受,不能作为我们的指导思想,在一些具体问题和方法上,可以有借鉴之处。这是他基于对西方经济学的深入了解得出的判断。我与另一位同志合写的《西方经济学》,有幸请到陈老师为该书作序。他在序中对凯恩斯理论做了深刻的译介。陈老师指出以《就业、利息和货币通论》(以下简称《通论》)的理论为宏观经济学的基本内容,不等于说宏观经济学起源于凯恩斯,我们也不能把凯恩斯主义和宏观经济学简单地等同起来。他还说凯恩斯虽以《通论》出名,但《通论》实际上是在一个严格限定的前提下写作的。这个前提就是"短期""静态"与"封闭经济"。这是《通论》的缺漏,全盘接受有缺陷的理论是不明智的。

大概是在1972年"文化大革命"期间,全国掀起学习马恩经典著作的高潮。经济系响应号召,由陈老师主讲《反杜林论》的第二编"政治经济学"和第三编"社会主义"。这是我第一次听陈老师系统讲课。陈老师深入浅出的教学方法,有助于学生理解较生疏的原文。当时兴编写经典著作解说,《反杜林论》也不例外。课程结束后,由陈老师、赵靖老师和我三人组成编写组,由陈老师主持。主要的与较难的部分由陈老师写解说词,我们两人写一小部分,但负责注释部分。人民出版社出版的《反杜林论》中译本有两种注释:一种是脚注,另一种是放在全书最后的注释。有些注释我们查阅了一些辞书也得不到解答,不得不请教陈老师。陈老师要我参考苏联研究所撰写的《世界通史》中译本。我喜出望外,在大图书馆书库找到这部中译本,大约有十几卷。按照时间次序查阅,问题都得到了解答。至此我深深认识到陈老师学识渊博,博览群书,也认识到苏联在历史研究方面的高水平。书成以后,以北大经济系的名义出版。为了准备今天的发言,我想知道我究竟解释了些什么。自己收藏的那一本,不知放到哪里去了,也无力找寻,只有到校图书馆借阅,但都借出去了。无奈我只好匆匆翻阅《反杜林论》中译本,看到了第160页中的一段话:"原始贵族的形成像克尔特人,日耳曼人种,以及印度谊旁遮普地方,在土地公有制基础上所发生的那样,最初也完全不是基于暴力,而是基于自愿和习惯。"很觉眼熟,我敢肯定我在书中解释过。这一段话是批判杜林的暴力论的,一般也会认为贵族是由暴力产生的。只有说明当时的历史情况,才能解释清楚原始贵族是和平产生的。感谢陈老师的指点,我才完成了任务。

20世纪70年代以来,在陈老师的主持下,北大经济系编辑出版了《经济科学》双月刊,80年代中期为了便于对外交流,需要增添英文目录。当时陈老师任主编,我是编委成员,目录英译工作公推由我担任。我虽然知道英译目录中各篇文章题目有其特点,但译出后,不敢说有把握,于是仍然求教于陈老师。陈老师欣然接受,只要他有空,我递上译稿,他立即进行审阅校正,一篇文章的题目经陈老师改动一两个字就显得地道多了。我感到难译之处,经陈老师一修改,也就迎刃而解。在陈老师的指点下,目录英译我逐渐有所掌握,但每次译完,还是请陈老师过目改正,陈老师从未推辞。这个过程持续了三四年,此后由于我教学任务加重,才由其他老师接替。在其间有一期的中文目录中领头文章的题目是"马克思恩格斯论著概说序",有序作者的姓名,但无"概论"作者的姓名,可能来稿的题目就是这样写的。陈老师在归还我的译稿中,附上以下一段话:"无论是'文'或是'书',无论是'序'或是'书译',都应有原文或书的作者的名字——这是对作者的起码的尊重。"这段话充分体现了陈老师对作品的重视和对作者署名权的尊重。

还有一件事,使我深深敬佩陈老师的实事求是精神与其远见卓识。大概在20世纪80年代初期,当时任美国联邦储备局主席的沃克尔率团来我国访问,规格甚高,受到政府盛情接待。其间有一天学校通知由陈老师率领我们几位中年教员到临湖轩与沃克尔一行座谈,该局的副主席、一位女经济学家曾提问道:"中国将来建设铁路,需要大量资金,你们要不要外国援助?"这个问题现在来回答并不困难,在那时好像很不简单。陈老师先让我们回答,一个一个地请,都不作声,最后要我回答,当时我的脑子里还牢固地保持独立自主地进行经济建设的思想,还想到我国 1949 年之后的实际情况是,铁路建设都是国家筹办的,正在踌躇之时,没有回应陈老师的问话,陈老师只得自己回答了。他说主要是自己筹措资金,必要时当然可以接受外援。访问团听了感到满意,我们如释重负,但也感到惭愧,更敬佩陈老师眼界开阔,运用自如。

陈老师晚年希望编写一些辞书,留给后学者参考。他主编了《中国经济百科全书》《市场经济百科全书》与《英汉国际金融辞典》三部辞书,我参加每一部书的审稿编纂的全过程,特别是《英汉国际金融辞典》一书独自担任校改工作,历时十月,以报答陈老师教诲照拂之情于万一。陈老师生前未能见到《市场经济百科全书》的出版,我甚为遗憾!

值此纪念陈老师百岁诞辰之际,陈老师诲人不倦、助人为乐的品格与敬业精神以及开创性的学术研究成就,永远指引我发挥余热,不断前进。

2000 年 11 月 16 日

弦歌不绝　道德文章

□ 厉以宁*

一

当我听到岱孙先生逝世的噩耗时,几乎不能相信这是真实的消息。的确,这太出人意料了。记得两年前,当我们为他老人家祝贺 95 岁生日时,他的身体是那样健朗,说话时思路清晰,大家都预祝他活到 100 岁以上,并且准备在 2000 年他百岁华诞时隆重举行盛典。但谁能料到,今年 7 月 27 日他竟与世长辞。据说,在赴北京医院住院时,他还不需要别人搀扶,是自己拄着拐杖走进去的。毕竟年龄过大了,从此他同我们永别。

岱孙先生是 1953 年调入北京大学经济系的。在这以前,他担任中央财经学院副院长之职约一年之久,再以前,他在清华大学经济学系任教达 25 年。也就是说,他在美国哈佛大学获哲学博士学位后,就到清华大学,一直到 1952 年院系调整,清华大学撤销经济学系才离开。岱孙先生来北京大学后,到现在已有 44 年,他在北大的教龄超过了在清华的教龄。无怪乎他时常对我们说:"北大清华都是我的母校,我是清华人,也是北大人。"

岱孙先生 1953 年来北京大学经济系任教时,我是三年级学生。他担任经济学说史课程的教学。这是一学年的课程,他和他的学生徐毓楠教授共同任教。古代希腊、罗马经济思想,中世纪经济思想,重商主义部分由徐毓楠先生讲授;重农学派、古典学派以及从萨伊到马歇尔的各派经济学说,由岱孙先生讲授;凯恩斯学说则又由徐毓楠先生讲授。徐毓楠教授是岱孙先生的高足,不幸于 1958 年病逝。此后,经济学说史就由岱孙先生一人长期主讲了。凡是听过岱孙先生讲课的学生们都有一个感觉:艰深难懂的西方经济学理论经过岱孙先生的讲授,变得易于理解,例如关于魁奈的《经济表》的来历与含义,经过岱孙先生的讲解,学生很快就弄懂了。因此,在"文化大革命"以前的那些年内,岱孙先

---

* 厉以宁,北京大学光华管理学院教授、名誉院长,北京大学经济系校友。

生讲授的经济学说史是北大经济系最受学生们欢迎的一门课程。

岱孙先生一直担任教学工作。临近90岁之际,他才不亲临讲坛,但仍在家中对博士生、硕士生、青年教师面授,解惑释疑。他把毕生精力献给了经济学的教学工作。他是一位受到人们尊敬的长者、教师。在1990年为他庆祝90岁生日时,我代表受过他多年教诲的学生们向他献上一首词,以表示我们的敬意。

秋 波 媚

贺陈岱孙先生九十寿辰

忧国少年越重洋,回首几沧桑。

人间早换,武夷更秀,闽水流长。

弦歌不绝风骚在,道德并文章。

最堪欣慰,三春桃李,辉映门墙。

二

岱孙先生早年留学美国,对西方经济学说有精湛的研究,以后在清华和北大又多年讲授西方经济学和经济学说史等课程,在教学中深切感受到西方经济学对我国学术界的影响以及我国学术界对西方经济学的看法的变化。20世纪80年代,他曾多次撰文就现代西方经济学研究和我国现代化的关系进行阐述。他的不少见解是中肯的,也是深有启示的。

岱孙先生指出,社会主义现代化经济建设是一个没有完全解决的新课题,它既是一个社会实践问题,又是一个学术理论问题。从20世纪50年代初开始,我国学术界同西方经济学几乎处于隔绝状态,而主观上当时我们采取自我封闭的态度,拒绝了对西方经济学说的任何注意。这样,到"文化大革命"结束时,我们对西方经济学的发展情况基本上是无知的。改革开放以后,情况变了,正如岱孙先生所说:"经过20多年的隔绝,外国经济学,对于一些人来说,变得十分陌生,陌生不免引起目眩;过去的自满也许变成自疑,由自疑而变为不加审别的推崇。"[①]目眩和不加审别的推崇,在岱孙先生看来,尽管只不过是一种不可避免的过渡现象,但对于我们自己的经济学发展仍然是不利的。因此,有必要在这个问题上进行科学的分析。岱孙先生语重心长地写道:"我们既要承认外

[①] 《陈岱孙文集》(下卷)。北京:北京大学出版社1989年版,第876页。

国经济学,在其近年的发展中,在其推理分析、测算技术、管理手段等等方面有若干值得参考借镜之处,又不要盲目推崇,全盘搬套。"[1]这是因为,"在经济学或者可以说在整个社会科学范围里,社会经济制度是一个恒定的前提。……经济学作为一门科学,在考虑分析经济现象的时候,不能不关切到作为这些现象基础的人和社会,从而不能不受到存在于不同社会中的不同道德伦理观念的影响、制约"[2]。因此,经济学作为社会科学,同物理学、天文学等是有区别的,在研究自然现象时可以不需要社会价值判断,而在研究经济现象时则不可能真正超脱于社会价值判断。这正是岱孙先生长期以来一直坚持的看法。

岱孙先生还认为,尽管现代西方经济学作为一个完整的理论体系,不能成为我们研究、制定经济和社会发展的指导思想,却不等于说其中没有值得我们参考、借镜、利用的地方。他列举了五个方面的研究,认为它们对于促进我国现代化是有用的。这五个方面是:

第一,关于企业、事业的经营与管理的研究,包括企业组织,劳动管理,能源、原料的有效利用,工艺技术的改良、更新,产品品种、质量与市场的关系,成本计算,经济监督与审计等。

第二,国民经济的综合平衡分析,例如投入产出分析等。

第三,微观经济学中关于商品的需求和供给、价格和销售量、竞争和垄断等有关市场机制的分析。

第四,数学方法的应用。

第五,西方经济学中有关现实经济的缺陷和问题的研究,例如资源耗竭、工业化和环境污染、生态平衡、分配失调、社会危机的分析等。

应当指出,在 20 世纪 80 年代初,在长期与西方经济学隔绝之后重新接触到西方经济学之际,岱孙先生高瞻远瞩,科学地阐明了我们对现代西方经济学应当采取的态度,使得不少人(包括从事经济学教学的教师、经济研究工作者、高等学校学生、政府工作人员、新闻工作者)从中受益。直到今天,当我们重新阅读岱孙先生当时撰写的这些文章时,仍能得到许多启示。

三

岱孙先生从哈佛大学获得博士学位回国后,始终在教育岗位上工作,教书

---

[1] 《陈岱孙文集》(下卷)。北京:北京大学出版社 1989 年版,第 876—877 页。
[2] 同上书,第 877 页。

育人。但他绝不是从书本到书本、脱离现实经济的人。他的一句名言在经济学界流传着,这就是:经济学是致用之学。①

关于"经济学是致用之学"这一提法,岱孙先生先后在不少场合做了阐发。他说道:"古往今来,与经济学有关的理论,或者经济学本身,应该说是一种致用之学,而不是纸上谈兵。它所要解决的问题来自实际,经过探讨,形成理论之后,又反过来指导实际。"②

岱孙先生所说的"致用",绝不是那种急功近利的、狭隘的"学以致用"。他是反对所谓"急用先学""立竿见影"的做法的。他认为这是把"经济学是致用之学"庸俗化的表现。在1981年撰写的《经济学是致用之学》一文中,他对"致用"二字做了十分精辟的解释。他写道:"从16世纪说起,迄于今日,古往今来的所有经济学家或学派的经济思想的产生、发展都离不开一'用'字。先是,新的经济情况提出了待决的问题。然后经济学家就是针对这些经济现实所提出的问题进行了解、分析;对其有关事物的运动提出有论据的解说,形成了理论。这理论又反过来指导、促进、制控现实成为制定经济政策的依据和基础。"③可见,"致用之学"指的是:经济学产生于实际而又要用于指导实际、变革实际,经济学不能成为"不食人间烟火"的、一无用处的学问,那样一来,经济学就会失去"存在的理由"④。

岱孙先生的这些见解是在改革开放之初发表的。在当时的情况下,确有一些人依然迷恋于过去那种从书本到书本,甚至从经典著作到经典著作的研究方式,而不了解近二十年来世界经济形势的变化,不了解党的十一届三中全会以后中国经济形势的变化;同时,也有少数人在接触到现代西方经济学说之后,对于数量分析方法十分倾心,以为可以通过纯粹的数学推导而使经济学跻入"真正的科学"行列。岱孙先生认为这两种倾向都是不对的。他指出,书本当然要读,经典著作当然需要钻研,数学分析也无疑相当有用,但最要紧的是理论联系实际,是学以致用。所以他写道:"总之,我们认为经济学应该是致用之学。我们反对不切实际的一切空谈。但另一方面,我们也反对在我们这一学科中,只

---

① 《陈岱孙文集》(下卷)。北京:北京大学出版社1989年版,第860页。
② 同上。
③ 同上书,第864页。
④ 同上。

谈技术、操作而取消一切学理的相反极端。"①

岱孙先生的这番话影响了许多人,特别是恢复高考制度之后在20世纪70年代末、80年代初学习经济类学科的大学生。

四

对"经济学是致用之学"的阐释必然涉及西方经济学中规范经济学与实证经济学的划分问题。岱孙先生也在这个问题上发表了自己独到的见解。

实证经济学(Positive Economics)和规范经济学(Normative Economics)是最近若干年来在西方经济学界流行的两个名词。两者的区别在于是否把社会价值判断考虑在内。实证经济学是不考虑社会价值判断的,它企图答复"是什么"或"不是什么"的问题;规范经济学则考虑社会价值判断,它企图答复"应当是什么"或"不应当是什么"的问题。尽管实证分析与规范分析在许多场合是不可分的,即两者往往结合在一起,但由于彼此的侧重点不同,试图解释的问题不同,所使用的方法也不同,所以规范经济学和实证经济学仍然存在明显的区别。有些经济学家主要从事规范经济学研究,有些经济学家主要从事实证经济学研究,也有些经济学家兼而从事规范与实证两个方面的研究,这本是正常现象,并无高低上下之分。

然而,近年来在国外经济学界却存在这样一种偏见,即认为只有实证经济学才是真正的科学,而规范经济学则被排斥于科学的大门之外。这种偏见自20世纪80年代以来也对我国的经济学界产生着某种影响,一些人误以为实证经济学不仅高于规范经济学,甚至认为只有实证分析才是经济学中唯一可以被使用的方法。岱孙先生认为这种偏见是有害的。他指出:"实证经济论者否定价值判断。但是,否定不等于它不存在。数学模型分析了各种变量之间关系,得到一个结果。但这结果是否符合社会实际,完全与社会判断无关吗?当然不是。"②既然任何实证分析都离不开它所设定的社会经济前提条件,也都不可能把研究成果置于社会经济环境之外,可见社会价值判断是始终无法回避的现实。

岱孙先生以经济学说史上各种经济学说的产生与发展为例,详细说明了规

---

① 《陈岱孙文集》(下卷)。北京:北京大学出版社1989年版,第873页。
② 同上书,第901页。

范分析与实证分析相结合是经济学的一贯原则。他指出,19世纪以前,大多数经济学家都以价值判断为出发点,古代希腊、罗马的经济思想家,中世纪的经济学家,古典学派的斯密、李嘉图等人,都有自己的价值判断,规范研究与实证研究当时是不分的。19世纪后期,奥地利经济学家庞巴维克写了一本《资本实证论》,正式地提出了"实证论"这个字眼,但即使如此,书中还是采取逻辑分析而没有采取数学分析。直到20世纪30年代以后,随着经济计量学的发展,实证分析才取得较大的进展。然而与此同时,规范分析也在继续发展,对经济增长的价值判断,对生态经济的研究,对福利制度的分析等,都表现了规范经济学在研究中取得长足的进步。规范分析绝没有消亡,也不会因为有人只推崇实证分析与排斥规范分析而销声匿迹。岱孙先生的结论十分清楚:规范分析与实证分析的结合,不仅是必要的,也是必然的;要使经济学成为致用之学,既离不开实证分析,也离不开规范分析。

五

作为经济学说史的长期研究者,岱孙先生对于西方经济学中的"正宗"与"异端"之间的关系的分析是十分精彩的。在他以前,我们还从来没有看到过如此深刻的论述,国外经济学文献中没有,国内经济学文献中也没有。

岱孙先生写道:"所谓'经济学正宗'是指那种'既定体系的'或'已被确认的'经济学说。这种学说已被认为是'权威',代表着'正统'的观点。……'异端'或'外道',则指那些与'正统'相悖而行的学说。它们虽然也是统治阶级的思想,也'在思想形式下'表现了'统治的物质关系',但还不曾被公认为一种'权威',还不曾被看成是一种'既定的'体系。它们被排斥于'正统'观念之外。它们对'经济学正宗'采取不同程度的'批判'态度。"①这一段论述从总体上说明了西方经济学中"正宗"与"异端"在社会上的地位,以及它们与统治阶级的思想之间的关系。

但"正宗"与"异端"在社会上的地位也可能改变。岱孙先生接着分析道:"'正宗'和'异端'或'外道'不是固定不变的。'异端'或'外道'以经济学'正宗'的'叛逆者'的姿态出现,经过一段时间的论战,有的'异端'或'外道'或者掺入原来的'正宗',终于与之合流,或者取代了原来的'正宗',成为新的'正统

---

① 《陈岱孙文集》(下卷)。北京:北京大学出版社1989年版,第998页。

观念'的代表。但有的'异端'或'外道'则始终处于原来的被排斥的地位。这是经济学说史上常见的现象。"[1]岱孙先生以丰富的经济学说史资料证实了这一论断。一个明显的例子就是凯恩斯经济学的兴起。

凯恩斯经济学产生于20世纪30年代。在这以前,西方经济学的"正宗"是以马歇尔为代表的经济理论。根据这一正统的西方经济理论,经济自动维持均衡被看成是天经地义的,因此政府不必对经济进行干预。凯恩斯关于政府干预的学说在其初出现时,是与马歇尔经济自由主义传统相悖的,因此它以"异端"或"外道"的姿态出现。但最终凯恩斯经济学取代了以马歇尔为代表的"新古典经济学"的"正宗"地位,而成为新的"经济学正宗"。岱孙先生就此写道:这一例子表明:"在一定的条件下,'正宗'与'异端'或'外道'可以互相转化,绝对的'正宗'是不存在的。"[2]

岱孙先生的上述分析对于我们理解西方经济学说的发展非常有用。既然"正宗"与"异端"可以相互转化,既然在西方经济学中无论"正宗"还是"异端"都表现为占统治地位的阶级的思想形式,那么西方经济学说发展的脉络就十分清楚了。在西欧,中世纪的"正宗"是经院派经济思想,中世纪晚期的重商主义学说则是一种"异端",但随着历史的演进,重商主义终于从"异端",变成了"正宗"。重商主义学说大约盛行了两百年。到了17世纪末和18世纪初,在重商主义仍然占据"正宗"地位的同时,古典经济学开始出现,这时,古典经济学也是以"异端"的姿态向重商主义这一"经济学正宗"挑战的。终于到了19世纪初,古典经济学又成为新的"正宗"。经济自由主义学说大约在经济学论坛上占据了一百年稍多一些的"正宗"地位。此后,正如前面所说的,凯恩斯经济学以"异端"形式出现,并最后成了新的"正宗"。从经济学说史上的这些演变,我们可以对当代西方经济学中的各派论争的来龙去脉有清晰的了解。岱孙先生的论述无疑给了我们一把宝贵的钥匙。

六

岱孙先生以97岁高龄离我们而去。当我们在他家里向他的遗像鞠躬致哀之际,过去几十年的师生之情久久不能使我们平静。家里的摆设依旧,那些陈

---

[1] 《陈岱孙文集》(下卷)。北京:北京大学出版社1989年版,第998—999页。
[2] 同上书,第1001页。

旧的家具已伴他好几十年了。书桌上还堆放着他手头常用的书籍。外地学生们寄来的书信也放在那里,大概是准备回信而还没有动笔。桌上还有素不相识的年轻人寄来的稿件,想请他审阅。房间里静得出奇,一切都同往日一样,就好像他老人家外出开会去了。

四十多年前,当我在北京大学经济系三年级刚听他讲课时,我还只是20岁刚出头的青年学生。岱孙先生整整长我30岁,他那时也只是50岁刚过两三年。风风雨雨,岁月如梭。不平静的1957—1959年,动荡的"文化大革命"十年,改革开放以后的18年,我们都在一起。我的两个孩子,都曾受教于他。他送给他们两人的著作,他们都珍藏着。1979年春天,党的十一届三中全会闭幕后才三个多月,我陪他去杭州开会,为期一个月,同住一个房间,朝夕相处。他随身带的是六朝诗选,一有空就翻开来阅读。他没有睡午觉的习惯,中午我睡了,他就读诗消遣。傍晚时,我们一起散步,边谈边笑,谁都不会猜到他当时已经79岁了。如果岱孙先生还健在,回忆那些年的经历,总会感觉到欣慰,因为那是些难忘的日子。如今岱孙先生已同我们永别,对往事的回忆所给予我们的,只是伤感、悲痛。

我有幸在1985—1987年间同岱孙先生合开过两门课程,一门是"西方经济学名著选读",另一门是"国际金融学说专题",选课的都是北京大学经济学院的研究生和中国人民银行总行研究生部的研究生。岱孙先生自己讲凯恩斯以前的部分,而把凯恩斯和凯恩斯以后的部分让给我来讲。我每次讲授时,他都同选课的学生一起听。他也在自己的笔记本上做些简要的记录,课后同我讨论,指出有哪些不足或在下一次讲授时应当注意的地方,那时他已八十多岁了。他那种一丝不苟的精神,令我非常感动。我常想,他老人家如此德高望重,而在对学生负责方面却仍同几十年前我做学生时那样,我们这些后辈还有什么理由不认真备课、不认真授课呢?

我同岱孙先生合作的一项科研成果,是"七五"时期国家哲学社会科学研究重点项目和国家教委文科博士点科学研究项目的产品《国际金融学说史》,全书共60余万字,分为36章。岱孙先生和我共同主编,1991年由中国金融出版社出版。定稿时,他对某些术语的译名反复推敲。校对清样时,他亲自过目,某些地方用铅笔打上记号,批道"以宁再斟酌"。一位90岁的老人这样细心、严谨、求实,怎不使我们肃然起敬?《国际金融学说史》一书被认为填补了国内外经济学说史研究领域中的一块空白,这也是岱孙先生晚年最高兴的事情之一。担任各章撰写的,包括我在内,全都是岱孙先生的弟子。正如该书前言的末尾所写:"本书自 1987 年拟定写作提纲开始,历时四年,于 1990 年全部定稿,适逢陈岱孙先生 90 寿辰,本书的完成也可看作他的学生们对这位受尊敬的老师的祝贺。"

  岱孙先生终于走了。学生们都在想,要是再过三年,他仍健在,让我们为他举行百岁寿辰庆典,那该多好啊!这已经不可能了。但岱孙先生的身教言教,将使他所有的学生受益无穷。丹心耿耿,春雨潇潇,天地宽阔,师道长存。安息吧,尊敬的岱老!

(原载《经济研究》1997 年第 9 期)

怀念陈岱老

□ 石世奇*

1956年秋,我复学回北大经济系学习。这时的北大已经经过院系调整,从城里沙滩搬到海淀,老师除原来北大的之外,还有原来清华、燕京的老师。系主任是陈岱孙先生。我和陈岱老接触较多是在1958年、1959年。在"大跃进"的年代,学生搞科研,老师参加到学生的科研组中。陈岱老有一段时间参加到我们的科研组。我记得有一次要整理一份资料,由于任务紧急,必须连夜赶出来。陈岱老最忙,手捧英文书,一边看,一边口头翻译,同学记录,一直忙到11点多,还没有完。同学们考虑到陈岱老已年届花甲,请陈岱老回家休息。同学们继续忙,通宵达旦。清晨七八点钟,陈岱老来了,手里拿着几盒烟,笑着说:"知道同学们的精神食粮都没有了。"这是因为我们这班的学生大多数是年岁大的调干生,烟民多。现在,老师给学生烟,似乎不妥,但在当时却反映了师生关系的密切。

1960年我留校任教,后来,我又先后担任了科研秘书、教学秘书,和陈岱老的联系就多起来了。1961年系里临时要开古代汉语课,由我负责。我认为经济系的同学学古代汉语应学一些与经济有关的文章,于是就选了《孟子·许行章》《史记·货殖列传序》《盐铁论·本议》《论贵粟疏》等文章,由陈岱老、厉以宁和我,每人讲两三篇文章。这门课先给1960级讲,之后又给1959级、1958级讲过。这是我第一次讲课,所以,我上课前就到陈岱老家,登门请教如何讲课。陈岱老从备课到讲课,讲了很多经验之谈,并且讲了一些看似细微,实际上是需要注意的事。比如,陈岱老讲,教员讲课不要做一些可能影响学生注意力的动作。如讲课时手摸衣服上的扣子,就可能使学生去注意你的扣子;讲课时眼睛看天花板,就可能把学生的注意力引向天花板。陈岱老把讲课时如此细微的事都注意到了,说明他对讲课精益求精。陈岱老的教诲,加上我做学生时听陈岱老讲课所感受到的他的讲课风格,指导了我以后几十年的讲课。现在想来,我的教

---

* 石世奇,北京大学经济学院原院长。

书生涯是幸运的,第一次讲课前得到了陈岱老的指点,并且第一次讲课又是和陈岱老合开一门课。

1962年,经济系部分教师组织了一个读书会,由陈岱老任会长,每个月最后一个星期三的晚上到陈岱老家开会。每次会都由一人主讲,讲自己最近读书的心得、研究的成果,然后大家议论漫谈。陈岱老讲过两次,一次讲参观半坡村遗址,另一次讲《蜜蜂的寓言》。大家兴致很高,有几位先生虽然年事已高,但风雨无阻,都按时到会,主讲的人认真准备。每次开会,都是陈岱老主持。不知是陈岱老喜欢喝红茶,还是什么原因,每次开会他都准备一壶红茶,谁喝谁自己动手倒茶。读书会一直坚持了两年。1964年秋不少教师去湖北搞"四清",学校又开始了"社教",读书会也就停止了。那两年,我每年都要到陈岱老家去十几次,聆听陈岱老和许多位老先生讨论学问,受益良多,终生难忘。不幸的是,在北大"社教"和"文化大革命"中,这个读书会被打成"裴多菲俱乐部",主持者和参加者都受到不少磨难。

十年浩劫过去了,我感到陈岱老的精神面貌为之一变。他的笑容比过去多了,也不时发出幽默之言。重要的是,他在认为必要时,不止一次地对经济学和现实经济问题发表个人的中肯的意见,获得各方面的高度评价。当然,也遇到某些议论和非难。这时,他也泰然处之,不为所动。他的这种坚持真理的精神是令人敬佩的。五六十年代,他很少发表文章,"文化大革命"期间当然就更不能写东西了。但是,这时,他虽然已至耄耋之年,却成了多产学者,写了很多篇文章,主编了大部头的书,出版了堪称经典的重要著作——《从古典经济学派到马克思》。

这一时期陈岱老讲话比较多,各种会议都要请他讲话。他讲话从来是言简意赅,不讲长话,不讲套话,不仅没有多余的话,也没有多余的字。他讲话总是使人感到没听够就结束了。他是长者,是老师,是老师的老师的老师,"最为老师",但他讲话从来使人感到他是平等地和你谈心,讨论问题。20世纪70年代末,经济系开始招收研究生,每年研究生的迎新会上,都要请陈岱老讲话。他总是语重心长地引导学生珍惜这一学习机会,好好学习。有两点我印象最深:一点是,他讲他在美国留学时没有假期,都用来学习,希望同学珍惜时间。另一点是,希望同学打好广博的基础。他形象地举例说,做学问要像金字塔,不要像桂林的独秀峰。后来,当陈岱老不能参加这样的会时,我总是把他讲的这两点转达给学生。陈岱老的"要像金字塔,不要像独秀峰"的思想,实际上成为北大经济系,包括现在的经济学院、光华管理学院办学的重要指导思想。

陈岱老是一位严于律己几近苛刻的人。我在经济系、经济学院学习工作四十余年,从来没有听到陈岱老提出过什么个人的要求。他的住房在"文化大革命"中被强行割去一半。"文化大革命"结束后,理所当然地应该恢复原来的住房。但是,陈岱老说与邻居关系很好,不要求恢复原来的住房。后来,搬到燕南园时,他也不叫人重新粉刷油漆。他年过90,还和大家一起参加学院的活动,并且总是第一个到,如果因为某种原因不能参加,总是事先请假。我现在还保留有陈岱老的请假条。我是从事中国经济思想史的教学和研究的。陈岱老非常关心这一学科的发展,多次鼓励我们。他收到的材料,其中如有中国经济思想史方面的材料,他就会转给我。比如有一份河南省经济学会经济思想史研究会1982年10月5日印发的《通讯》,其中有"古代河南经济思想家名录"和"中国经济思想史专著及论文目录"。陈岱老就转给我了,并在这份《通讯》上别一纸条,上写"石世奇同志参考",旁边写着"岱孙82-10-29"。1995年陈岱老还给了我一本别人送给他的涉及中国经济思想史的书。所有这些,我都保留在身边,以便激励自己向陈岱老学习。

庆祝陈岱老90寿辰的大会上,我曾祝陈岱老"创造人类健康长寿的新纪录"。当时,我是非常有信心的。不幸的是我的祝愿未能实现,这是令人悲痛的,令人遗憾的。但是,陈岱老的道德文章对学生的影响会一代一代地传下去,陈岱老的高风亮节永留人间。

1998年1月6日

最好的纪念

□ 王德炳*

今天我们通过这样一种朴素的方式,纪念我国著名经济学家、教育家陈岱孙教授百年诞辰,深切缅怀岱老的高风亮节和博大学识。

作为世纪老人,岱老经历了中华民族近百年的沧桑和风云变幻。作为爱国进步的知识分子,他所表现出来的操守和品格,堪称世之楷模。他早年投身五四运动;在哈佛大学获得博士学位之后,又毅然回到灾难深重的祖国,并出任清华大学教授,走上了教育救国之路;抗战爆发后,岱老在一系列文章中愤怒声讨日寇的侵略行径,并从经济的角度为抗战出谋划策。抗战胜利后,他和闻一多、朱自清等教授联名发表了《十教授公开信》,呼吁停止内战,和平建国。在"文化大革命"中,岱老不说假话,以一个正直知识分子的沉默,做着无声的反抗。改革开放后,岱老年逾八旬,还担任全国政协常委,继续为我国改革开放、社会主义现代化建设和学校发展献言献策。

作为大教育家,岱老从教凡七十余年,为祖国培养了大批的经济学人才。直到1997年去世前,97岁高龄的他还带着好几个博士生。

名校名师。正是拥有像岱老这样一批"弦歌不绝、道德文章"的名师,北大才成其为北大。

哲人已逝,风范长存。全校教职员工要以陈岱孙教授为榜样,为早日把北大建成世界一流大学而努力奋斗;经济学院的同志们要以陈岱孙教授为榜样,勤奋工作,多出成果,多培养人才,为把经济学院建成世界一流的经济学院不懈追求,以你们的辉煌成就作为对岱老最好的纪念。

---

* 王德炳,北京大学医学部教授,北京医科大学原校长兼党委书记、北京大学原党委书记。

一数之差　一袭布衫

□ 刘　伟[*]

岱老过世快一周年了。

本该早就写篇端端正正的文章,作为学生献上的祭品,供奉在先生的灵前。只是这位世纪老人走后,留给后人的思考竟是那样多,哀思冲击着本就纷乱的心绪,许许多多耐人体味的事情压迫着本就笨拙的笔端,令人难以一挥而就。

先生在时,尽管总能感受到先生的高洁和博大,但却没有更多地去思考先生为何这样令人敬仰;先生走后,那么多以往听说或未曾听说、知道或未曾知道的关于先生的故事,汇成后人怀念的心曲,强烈地震撼着我,不能不令人想得更多、更深。我想,作为学生,作为晚辈,在先生过世一周年的日子,应当把对先生的这种思念整理成一束小花,摆放在这位真正伟大的老人身旁。

一　数　之　差

智慧而又谦逊——这是陈先生极具魅力的品格之一。作为智者,少时于中国旧学浸润之深,可从其渊源家学训练之扎实得到解释;哈佛大学读书之出类拔萃,可从其所获金钥匙得到印证;于中国现代经济学教学、科研之奠基者地位,可从其20世纪20年代中便作为清华大学法学院院长,尔后执掌西南联大经济学教鞭、领军北京大学经济系发展并成为新中国唯一一名经济学一级教授的历史得到说明。这些早已为人们所熟知。

尤其可贵的是,先生作为大智慧者,却有着少见的谦逊。记得1977级本科刚毕业,我们几位同学因考取研究生未去工作,而旋即跟随先生修剩余价值学说史课程。当时用的一本参考教材便是先生1981年由上海人民出版社出版的专著《从古典经济学派到马克思》。这部著作是积先生多年心血而成,自出版之后在学术界好评如潮,我们更是恭恭敬敬地研读。书中一处,先生举了一个例子,大概是用算术分数来说明利润的分割。一次下课后,我们班上的同学姜斯

---

[*] 刘伟,中国人民大学校长,北京大学经济系校友。

栋向先生请教:那一处数学的说明怎么也搞不懂,好像有点不通。过后姜斯栋也就忘记此事了,我们其他同学也不知曾有此事。大约一周后再上课时,先生在课堂上首先向姜斯栋同学表示感谢,并说那一处数字说明的确是自己写错了,尔后又检讨说自己读书不如同学们认真,并一再表示将来有机会再版时一定改过。果然后来再版时不仅改过,而且还特别做了说明,并且在先生写的一篇回顾自己学术生涯的文章里,又特别提到此事,并由此检讨说自己自幼算学不精,等等。以先生学术泰斗之尊,能就一"数"之差向一小其数十岁的晚辈致谢,并在全体学生面前检讨自己,尔后又一再提及此事。我想,这才真正是博大。

中国历史上传说的种种类似"一字之师"的故事,过去听说过,但未曾见过,而先生以其对"一数之差"的风度,给我们上了好深的一堂课。这堂课让我知道:什么是学者,什么是书卷气。尤其是当自己在学术上稍获虚名后,才更深切地体会到这种谦逊背后要有多大的力量才能支撑起来。

一袭布衫

高贵而质朴——这是陈先生又一令人折服之处。有人说,中国缺少"贵族",我不知这里的贵族是指什么;也有人说,三代才能造就一个"贵族",我不十分理解为什么贵族这么难造就。但陈先生的确属于高贵者。

记得先生刚去世的日子里,一天,我在先生家临时设的灵堂前守灵,先生的亲属、《文汇报》记者唐斯复女士同我谈起送先生走时给先生穿什么衣服的事情。她说,舅舅有套黑呢中山装,穿起来很精神,想让他穿着走。我听了后猛然想起一件事,大约是1981年或是1980年前后,我还在读本科时,一次墨西哥总统来华访问,要来北大演讲,安排我们学生沿北大南校门至图书馆的路旁夹道欢迎,由陈先生作为北大方面的代表陪同。总统车队到南校门便停下来,陈先生陪墨西哥总统走在最前面,自南校门步入图书馆。那天先生就是穿着唐女士所说的那套黑呢中山装,脚下踏着双黑皮鞋,手里拿着根拐杖,更有先生那气宇轩昂的身姿和极具魅力的微笑,使得我们两旁的学生都看"傻"了。我们从未见过先生还有这样一身"高贵"之气,以至于站在我旁边的同学郑维平感叹道:"这两人到底谁是总统啊?"想到这儿,我便对唐女士的想法极力肯定。后来,先生就是穿着这套黑呢中山装走的。

但真正气质高贵的人,恐怕又都是质朴,甚至极朴素的。真正的高贵大概不会来自衣着。记得在 1988 年秋天的一个黄昏,我和同事平新乔在校园里散步,天色已经挺暗淡了,未名湖边的人也不太多,距我们大约十几米处,有位老人也在散步,一时看不清是谁,但老人拄着拐杖的胳膊后面,蓝色的中山装上补着的一块大大的略略发白的补丁却挺显眼。那时,虽然大家仍不太富裕,但在北京城穿补丁衣服的人却不多见了,看老人的背影又透着股不俗之气,我和平新乔多少有些诧异。追上去一看,竟是岱老。平新乔是岱老晚年带的不多的硕士生之一,与岱老说话多少随便些,便开玩笑说:"几年没在校园里见到穿补丁衣服的人了,今天第一次见到一位,没想到竟是您。"先生笑笑说:"这衣服穿久了,穿起来舒服。"

暮色中先生那份儒雅,至今还深深地留在我的脑海里,那份雅气比之先生身着黑呢中山装陪同墨西哥总统时的气度丝毫不输。尽管此时穿着补丁布衫,但那份气度告诉我们:"高贵"是包装不出来的。这是我们生活在讲究"包装"的时代的人们须记住的。

先生,以上是我在您走后想对您说的话。请您好好休息吧,我们还会常来看您。

1998 年 4 月 28 日于香港宝马山树仁学院

一代名师　后学楷模

□ 海　闻[*]

我今天来参加纪念陈岱老百年诞辰活动具有两重身份：一是代表北京大学中国经济研究中心的全体教师来缅怀经济学界的泰斗；二是作为陈岱老的学生来表达对恩师的深深怀念。

北大中国经济研究中心成立于1994年，短短的几年来，中心在国内外经济学界的影响越来越大，而中心的建立与发展都是与陈岱老的影响和支持分不开的。中心的主要创建人林毅夫、易纲和我都是陈岱老的学生。当年林毅夫从台湾回到大陆，是陈岱老欢迎他到北大经济系来继续深造的；易纲和我都是北大经济系1977级的学生，陈岱老是我们当时的系主任，还亲自给我们上过课。他的言传身教对我们的一生都产生了非常重要的影响。

陈岱老27岁获得哈佛大学博士学位后毅然回到了当时仍是疮痍满目、民不聊生的祖国，其精神是极为可嘉的。作为中国最早留美回国的经济学博士，他的一生都献给了经济学的教育事业。无论从精神上还是实际行动上，他都为我们这一代出国留学的经济学人树立了榜样。我们正是以他为楷模，踏着他的足迹回国来从事经济学的教学研究工作。陈岱老对我们的工作一直非常支持，当他知道我们要回到北大建立中国经济研究中心时非常高兴。他虽已95岁高龄，却欣然答应做我们的学术顾问，并参加中心在1995年3月10日举行的正式成立大会。陈岱老那天特别高兴，发表了《经济学是一门致用之学》的演讲。他说："经济学这个东西，应该是一个致用之学，作为致用之学就是一定要跟实际密切联系起来的。……它并不是空虚的、抽象的理论，而是联系实际的理论。古代就已经如此了，现在我们更应如此。"陈岱老语重心长地对我们说："我希望中国经济研究中心在这方面能够多做一些工作，以弥补我们过去所失去的时间。"言语之间，流露了陈岱老对我们的殷切希望和信任。

成立大会上我们还邀请了诺贝尔经济学奖获得者道格拉斯·诺斯教授做

---

[*] 海闻，北京大学汇丰商学院院长，北京大学经济系校友。

了题为《制度变迁理论纲要》的讲演。讲演用英文加翻译,时间很长,我们担心陈岱老身体吃不消,多次劝他休息,而他精神饱满、兴致勃勃,一定要听完整个演讲,参加完整个成立大会。那天他很高兴,我们亦很感动。我们对他说:"陈岱老,我们跟着您回来了!"这的确是发自我们内心的呼声。

成立大会之后,陈岱老还接受了中央电视台关于中心的采访,95岁的老人面对聚光灯毫不犹豫、毫不停顿,一口气谈了他的看法。他支持中心的成立,他认为这件事非常有意义,他相信中心能办得好。在中心成立初期,许多人仍表示怀疑的时候,陈岱老则毫无保留地表示了信任和支持。中心之所以有今天的成就,我们不能不感谢陈岱老。在陈岱老百年诞辰之际,我要代表中心全体教师向这位伟大的经济学家、我们的前辈表示深切的怀念和崇高的敬意。

今天来参加陈岱老师百年诞辰纪念活动,我还要代表我自己来感谢陈岱老对我的教育与关心。作为"文化大革命"后恢复高考第一批进入北大经济系的学生,我们有幸聆听了陈岱老给我们上的经济学说史。当年陈岱老已78岁高龄,仍然亲临一线给本科生上课。他讲课非常清晰、简洁,深刻而又幽默。几十分钟一堂课,却常常令人回味无穷。至今我们仍能清楚地回想到当年陈岱老在文史楼二楼给我们上课时的情景。我们1977级是"文化大革命"后第一批高考入学的,聚集了12年的优秀初、高中毕业生,年龄上、经历上都比较成熟。当时上课的老师也都很优秀。厉以宁、萧灼基、洪君彦、胡代光等都给我们上过课,可谓名师荟萃,但同学们都认为,陈岱老是讲课讲得最好的老师之一。

我跟陈岱老的直接接触是从1981年开始的。在他的影响下,我在二年级下半年就开始有了出国留学的念头,到了大学四年级的时候,我已经办好了全部留美学习的手续去向他辞别。陈岱老仔细询问了我的情况后,建议我先不要走。他说:"你现在去是作为转学生,到了美国仍然要补许多本科生的学分,由于我们跟他们的课程安排不一样,你有许多学分需要补,光补这些本科学分大概就需要两年,再读研究生就很晚了。这样走的话,早去不能早回,不如读完北大再走。"陈岱老的一席话不仅为我指明了方向,更让我感动不已:作为蜚声中外、德高望重的大学者,他把一个无名的青年学生当作自己的孩子一样来关心,甚至到了帮我考虑应该什么时候走,在什么情况下走更好的细节问题。在陈岱老的建议下,我放弃了第一次签证,坚持在北大读完了本科,有幸成为北大第一批经济学学士之一,也有幸在1983年年底就获得美国加州州立大学的经济学硕士学位,并为在美国的继续深造打好了基础。

在美国获得博士学位后,我经常在暑假回国到北大短期任教,有空也去看望陈岱老。1995年回国后,去看陈岱老的次数就更多了些。陈岱老对我们中心一直十分关心,每次去都要问问我们的情况,在我眼里,他是一位德高望重的学者,又是一位慈祥的爷爷。而他对我们则始终平等对待。1994年他出了一套《陈岱孙学术论著自选集》,就托人送给我一套,并亲自题上"海闻仁弟惠存",我不得不被陈岱老这种谦逊仁爱的高尚之风所深深打动。

作为陈岱老的学生,我们一直盼望他能活到一百岁。今天,我们虽然迎来了陈岱老的百年诞辰,可惜岱老已经不能和我们一起来庆祝他的百年华诞了。但我们也非常高兴地看到,岱老未竟的事业正在被他一代又一代的学生们继承着。我们要永远以陈岱老为榜样,为中国经济学的教育与科研工作奋斗终身。

一棵能给人荫凉的大树

□ 晏智杰*

陈岱孙老师,一年多来您身体状况不太稳定,入夏以后更是令人担忧地日见衰弱,但我们还是不能接受您这么快就离我们而去的现实。我们深知,您是多么眷恋您所挚爱的祖国和人民,多么希望能继续为教育事业、为您热爱的青年再做一些事情。而我们大家也都期望和相信再过三年能为您庆贺百岁大寿呢。然而天不假年,人非圣贤,我们只好送您老人家仙逝了。

在这令人深切悲痛的日子里,想起您堪称楷模、为世人称道的道德和文章,心潮难平,夜不能寐,往事一幕幕涌上心头。

40年前我进北大时就知道系主任陈岱孙先生的鼎鼎大名了,但在您亲自为我们讲课之前我和其他低年级同学一样,对于您这位大学者总是多半限于怀着敬重之情注视您那矫健的身影。经济学说史课程在三年级的开设,为我们直接聆听您的教诲提供了难得的机会,而且从一开始就给我们留下了极为深刻和鲜明的印象,至今不能忘怀。作为20世纪的同龄人,您时已年届六旬,但您的容貌、身板、气质和风度,比实际年龄要年轻得多。最令同学们惊羡不已的,还是您渊博的学识和高超的教学艺术。您的讲课向来从容不迫,深入浅出,内容充实,条理清晰,言简意赅,在对以色彩凝重为特点的经济理论史的讲述中,既有浓彩重墨的强调,也不乏幽默与诙谐的穿插,总是洋溢着科学与智慧的光彩,每每给人以理论的满足和思想的启迪。老师对课堂讲授时间的掌握恰到好处,结束语和下课铃声几乎总是同时响起,令人不禁拍案叫绝。及至我后来从教之后,才愈益深切地体会到,若无精深的学识、真诚的态度以及长期教学实践的锤炼,要想达到这样炉火纯青的境界是难以想象的。

我很幸运,大学毕业之时,即考取了您的研究生,得以在您的直接指导和关怀下,攻读西方经济学及其历史。三年有余的耳提面命,不仅使我在业务上获益匪浅,而且对老师的人品、学识和作风有了深切的了解与感受。学期初您总

---

* 晏智杰,北京大学经济学院原院长。

要指导我选课和制订学习计划;学期末总要就我的学习进展和成绩做出评定。您亲自为我单独开设专业课,并指导我阅读了马克思主义经济学和西方经济学的一系列原著,还要求我选修了有关的哲学、历史和英语课程。在老师亲自指导下进行的这一段空前密集和系统的学习,为我在基本理论和思想方法的训练方面打下了深厚和坚实的基础。

您教学极为认真,从来一丝不苟。记得那时是在您家上课,每周或隔周一次,除非公出,您从不随意更改;每次上课都准时开始,从不提前,更不推后,我如提前几分钟来到,您则常以聊几句闲话作为过渡,桌上的小时钟敲打三下,立即开讲。先生治学极为严谨,常以言必有据、言之有物相要求,讲解原著时以务求把握作者真意和其精神实质为目标;您要求我认真读书,而我亲身体会到,先生正是这样做的典范,在您读过的那些外文书,尤其是那些精读的书上所写的许多批注和为数众多的圈圈点点就是明证。您一贯主张研究生应以培养独立研究能力为主要目标,而不是单纯地接受已有的知识。这种思想体现在教学方面,就是注重启发和培养学生的自学能力,提高学生对问题的理解力和思想方法的锻炼,所以在您为我开设的经济学原著研读课中,每每以我先谈预先阅读的感受相要求,然后针对我的困惑或疑问之处加以解释,如果我能谈点什么见解,哪怕很不成熟,先生都喜形于色,予以鼓励。先生是有名的学问家和教育家,但又极具谦逊的品德,尤其不屑于浅薄和浮躁;先生诲人不倦,但从不强加于人,在我们这些后辈面前也不例外。所有这些,都是我在研究生期间从老师身上感受到的宝贵精神财富,也可以说是最为重要的收获。我是怀着对老师的深切感激之情结束研究生学业并走上教学工作岗位的,希望能以所学报效祖国,也不辜负老师对我的关怀和期望。

不料,一场史无前例的"文化大革命"浩劫将我心中的希望和设想击得粉碎;而最令人心碎和担惊受怕的莫过于看到老师受到冲击和不公正待遇了。但我要说,这逆境又使我得以进一步认识了自己老师的正直和坚毅,看到了您处变不惊、对国家民族的未来所抱的坚定态度。面对逆境,您泰然处之,坚信真相终将大白;一有机会,照例宣讲您所深信的科学原理和知识,而不愿随波逐流,人云亦云。其实,我后来才知道,早在"文化大革命"前,您就在力所能及的范围内,对于遭受不公正待遇和身处逆境的同志毫不犹豫地伸出过援手,令这些同志至今谈起都不免动容。就这样,您终于经过了"文化大革命"的风风雨雨,经受住了严峻的考验。在您看来,没有什么能比获得党和人民的信任、能为国家和人民服务更重要的了。所以,一旦拨乱反正,形势好转,国家发展步入轨道,已近耄耋之年的您就焕发了学术青春,迸发出了空前的创作力。

这十多年来,您以饱满的热情和过人的精力,积极从事经济学的研究和教学工作,撰写和发表的论述不下百万字,这还不包括您在许多场合发表的演讲、谈话和其他文字成果;您还参加了大量的社会和学术活动。您以自己卓越的学术成果为中外文化和经济学宝库增添了光彩和财富;为新时期改革开放和国家富强做出了重大贡献,赢得了世人的尊敬和爱戴。这些年来,您在百忙中仍一如既往地关心与指导着我和其他同志的教学与研究工作。您为我提出研究课题,一遍又一遍地为我修改书稿;您为我和其他同志的著作撰写了几十篇序言,这些序言大都是具有独立学术价值的论文;同志们在工作中遇到难题,向您求教,总是能从您那里得到理解、鼓励和切实的帮助。大家说,您就像一棵能给人荫凉的大树,又好比是一座能挡风避雨的港湾,还是我们经济学界的一面旗帜和学术泰斗。我们会牢记您的教诲,以新的成绩告慰您在天之灵。

(原载1997年9月2日《人民日报》)

追忆先师陈岱孙先生

□ 晏智杰

参加今天的座谈会,我的心情是很不平静的。岱老是20世纪同龄人,今年是他老人家120周年诞辰。从我1962年本科毕业做先生的研究生到1997年先生过世,我在他身边整整35年,没有离开过。如果加上5年本科,就是整整40年。我有幸这么长时间在岱老身边学习、工作、生活,受到他无微不至的关怀、支持和帮助,深感荣幸,他的精神扎根在我的心中,永不磨灭。

岱老过世23年,我总觉得他一直没有离开我们。听闻先生120周年诞辰纪念,我无论如何都要写纪念文章。我的身体最近不太好,但我经不住内心澎湃的思念,回忆起几十年来在岱老身边的生活经历,先后写了两篇文章:一篇是《在岱老身边的日子》①,记述了40年来我在他老人家身边的所见所闻,皆为亲身经历,我一口气写了一万多字,后压缩到8 000字左右。另一篇聚焦改革开放以来岱老的主要贡献。此时岱老已近耄耋之年,但他好似焕发了科学的青春。几年间,他撰写专著、发表文章、开会演讲、参与各项学术活动,还写了二三十篇序文,这些序文大多数都是独立成篇的学术论文。一直到90岁,岱老还在带研究生。我有幸看到这个全过程,深受鼓舞和教育。我想当他的秘书,替他做一些事,但他不肯,怕耽误我的时间。我觉得我有责任把自己所看到的一切告诉大家,并且拟定了一个似乎更适合年轻人的题目,就是《与时俱进,求实创新,追求卓越》。在第二篇文章里,我还专门另辟一段,记了岱老如何本着同样的精神,支持和鼓励我在科研领域耕耘与探索。如果说我做了一些有价值的事,首先就要归功于岱老。

今天研讨会时间有限,我应该对大家说些什么呢?如果要完整地讲述,一两天都说不完。我就扼要地说说自己体会到的岱老的精神,虽然我的概括不一定准确,但至少有几点是非常突出的:

---

① 刊载于《北京大学校报》,2020年11月25日。

第一,爱国主义。

岱老出身名门,学历又是顶尖的。他早年出国留学就是为了回国效力,从来没有想着在国外定居。回国后他一直投身于中国高教事业,先是在清华大学任教,一过就是25年,1952年院系调整,岱老离开清华大学,任中央财经学院第一副院长,实际主持工作,一年后转来北京大学,1954年被任命为经济系主任,一直到1985年成立经济学院,岱老说自己年纪大了,辞去了系主任职务。他在北京大学待了45年,在清华大学待了25年,整整70年都在中国两个顶尖的高等学府度过。称他为中国经济学科的主要创建人、奠基人、带头人,并不为过。

抗日战争时期,岱老一边主持西南联大经济学系的工作、讲课,一边写文章,从经济学家的角度为抗日出谋划策,提出了许多增强战时国家经济实力的建议,得到学界的高度重视和好评。抗战胜利后,他又奉命回到北京,接管清华园。中华人民共和国成立前夕,清华大学校长梅贻琦曾对岱老说:"蒋先生(蒋介石)让我转告你跟我们一起去台湾,重建清华大学。"岱老谢绝了,他对国民党的腐败深恶痛绝,他要留下来迎接新中国。

改革开放后,曾有朋友劝岱老去美国做研究,说自己在美国有很多亲属、朋友和学生,其中有人还给他寄来美元,以作购买机票之用,岱老都一一婉拒了,他还把友人寄来的美元退了回去。我亲口问过岱老,要不要考虑趁着身体健康去美国看一看。岱老说:"不去,我在国内还要做许多事。"

第二,爱教育、爱青年。

"我这一辈子只做了一件事,就是教书。"这句话是我替岱老起草讲话稿时写上去的。当时我想,以岱老的口气讲他的一生,该怎么说呢?我大着胆子写了这样一句话,把草稿交给岱老时,心里直打鼓,觉得这话可能说得太唐突了:"这话不一定妥当,您看不行就删掉。"岱老却说:"没错,我这一辈子就做了这一件事。"岱老后来讲话时,只加了几个字:"我这一辈子只做了一件事,就是在学校教书。"这句话铭刻在岱老在清华大学的塑像下面。

大家公认,岱老把教书这件事做到了极致,其功力是我们这些后辈所不能及的。岱老的讲课,观点之精到、表述之通畅、时间把握之精准,不敢说绝后,起码是空前的。每节课他的结束语同下课铃声几乎总是同步,堪称一绝。后来我们自己从教几十年才逐渐体会到,这不单单是一个技术和方法问题,没有对学术精深的理解和把握,没有教学艺术的长期磨炼,断难做到这一点。

岱老对学生的关怀,有许多不为人知的事例。1957年,有些青年学生被打成右派,被发配到各地,遇到了很大的困难。这个时候他们想到了岱老。岱老过世后,有一位安徽的后生告诉我们,其父被错划右派,回乡劳改,生活极为困难,绝望之际,他向岱老求助。岱老见信后,从那时开始,整整8年时间每个月都给他寄去5元钱,当时5元钱不是个小数目。这位后生说,每月他们一家就盼着用这5元钱维持生计。当得知岱老过世时,这个后生在纪念文章中说:"岱老仙逝了,我要代父祭奠他的老师。我的父亲一定会在天堂之门迎跪他的老师,请岱老为他们上人生第一课:怎样做人。"这是多么深厚的感情啊!

还有一位年轻老师也被打成右派,被派到农场劳动,天气寒冷,没有钱,没有御寒衣被。这时他想到了岱老。岱老接到他的信后,马上寄去了一包御寒衣物。很多年后,这位老师回国才跟我们讲起:"给岱老的信寄出之后,我很后怕,怕连累岱老。没有想到岱老很快给我寄来了一个包裹,我下工后拿到包裹。包裹上明明白白地写着'北京大学镜春园79号甲陈岱孙寄'。我立即回到住处,对谁也不敢说,到了晚上捂起被子偷偷哭了一场。这是在极端严酷的环境之下我得到的唯一的温暖。"这就是岱老对自己的学生、晚辈的关爱。许多人做不到的事,他都默默地做到了,却只字未提。

中国发展经济学的鼻祖张培刚先生在特殊的历史时期也受到了不公正的对待。那时,有几位瑞典学者到中国访问,希望找到张培刚先生。岱老得知后,立刻把他们介绍到华中科技大学。当时张培刚还在学校的后勤部门负责盖房子。学校一听,赶紧叫他去换西装,干干净净地迎接瑞典学者。我与张培刚先生交往多年,他也是我尊敬的长辈。他曾对我们说:"岱老是我的恩人,我去哈佛大学读书,就是陈岱孙老师给我介绍和推荐的。"

岱老还有很多学生在美国颇有建树,在联合国和其他机构工作。他们都说,是岱老给他们开的路,写介绍信、推荐信,他们才有机会在美国发展。类似的事情还有许多许多。我问起岱老时,他都笑一笑说:"这是我该做的。"

第三,高尚的人格。

20世纪六七十年代,社会环境、学术环境不佳。岱老对这样的局面颇为无奈。从1957年到1978年前后20年,这位大学者没有发表过一篇学术文章,这是多么不容易啊!

"文化大革命"之前,岱老有一位老管家兼厨师,是他的同乡,我叫这位老管家"老书童"。每次到岱老家里拜访,这位老书童都会来接待我。"文化大革命"时期横扫所谓资产阶级生活方式,这位老管家只好返回老家,但岱老20多年间每月仍给他寄钱接济他。

改革开放后,岱老重新焕发了学术精神。我们老劝他,年纪这么大了要小心身体。但他还是用两三年写出了《从古典经济学派到马克思》这本书。那是改革开放之后,他在耄耋之年写的第一本专著。书稿完成后,他给我们几个同事一人发了一份,用旧的文件夹子弄得整整齐齐,请大家审阅。可我们哪有资格来审阅呢?我得到的是许多收获。此后,他又写了多篇支持改革开放、与改革开放进程与时俱进的文章,包括如何正确对待西方经济学、正确对待改革开放的一系列政策、正确对待经济学的教学和研究等。一直到过世之前,岱老仍旧手不释卷。我在他家常见他坐在躺椅上读书看报,常看的有英文《经济文献杂志》和《经济学家》。他学问那么深,中西贯通,但一辈子学无止境、实事求是,学生向他请教问题,他从来都是有求必应,从不敷衍。

最后,我想说说岱老对我的关怀和指导。20世纪80年代初,我积劳成疾,岱老要我立刻放下工作去医院检查。后来我要赴美访学,岱老为我咨询和联系学校,设家宴相送,还写了好几封信给他在美国的朋友,嘱其对我多加关照。这使初次出国、身处异国他乡的我深感温暖与呵护。1991年,我准备去德国访学。临行前,岱老对我说:"我没有什么送你的,有一套西装没有穿过,你穿上合适。"他还送我一件风衣,那是他在美国的朋友送给他的,也没有穿过,他觉得我到欧洲会用得着的。

在教学研究方面,岱老对我的关怀和帮助更是一言难尽:第一,改革开放之后他把我引进著作之门。当时经济学说史教材奇缺,过去的不能用了,十年荒废,要恢复经济学说史,必须赶快编写出教材。我承担了一部分任务,但对这部分并不完全熟悉。岱老知道情况后,某一天拄着拐杖来到我六层的家,一方面是恭喜我乔迁新居,有了更好的环境开展学习研究,另一方面是来送他在60年代主编的教材书稿,这本教材恰好是我要参与编写的内容。他说:"你完全可以把这份教材作为基础,尽快把握相关的框架、内容。"得益于岱老的雪中送炭,我才在有限的时间里面补齐短板,完成了教材编写任务。

第二,他手把手指导我研究一个重大课题——经济学中的边际主义。在研究这个课题的七年间,我先后写了三稿,岱老先后提出了八次书写意见,积累起来有几十页稿纸,都是他一笔一画写成的。我后来整理到了相关的书中,大家一看就能明白岱老带指导学生的时候花费了多大的心血。这些书写意见大到主题、核心、结构、框架,小到错别字、英文的拼写,他全都注意到了。等到书写成了,岱老又为这本书写了一篇序言。我对岱老说:"我这近40万字的书,也顶不上您的序言,这篇序言是我这部著作的灵魂。"这本书受到很高的评价,有专家说,这是国内多年未见的、完全能与国外同行相媲美的学术成果。我说:"这是岱老指导的结果,是岱老手把手指导我完成这个项目的。"这本书出版时,我提出在扉页上写下"献给我的老师陈岱孙教授"。这种做法在国外早就习以为常了,但据我所知在国内还没有过。

第三,再后来,我写了经济学说史系列著作,进一步拓展了研究的深度和广度。我希望打破旧模式,建立新模式,以身处20世纪后半期一个中国学者的视角,重写经济学说史。我就此请示岱老,得到岱老首肯;我说了我的计划和指导思想,岱老表示赞成。此后我一本本书地写下来,无数次向岱老请教,也得到了他无数次无私的帮助、理解和支持。书写好了,我请他写序言。整整一篇序言没有一句闲话,深刻地解剖、评价了著作的特点和优点。同时也指出,对于作者的观点,读者完全可以有不同的意见,学术问题是允许讨论的,真理越辩越明。这实际上是对我的一种保护。岱老作为我的导师,是我在学术上的领路人、支持者,又是我的靠山,这是我的心里话。

岱老一直受到我们党、国家和政府的尊重。1983年,他在《北京大学学报》上发表了《现代西方经济学的研究和我国社会主义经济现代化》。没过几天,他接到《人民日报》电话,说要发表这篇文章。岱老委托我做了一些文字和篇幅的处理,随后文章见报了,此文引起了极大反响。当时"左"倾思想相当强烈,许多高校停开了西方经济学课程,还有些西方经济学的学者转行去了其他领域,但岱老却说,我们的指导思想应当是,一方面,明确西方经济学不能作为我们的指导思想;另一方面,应当看到西方经济学有许多东西可以作为借鉴。他还详细列举了可借鉴之处。这篇文章的发表在很大程度上起了统一思想的作用。改革开放后,从岱老80寿辰开始,每逢五或逢十,我们都要为岱老庆生。每次这样的活动,都是我们学院和经济学界老少聚首、交流学术、开展合作、增进友谊的盛事,每每传为佳话。1997年7月27日,97岁高寿岱老辞世,党和国家领导人都送了花圈,朱镕基总理和李岚清副总理亲赴八宝山送别,当晚中央电视台播发了岱老逝世的消息,还配发了岱老巨幅遗像,可谓备享哀荣。

与时俱进,求实创新,追求卓越

□ 晏智杰

　　陈岱孙教授是20世纪同龄人,今年是他诞辰120周年。改革开放以来,已迈进耄耋之年的岱老,精神之振奋、思想之活跃、成果之丰硕,均前所未见,可谓重新焕发了科学的青春。短短几年,他陆续发表了包括学术专著、教材、论文和回忆录在内各类题材的成果,总计不下百万字,这还不包括他就国内国际经济和教育等问题所发表的谈话,以及为学术界多位同仁各类著作所写的几十篇序文;年届九旬,他还带研究生。可以说,与时俱进,求实创新,追求卓越,成为晚年陈岱孙的思想和行动的一抹亮色,这同他先前在学术问题上一直保持沉默形成了强烈的对照。从1962年我有幸考取岱老的研究生起,在岱老身边学习和工作长达35年之久,如果从我1957年考入北大经济系算起,还得再加5年。这使我有幸见证了这位世纪老人再创辉煌的全过程,深受鼓舞和教育。

破晓:魁奈《经济表》之研究

　　让我们从改革开放肇始年头说起。那是1979年11月5日,在二教阶梯大教室,岱老正在向北大经济系的教师们做专题学术报告,题目是《魁奈〈经济表〉中再生产规模的问题》。岱老身后,展示《经济表》的各种图表沿着大黑板一字排开。只见岱老结合图表向与会者们讲解着《经济表》的来龙去脉和含义,以及它的历史和现实的意义。岱老坦然自若的神态,清晰流畅的谈吐,深邃而富于启发意义的思想观点,恰似一声春雷,激发了人们沉闷良久的心灵,开启了被迫关闭多年的思想大门。人们不期然而然地意识到,经济学的春天就要来到了。要知道,经济学教学研究,同其他学科一样,遭十年浩劫,满目疮痍,伤痕累累,严肃认真的学术研究早成绝唱。当此雨过天晴,新时代开启之际,岱老率先登台演讲,恰似春暖花开第一枝,其振聋发聩之开创性意义不言而喻。

　　岱老这项研究成果的科学意义与价值,首先在于时隔多年之后,最早向国内读者介绍了国外学者长期以来研究和发现《经济表》各种版本的经历和成果,从而极大地丰富了人们对这份西方古典经济学重要遗产的了解。其次,岱老明确概述了《经济表》各种模式的演变,澄清了长期以来国内外学术界对魁奈《经济表》的若干误解和片面看法。例如,岱老指出,《经济表》不限于研究简单再生产,还先后研究了扩大的和缩小的再生产,而魁奈这样做都是有针对性的。再如,岱老又指出,《经济表》的模式不限于广为人知的"经济表的图式",此前还有过"曲折连接线式"和文字"简要提示式",这种演变反映了魁奈对研究对象即法国社会现状的认识的加深。再次,岱老指出,魁奈《经济表》是作者用来分析法国当时(18世纪中叶)社会经济状况的一种工具,魁奈以此工具揭示了法国当时经济衰退的根源在于谷物价格过低、赋税过重以及禁止对外贸易,从而为提出相应政策提供了理论依据。最后,岱老指出,魁奈《经济表》其实是作者分析社会总资本再生产和流通的天才尝试,具有重大的开创性意义。应该说,岱老的这些堪称一流的研究成果,至今仍保持着领先地位。

一部学术精品:《从古典经济学派到马克思》

岱老唯一一部学术专著《从古典经济学派到马克思》问世于1981年,它在一定程度上弥补了他早年心血结晶《比较预算制度》原稿毁于战火的缺憾,也标志着岱老几十年间学术沉默的终结,具有非同寻常的意义。记得岱老当初将该书初稿分送教研室几位老师"请审阅提意见"时,至少我是极受感动的。这个举动彰显了这位世纪老人的谦逊和大度,因而书稿未看,先平添了对岱老的敬意。及至阅读稿件行文之后,说老实话,我从中得到的收获,或者用现在流行的话来说,"获得感"远远大于可能提出的意见。

以专题形式撰写经济学说史,此前实属罕见;岱老学识渊博、视野开阔、论断精辟,读来常给人高屋建瓴、融合贯通之感,准确和凝练的文字表述更增添了人们研读的兴味。而本书的主要贡献和价值还在于,对从古典经济学派到马克思这一重要时期的主要学说的发展,做了马克思主义的说明,是一部科学性和革命性相结合的专著;至于对人们比较了解的一些问题,作者的论述无论在广度和深度上都显得与众不同,倒显得不那么显眼了。

岱老考察和论述的范围涵盖劳动价值论、剩余价值论、社会资本的再生产和流通,以及经济危机论。岱老的论述具有几个鲜明特点:首先,对这些理论的历史发展的介绍是全面的和通透的,常常越出了人们通常的视野,并且非常注重揭示思想发展与社会经济实践之间的关系。例如,岱老指出,人类认识商品经济的规律的过程是漫长而曲折的,它不始于封建晚期的重商主义,甚至也不始于封建早期和盛期神学家的"公平价格"理论,而是应当追溯到上古奴隶社会哲学家的"值"的概念,并且经历了几个阶段:提出问题并做了最初的分析尝试(如柏拉图和亚里士多德);受到重视并且比较明确地肯定劳动与价值的关系(如奥古斯丁、马格努和亚奎纳);被忽视而不被研究(重商主义)。又如,关于迄马克思为止的经济危机学说史,岱老首先将其如实地划分为"否认普遍生产过剩危机的传统"以及"和传统对立的,承认普通生产过剩可能性或必然性的消费不足论",并且分别追溯了这两种学说的演变和发展过程及其相应的社会经济背景。

其次,岱老在评述马克思相关理论及其同古典派之间的关系时,总是将马克思的学说作为一个整体加以说明,而不是局限于某个侧面。例如,关于马克思的劳动价值论,他没有局限于价值范畴的确立、劳动二重性理论的首创、价值形式理论以及商品拜物教等几个方面,而是把价值的转化形式理论也包括在内,视之为马克思价值理论的发展和完成。又如,关于马克思的剩余价值学说,不以《资本论》第一卷所阐述的剩余价值的产生、实质、后果和历史趋势为限,而是把第二卷和第三卷的内容也包括在内。再如,对马克思的再生产和流通学说的理解,不以《资本论》第二卷的内容为限,其他两卷也应考虑在内,他指出完整的学说是各组成部分的综合。关于马克思的经济危机学说,岱老指出,马克思虽然没有把经济危机作为一个题目集中在某一章中加以论述,但他在对资本主义的总的理论分析中有关危机学说的各个方面,仍然构成了一个系统的学说。基于对马克思学说的完整准确把握,才使得岱老所阐述的马克思学说是对古典派学说的批判和继承,更显说服力。

再次,对马克思上述各学说的论述,不在意于详情细节的描述,而是着重提炼出构成各个理论的基本框架和基本点及其内在联系。例如,在说明马克思剩余价值论时,以"剩余价值的实现、转化和分割"来概括相关内容;又依据马克思的论述把其明确概括为剩余价值的五个阶段的转化运动,即剩余价值转化为利润,一般利润转化为平均利润,剩余价值转化为商业利润,工商业平均利润转化为利息和企业主收入,以及超额利润转化为地租。至于对古典学派和马克思学说的独到与深刻之见,比比皆是。例如,岱老指出,自从李嘉图认为亚当·斯密在价值源泉和尺度问题上不存在一贯的看法以来,认为亚当·斯密的价值论是二元论的观点似乎已成定论,并且将这种二元论归结为耗费劳动和购得劳动。然而,岱老的分析表明,这种看法是不妥当的。问题的关键,在于应当理解斯密这里的分析是在价值尺度和价值决定这两个层次上进行的,而这两者在斯密那里不是一回事,从而为正确解读亚当·斯密价值开辟了道路。基于早先魁奈《经济表》专题讲座的成果,该书对重农主义做了系统而深入的阐述,这是该书的一大贡献,其中包含许多知识点和亮点。

最后,必须着重指出,岱老明确交代了自己这本专著的缺点和不足,这在当时国内著作中并不多见。岱老说,由于本书是在专题讲座的基础上撰写的,因而也存在一些与此相关的缺点,主要是"仍然存在讲座格局的若干痕迹",一些论点在各处"不免有些重复",各章之间"前后未能一贯",以及"各章中若干论点仍有畸轻畸重之处"等。可以补充的是,瑕不掩瑜,这并不影响本书的价值;还可补充一句,在岱老早年提交给哈佛大学的博士论文中,已经显现了这种严谨与科学的态度。

经济科学研究要为四个现代化服务

岱老历来强调理论联系实际。改革开放之初他就明确指出"经济科学研究要为四个现代化服务",指出应当把对社会主义经济问题的研究提到首位,还具体分析了经济理论、经济史、经济思想史等各个分支的重要作用;提出要把国际经济问题的研究摆在重要地位,并论述了对不同国家和制度进行比较研究的意义;指出在经济学研究中加强数学分析的必要性;等等。实践已经并将继续证明这些具有原则指导意义的意见是非常正确的。1981年,岱老发表了《经济学是致用之学》的重要论文。该文从学理和古往今来经济思想发展的史实两方面雄辩地证明,"经济学是致用之学"是无可置疑的通例。然后,他笔锋一转,深刻地剖析和旗帜鲜明地批评了国内外学术界某些与此相悖的不良倾向。这些倾向包括:借口理论经济学和应用经济学的划分,而将两者对立起来,既使理论经济学沦为脱离实际的空洞抽象,又使应用经济学成为失去理论依据的单纯的操作工具;不适当地夸大数学在经济学中的应用,削弱了经济学的学理性,成了无意义的数学游戏;在注重实证研究方法的口实下,企图把经济学搞成一种超越任何价值判断的"纯粹的科学";等等。总之,"经济学应该是致用之学。我们反对任何不切实际的空谈……也反对……只谈技术、操作而取消一切学理的相反极端"。

1985年,岱老又著文强调经济科学研究要为四个现代化服务。首先要坚持改革开放和坚持四项基本原则;其次应该把对社会主义经济问题的研究放到首要的位置上。这既包括若干基本理论问题和经济范畴的研究,也包括对当前实际工作具有重要意义的国民经济发展比例、综合平衡、经济核算和经济效果、劳动就业、财政信贷、经济管理体制等问题的研究。再次,还要注意同现阶段各项经济政策的探讨相结合。岱老还强调了将经济理论、经济史、经济思想史的研究相结合的意义和具体要求。此外,应当将对国际经济问题的研究摆在重要的位置上;同时注意对各国经济发展的比较研究。最后,岱老指出,要使经济科学研究能够更好地为四个现代化服务,数学方法的运用以及开展对社会主义经济核算体系的研究必须提到议事日程上来。实践证明,岱老所提出的这一系列原则性意见是正确的,具有重要的指导意义。

关于正确对待西方经济学的两篇雄文

一篇是发表于 1981 年 5 月的《规范经济学、实证经济学和西方资产阶级经济学说的发展》(以下简称《发展》),另一篇是发表于 1983 年的《现代西方经济学的研究和我国社会主义经济现代化》(以下简称《研究》)。后来岱老在 1987 年《关于当代西方经济学评价的几个问题》一文中还论及这一话题。众所周知,在中国改革开放进程中,如何正确认识和对待西方经济学,一直是一个时不时就会浮出水面的热门话题,而且在具有不同倾向的学者和其他群体中颇有争议。岱老自 20 世纪 80 年代初就此多次发表意见,对帮助人们正确认识西方经济学,克服和防止曾经存在和可能出现的偏差,起到了重要的指导作用。大家公认岱老的观点具有权威性。特别是第二篇文章,发表后立即引起各方关注,人民日报迅即刊登了此文(略有删节),可见其影响之大。这不难理解,在我看来,该文具有明确的纲领性。

岱老对待西方经济学的态度和立场是坚定、明确和始终一贯的,并且同他一贯支持和拥护改革开放的态度相一致。他希望看到社会主义市场经济改革取得成功,也不时为改革中出现的问题感到担忧。他渴望了解现实生活和学术界更多的情况,也愿意为使自己的看法更符合实际而做出调整。因而对岱老这方面观点的任何曲解,或者把他有关西方经济学的某些判断同我国改革目标对立起来,都是违背他的意愿的做法,是他不愿意接受和认同的。

不过我们还是可以说,如何对待西方经济学,有一个认识问题和学术层面的问题,正是问题的这个方面,有许多地方亟待澄清,或者说,随着形势的发展和变化还需要不断地加深认识,岱老多年来正是在这方面做了许多解释工作。

他的研究和论述具有高度的学术价值和认识价值,这是他的论述留给人们的强烈印象;与此相关,我们可以看到岱老在谈论这些问题时,总是要联系西方经济学说的发展,并结合其与当时社会经济文化等背景条件,揭示其社会经济的阶级的含义和作用,也就是说,在岱老的分析中始终体现着历史的阶级的分析方法,以及具体问题具体分析的辩证法;也许更重要的一点是,岱老在对待西方经济学的问题上,始终坚持结合中国实际、从中国国情出发、为中国经济现代化服务这样一个根本原则。我们还要说,岱老对西方经济学的看法是一贯和坚定的,但是在如何估计社会上和学术界在对待该问题上的倾向这一点上,他的看法还在发展,他从不认为自己这方面的估计是固定的、不可更改的。

为什么要关注这个问题呢?岱老在《发展》一文开头有一段言简意赅的说明。他指出:"长期的闭关自守,益以十年动乱,使国内经济科学工作者对于国外经济情况和经济学说发展的动向,处于隔绝的状态。无知造成了自满。其表现形式就是采取不值一顾的无视态度。"他接着说,"闭关局面打开之后,陌生的一切又使得我们有目眩五色之感。物极必反,自满很容易变为自怯。"同样的思想,在《研究》一文中不仅展开了,而且被提到如何更好地为实现我国四个现代化服务的高度。他认为,我国实现四个现代化的任务,"对于从事社会科学(尤其是从事经济科学)研究的中国人来说,这是一个具有挑战性的问题……对于从事经济科学的人们来说,一个具体的问题是现代西方经济学对于中国社会主义的现代化经济建设到底有否用处,在哪些方面我们可以在取舍间做出抉择。"

应该如何看待这个问题呢?岱老在《发展》一文中指出:"这既是思想上的问题又是认识上的问题。也许这是一个不可避免的过渡的现象。但有必要尽快地排除这现象。"这一点在后来的《研究》一文中做了更全面的阐述。他回顾了我们在实现现代化道路上的经验教训,从而确定了我们思考这个问题时应当采取的立场和态度。他指出,我们所说的现代化是社会主义的现代化,而不是资本主义的现代化,这就是说,在若干基本前提下,西方经济学同我们"存在不可调和的枘凿"。这个问题无论在实践还是理论上都是新问题,缺乏完备的实践经验和理论诠释,而且我们也像其他社会主义国家一样有过经验教训,而我们的经验教训又有我们的特征。我们在中华人民共和国成立之初全面学习苏联,后来中苏交恶,他们对我们实行学术和技术封锁,而我们也感到他们的一套"未必都契合我们的实际,甚至他们若干经济理论依据的正确性也值得怀疑""对于西方经济学,情形又有所不同。从 50 年代初起,我们和西方的经济学几乎处于隔绝状态。一方面,这状态是由于以美国为首的西方国家,从朝鲜战争起,对我们进行了长达20多年的包括学术技术交流方面的全面封锁而产生的……另一方面,在主观上,我们也采取了自我封闭的态度,拒绝了对西方国家一切经济学的任何注意。……70年代末期,情形变了。闭关的局面打开了,对外交流的渠道多了,对于外国经济学的观感、态度也开始变了。"

在这样的历史背景和现实任务面前,我们究竟应当如何对待西方经济学呢?岱老认为,对待西方经济学,"同对待引进生产技术一样,不能采取绝对化的态度,要做具体分析"(《发展》)。他又说,对外国经济学的取舍,"既涉及本质问题,又涉及技术问题。根本的原则应该是,以我为主、以符合国情为主"。关于国情,除了自然条件,最主要的是社会经济制度,而社会经济制度在经济学甚至在整个社会科学中都是一个恒定的前提;企图把实证经济学和规范经济学完全分开是不可能的;现代西方经济学是新兴资产阶级的意识形态,"从亚当·斯密以次,西方现代经济学家基本上以促进国民财富为经济目的,而它的基础是生产资料私有制。个人主义伦理观和自由主义经济观成为这个社会经济制度和反映这个制度的经济学的两个基本信条。……社会主义经济有着不同的社会价值标准。集体主义和计划性的经济干预主义是这一经济制度的基本原理,而生产资料公有制则是这一制度的基础。社会主义经济所关心者不只是国民财富的生产和增长的问题,而是建立社会上人与人平等的生产关系和随之而存在的社会所创造的财富在国民中公平分配的问题。简言之,它首先关切的是对人剥削人制度的解放。……因此,从整个体系的本质来说,资本主义国家的经济发展的途径不能成为我们国家的经济模式,而现代资产阶级经济学说不能成为发展我们国民经济的指导思想。由于制度上的根本差异,甚至在一些具体的、技术的政策问题上我们也不能搬套西方的某些经济政策或措施"。但这"却不等于说当代西方经济学中没有什么值得我们参考、借镜、利用的地方。把国外经济学都目为无用的,或者反动的,避之唯恐或浅的想法,至少有片面性之讥,当然,相反地,由于某些方面有可资借镜利用之处,便盲目地全盘接受,或者食洋不化,对于纵然有用的技术手段采取生搬硬套的办法更是有害的"。

岱老论列了西方经济学中可以借镜和参考的方面。企业、事业的经济经营与管理的研究;以"投入产出分析"为例的国民经济综合计划管理;微观经济学中对于商品的需求和供给、价格和售量、竞争和垄断等有关市场机制的分析;广泛应用数学方法,从定性分析发展到定量分析,以及他们对现实经济生活各种缺陷和问题的揭露和分析,对我们不无参考意义。"总之,在对待西方经济学对于我们经济现代化的作用上,我们既要认识到,这些国家的经济制度和我们的社会经济制度根本不同,从而,现代西方经济学作为一个整个体系,不能成为我们国民经济发展的指导理论。同时,我们又要认识到,在若干具体经济问题的分析方面,它确有可供我们参考、借镜之处。"这就是岱老的结论。

对于一位世纪老人来说,岱老的思想能前进到这一步,我认为是十分难能可贵的。要知道,岱老提出上述结论时,还有很多人不表赞同,但后来被人们普遍接受了,因为中国经济改革发展的进程表明了岱老结论的正确;即使在今天,当我们向前推进到以建立社会主义市场经济体制为目标的阶段时,岱老的观点也没有失去其真理的光彩;当然,随着形势发展,岱老的上述看法和结论也许显得不够了,因为他当时还是认为中国的改革目标应当是"计划经济为主,市场调节为辅",这是他提出有关西方经济学一系列论断的基本立足点和出发点。

"中央确立社会主义市场经济体制目标模式,给我以极大鼓舞"

事实上,岱老对于我国改革目标模式的认识并没有终止于"计划经济为主,市场调节为辅"。大家知道,1992年10月党的"十四大"首次明确提出了建立社会主义市场经济体制的目标模式。把社会主义基本制度和市场经济结合起来,建立社会主义市场经济体制,这是我们党的一个伟大创举,也是社会主义理论和实践的一个历史性飞跃。面对这个历史性飞跃,岱老没有停止与时俱进的步伐,他以老迈之躯主持和主编《市场经济大百科全书》就是回应与投身这个巨大飞跃的一项实际行动。关于此举的动机和宗旨,岱老在致朱镕基副总理的一封信中有明确的表达:"党中央确立社会主义市场经济目标模式,给我以极大鼓舞。"该信全文如下:

朱副总理:

您好。去年九十五岁生日时,承蒙送来亲笔贺信,难以忘怀。这两年国家经济日趋好转,倍感欣慰。

九二年初,在有关部委领导和同志们以及院校同行们的参与下,出版了一本《中国经济百科全书》。自顾年龄已迈,精力不足,本不再想搞书了。但中央确立社会主义市场经济体制目标模式,给我以极大鼓舞,在四十多个部委和三十余所高校同志们的鼓励和支持下,花了几年时间又编了一本《市场经济大百科全书》,试图介绍一些较为成熟的市场经济理论和实际运作规范,现已定稿,即将出版。意欲请您为本书写个序言,又恐公务繁忙,难以拨冗,加以在题辞和作序上又自有规矩,又不敢贸然恳求。因特先此函牍,征询是否有此可能。

请注意,这封信写于 1996 年 11 月 14 日,第二年 7 月 27 日岱老就仙逝了,因而这封信是岱老晚年对改革态度的一个重要体现。

对西方经济学两思潮消长的深刻洞察

经济自由主义和国家干预主义两思潮的消长,是西方近代经济学演变和发展中的一个基本事实。注意到这个事实并对之加以研究和论述者,此前在国内经济学界罕见,但在国外经济学界不乏其人。然而,据我所知,包括国内外学者在内,还没有哪一位的论述能同岱老的《西方经济学中经济自由主义和国家干预主义两思潮的消长》相提并论。这不仅是因为岱老的论述十分集中、系统和深刻,其中包含着一系列新颖的独到之见,给人以理论上的满足和启迪,而且,联想到西方经济学发展的历史和现状,结合中国正在进行的经济体制改革,人们会顿感作者洞察历史的穿透力、估量现状的冷静客观,以及对未来的预见之科学性。

值得注意的是,岱老强调指出,经济自由主义和国家干预主义的对立是表面的,而同在是本质的,它们都是资产阶级的意识形态,是为应对不同的历史条件所做出的不同反应和对策;同时,岱老又指出,经济自由主义并不就是无政府主义,而国家干预主义也绝不能与社会主义相等同。随后,岱老依次论述了体现这两种思潮消长的各个流派和学说,说明了它们各自的历史背景、基本观点和政策主张,以及社会影响,包括:反映资本原始积累时期的国家干预主义的重商主义;资本主义产业革命时期反映产业资本要求的经济自由主义(及其各个阶段);然后是 20 世纪 30 年代出现的以凯恩斯主义为代表的新的国家干预主义,以及新近出现的新自由主义;等等。

这篇堪称巨制的长文中包含着许多真知灼见,有些堪称经典性的表述。例如,岱老指出:"严格地说,不能笼统地说重商主义是这个时期的商业资本的意识形态,而只能说,它是在当时特定历史条件下,在整体的商人资本中分化出来的垄断商业资本的意识形态,而国家干预主义也就只是这特殊商人资本家所具有的经济思想和经济政策。"又如,岱老提出,经济自由主义在"完全自由竞争"的假定下,逐步形成了四个理论支柱,这些支柱的中心思想是论证自由竞争的市场经济制度的优越性。这四个理论支柱是：第一，公私利益的协调性。它主要体现在亚当·斯密关于自由竞争市场机制是一只"看不见的手"的论证中。第二，市场的自动调节性。其主要的论据，一是所谓萨伊定理，认为供给总会为自己创造需求，不会出现普遍的生产过剩；二是李嘉图所笃信的投资等于储蓄的信条，不存在投资不足和生产萎缩的可能性。第三，生产的合理性。价格由市场的供求关系调节和决定，因而它会像一根指挥棒、"指引不同产品的相对生产数量和生产因素在产品生产中的最适度分配和天然资源的最有效利用"。这一理论在亚当·斯密的自然价格论中初见端倪，在后来的边际主义理论中得到了进一步的发挥。第四，分配的公平性。萨伊的生产三要素论是一个初步的尝试，后来者提出的成本价值论做了引申。相比之下，这最后一个支柱最不牢固，成为后来边际主义努力探索的目标。

再如，在对凯恩斯主义出现具有历史的必然性的评价之后，岱老对凯恩斯主义做了如下精到的概括：

凯恩斯《就业、利息和货币通论》的核心是就业不足均衡论，就是说，古典派一直信奉的充分就业均衡只是一种特例，而就业不足均衡才是通则，这显然是迫于1929—1933年经济危机和经济大衰退形势而提出的新论断。岱老指出，凯恩斯对于资本主义市场不具有达到充分就业均衡的调节能力的论证，集中于他的有效需求分析。凯恩斯借助于他所提出的三个基本心理规律，否定了经济自由主义的两个信条——萨伊定理和储蓄等于投资，从而论证了有效需求不足是资本主义失业的症结所在。由于他假定社会消费倾向较为稳定，而且社会越富裕，消费越不足，所以充分就业所需要的有效需求的大部分要靠社会投资来填补。而由于通过提高资本边际效率来刺激私人投资的办法不多，于是他强调国家的干预，要求国家随时准备用公共投资计划来弥补私人投资的不足。这就是凯恩斯为医治失业所开的处方。

在指出凯恩斯主义在第二次世界大战后的成功和后来失利的史事之后，岱老对应运而生的打着反凯恩斯旗号的新自由主义（包括货币主义、理性预期和新供给学派等）做出了精到的分析。他说："上述新自由主义各亚派都假70年代滞胀的机会，或明或暗地，以反凯恩斯主义为突破口，企望为经济自由主义创造卷土重来的业绩。但是经过了70年代至80年代，西方经济理论实处于低潮的时期之后，应该说，这些新自由主义者虽然当时都做出努力，但事与愿违，他们并不能夺取国家干预主义之席，恢复其过去在西方经济学中一度占据统治思想的地位,虽然凯恩斯主义作为近代西方国家干预主义经济学大天使的形象到今日还没有从 20 世纪 70 年代初以后所受到的严重的损害中恢复过来。问题的关键在于百余年来的实践和探索终于导致'完善自由市场'神话的破灭,使经济自由主义成为不切实际的理想。于是国家干预主义就可以稳定地和它处于分庭抗扎的地位了。"岱老的这个预见已被过往历史所证实;我们相信,它还将继续得到证实。

对"亚当·斯密矛盾"的解析

怎样看待西方近代经济学的鼻祖亚当·斯密的两部代表作之间的关系,是一个持久不衰的历史话题,又是一个远远超出亚当·斯密本人国度的国际课题。这就是亚当·斯密的《道德情操论》(1759 年初版)和《国富论》(1776 年初版)是否矛盾的问题。国外自由主义经济思想家历来一味强调经济利己主义是《国富论》的哲学基础和灵魂,而德国历史学派的思想家们则乐于谈论《道德情操论》中的利他主义人性论,借以证明《国富论》和《道德情操论》之间存在所谓的矛盾。国内有人由此而受到启发,似乎可以从中为搞市场经济就必须提倡利己主义找到理论的依据,因而这问题的澄清不仅有其历史的学术的意义,而且还不能不具有一定的现实意义。岱老的研究则胜人一筹,他指出,亚当·斯密上述两部著作的矛盾只是表面的非本质的现象,而它们之间的共通和一致才是基本的事实,岱老从两书在亚当·斯密思想体系中的地位,从亚当·斯密哲学思想的来源和发展,以及两书内容上的比较,令人信服地论证了这个观点,无形中对于企图借亚当·斯密《国富论》来论证和鼓吹利己主义的倾向发出了一个有根有据的疑问。

以上论述表明,与时俱进,求实创新,追求卓越,应是对陈岱孙教授学术思想发展和精神风貌的如实概括。接下来,我想结合自己的经历,说明在指导和帮助我提高业务能力和推进科学研究方面,岱老一直以来本着同样的精神和要求,如果说还有什么补充的话,那就是在强调求实创新的同时,给了我更多的鼓励、引导和宽容。我在经济学及其历史的教学和科学研究方面所取得的每一项成果,都包含着岱老的心血,这是我永生不能忘怀的。[①]

[①] 这里主要记述了岱老在业务和科研方面对我的支持和帮助。我在另一篇纪念陈岱孙教授 120 周年诞辰的文章《在岱老身边的日子》中,记述了自我考取岱老的研究生到岱老仙逝的几十年间,岱老在学业、工作和生活各方面对我无微不至的关怀和与无私的帮助。

参与编写《政治经济学史》:雪中送炭

首先要说的就是20世纪70年代末80年代初,我参与岱老主编的教材《政治经济学史》。"文化大革命"浩劫使学术园地一片荒芜,经济学史的教学和研究亟待恢复和重建,尽快编写和出版一部适用的教材刻不容缓。为此,岱老领衔,吸收校内外几位专家共同编写,我也有幸参与其中,承担了编写19世纪下半期和20世纪初西方经济学说史的任务。我首次参与此事,缺乏经验,而且对其中一些内容缺乏研究,急需补课。当此紧要时刻,岱老将他60年代有关部委组织编写时,他所承担的这部分内容的定稿(未能出版)的打印稿亲手交给我,郑重交代:"你完全可以使用这份材料,尽快把握相关格局和脉络、思路和观点。"基于岱老这份成果,经过一番艰苦努力,我终于如期完成了所承担的任务。我知道,岱老的雪中送炭之举功不可没。

研究经济边际主义:手把手的帮助

70年代末,在参与编写《政治经济学史》的同时,岱老向我提出了研究经济边际主义的课题,并且在此后七八年间,为此给了我无微不至的支持和帮助。记得那年我家刚从蔚秀园的一间住房搬到燕东园的小三间,还未来得及收拾整理停当,有一天岱老拄着拐杖登上六楼,一进屋就高兴地说:"知道你搬了新房,过来看看,这一下你有条件从事研究写作了。"又说,"这次来还想跟你谈一件事。经济边际主义是一个重要课题,我过去关注过,但没有来得及研究,现在年纪大了,搞不动了,希望你承担起来。"当我欣然表示接受,但尚需学习,困难肯定不少时,岱老说,他会帮助我的。

经济边际主义是西方经济学的一个重要流派,它已有近三个世纪的发展史。19世纪晚期和20世纪初期曾发展成为西方经济学中的主流;20世纪30年代之后,主流和支配地位虽被凯恩斯主义所取代,但作为一种分析工具,边际分析法非但没有被取消,反而得到了更广泛的应用。进入60年代以后,在凯恩斯主义逐渐失灵的形势下,作为一种经济理论和经济政策体系的边际主义学说,又在现代西方经济学的一些流派(主要是新古典综合派)中部分地得到了复活。然而,对如此重要的经济学思潮和流派,当时国内没有一部系统论著,而屈指可数的论文和教科书的某些章节在论及边际主义时,也几乎无例外地采取了一概否定的简单化的态度。在国外,多年间陆续出版了一些专著,但大多限于论述边际主义发展史中的一部分即边际效用价值论,其他部分则多有阙如,而且观点驳杂,莫衷一是,有待我们认真地加以研究和鉴别。任务之艰巨是不言而喻的,主要困难在于摆脱传统观念中那些已被实践证明过时的东西的束缚,以一种新的顺应历史发展的眼光和实事求是的科学态度,重新认识和评价其价值和地位。困难还在于中文文献中富有建设性的可资参考和供鉴的东西少之又少,而且随着研究和探索的扩展和深入,国内西文文献资料的短缺也愈发突出了。

使我深感幸运和宝贵的是,在为学习和研究经济边际主义的七八年间,岱老一如既往地给了我及时的、富有成效的指导和帮助。可以毫不夸张地说,他是本书的发起者、支持者和指导者。除去日常接触时的指点以外,在写作本书期间,岱老以八十多岁高龄,仅为本书的三次底稿分别提出的书面意见,就有八次之多,在全书的指导思想、框架结构和理论内容方面提出了许多重要意见,连文字表述、人名拼写和标点符号的错误等,他都注意到了。字里行间渗透着这位老人的科学求实态度、精深宽厚学识以及提携后学的拳拳之忱。在岱老手把手的指点和帮助下,经过数年反复修改、补充和完善,《经济学中的边际主义》终于在1987年问世,很快得到专家学者的高度评价,谓之填补了国内经济理论研究的一项空白,其成就可与西方同类著作相媲美。岱老特为本书撰写了堪称经典的序言,不仅肯定了本书取得的成就,而且就经济边际主义的几个关键问题,系统而又扼要地论述了他的观点,回答和澄清了国内外学术界在这个课题上流行多年的误解和不当观点,指出经济边际主义既具有为资本主义制度的辩解性,又具有研究和揭示经济规律的实证性。岱老的这篇序言具有极高的学术价值,它事实上构成了《经济学中的边际主义》的主旨和灵魂。该书问世时,我特意标明,本书是献给我的老师陈岱孙教授的。这种做法在我国当时当属首创。

对"打破旧模式,重塑经济学史"的支持和肯定

多年从事经济学说史的教学和研究,我了解这门学科的重要性,也深知其沿袭多年的传统模式的缺陷和不足。改革开放现实的迫切需要,中外历史发展的启示,使我逐渐萌生了打破旧模式、重塑经济学说史的念头,并就此向岱老请教,得到了他的首肯。在长达成十年的研究过程中,我就拿不准的许多问题每每请教于他,总能得到满意的回答或启发,总使我受益良多。

上述课题的研究成果是《亚当·斯密以前的经济学》《古典经济学》和《边

际革命与新古典经济学》等三本著作以及相关的论文。岱老说,这些著作的主要特点在于:打破旧模式,并在较全面较系统的新模式下,对近代国外经济学发展中出现的重要人物及其理论,提出了若干具有创见性的论述。在如此高度肯定评价的背后,包含着岱老精心的指导和深邃的思想。

例如,对于将西方经济学史划分为古典经济学和庸俗经济学的传统做法,我提出了质疑,并主张以时代为据,将其划分为古典和现代两部分时,岱老则以物理学中就有经典物理学和现代物理学之分相引证。当我提出,在经济学说史的教学研究中,也应当贯彻"实践是检验认识的真理性的唯一标准"时,岱老表示赞成。当我提出应将阶级分析法同实践标准,特别是同发展社会生产力这个根本要求相统一时,得到了岱老的首肯。当我对效用(使用价值)论在马克思经济学中地位提出了独到之见,从而暗示了马克思主义经济学价值论的局限性时,岱老深为理解和认同,认为此论重要,可以发表。所有这些具有原则性的观点贯穿以上三部著作始终,成为我撰写这些著作的指导思想和重要组成部分。

再如,在经济学史的旧模式中通常出现的格局,犹如一系列挺拔的山峰,而缺乏联系诸峰的连绵起伏的群岭。这种做法固然有其突出重点的好处,但也显得不够丰满,不能显示西方经济学发展各阶段的全貌。岱老指出,我的做法则有所不同。一方面仍然侧重于对主流派和主要人物的论述,予以更大的篇幅,但在另一方面,对于次要学派和次要人物,无论其为主流派之支流或为其反面,只要其对主流派或主要人物的思想有些补充、干连甚至质疑之处,都尽量予以不同程度的注意。岱老说,这使得本书所呈现的是一个山岭起伏、峰岭交错的整体画面。

此外,旧模式总是以商品价值论和剩余价值论作为经济学说史的主线。这不是没有来由的。岱老指出,我则力矫此弊:认为价值论和剩余价值论在近代西方经济学中无疑占有重要地位,但它们毕竟不是全部,甚至在许多人物或场合也不表现为理论学说的着眼点和归宿点。社会经济的发展以及与此相关的各种问题才是贯穿其中的主线。因此,在依然重视价值论和剩余价值论的同时,并着意于兼顾其他各方面经济思想发展的论述,从而使其所呈现的西方经济学史比旧模式更丰富、更生动、更全面。岱老的评价显然是对我的做法的肯定和赞扬。

当然,更重要的也许是如何处理对各学派和人物的叙述和评价的关系,如何在这些述与评中,提出不同于前人的新见解。20世纪五六十年代,国内经济学说史著作重评而忽述,即普遍着重于对西方经济学的批判,而忽视对其内容和方法应有的交代和论述。20世纪七八十年代出现了相反的极端,重述而忽于评,即重视叙述而忽视评论。岱老指出,我决然摒弃前者以简单化的、贴标签式的形式代替科学分析的"评",也谴责后者,不问青红皂白一切拿来主义的"述"。岱老指出,我主张对于西方资产阶级经济学,必须一方面认识到,其本质上所具有的辩护性,但另一方面,又要看到,其具有寻求经济规律的实证性。对于他们的学说的述评,必须既有确切的阐述,又有公正的评价,两者不可偏废。岱老指出,在这述与评的交叉中,我对于有争议的关于理论的评价、人物的臧否,提出了和前人不同的见解和判断。岱老还说,读者对于这些见解和判断仍然可以提出不同的意见。学术的问题是允许讨论的。真理愈辩愈明。这也该是本书作者所祈求的。岱老的这些评价和要求,是多么的中肯和重要啊!

导师仙逝,精神永存

世纪之交,当我回应深化改革开放之急需,在总结历史和现实生活经验、克服传统理论局限性的基础上,发展出多元要素价值论及要素贡献分配论时,岱老已经辞世了;他没有看到以《劳动价值学说新探》(以下简称《新探》)为主要代表作的最新成果的问世,更不知道这些新成果被誉为一项重大理论突破和创新,甚至被认为是为党的"十六大"事先做了理论的准备。不过,我坚信,岱老如健在,他一定会一如既往地对我的这些新成果给予热诚的支持和肯定。事实上,《新探》等论著的写作和完成,恰好穿插在上述"打破旧模式、重塑经济学说史"的第二部著作即《古典经济学》和第三部著作即《边际革命和新古典经济学》之间;更何况其中的一系列基本点,在先前的《古典经济学》等论著中已经提出,不过那时只是点到为止,而现在将其展开了。尽管增加了一些新东西,其广度和深度都比先前大为加强了,但总体来说,《新探》实质上仍然属于岱老知晓和首肯的"打破旧模式、重塑经济学说史"的范畴,是其前期成果的直接延续和理所当然的发展,它们之间有着紧密的内在联系,是一个不可分割的整体。可以肯定地说,这项新成果的形成,同岱老几十年来对我研究方向及其指导思想的一贯支持和肯定密不可分(当然,文责自负应是不言而喻的)。

百年校庆忆岱老

□ 张秋舫*

北京大学欣逢她的百年校庆。北大是培养我的母校,我又在北大从事教学工作整整45年,此时此刻的我真是心情激动,感慨万千。这其中最为使我念念不忘的是我们的陈岱老。陈岱老是我们的老师、老院长、系主任。岱老学贯中西,桃李满天下,对北大、对国家的贡献有目共睹,深受国内外学子的敬仰和爱戴。但是,他没有活到今天百年校庆日,没有活到我们全院师生准备为之大庆的百岁华诞。我认为这是老天的不公,实在遗憾,太遗憾了。

我最早认识的岱老

我认识岱老,是在1952年10月的一天。1951年8月到1952年10月,我就读于北京大学银行专修科。1952年下半年正值全国高校进行院系调整。北京几所高校(北大、清华、辅仁)的财经类系科都归并转入新成立的中央财经学院,我们银行专业的全体学生,自然也随之转入该院。学校的地址由北大沙滩迁移到西四附近的西皇城根。

1952年10月的一天,同学们听说新上任的中财院院长要和皇城根校址的同学见面,大家欢欣鼓舞、翘首企盼,纷纷集中到了开全体会议的大礼堂。大会开始,会议主席简短介绍之后,我们的新院长上台讲话了。只见他五十多岁,身材魁梧高大,身着一身很朴素的中山装,外穿一件深色大衣,气质高雅、庄重,风度翩翩,使在场的同学肃然起敬,这给我留下了最初的深刻的印象。他的讲话简短扼要,鼓励我们要好好学习,将来做国家的栋梁之材,为新中国的建设服务……他讲话之后,全体长时间热烈的掌声,说明新院长的到来和讲话大大激发和振奋了我们年轻人的心,使我们对学校和个人的未来充满无限的信心与希望。

院系调整不久,1952年12月至1953年3月,中财院组织广大学生分赴天

---

* 张秋舫,北京大学经济学院教授。

津、济南、青岛等地的保险公司进行调查实习三个月。在此期间,我们的陈岱孙院长十分关心大家,他作为一个大学的校长,竟乘火车,长途跋涉,深入到学生的实习基地看望学生,并指导实习工作。他的这种关心同学、深入实际的好作风传遍了各个实习基地,再一次鼓舞和感动了我们。

1953年8月,我大学毕业,被分配到北京大学经济系政治经济学教研室任助教,当时的代系主任为陈振汉教授。过了不久,1953年10月,陈岱孙教授又从中央财经学院调到北京大学任经济系主任,直到1984年。我又有幸长时间在岱老的领导和关怀下,从事教学和科研工作。

做岱老的学生,受益匪浅

岱老从教70年,有深厚的学术功底和极丰富的教学经验。我在20世纪七八十年代都聆听过他主讲的经济学说史课,那时他已七八十岁高龄,但他仍然课前认真备课,写详细的讲稿。他的讲课逻辑性强,深入浅出,旁征博引,重点突出,语言精练,幽默诙谐。听他的课,听课人不论年龄大小、职务高低,都一致反映是精神上的享受,理论和思想上均受启迪。更加使人赞赏的是岱老高超的讲课艺术,他讲课的时间和讲课的段落掌握得非常恰当,课间休息铃声响了,他恰恰讲到一个段落;下课铃声响起,他讲课的结束语也同时完结,被大家称为岱老的"绝招"。所以,岱老的课堂秩序极好,听课的人都是如饥似渴,认真记录,生怕漏掉了一个词、一句话。

改革开放以后,已是耄耋之年的岱老,又焕发了学术和教学的青春。他不仅学术成果丰厚,而且在教学方法上不断创新。

20世纪80年代初,岱老为经济学说史的研究生及有关教师开设了经济学说史的专题课,一改过去以教师讲授为主的方法,而采用启发式的教学方法。他先布置讨论题,让学生课下准备,课上让学生先重点发言,进行热烈的讨论,他给予启发性的引导,然后他针对大家讨论中的不同观点和重点问题进行准备,待下次课由他做总结讲课。这样启发性的教学,大家一致反映重点突出,有深度,生动活泼,效果好。其实这样的教学对主讲老师提出了更高的要求,他要针对学生讨论中的问题进行讲授,对分歧意见要做出客观准确的结论。听岱老的课,不仅很受启发,而且他对教学不满足于现状,他不断创新改革的精神给我们树立了很好的榜样。

1962年,北京大学贯彻国家教委关于培养学生要"宽口径、厚基础"的精神,要加强教师和学生的多种业务知识和基础科学的学习。当时我们一部分青年教师深感英语水平的不足,提出请岱老教授英语的愿望和要求,岱老知道以后,很愉快地答应了,在他已经很繁重的工作量之外,又主动承担了一份。他对待这一工作仍然极为认真严格。他亲自拟定了教学计划,组成了教师英语班,选举了班长。英语班的教学地点就设在镜春园甲79号岱老家中的客厅,每周上一次课。当时参加英语班的有龚理嘉(当时经济系总支书记)、周元(英语班班长)、王俊彦、杜家芳、张秋舫等约十人。英语班第一本教材是英文版的《共产党宣言》。岱老的英语课要求我们课前预习,课上让我们轮流练习阅读及翻译,然后他针对我们的理解水平及问题进行课文领读,逐段讲解含义,逐句讲解英文语法以及一些英文专用名词的用法,等等。岱老英文功底深厚,讲英文课和讲专业课一样,也是从容不迫,深入浅出。虽然英语班学习时间不长,但大家都感到印象深,收获大。

岱老指导我们科研,我们深受启迪

改革开放以后,岱老还仍然坚持上讲台、带研究生,著述成果丰富。即便在百忙之中,他仍然时刻关心中青年教师的成长。在此期间,岱老为大家的专著作序近二十篇,篇篇都凝聚着他的心血,都是有科学价值的论文。

1985年10月,我在多次讲授《反杜林论》第二、第三篇的基础上,结束了《〈反杜林论〉中的政治经济学》一书的写作。我将全部书稿交给岱老审阅,并请他作序,他欣然答应。当我到岱老家取写好的序时,他说:对《反杜林论》进行详细的释文和注释这还是首次,是值得公开出版的。正如他在序中所写的:"近年来,不少学者对于这本书进行过注释,但篇幅简略也没有正式发表。张秋舫同志在教学之余,在过去注释的基础上,对于这书的第二、第三篇进行了较为详尽的注释。本注释突出之处在于,它在可能范围内,对于本书中某些问题,从有关其他著作中,采撷资料予以补充。在涉及不同意见时,作者提出自己的看法,不求苟同。……注释的发表将大大地嘉惠后学对于这一重要马克思主义经典著作的学习。"我把这些评价看作岱老对我的鼓励和鞭策。同时,岱老又当面提出我的书稿的不足之处。他很严肃地对我说:"遗憾的是,这本书稿没有把第一篇(哲学篇)的内容加入,马克思主义三个组成部分,缺了一个部分,很可惜。"我当时解释说:"哲学部分是由哲学系老师讲的,这部分的释文和注释,由北大出版社交给哲学系的同志去完成了。"听了之后,岱老点点头,表示理解。岱老对学术问题的这种严肃认真以及对我的严格要求的态度,深深地教育了我,使我终身受益。今天回想起来,我辜负他老人家的是,当时我没能学好哲学篇,因而没有把这部分释文摘出来,以致成为遗憾。

在岱老所写的序中,一方面对《反杜林论》做了高度的评价,他写道"这本书的内容恰恰涉及了哲学、政治经济学、社会主义这个马克思主义全部的三个组成部分""因此这部被誉为内容极其丰富、极有教益的书,成为马克思主义最重要的经典著作之一"。另一方面,他又提出了自己的不同观点,他认为:恰恰又是由于它是一本论战的著作,我们不能由于它曾从对杜林的论战,做出对马克思主义观点的正面阐述,而"认为它是对马克思主义三个组成部分第一次所做的全面系统的总结等。这样说,就有犯了把马克思主义科学体系'斫而小之'的错误的嫌疑"。他一反当时流行的观点,而敢于提出自己的不同看法,突出体现了他对学术问题不随波逐流、不求苟同、实事求是的态度。这不仅在学术上给予了我思想上的启迪,而且在治学态度上也值得我们好好学习。

《大城市的未来》是我们师生共同完成的一本译著,是城市经济方向研究生的必读参考书。1989年春,译著全文完成,我们很想请岱老审阅并作序。但是,又觉得岱老已89岁高龄,工作又忙,实在不忍心再打扰他、给他增加负担了。所以,那天去岱老家,是抱着矛盾的心情,试试看的态度,而绝不让他老人家为难。我们没有想到的是,当我用试探的口气提出要求时,岱老又一次欣然答应了。他这种处处为别人着想、宁可牺牲自己、乐于助人的高尚品德,使我深受感动。

岱老在百忙中,对着原文审阅了译著的部分译稿,而且在审阅的过程中一连给我写了三封信,对本译著从书名到一个词、一句话的译法和含义都提出了宝贵的意见。如其中的一封信专门对原著的书名进行考证,他认为原著书名 *The Future of the Metropolis*,符合原意的译文是"大都市的未来",如果一定要用"城市"二字,则可译为"大城市的未来",我们尊重岱老的意见,书名就译为"大城市的未来"。岱老的这些中肯的、指导性的意见,使我们深受教诲和启迪。

在序中他对"都市"的含义进行了科学、严格的界定,对一般中小城市都市化的发展规律、西欧北美高度工业化国家都市衰落的客观必然性以及这些国家的经验教训、对我们这样的发展中国家的借鉴等都做了精辟的论述。这些都是岱老对城市问题的有价值的学术观点。

最后,他对原著的特点和意义进行了实事求是、恰当的评价。他说:"本书不是一本教科书,它不能给读者以对于一切问题若干现成的结论、明确的建议和系统的理论。它只是一本处于探索阶段的专题著作;它提出问题,但并不企图强求一致地提出解决的处方,但这恰恰是本书的作用和优点所在。"他认为,这"是一本很值得介绍给国内的书""这本书中所提出的种种问题,对于我们的经济学家、历史学家、政治家、城市规划设计者、建筑师、企业家,都可能是及时的思考材料。译本的问世将会是受到欢迎的"。

岱老对我们科研方面进行指导,严格要求、一丝不苟、循循善诱、诲人不倦的精神,使我记忆犹新,终身受益。

最后一次给岱老拜年

过去我们节假日经常去看望岱老,并多次和他合影留念,但也不是每个春节都去他家给他拜年。1997年的春节前夕,我们商量约定大年初一一定早点起床去给岱老拜年。初一(2月7日)那天一早9点多,我们穿上过年的新衣,带着照相机,骑上自行车,从朗润园的住所来到了燕南园55号岱老家中。那天我们大概是第一批来拜年的客人。进门后,看见岱老衣冠整齐,端坐在靠门边最近的沙发上,正在等待迎接给他拜年的亲友。看见我们进来,他站起来和我们握手,看得出他很高兴,精神很好,但面容较前衰老,不大爱说话。我们问他:"身体最近好吗?"他说:"还好,就是感到没有力气,走几步就感到累。"我们劝他要注意休息,不要劳累。当时他的外甥女唐斯复女士也在座,我们拿出照相机请她给我们和岱老合影留念,一连照了几张。过了一会儿,岱老在北大的堂兄弟一家也来给岱老拜年,我们又给他们一家和岱老合影,给唐斯复和岱老合影。因为怕岱老太累,影响他的休息,我们不敢久留,就和岱老告别了。但万万没有想到这是我和岱老的永别,是我们最后一次和他合影,是我们最后一次给他拜年。

又过了几天,2月16日,张友仁将洗好的大年初一和岱老的合影送给他。岱老非常高兴,他一张张地看过去,还表示感谢。友仁也没有想到,这竟是他和岱老的永诀。

1997年7月27日岱老的心脏停止了跳动,和我们永别了,但是他宝贵的精神财富永留人间。我们要永远学习他高贵的品德,严谨求实的治学态度,诲人不倦的教学精神,关心他人、助人为乐的奉献精神,艰苦朴素、淡泊名利的生活作风。

1998年4月写于燕园

难忘的教诲

□ 蔡沐培[*]

在北大俄语系学习的最后一年,校党委组织部找我谈话,要求我留校去经济系,为的是迎接来北大的第一位苏联经济学专家,做他的教学翻译及有关专家的工作。这突如其来的决定,与我个人的爱好和愿望背道而驰,引起我思想上的激烈斗争。但祖国的需要终究是高于一切的。我服从组织决定,走上了新的工作岗位。

到经济系时,我的年龄最小,"小"的帽子几乎戴了一辈子。我在这里度过了四十多个年头,经历了无数的辛酸与苦闷,但也尝到了人间的温暖与欢乐。回忆往事真是浮想联翩! 其中最使我难忘的,对我帮助与教诲最大的一个人,就是陈岱老。

我到经济系不久的1953年,陈岱孙教授来经济系,担任全国院系调整后的北大经济系主任。他精力充沛,才华过人;思维敏捷,考虑周密;做事认真负责,有条不紊,原则性既强,又通情达理。随着岁月的流逝,在我与陈岱老日益增多的接触中,我深深感受到他不仅学识渊博、治学严谨,而且为人正直、充满爱心。现仅就我亲身经历的几件事,再做一次深情的回顾。

小图章的情谊

陈岱老来经济系两年后的一天,他叫住我,问起我的工作。我说对自己过去的一段工作极不满意,而对即将到来的第二位苏联专家的新工作,仍有畏难情绪。陈岱老亲切地说:"看到已取得的成绩表明你已闯过了一道难关,而困难总是存在的,要有信心与勇气克服它。"最后他说:"有志者事竟成。"后来又笑着对我说:"听说你要结婚了。"拿出一对没有刻字的象牙图章送给我,并说了许多美好的祝福话语。这使我很意外,既受宠若惊,又深受感动。陈岱老对我这个非经济专业出身的毛孩子,不仅在工作上给予热诚的支持,而且在生活上也处

---

[*] 蔡沐培,北京大学经济学院教授。

处体贴关怀。我感动极了,无比的温暖使我增加了与困难和自卑做斗争的力量与勇气。

治学的楷模

自打到了经济系,我思想上一直很紧张,怕完不成任务。做专家给研究生讲课的教学翻译,这个客观要求与我的主观条件之间存在较大的差距。我虽然下决心要补上自己所缺的东西,但任务重没有时间,只能在工作需要时去看些必需的有关专业书籍。苏联专家归国以后的日子,我在做其他工作的同时,自寻机会,利用一切可以利用的时间,来弥补自己经济学功底浅、专业知识少的缺陷,听了经济系的政治经济学、资本论、经济学说史等一系列课程。按周总理的指示,1960年经济系成立了世界经济专业。我成为世界经济专业的教师以后,一边工作又一边在校内听了哲学系与历史系的有关课程。在我听过的这些课程中,陈岱老的经济学说史给我的印象最深。陈岱老真是一位难得的出色教师,他讲课条理清楚,深入浅出,并配以图解,使人一目了然;他语言精练,有时带一点风趣和幽默,但又不失其高雅;特别在掌握时间上非常准确,他的最后一句话总与下课的铃声同步。陈岱老的教学艺术是有口皆碑的。这一切都源于他深厚的学术造诣和高度的责任心。这些都给了我很大的影响,使我后来的教学工作受益匪浅。

教我学英语

特别使我难以忘怀,并深深铭刻在心的是我与陈岱老那段较长的直接相处。那是1961年,系里组织年轻教师在业余时间补习英语,由陈岱老讲授,我也参加了。由于各种原因,补习小组很快就散了。对此,我流露出遗憾与恋恋不舍的心情。这被陈岱老察觉了,他欣然答应给我一人讲课。从此,我就每周日下午到陈岱老镜春园的家中学英语,陈岱老为我考虑得非常周到,他以伊顿的《政治经济学》原著为基础,再配一些文章,如林肯的演说词、福斯特给毛主席的信等作为教材。这就既使我学习了英文,又深化了经济学专业理论知识,并扩大了专业术语的英文词汇。陈岱老虽只教我一人,但从未表露过不耐烦的情绪,总是不厌其烦地讲授,而且还留一定时间让我全面练习。有时也留些作业回家去做,然后给以仔细的批改,就这样一直坚持到1964年全系教师都去搞"四清"之前。那时我接受了少许专业文章的翻译任务,而陈岱老还亲自给我审改,我深为感动。他给我的不仅是书本知识,更重要的是给我树立了做人的榜样。

永存记忆

需要一提的是,跟陈岱老学英语这段时间,是我一生中最困难的时期,精神压力大,思想斗争激烈。当时我爱人下乡"锻炼",家里只我一人带一个刚刚上学的孩子。母亲患癌症一人在城里的家中,父亲作为铁道部的工程师参加了长江大桥的设计与建设,长年在外。而那时又正赶上经济困难时期,我一个小助教能力有限,母亲无法照管,我还得带学生经常往外跑。面对这一大堆问题,我真难以支撑,但我还是带着小女儿周日去学英语。陈岱老总是热情地招呼我的孩子,经常在桌上给她放一个大苹果。在陈岱老无微不至的关怀下,我想尽一切办法克服困难,坚持下去。使我产生克服困难的力量,正是来自陈岱老给予我这样一个年轻教师的爱心、教诲与鼓励。应该说这种最珍贵的恩师之情、慈父之爱,伴我走过了那段艰难之路。这一年多的时间在我人生的旅途上是短暂的,但对陈岱老的感激之情却永远地珍藏在我心里。

在北大四十多年中,我一直与陈岱老保持着联系。1994年我严重骨折后,他也一直关心我,见到我爱人总是问起我的病情。我在陈岱老身上看到了我国传统文化中的精华与西方文化中的先进思想相结合所表现出来的高尚气质和人格魅力。这是难得的精神财富,我们应该珍视它,爱护它,一代一代地传下去,让它光照千秋!

北大之所以在国内外享有崇高的声誉,就是因为有陈岱老这样的教授。这是北大的光荣。虽然我已退休,我仍要以陈岱老为榜样,活到老,学到老,好事做到老,并教育我们的后代要像陈岱老那样做人、治学、为人师表。我国能有更多陈岱老那样的教师,我们的教育事业就一定会不断地向前发展。

1998年4月28日

我失去一位良师益友

□ 商德文*

我 1958 年从北京大学经济系毕业后,就一直在陈岱老身边工作,既是他的学生,又是他的同事。

陈老在中华人民共和国成立之前在清华大学讲授经济思想史和财政学。在中华人民共和国成立之后,他已 50 高龄,但他仍然坚持系统地学习和钻研马克思的著作。陈老是国内研究西方经济学的权威,但是他提倡要用马克思主义的观点,结合中国的国情加以取舍、评述。他认为,西方经济学从本质上讲是资产阶级的意识形态,其中有些属于为资本主义辩护的部分,但也有相当多的部分是属于经济运行和宏观与微观管理的内容。前者是不可取的,而后者是可以结合中国的国情加以参考和借鉴的。陈老还特别关心青年一代的经济学者,对他们的学风尤其关心。他指出有一些年轻人照搬照抄西方经济学是错误的。他特别强调,西方经济学从近代到现在一直是两种思潮在交替地为资产阶级的国家服务,其一是经济自由主义,其二是国家干预主义,在第二次世界大战之后主要是国家干预主义起主导作用。但是,经济自由主义在对发展中国家的和平渗透与推行和平演变政策中也起了不可低估的作用。

在这一问题上陈老出版了学术专著《从古典经济学派到马克思》、进行了《经济表》研究以及为研究生开设《资本论》第四卷即《剩余价值理论》(1—3册)的课程,并指导我开展经济思想史、马克思列宁主义经济思想史、市场经济、国际投资、财政监督、政治体制改革,以及人类学和经济系统论等方面的研究和著述。

陈老学识渊博,但是从不以专家自居,非常谦虚谨慎。20 世纪 80 年代初,我牵头组织编写了一部长达七十多万字的《政治经济学史》(上、下)教科书,参加撰写的同志们都提出由陈老做主编。但是,我找陈老谈了几次,他都回绝了。后来,我又请胡代光老师去找陈老谈此事,他才接受。不过,他提出要把"主编"

---

* 商德文,北京大学经济学院教授。

二字加上一个括号,而且把参加者的名字都写在封面上。此书后来荣获国家教委颁发的优秀教材奖。

陈老为人正派,品德优秀,而且做学问十分刻苦和严谨。他撰写文章或书稿都是自己亲自动手,从来不要别人帮忙,甚至连抄写也要自己动手。我手头至今还保存着几封陈老的亲笔信和为我的书稿写的评语、批注和修改意见档案。

作为中国著名的教育家,陈老在长期的教学工作中创造了一套深受广大学生欢迎的教学方法。陈老倡导开展学术争鸣,鼓励发表不同的意见。他在给我撰写的《马克思主义经济思想史》一书的序言中指出,对历史上长期被定为机会主义的一些人物,如考茨基、布哈林等人应做出符合历史的评价。他说:"既实事求是地论述他们在发展马克思主义经济学说的过程中所作的补充、发展;又同时指出其缺点与错误,务期还其本来面目。"

(原载 1997 年 8 月 11 日《北京青年报》)

高山仰止　景行行止

□ 高天虹*

弹指之间,岱老去世已半年之久了。记得1997年7月27日上午,电话中获悉岱老于两小时前在北京医院去世,实是愕然,无法相信这一事实。在此三个月前,我去岱老寓所面告收到他写的《市场经济大百科全书》的前言与便函,前言已专程送往中国大百科全书出版社,全书清样已审完七校,争取年底见书。岱老非常高兴,因为毕竟是一部总结市场经济体制下中国与世界有关市场经济的成熟或比较成熟的理论、政策与实际操作的一部500万字巨型著作。这也是前无古人、后无来者之事。虽然主宾相谈甚欢,虑及岱老身体,故而告辞。岱老送至门口,相邀有空定要拾起话头再叙。不料此后俗务缠身,这一面晤竟成永别,每当忆及甚是千般感慨,万般愧疚。

初次谒见岱老进行长谈,亦是已过而立之年。自己觉得西方经济理论虽知皮毛却未贯通,难免会出现狼狈之相,心绪不安。正是岱老无长无幼、无贵无贱的平等态度使我畅所欲言。岱老也倾囊相授,从此与我建立了忘年之情。从那时起,岱老总是敦促我不仅要掌握西方经济学,还要学习政治经济学、哲学与社会学等,更要了解中国的经济现实;告诫:"学问一定要通,专业人才来自通才,不通怎能专。"这句师训伴我走过风风雨雨,铭刻在心而不敢有稍许差池。我曾在清华大学经济管理学院工商管理硕士班主讲管理经济学,力图将此贯入新一代学生,所幸是同学不但体会此含义,而且更加奋发向上。桃李天下,师者之乐,尚有何求。

举目望案,架上罗列的每一部专著、合著和参与编写岱老主编的著作,无不和岱老的心血和殷切的教诲相连。与范家骧教授合著高等院校文科教材《当代西方经济学》时,常去叨扰岱老,每次岱老赐教均令我获益匪浅。岱老一再强调对西方经济理论不应一概排斥,而应在弄懂的基础上,客观、公正地进行介绍,并结合中国的国情汲取其中有益或有借鉴作用的部分。正如岱老在该书的序

---

* 高天虹,北京大学经济系教授。

言中所写:"在编写本书的过程中,作者大量地参考了近年来英、美出版的教材和其他有关经济理论和学说史的著作;吸收了其中不少新的观点,从而反映了当前西方资产阶级经济学的进展情况;还特别注意到其理论分析中对于我国经济现代化和经济体制改革可起借鉴作用的问题。"此书所以得到国内经济界和学术界的青睐,台湾出版界给以刊印海外版,以及经北京大学经济学院评审委员会评审而荣获首届陈岱孙经济学著作奖,其缘由也正在于该书体现了岱老这一思想和一贯主张。其后我相继受托参与岱老主编的《英汉国际金融大辞典》《中国经济大百科全书》《市场经济大百科全书》等书的编写。岱老一生治学严谨,主编《英汉国际金融大辞典》时已积金融知识60年之久,但为了释文的准确,防止疏漏,邀请了金融界的主要负责同志对全书词条,特别是对国内外尚无统一或权威解说的释文进行了探讨,并做了最后的拍板。该辞书出版后得到了国内外学者和实务界的认同,被认为是当代内容最全、涉及范围最广、最具权威的辞典。岱老主编的《中国经济大百科全书》总结了我国较长时期的经济实践和经济思想,提出、归纳和整理了中国总体经济与部门经济学,并对某些经典词语重新做出了解释。编写过程中,九十多岁的岱老事必躬亲,严谨且务实。岱老生前最后主编的《市场经济大百科全书》,宗旨是为世界了解中国、中国了解世界,以及不断深化中国经济体制改革所做的有益探索和追求。

岱老在国家审计署组织编写的《世界主要国家审计》一书中担任顾问。早年岱老在哈佛大学时就曾学习、研究审计。近百岁的岱老在国家审计署组织的主要编写人员会议上,阐述了审计的产生、发展和一国审计在其政治体制与经济发展中的地位与作用,长达四十分钟,不仅思路清晰,条理分明,而且不备一字之稿。这部近三百万字的著作出版后得到了国内外官方和学者的高度评价,也在中国与世界审计史上占据了重要的位置。

学业虽重,育人为本。岱老的一生绝不仅限于学术造诣,更重要的是培养了一代又一代的人才。"十年栽树,百年育人",这正是岱老的高尚品格与道德水准的写照,它也感染、激励着他人。岱老身上处处闪烁着政治家的胆识和气魄,凡与岱老接触过的人感觉不到丝毫傲气,唯有凛然正气。他从不说违心的话,不做违心的事,对于所谓的荣华名利看作风卷云翻,可对弟子白丁却呕心沥血,殚思竭虑,是以使其弟子才人辈出。他对每个学生无论闻达于世或匿于井巷,概视同仁。一次我染病于身,心绪聊赖之际,岱老寄一便函,写道:"尔踏实肯干,讲究实效,不求功利,领导与组织能力很强,有一定的学术造诣,是我比较满意的学生之一"。岱老为人并不刻板,从不疾言厉色,也从不轻易褒贬他人。是以看着字字句句,感到殷切厚望,盼我积极进取,逢山开路,遇水搭桥。每想于此,感到三春之晖,寸草何以报答!只有在人生征途上走好、走快、走稳,踏踏实实做事,认认真真做人,尽力不辜负岱老一片心意。

先生已逝,唯留佳誉。

综观岱老一生,他高尚的人格与博深学识的统一,他拳拳的爱国之心与孜孜敬业精神的统一,他的经济、政治、哲学、教育等思想中的闪光点凝聚在一起,其影响不在陈氏家族任何人之下。换句话说,他不仅是福建陈氏家族一颗璀璨的星,也是中华民族一颗耀眼的星。

1998 年 3 月 5 日

追忆平凡事　缅怀陈岱老

□ 何绿野　陈为民[*]

"杀鸡焉用宰牛刀""勿以善小而不为"

作为北京大学经济系 1960 级的学生,我有幸在每年一度欢迎新生和欢送毕业生的场合,聆听到陈岱孙主任的讲话。陈岱老的讲话除了必不可少的欢迎、祝贺一类的言辞,其特点是言简意赅,言近旨远,是富有哲理的肺腑之言。陈岱老谆谆教导学生们:经济学是致用之学,必须要理论联系实际。古往今来几乎没有一种经济理论体系不是既从分析和企图解决当时某些现实经济问题而产生,又反过来为这些经济现实服务的。切忌引经据典经院哲学式概念推理,烦琐争论。他号召青年学子要在理论上勇于探索,实践上大胆创新。要坚持"通"与"专"的紧密结合。应注重理论、现状、历史三者兼顾的学习。不学习历史,甚至会闹出视司马迁为司马懿兄长的大笑话。他告诫学生们:学海无边,学而后知不足;不要眼高手低,口惠而实不至。陈岱老指出:用人之道应是"事得其人,人用其能"。学生们走向社会应辩证地看待"杀鸡焉用宰牛刀"与"勿以善小而不为"的境遇。总之,每次聆听陈岱老的讲话,都令人感到如同久旱逢甘雨,又恰似杜甫诗云:"欲觉闻晨钟,令人发深省。"

"青年人好学上进,不该拒之门外"

20 世纪 80 年代初,一位南方考生报考了陈岱老的硕士生。该考生应试分数颇高,应在录取范围之内。但因该考生在"文化大革命"中曾过度活跃,是否具备研究生录取的资格问题,在原所在单位引起争议和分歧。该生曾以高分报考过其他院校的硕士生,但因"政审"方面的顾虑而未被录取。鉴于此种情况,北京大学研究生院和经济系为了慎重起见,曾派出一位同志前往有关单位进行调查。由于安排的时间有限,故调查尚有略显不够充分之处。继而,又委托陈

---

[*] 何绿野,陈为民,北京大学经济学院教授。

为民前往做补充调查。在两次认真、负责的调查之后,有关领导认为应听取陈岱老的意见。陈岱老详细听取对该生的调查情况之后,表态说:"青年人知错能改,好学上进,不该拒之门外。我同意接受他攻读硕士学位。"关乎一个有"争议"而渴求上进青年学子的命运,就这样被决定了。

"我劝你多吃点土豆"

何绿野毕业留校任教,由于工作繁忙,上有老下有小,负担重,加之失眠和消化功能差,常常面带倦意。一次,她与陈岱老相遇,陈岱老见她有些消瘦,便关心地问寒问暖,并说:"据我的经验,土豆是个好东西。我劝你多吃点土豆,很有利于增加营养的。"日后,陈岱老再次见到她,又诙谐地说:"何绿野同志,你应该多吃点土豆,多吃点土豆。"陈岱老的话正应了俗话说的"萝卜、白菜保平安"一类吉言。我们全家人原本就都喜欢吃土豆,借陈岱老的吉言,又何乐而不为呢?

陈岱孙先生离开了我们,千言万语也难于表达对他老人家的思念之情。追忆几件平凡事,寄托一丝缅怀之意。他渊博的学识、富有魅力的人格和音容笑貌;他高风亮节、谦虚宽容、平易近人、和气慈祥的品格和风范,将永驻我们心中。

1998 年 1 月 20 日

玉山高与阆风齐　玉水清流不贮泥

□ 平新乔[*]

陈岱孙先生是中国经济学界的一代宗师。"岱宗夫如何,齐鲁青未了。"从20世纪40年代起,同仁就已经亲切地将陈岱孙先生称为"陈岱老",其中就有尊其为学界泰山之意。从1983年起,我有幸在陈岱孙先生身边求学,得到他的厚爱,度过了人生中最美好的时光。

"从今以后,没有星期日,只有星期七"

我知道陈岱孙先生是在20世纪80年代初。那时我在上海工作,读到了陈岱孙先生晚年的三部重要作品:一是上海人民出版社1981年出版的《从古典经济学派到马克思》;二是在高校内部交流的北大经济系《经济资料》上发表的《魁奈〈经济表〉中再生产规模的问题》一文;三是1981年年底在《世界经济导报》上发表的《经济学是致用之学》一文。我深深地为陈先生的学问所折服,萌生了报考他研究生的心愿。

1982年年底我报考北京大学经济系的研究生,导师就是陈岱孙。1983年2月参加笔试以后,在春暖花开的4月,我接到经济系的面试通知。于4月22日离开上海北上,去见我敬仰的陈岱孙先生,迎接人生转折关头的考验。

4月23日上午,我来到北京大学四院115室报到。室内坐着两位老师,一位年轻;另一位是长者,穿着咖啡色的上衣,正在伏案签写一些信件,隔两米望过去,那是一些英文文件。我将复试通知交给那位年轻老师,年轻老师是智效和,他马上招呼我坐下。稍等了一会儿,待长者签完字,智老师轻声向长者介绍说:"陈先生,这就是平新乔。"这位长者就是我来投奔的陈岱孙先生!我顿时肃然起敬,望着这位看上去才60多岁(其实已经是83岁)的长者,从嗓子眼里轻声叫了一声"陈老师"。陈岱孙先生挺拔的身子高出我一头多,他目光炯炯,从头打量我到脚,伸出大手有力地握住了我的手,随即非常随和地说:"一路上辛

---

[*] 平新乔,北京大学经济学院教授。

苦了,先找地方休息一下,住下再说。"回头便要智效和老师给我与同来面试的广东考生谢百三安排宿舍。

正式面试是三天后的4月26日上午,在四院二楼的一间小房间内进行,由经济学说史教研室组织,陈岱孙、商德文、靳兰征老师考我。与其说是考试,不如说是和气地聊一聊。陈岱孙先生问我:"马列著作你读过哪些?"我做了肯定的回答,岱老笑了。接下来问我:"如学经济学说史,你想研究哪一段?"我说喜欢读亚当·斯密与大卫·李嘉图,即古典这一段,并说自己年龄已偏大。先生平静地说:"今年28岁,不大,研究生这个年龄不算大,好好学,会有成绩的。"

在我的记忆里,几次报考研究生的历程,只有北京大学经济系有面试这一关。后来我到美国后知道,录取MBA的学生,面试是必不可少的。面试可以降低学校对学生评价的不确定性,降低培养风险。北大经济系当时仍由陈岱孙先生主持系务,录取研究生时增加面试,显然与他坚持有关。对我来说,最后能进入北大,与这次面试有着密切的关系。果然,面试那天下午,我与谢百三在未名湖畔散步,正好遇见陈岱孙先生走路回家,我们停步向他致敬。他走近我,正式告诉我:"你的面试通过,我们已经讨论,决定录取你。"

1983年9月一开学,陈岱孙先生作为系主任与我们全体研究生见面。大家聚集在一教203教室,聆听陈先生的教诲。他勉励我们两条:第一条是,从今以后,没有星期日,只有星期七;没有暑假寒假,只有暑期寒期。第二条是,要独立思考,要争辩、要争论,可以争论个通宵,为避免影响别人,可以到水房里去争论。他说,当初他在哈佛大学就是按这两条做的。这是陈岱孙先生给我们上的第一课。

做学问的"十字法"

我们那届研究生里,陈岱孙先生研究方向的研究生只有我一人,在先生门内学习,他只管我两件事:选课与论文。这是我人生第二个充电期,我总想多学一些,恰好先生治学强调"宽口径"与"厚积薄发",与我当时的想法十分投合。开学后两周,我来到先生的家请教如何治学,他用手画了一个"十"字,告诉我一个"十字法"。所谓"十字法",便是建立一个学问的横坐标轴,以微观、宏观、财政、金融、国际贸易、国际金融等为横坐标上的点,再建立一个理论史的纵坐标轴,上从亚里士多德,下至今天各大经济学家。然后,横纵轴上坐标对应的一点,便是某人关于某个领域的思想,或是某一领域内几个人的不同观点。岱老说:"修课的目的就是建立这两个坐标轴。以后,你能有多大的作为,取决于这个十字架构造得如何。"

我还是很幸运的,在1984年秋天,我在研究生二年级时遇上了陈岱孙先生、厉以宁先生合作为研究生开"国际金融名著选读"课程的机会。那一年,陈岱孙先生84岁,厉以宁先生54岁。那是陈岱孙先生在北京大学,可能也是他教学生涯里最后一次系统开课。选什么书让我们读?两位老师非常严谨,对书单精挑细选,被他们选中的书,不是他们自己原来读过的,就是这次亲自翻阅过的。

记得1984年7月一天傍晚,我去厉以宁老师家,正好遇上他提着一个布包从北大图书馆回来。那是7月的盛夏啊,厉老师穿着帆布工作服,头发上还带着一层灰,是在图书馆入库找书时书上落下的尘土。他对我说:"今天还比较幸运,找到一本适合你们读的书。"那个年代,图书馆内部是不装空调的,为保护书,书库连窗也是闭着的。一个老师要在如此炎热的夏天,又是如此闷热的书库里待一天,为研究生找一本合适的书,实在让我心生敬佩。后来我们发现,选入这个书单的书全是名著,大多是20世纪七八十年代西方刚出版的英文书,还有的是国际货币基金组织的工作论文。我们开学是在9月,但是陈岱孙、厉以宁两位老师为这份书单已经提前投入了两个月的时间。这就叫"备课"。

"国际金融名著选读"的第一堂课是1984年9月的一个晚间上的,教室是陈岱孙先生在北大未名湖北岸镜春园79号甲的家里。那晚虽不能称"结彩",但岱老家的确是"张灯"了。院子里和门厅里所有的灯都亮着,我们二十来个学生就站在岱老家那间十几平方米的厅里。厉以宁老师和夫人何玉春老师也来了,我亲眼见到厉老师与何老师见到陈岱孙先生时毕恭毕敬地立正、鞠躬、执弟子礼的场景。老师们的这种身教让我记了一辈子。两位老师给每个选课的同学落实了一本要精读的书,要求我们花一个学期读完,做读书笔记,下学期再来交流。厉以宁老师帮我挑选的书是维纳的《国际贸易理论研究》,对此,岱老完全赞同。维纳是陈岱孙先生在哈佛经济系读博士研究生时的同届同学,他对这部书非常熟悉。

1984年秋季学期,我们就听陈岱孙、厉以宁两位老师讲国际金融学说的发展,主要是汇率理论、国际收支理论和资本国际流动理论的进展。记得是晚秋,室外枫叶在秋雨中飘落,教室内陈岱孙先生的讲课声音平和,带着一种世道变迁的沧桑感。陈岱孙先生讲了两周,每周半天。我看得很清楚,他的讲义全是用英文写的,但他讲课中没带一个英文词。84岁的老人,讲课思路仍然非常清晰,口齿清楚,板书的字大而美,两个字就是一黑板。他讲的是16世纪至18世纪资本主义早期盛行于英、法的重商主义的国际金融理论和政策主张。他主张区分早期重商主义和晚期重商主义,他抓住资本主义早期贵金属积累、外汇储备大幅上升在产业资本发展之前出现的这一经济现象,认为早期重商主义强调以出口积累贵金属,这是一种外汇储备学说,实质是出于资本积累之需;而晚期的重商主义强调国家(政府)保护、对经济的干预,这是国家走强时期政治家与商人联合之产物。这一论点,即使到今天,对我们认识外汇储备与国家做强之间的关系、认识政府与市场之间的关系,也是有启发的。

我的毕业论文就是在读完维纳的《国际贸易理论研究》一书之后确定选题的,这是厉以宁老师建议的,对此,岱老完全赞同。但做毕业论文远远超出了读一本书的范围。一做毕业论文,岱老就直接给予指导,前后涉及18世纪下半叶至19世纪上半叶的十几位货币理论家,岱老都能悉数道出。他让我将这些英文古版书借出,仔细阅读,这使我终生对读英文原著形成了偏好。

在做毕业论文的过程中,我研读了十卷本李嘉图全集,非常惊讶地发现,陈岱孙先生为第四、五、七、八、十卷的中译本写了序言。这些卷本所涉及的是李嘉图的通货、银行理论的论文,以及李嘉图在英国下议院关于通货、谷物法的发言,还有大量通信和李嘉图自传,而陈岱孙先生写的序,无不以简约的文字对这些文献做了精彩的点评和正确的导读。读了这些序言,我才知道,陈岱孙先生对于李嘉图的著作是烂熟于心的,他是中国当之无愧的研究李嘉图的大师。可他本人从没有向我提示过这些。

"我一生只做了一件事,教书"

陈岱孙先生对我的教诲和培育只是他一生教育与培育无数学子的一个缩影。他晚年总结自己的一生,说过"我一生只做了一件事,教书"。他留给北京大学经济学院的石碑上的题词是"十年树木,百年树人"。陈岱孙先生为此的确是贡献了差不多一百年。

陈岱孙,曾用名陈总,福建闽侯人。1900年出生于一个书香门第家庭。1918年考取庚子项目留美资格,1918—1920年在清华留美预备班学习,成了一个清华人。1920年先到美国威斯康星大学学习经济学,受到了美国经济学学术带头人伊利的影响,接受了比较系统的制度经济学的训练。1922年7月转入哈佛大学研究院攻读经济学博士,1926年以《麻萨诸塞州地方政府开支和人口密度的关系》为博士论文通过答辩,获得哈佛大学博士学位。陈岱孙先生一生对财政问题的关注,就是从哈佛大学的博士论文开始的。

1927年2月回国后,陈岱孙先生获得清华大学聘书,任经济学教授。不久由于他学术行政能力出众而被任命为清华大学法学院院长兼经济学系主任。从1927年到1952年,陈岱孙先生一直是清华大学法学院院长与经济学系主任。他不仅是清华经济学与社会科学的学术掌门,而且有杰出的总务管理和校务管理能力。1937年抗战全面爆发,他临危受命,三过家门而不入,被清华大学委派前去长沙为迁校而筹建临时大学;当刚新建的长沙临时大学被日军飞机炸毁后,他和清华同仁又马不停蹄地赶赴云南筹建西南联大。每当他与我谈起这些,那种国破家失的痛楚都会浮现在他的脸上。他们这代学者是真心爱国、同赴国难的。

在1945年9月抗战胜利后,陈岱孙先生又被清华大学先派回北京担任清华大学保管委员会主任,负责从日军手里,后来是从国民党军手里接收清华校园、图书和财物,为重建清华做出了不可磨灭的贡献。可以说,陈岱孙先生将自己的青春、最美好的前半生贡献给了清华大学、贡献给了学生。

陈岱孙先生的后半生主要贡献给了北京大学、贡献给了北大的学生。1952年全国高校院系调整后,陈岱孙先生出任刚组建的中央财经学院第一副院长(没有院长),主持日常工作。1953年10月被调到北京大学经济系,于1954年7月出任经济系主任,直到1984年,担任北大经济系主任达30年。

1976年以后,陈岱孙先生依靠北大经济系的学术队伍,服务于国家改革开放和经济建设的发展战略,迅速将西方经济学的成果介绍到中国。陈岱孙先生在担任中华外国经济学说研究会会长期间,领导全国高校与社科机构的专家学者编写《国外经济学60讲》,对于当时中国经济学走向未来、走向世界、走向现代化产生了重大影响。北京大学经济学院在1985年成立,1994年北京大学光华管理学院在原北大经济学院经济管理系的基础上成立,以及1994年北京大学中国经济研究中心(后来的国家发展研究院)的成立,都倾注着陈岱孙先生的一腔心血。

总结陈岱孙先生一生的教育生涯,可以说他是"三校五院"的学术"掌门"。哪三校?清华大学、北京大学、中央财经大学。哪五院?清华大学经济管理学院、北京大学经济学院、北京大学光华管理学院、北京大学国家发展研究院、清华大学五道口金融学院。陈岱孙这个名字是一种精神,是一种传统,一直传承于这"三校五院"当中。

像掸掉灰尘一样轻轻地将荣誉掸掉了

陈岱孙先生学贯中西,他的理论贡献是多方面的。一是对于财政学的贡献。陈岱孙先生在哈佛大学的博士论文就是财政学方面的。他在20世纪30年代花了一年时间到欧洲收集过各国预算体制的资料,当时的计划是比较英国、法国、美国、苏联的预算体制,从预算体制入手研究财政体制。他带回来许多书面资料,并在清华大学开始了这方面的研究。但是"七七事变"一来,他在清华办公室和家里放的资料都被战火毁掉了,后来就没有再重新收集材料。但他一直是中国一流的财政问题专家。

我在20世纪80年代做财政问题研究,向陈岱孙先生请教财政问题时,他还是认为预算问题才是财政的"牛鼻子"。他认为中国的税收改革可能没有预算改革重要。我开始对这一意见没有重视,现在回头看,中国的30年财政改革的确是主要改了预算体制,出问题也主要出在预算体制上。陈岱孙先生是想做预算体制比较研究的,为什么他只选了英国、法国、美国与苏联?法国是中央集权型的预算体制,美国是分权式的联邦预算制,苏联当时是社会主义预算,中国应该建立什么样的适合于中国的预算制度?这是他留给我们的问题。

二是货币理论。陈岱孙先生在教学工作之余写得最用心的论文,我认为是1936年发表于清华大学《社会科学》上的论文《通货膨胀与岁计》。这是一篇论述财政与货币关系的论文。他认为,财政赤字会引发通货膨胀,而通货膨胀本身也是一种税收。论文分十节,论证了财政支出结构与通货的关系,也论证了通货增发到向物价传递有一个过程。反对通货膨胀是陈岱孙先生一生的主张。80年代中后期国内有一种观点,认为对向市场转轨过程中的经济的货币发放可适当宽松。我也是赞同这一观点的,但陈岱孙先生对此是持批评态度的。他坚定地支持中国人民银行的信贷计划控制政策,认为信贷配额在中国还不能取消。30年过去,实践证明陈岱孙先生的观点是有远见的。直至今日,信贷计划和信贷额度调控仍然是中国政府宏观调控的主要手段之一。

三是汇率理论与政策。陈岱孙在30年代参与过政府关于法币制度的改革设计,还参加了1935年年底在北美举行的国联一些国际金融专家关于国际金融与汇率的国际会议。尽管在"文化大革命"中陈岱孙先生为此吃了不少苦头,但他对于汇率和资本的国际流动问题一直是有实际感受的。他在为我们开的"国际金融名著选读"课中就指出过,像中国这样的发展中国家,当时不能实行浮动汇率制度,也不宜再维持固定汇率制度了,应该实行"蠕动盯住"的汇率制度。他一直强调"流动性",认为国际资本流动才是汇率不稳定的基本原因。他在给我们讲课时是用"头寸"表示流动性的,这个观点就是在2008年的全球金融危机后的今天来看还是有道理的。

四是对于西方经济学的态度。陈岱孙先生在改革开放时期积极地向国人介绍西方经济学,但他也一直提醒国人,对西方经济学不能照搬。他是哈佛大学培养的经济学博士,也是西方经济学在中国传播的第一批学者中的代表。但是,陈岱孙先生经过一生的比较和思考,是接受了马克思主义理论的。他在当初面试我时问的问题,也是关于马克思主义的。他在晚年的全部著作中都指出,对于西方经济学要批判地吸取。因为总的来说,西方经济学是属于资本主义的意识形态。具体地说,他认为在规范经济学与实证经济学之间,实证经济学可吸收的东西更多一些;在宏观经济学与微观经济学之间,微观经济学可吸收的东西更多一些;在一般经济学理论与具体应用经济学理论如环境经济学、投入—产出学这样的学科之间,应用的学科可吸收的东西更多一些。他不主张只按财富增长为目的来研究社会主义经济学。他指出,一国确立什么样的经济学理论,是取决于国情的。19世纪末美国一开始也是照搬古典经济学的,后来发现古典经济学与美国国情不合,美国经济学家就吸取了国情与美国接近的德国历史学派的理论与方法,创立了美国制度学派。他明确写道:"社会主义经济有着不同的社会价值标准。集体主义和计划性的经济干预是这一经济制度的基本原理。而生产资料公有制是这一制度的前提。社会主义经济所关心者不只是国民财富的生产和增长的问题,而是建立社会上人与人平等的生产关系和随之而存的社会所创造的财富在国民中公平分配的问题。"

陈岱孙先生的学问还体现在他晚年写的几十篇序言里。他对于北大经济系的同仁有求必应,为每一位教师出版的书作序。他写的序,都独立成篇,是理论精品。他不辞辛苦,为数以百计的年轻人出国写推荐信。

我从来没有发现陈岱孙先生发过火,他总是那么温和、慈祥。在我的印象中,陈岱孙先生好像从来没有得过什么优秀教学奖,或者杰出人才奖。尽管人所皆知陈岱孙先生的讲课精湛无比,他是当之无愧的学术大师。别人拿奖,他祝贺得奖者。他也好像没有拿过什么重大课题经费。他像掸掉灰尘一样轻轻地将荣誉、奖金掸掉了。

另外,即使是在税收制度不完善的20世纪八九十年代,陈岱孙先生仍是守法纳税的模范公民,他每年按时纳税,并认真写纳税报告,亲自交到北京市海淀税收机构。他一生发表的论文,基本上没有与人共同署名的。只是晚年出于提携年轻人,在与几位身边的年轻人讨论后,在极少几篇让年轻人主笔的文章上与年轻人共同署过名,原因是有他署名的文章好发表。但是,这些文章一概不收入《陈岱孙文集》,一律不收入晚年他自己修订的《陈岱孙学术论著自选集》里。

陈岱孙一生干干净净。

(原载《学习时报》2017年4月7日)

我 记 得

□ 刘文忻[*]

今天,我们又聚在这里,纪念陈先生百年诞辰,深切地缅怀我们敬爱的陈先生。

自从我毕业留校以来,就一直和陈先生同在一个教研室,有幸长期在陈先生的身边学习和工作,我由衷地敬仰先生为人和为学的品格。在这纪念陈先生的日子里,我记忆中的陈先生的音容笑貌和一些往事,又都浮现在我的眼前。

我记得,刚留校任教那年,我在教学预备课中遇到了一个关于学说史方面的问题。当时年轻,无所顾忌,直接便去向陈先生请教。当时,陈先生笑吟吟地听完了我这个年轻的新教员的提问,第二天竟然给我写了一页关于该问题的答案,并且还启发我应该如何进一步地去思考这个问题。这便是我和陈先生的第一次接触。陈先生作为一位经济学大师,给予我这样一名青年教员的学术指导竟是如此地具体和切实,这使我深切地体会到什么叫严谨治学。而且,应该说,当时陈先生给予我的不仅是知识解惑的本身,而且使我深深感受到他对青年一代的关心、爱护和培养。

我记得,当我在1980年通过考试获得公派留学美国资格以后,为了联系学校,我很希望陈先生能成为我的推荐人。陈先生知道我的愿望以后,欣然允诺。他亲自动笔为我写了一封很漂亮的英文推荐信,还帮我修改我自己写的对外联系的英文信件。陈先生边修改边告诉我为什么这样修改会更好一些,为什么修改以后的抬头称呼会更合适而且联系起来更方便,等等。当时出国的人不多,关于如何对外联系都不太清楚,于是,陈先生又为我详细列了一个单子,告诉我申请学校的程序。此外,陈先生还亲自请他在美国的朋友给予我一些帮助。正是在陈先生的指导和帮助下,我与美国普林斯顿大学和宾夕法尼亚大学的联系获得了成功。这些事情距现在已经很遥远了,但回忆起来,仍然是那么清晰和亲切。每当我翻阅珍藏的这些由陈先生的熟悉字体写就的材料时,我便怀着对

---

[*] 刘文忻,北京大学经济学院教授。

他无限的感激和永远的纪念,也感受到一种永远的激励。

我还记得,对于教研室和院里的各项学习活动,陈先生每次都准时参加,而且几乎每次都是提前到会。对于年事已高的陈先生来说,每次步行到院里,再参加几个小时的学习,其实是很辛苦的,但陈先生却长期坚持这么做。我劝陈先生不必列会,他却不依。那时在四院没有大的会议室,有时院里便召开"走廊会议"——大家都站在走廊里开会,由院里领导传达或布置任务。对于这样的会议,陈先生也照样拄着拐杖参加,每逢这种场合,我能做的就是从教研室给陈先生搬一张椅子,让他能坐下来开会。这样,我才觉得安心一些。后来,经济学院从四院搬到法学楼,离陈先生居住的燕南园更远了,而且,陈先生的年事也更高了,但他仍坚持到院里参加活动。再以后,陈先生每逢无法前来参加教研室活动时,总会写一张请假条放在信封里,托人带给我。这一张张假条,我每次拿在手里都觉得沉甸甸的。从这些事情上,我深深地感受到陈先生严以律己的风范,同时,也留给了我无尽的思考,值得我永远学习。

人们总称陈先生是中国经济学的一代宗师,或者中国经济学界的泰斗,他确实当之无愧。"文化大革命"以后一直到今天,在北京大学经济学院以至于全国范围内的西方经济学教学和科研发展的过程中,陈先生所起到的旗帜的作用以及他的重要贡献,是其他任何人都无法替代的。陈先生以他丰富的学识和深邃的经济思想,身体力行地带着我们走过了西方经济学和科研发展的那一段带有曲折而总体上是健康和充满活力的发展历程。早在1979年,陈先生便明确指出,经济科学研究要为四个现代化服务。1981年他再一次强调,经济学是致用之学。20世纪80年代初,陈先生又高屋建瓴地提出了关于正确对待西方经济学的观点。对于西方经济学,陈先生不赞成全盘否定,也不赞成全盘肯定。他指出:"现代西方经济学作为整个体系,不能成为我们国民经济发展的指导思想。同时,我们又要认识到,在若干具体经济问题的分析方面,它确有可供我们参考、借鉴之处。"陈先生还具体举例分析了现代西方经济研究对于促进我国现代化经济建设的若干主要方面。陈先生的这一观点,在当时和以后的各个时期都有着重要的现实意义。

此外,在关于古典经济学的主要代表人物亚当·斯密的两部经典著作《国富论》和《道德情操论》之间的关系问题上,陈先生从原始资料出发,以其深入的研究,令人信服地提出这两部著作之间的矛盾只是表面的和非本质的现象,而两者之间的共通和一致才是基本的事实。这就是说,陈先生告诉我们,即使在亚当·斯密那里,以经济理性人为前提的市场经济和提倡道德情操之间并不是矛盾的。陈先生的这一结论不仅有重要的学术理论价值,其现实意义也是深远的。

回忆往事,对于陈先生的人格和风范、学术观点和成就,我都由衷敬佩。我深切体会到,陈先生的学识和品德是一种完美的统一。从他身上所透出的高贵与平和总是显得那么和谐和自然,他的那种超然、坦荡和独立又往往蕴含着深刻的现实性。

我有时总想,从经济学的角度看,未来是充满不确定性的。经济学家总是在一定的条件下,运用一定的方法,把所研究的不确定的事件处理成为可以分析和把握的事件。类似地,在现实的社会生活中,当我们面对充满各种不确定因素的未来时,我们还是能找到一些根本性的东西去把握未来的。这些根本的东西,一定包含着陈先生身上所体现的学识和品格。我们应该切切实实地以陈先生为楷模,发扬他的精神,努力像他那样去对待学习、工作和生活,那么,可以肯定,我们的事业和未来都将是充满希望和光明的。

陈先生的风范和精神永存,他永远活在我们心中!

深情怀念恩师岱老

□ 王志伟[*]

恩师岱老已经走了快一年了,可是,许多往事却历历在目,恍如昨日。多么慈祥可亲的老人!多么令我爱戴的导师!多么令人钦佩和尊敬的前辈学者!在他生命的最后一刻,我作为他的学生和弟子,却没有在他身边。这是我最大的哀痛,也是我永远无法弥补的愧疚。万万没有想到,在我去外地出差之前的见面竟成我们之间的永诀!

岱老住院体检治疗前一天的晚上,曾给我家来电话,嘱我前去他处,说是有事相托。电话中,岱老声音清晰,有条不紊,但也不时带有喘息。第二天一早,我应约前去。岱老告诉我,他要到北京医院去体检治疗,估计要住些天才能回来。自从我前一年回国,就知道岱老一个时期以来身体一直不好,但也没有大的毛病。为此,我常常去看望他,帮他做点事,并建议他常去医院检查和治疗。这次他要去,我自然感到欣慰。岱老嘱我替他留意信件,并替他领取并保管当月的工资,待他回来时再给他,还说学院里如果有什么事,让我替他招呼一下。对于岱老的嘱托,我一一答应,并希望他安心住院检查治疗。言谈之间,岱老一如往常地平静。他仍像平素一样,没有过多地谈及自己,而是再三嘱咐我要多多保重身体。我实在没有想到,这竟是岱老对我的最后嘱托。

由于工作很忙,岱老住院后,我一直没能腾出时间前去探望。在动身去外地之前,我曾几次打电话询问岱老的情况。最后一次电话中,我得悉岱老还没有检查完毕,但所有已检查过的方面没有发现新的问题,只是肺部有些感染,问题不是很大。殊不料,这竟是致命的原因!我与岱老入院前的那次见面竟成诀别!

我是岱老在"文化大革命"后直接培养的第一批外国经济思想史研究生中的一个,也是他的研究生中"文化大革命"后唯一一个毕业留校在他身边工作的幸运儿。我后来才听人说起,岱老对我的支持和信任曾对于决定我的留校工作

---

[*] 王志伟,北京大学经济学院教授。

起了很大的作用。对此,我对于岱老自然心存感激。

我是1978年年初作为"文化大革命"后首批通过高考进入北京大学的学生。入校后不久,岱老作为系主任给我们新生讲话。他提醒我们,通常大学一年级刚进校的学生也许会认为自己最有学问,无所不知,无所不晓。而毕业班的学生则会认为,该学的知识太多,自己所知道的太少了。岱老说,我们那批学生都是经过"文化大革命"后,在全国很多人中通过正规考试筛选出来的,很不容易,很幸运,是可贵的人才,但是不能骄傲,要在大好机遇中踏踏实实地抓紧时间学习。岱老这些亲切坦诚而又包含鼓励性的话语,一下就吸引了大家,给我们留下了深刻的印象,令大家对他顿生好感和敬意。后来听人说到岱老的资历和威望,我们对他就更加肃然起敬了。当时,尽管我们1977级新生已有80人,但经济系在北大还属于比较小的系,远没有今天这样的规模。系办公室、教研室和我们学生的宿舍都在同一座楼里。我们经常可以看到衣着朴素的岱老,大家总是充满敬意地向他问好和致意。

大学三年级时,岱老和其他老师一起给我们开设了西方经济学说史的课程。岱老精辟的思想见解和深入浅出的讲授,把西方经济学说史这门课的丰富内涵和思想精髓表述得恰如其分,不知不觉之中,他的广博学识便深深地吸引和征服了我们。每当下课时,因听课出神乐而忘返的学生们似乎都无法从聆听和思索的兴奋之中自拔。我记得,自己就是从那时起,对于西方经济学说史这门课产生了浓厚的兴趣,立志要做岱老的研究生,追随他继续深入研究这门学科。岱老的名著《从古典经济学派到马克思》一书刚出版,我就立即买了,如饥似渴地读起来。这本书对于我打下较为扎实的经济学说史基础和有关的经济理论根基,树立对一些基本问题的初步正确看法,起到了至关重要的作用。

十分幸运的是,我终于如愿以偿,1982年年初通过考试成为岱老的硕士研究生。我觉得,在学业上,自己有两大幸运:其一是考入北大,在中国的最高学府向众多的老师和同学学习;其二是遇到了岱老,并成为他直接指导的学生。正是这两个机遇,改变了我的大半生,使我从此走上西方经济学和经济学说史教学与研究的道路。正是追随和学习岱老的信念支持着我,即使在国内经商"下海"的浪潮汹涌,自己家庭经济窘迫的情况下,我仍能固守清贫,致力于经济学理论研究和教育事业。

众所周知,岱老在学术界甚至在社会上具有那么高的威望,那么受人尊敬和爱戴,不仅是由于他高深的学术造诣,更是由于他高尚的道德修养和人格魅力。他的"道德文章",即学识和人品,都是我们的楷模。

我在攻读研究生期间,对于岱老严谨、求实的学风有了进一步的体会。岱老总是要求我们立论要言之成理,论述要言之有据,理论要联系实际,对知识要学以致用。本着这样的原则,在我们读研究生阶段对西方经济学原著的学习过程中,岱老总是在为我们介绍过必要的背景知识以后,不断地给我们提出问题,要我们反复学习原著,到原著中去找第一手资料,再从第一手资料中引申出论点和论据。而在对于现实问题的研究中,岱老则要求我们理论密切联系实际,从解决实际问题出发,去认真、认识发掘问题,学会正确运用马克思主义的立场、观点和方法以及有关的经济理论和方法去解决问题。

岱老要求我们在学术上要有严谨的作风,他自己也在这方面做出了表率。众所周知,他的教学、文章、著作都是十分严谨、实事求是和理论联系实际的,也是具有巨大的理论说服力和影响力的。他的教学总是寓意深刻,富于启发性,讲授时深入浅出、条理清晰、分析深刻、要言不烦,对于学生有着巨大的说服力和感染力。我们都感到听岱老的课,是一种难得的学术上和艺术上的享受。岱老的文章在经济学界也是有口皆碑。很多人都知道岱老在 20 世纪 80 年代初改革开放不久所发表的那篇关于如何对待西方经济学的文章,文章高瞻远瞩,立意深远,理论联系实际,说理深刻,令人信服。它不仅征服了广大读者,而且受到国家和政府的重视;不仅在学术杂志上刊登,而且被多家主要报刊转载。多年来,岱老在那篇文章提出的一些见解,一直被作为我国改革开放中学习西方经济学的根本指导思想。作为一个学者,其文章能够达到如此影响,其思想、学识、学风从中可以略见一斑。

岱老一贯主张学习应该"宽口径,厚基础"。他总是提醒我们要打好知识基础,拓宽知识面。他说,知识广博,视野才会开阔,看问题才能高屋建瓴。他常说,做学问不能像广西桂林的独秀峰。很多学生和教员对于岱老的这一形象说法都有深刻的印象。在这方面,我在读研究生时,已经有所体会。记得刚刚读研究生不久,我有一次在岱老家向他请教,应该如何把握好研究生期间的学习。岱老说,旧社会的学堂是老师带徒弟式的学习方法,老师教什么,学生就学什么,学生的学习受老师的局限,知识和视野都不开阔。导师一个人的学识太有限了,不能教给学生多少东西。现在的大学是新式教育、开放式教育,学生不只是向他的导师学习,还要向学校里所有的老师学习,向同学学习,到图书馆去学习,到社会上去学习。这样才能学到更多的知识,取长补短。岱老是这样说的,在指导他的研究生学习时也是这样做的。在我的研究生学习期间,岱老曾不时地指导我在哪一方面去向哪位老师求教。事实上,我在北大的学习,除了岱老的言传身教、直接指导,在他的指引下,我还从陈振汉、胡代光、厉以宁、范家骧等许多老师那里学到了很多东西。岱老"宽口径,厚基础"的主张使我受益匪浅。很多学生和教师对此也有同感。

在学术上,岱老主张经济学要学以致用,但不要过分急功近利。他一再告诫我们,学习时,首先是要静下心来,踏踏实实地把理论学懂、弄清楚,要能够坐得住"冷板凳",不要因为羡慕别人的名利而浮躁不安,急于去搞那些容易出名或容易赚钱的东西。他认为,注重追名逐利会使人目光短浅,于社会、于自身都没有什么好处。但是,理论联系实际不等于追名逐利,而是不脱离社会的经济现实。读书要学以致用,这是真正对于国家和老百姓有用的方法。我们翻开岱老的文集就会发现,他的很多文章都是理论密切联系实际的,但没有一篇是追求名利的。岱老如果真是追逐名利的人,当年也不会对做教师从一而终了。众所周知,在中华人民共和国成立前夕,岱老断然拒绝登上国民党政府从台湾派来接他的飞机。这不仅说明岱老对于国民党反动政权的反感和厌恶、对新生政权的热情期望,也说明他拥有不愿追名逐利的高尚气节。正因为如此,多年来,岱老严谨治学,扶持后进,忧国忧民,安贫乐道,虽然他不乏许多名利双收的机会,但他总是把于国于民有利的教育事业和学术研究放在第一位,从不去追求个人的名利。

岱老还以他自己的亲身经历来勉励我们努力学习。他曾经对我们讲过,他青年时代在美国哈佛大学学习时,是没有星期天和节假日的,休息日总是在图书馆度过。他小时候受到的是中国旧式传统的教育,到了美国,接触的是西方的文化和科学知识,必须努力学习才行。正是靠着这种刻苦学习的精神,他才在短时间内取得了优异的成绩。即使是在学成回国途中,他也没有放过在欧洲大陆学习和考察的机会。岱老后来学贯中西、通晓古今的渊博学识与那时打下的良好基础,有着密切的关系。从我认识岱老起,就经常见到他手不释卷,不断地吸取新的知识和信息。岱老这种刻苦学习的精神对于我们晚辈学子是一种巨大的鼓舞和鞭策。每当我们在学习和工作上有所懈怠时,想到岱老的学习精神,便觉惭愧,便有警醒。

岱老对于学生总是以身作则。岱老的组织纪律观念很强。在他几十年的工作和生活中,一贯模范地遵守纪律。在北大经济系工作的很多人都知道,每当系里开会或者活动,岱老总是早早地到场,开会时也总是注意倾听别人的发言,从不在会场上跟别人交头接耳。即使是教研室的活动,岱老也认真对待,遵守纪律,从不马虎。在我的记忆里,每一次因故无法参加活动,岱老都会请我代他向系里、学院请假。而且,只要有可能,他总是习惯于在老式的信纸上认认真真地写好请假条,装入信封,请我代转有关人士。直到年事太高,行动不便,系里和学院也多次劝说,岱老才不再参加大的集体活动。

岱老办事的认真态度、乐于助人的精神,在熟悉他的人当中,是有口皆碑的。而对于慕名前来求教的陌生人,岱老也总是在力所能及的情况下同样给予热情的帮助。岱老在"文化大革命"以后,曾经花费了大量的时间和精力为很多人的著作撰写过序言和评论。有一次,我对他说:"您为别人付出的太多了。"他却笑笑说:"我年纪大了,做不了别的什么事,应该多为年轻人的成长做点事。"他十分乐于看到年轻人的成长,能为这些人的成长做点事,他感到很愉快。

对于我在研究生学习期间得到的岱老的大量帮助,不必细说。即使是在我留校工作之后,岱老仍然给了我很多帮助。记得刚留校不久,我向岱老请教应该如何搞好教学工作,岱老把他自己的经验倾囊相授。他说,要想搞好教学,首先是要真正理解有关的内容。只有自己真正理解和非常熟悉的东西,才能准确地告诉别人。其次,在教学方法上,岱老反对事先写好讲稿、在课堂上念给学生听。他告诉我,他讲课从来不会照着讲稿念,而是事先列好讲课的详细提纲,然后阅读大量有关参考资料,选好准备用的内容,在提纲上标注记号或索引。每次讲课前,他都要认真准备,将自己要讲的内容重点了然于胸。讲课时,再根据学生们的反应,突出重点,适当穿插一些具体事例或材料。这在外人看来,似乎是自然而然、信手拈来的事,其实是事先认真准备的结果,只不过是讲课的方法与别人不同罢了。我们深知,岱老的教学方法效果极佳,但准备起来却是很费工夫、很不容易的。岱老花费了几十年的心血,才得心应手、运用自如。这既反映了岱老治学严谨、一丝不苟的优良作风,也反映了他对年轻一代成长的心血倾注。在这方面,岱老对于年轻人总是现身说法,毫无保留。

岱老不仅乐于助人,而且办事认真。记得有一次,我在教学中遇到了一个问题,很长时间没有找到参考材料。后来,我去请教岱老,他回答说,他也一时间想不起来在什么地方见到过。他让我不要着急,过一段时间他再给我答复。我本以为岱老年龄大了,如果想不起来,找不到有关问题的参考材料也无所谓。因此,这件事我就放在了一边。不料,过了一个多星期,有人转告我,岱老请我有时间去他家一趟。我去了之后,岱老拿出一张纸给我看,上面写的是我上次请教他的问题的答案和参考资料。他怕我搞不清,特意当面告诉我,并且将参考资料出处来源写下来,以便我在必要时自己去查阅。岱老的大力帮助令我十分感激。事后,我听陈荷老师说,岱老为了帮我解决这个问题,亲自去了两趟学校图书馆查阅资料,花了不少时间和精力。知道了以后,我对于岱老已经不仅仅有一般的感激之情了!

此外,岱老对于学生和他周围的人也总是全面关心的,不仅关心他们的学习,也关心他们的健康,关心他们的家庭。我刚刚留校时,岱老除了在工作和业务上关心和帮助我,还十分关心我的具体困难。当时,我爱人和孩子在外地,一家人不能团聚,生活有很多困难。岱老经常询问我解决家庭分居问题的进展情况。当我解决了两地分居问题之后,岱老又关心我的住房条件。当我解决了住房问题之后,岱老对我说:"这一回好了!我真想过去看看你的房子,只是我年纪大了,身体条件不允许了。"记得1989年年底,我因工作劳累,身体抵抗力下降,患了心肌炎。岱老得知后非常着急,那么大年纪还一定要去医院看望我,后经别人一再劝阻,才算作罢。但他仍然十分关心我的病情。我出院后,每次去看望岱老,他总是要询问我的病情和身体情况,总是安慰我,要我全力养好身体。

1995年,我出国之前去看望岱老,向他告别。岱老说了很多勉励的话,要我出去后多看多听,多留心国外有关学科研究和发展的最新动态。临别时,岱老拿出一条毛围巾送给我,说:"你去的地方冬季寒冷。这是外国朋友多年前送给我的,我一直没有用过。我留着它也用不上,你拿去或许有点用处。"听了这话,我十分感动,心里不禁涌起一股暖流。从岱老身上,我又一次感受到慈父般的温暖。我知道,岱老平时生活很简朴,一身蓝色的老式外衣穿了很多年。凡是和岱老接触过的人,都对他的那身衣服有很深的印象。在岱老留下的很多照片中,都是穿着这身衣服。现在,他送给我的这条毛围巾,是别人送给他的纪念,围巾和外包装仍然很新。这说明,多年来他一直没有用这条围巾,并不是用不上,而是珍视它,舍不得用。现在,岱老把友人送他的珍贵的纪念转赠我,可见他对我的厚爱与关心。我在国外的一年里,岱老还曾两次写信,给我以勉励,使我深受鼓舞。

其实,岱老对我无微不至的关心和帮助,也是他对学生和晚辈关心与帮助的一个缩影。对于别的学生,岱老同样给予了莫大的关心。前几年,岱老的一个博士研究生不巧在论文写作期间患病。岱老也是非常着急,害怕这个博士生顾虑论文而影响治疗和休养。他不仅安排这个博士生延期进行论文写作,而且一再敦促他抓紧治疗。岱老还几次在我的面前说到这个博士生的情况。他对那位博士生健康状况的关心显然十分真切。从这些事情,我们不难看出岱老对于他人发自内心的关心和爱护。

岱老待人宽厚、爱护有加,批评和责怪却很少,更谈不上计较什么利害得失。正因为如此,一些做了错事的人在岱老面前往往会感到惭愧和不安。在我的印象中,岱老似乎从来没有直接批评或指责过我。当他觉察到什么不妥时,总是先向我了解情况,然后举一些适当的例子或者提出某种建议,让我自己从中有所领悟。在他看来,年轻人犯错误一般都是可以谅解的,因此总是严于律己,宽以待人。据说,"文化大革命"中,岱老也受到了一定的冲击。在当时那种环境下,一些人把岱老当作"资产阶级学术权威"来批判,甚至进行"抄家",把岱老留学美国时因论文优秀而获赠的金钥匙也抄走了。"文化大革命"后,当年批判过岱老的一个人深怀歉疚地向岱老道歉、请求岱老谅解时,岱老竟然笑着说:"你当时批判过我吗?我不记得了。"只一句话,就把问题轻轻带过,将对方紧张、尴尬的心情一扫而光。岱老这种博大宽厚的胸怀实在令人敬佩和感动!正是因为拥有高尚的品德,岱老赢得了人们的尊敬和爱戴。在我接触过的与岱老有所交往的人当中,从未听到过有谁对岱老有些许的"微辞"。

对于岱老的谦虚品德,我也时有所感。记得我的博士论文一气呵成、顺利通过后,我向岱老表示由衷的感谢时,他却谦虚地说:"这都是你自己努力的结果,我没有做什么!"我深知,没有岱老的长期指导和关心,没有他严谨学风的长期熏陶,甚至没有他在论文打印经费问题上的直接帮助,我就不可能顺利地完成这一任务。岱老对我的博士论文修改稿的正式出版,也寄予了很大的期望。他认为,那篇论文写得不错,很有出版价值,希望我能够尽快出版。但是,他告诉我,他不会为我的这本书作序。他说:"现在社会上流行一种很不好的风气,就是导师为自己的学生的书(主要是指博士论文——本文作者注)作序,很有些自吹自擂之嫌。我不给你的这本书作序,没有别的意思,就是为了避嫌。我不愿以自己的声望和地位来掩盖学生的成绩,也不愿以学生的成果来抬高自己。你可以请厉以宁老师或胡代光老师为你作序,我想,他们一定会乐意的。在这本书以后,你再出任何书,我都乐于为你作序,就像我给其他人所做的那样。"岱老这一番话使我对他的谦虚品德又有了进一步的了解。不过,我心里对于岱老的感激之情是不能没有表示的。为此,我在书的扉页上郑重地写下了"谨以此书献给我的导师、我最尊敬的陈岱孙教授"的献词。书正式出版之后,我拿去送给岱老,他十分高兴。他抑制不住自己的兴奋之情,紧紧用力握住我的手,连声说:"祝贺你!太好了!太好了!"非常遗憾的是,我没能等到岱老为我的其他书作序,哪怕就是写几个字也好啊!

岱老走了。他不该走得那么匆忙。他值得我们怀念的事实在太多!凡是和他有过接触与交往的人,无不深受其精神品格和学识的强烈感染,无不对他深表怀念。有幸拥有岱老这样的老师,是我终生的荣耀和自豪。岱老永远是我的学习榜样。他将永远活在我的心中,我会永远怀念他!

1998 年 4 月

作者王志伟在他的博士论文答辩会上与陈岱孙教授、巫宝三教授合影,摄于 1993 年

等您,在燕园……

□ 胡 坚[*]

当春天再度来临的时候,我在香港,心中远眺燕园。各种报刊已开始频繁刊登文章,迎接北京大学 100 周年校庆。我知道,这第一个 100 周年是我们学校的光荣里程碑。如果您在,一定会穿上那整洁的蓝色中山装,戴上那一枚您永远看重的北大校徽,和大家一起走向庄严的人民大会堂。当然,庄重依旧,和蔼依旧,诙谐也依旧……

可是,这已经是没有您的一个燕园的春天。我总想在灿烂的迎春花丛中寻找您高大的身影,我也总想在宁静的燕南园 55 号听到您的笑声。但是,自从 1997 年 8 月从香港返回燕园和您诀别之后,我就应该明白,从我生命的第 41 个年头开始,我要做好准备,鼓起勇气,迎接这样的一个春天。

只是,我真的不习惯这样的春天。从小到大,我总是在春天的燕园等您。每一次等待,都是生命的馈赠,也是我成长的宝贵历程。

一

最早的等待始于 20 世纪 60 年代。那时我的母亲在北大工作,我们和您的堂妹——亲爱的陈荷阿姨在北大朗润园 13 公寓做邻居。昔日的邻居真像一家人,吃在一起,住在一起,亲密无间。我正是七八岁的童年阶段。

陈阿姨是我敬重的长辈。和她一起生活的那些年是我童年最安宁快乐的时光。陈阿姨正直、和气、雅致、端庄,是一位非常有教养的女性。她很喜欢小孩子,我和我的小弟弟经常在陈阿姨的屋里跑来跑去。

陈阿姨过一段时间就会宣布:"今天大舅要来吃饭,不要淘气啊!"天真的我们就会知道,您今天会过河来。因为,您所住的镜春园和我们隔一条小河。

您真的会准时前来,那时您六十多岁了,整洁、沉静而又不苟言笑,我们却从心里喜欢您。幼年的我们不知道您是赫赫有名的学者,只知道您是和蔼可亲

---

[*] 胡坚,北京大学经济学院教授。

的"大舅"。通常,吃过饭,您会留下来和陈阿姨聊天,我们则在旁边玩游戏。陈阿姨养的花草一盆盆茂盛兴旺,绿意盎然,我们穿梭嬉戏于其间,开心无比。金色的阳光透过窗户映照在您的脸上、身上,您说的话我不是很懂,但我明白,您也很开心。

后来,陈阿姨也搬到镜春园住。我们经常可以收到春天您院子里的香椿树结的鲜嫩的香椿和陈阿姨烧的红糟肉。有时过去看望您,您会津津有味地给我们讲那一群猫的故事。我们说您住的地方太荒凉,您说喜欢,是"野趣"。还有一次,您指着一盆植物告诉我它的学名叫"夏威夷蓝果"。

等我长大,才逐渐明白您对生活的要求并不高。您喜欢和看重生活的朴素、安详和宁静。在美丽如画的燕园中静静地教书做学问,闲时和亲朋团聚,享受天伦之乐,对于您就是最大的享受。可是,就是过这样的简单的生活也常常不能如愿。中华人民共和国成立之前的一次次战乱,成立之后的一次次"运动"总把这种生活打乱和破坏殆尽。然而,您虽历经沧桑,却豁达如风,平静如水。只要可能,仍然热爱生活,善待周围的人,也享受生活的每一处小小的欢乐和精致。这,就是您的生活观。

二

再等您,已是1982年。我从北京经济学院毕业,考上了北大经济系外国经济学说史专业的研究生。我走进了您的学术领域,成为您的学生。

这时等您是在经济系的旧办公地点——北大四院。因为教室紧张,二楼的办公室就成了您给我们上"剩余价值学说史"这门课的地方。上课的时间是下午两点。

我们在简陋的办公室等您,木桌椅、木凳子,拥挤不堪。但我们知道您一定不会嫌弃,因为只要有学生,哪里对您都是崇高的课堂;我们知道您一定不会迟到,因为您有守时的习惯;我们知道您没有一句废话,因为您的教案经过精心准备;我们知道您所传授的学问是您孜孜以求的真知,因为您最不喜欢道听途说和一知半解;我们知道您会使我们满载而归,因为您最深切地知道培养人才对国家的重要。

当然,您对我们的要求是严格的,要求我们大量地读书、写笔记,不可偷懒。正是在这种严格要求下,在那段时间,我读了许多西方学者的原著和马克思的《剩余价值理论》。如果不是您的鼓励和鞭策,我是决不会读这么多书的。

考试的那天,天气很冷。您仍在上午八点准时到教室。四个小时的考试,您一直坐在我们身边。考试结束时间到了,还有同学没有完成答卷,您还坚持要等下去,在别的老师的劝说下才离开。

那一次考试,您给我打了 90 分。我知道,严格的您绝不会给情面分。是在您的谆谆教诲下,我的努力得到您的承认,您才把这样的成绩给我。学生的努力最使您感到欣慰。

您的一生有七十多年的时间在教书。我,只是您众多学生中的一个,聆听您教诲的时间也只有半年。然而,这半年就足以让我知道,做老师做到您这种境界,已是炉火纯青。

三

再等您,已经成为您的同事。研究生毕业之后,我留在北大经济系当了一名教师。这时等您,已是在许许多多的场合。

每周三下午,在走廊等您开全系大会,您总是到得最早的一位;迎新的联欢会等您,爱听您对往事的回顾和诙谐而又轻松的调侃;在外事场合等您,看您如何彬彬有礼地待人接物;在报告会上等您,看您如何就学术问题和观点侃侃而谈。

无论在何种场合,您总是从容自若,不焦躁也不喜形于色;无论与何种人交往,您总是不卑不亢,亲切和气而又不失分寸;无论处理什么事情,您总是认真细致一丝不苟而又不琐碎啰唆;无论遇到什么难题,您总是气定神闲,坦然相对。做人做到您这种境界,已是收放自如,屈伸有致,大彻大悟而又不失大智大慧和大纯大真。一个人到老年还能展现这样的修养和风采,而我们又能亲临其中,体会个中三昧,真是幸福。我们青年教师一谈起来,都赞叹不已:"陈岱老,高山仰止,我们如何学得来!"

尤记得,有一次,我动了出国学习的念头,请您写信推荐。尽管您年事已高,但如同对每一个青年学子一样,欣然答应。信写完,信纸如何叠、信封如何写也一一示范。在您眼中没有一件事是小事。您知道吗?至今我写信还是用您教的方法叠信纸、写信封。

在每一次等待的过程中,我最不愿看到的是您的日渐衰老。尽管您的身体在老年人中已算相当健康,但岁月无情。您是 20 世纪的同龄人,我祈祷,上天有情,让您健康度过百岁,和我们一起欢度校庆,迎接一个崭新世纪的到来。

四

最后的等待,已是无望。1997年7月底,我在香港理工大学教书期间,得知您去世的噩耗。赶回北京,在燕南园55号看见的只是您的遗像。

在燕南园55号的院子里,风依然,草依然,树依然,那一架凌霄还是那么苍郁,只是人已去。我看到吊唁的人川流不息,我看到老年教授用颤抖的手写下的挽词,我看到青年学生脸上流下的眼泪,我看到您在遗像中凝视着我们,我知道,我们是您眷恋不舍的亲人。

在治丧的日子里,我在泪眼蒙眬中一遍遍沉思。您所走过的人生是怎样的人生?我们应该如何评价您的成就?对燕园的一批批后来者,我们应该怎样介绍您?

对于您学术上的卓越成就,已有诸多评论,那是一般人比较容易了解的一面。而您在做人方面的成就,是内敛的,一般人能感受,却不能完全领悟。以"功夫在诗外"来形容,您在"诗"内和"诗"外的功夫都绝对到家。前者是参天的大树,后者是茁壮的根须。

我相信您是平凡的人。当在抗战的烽火中过北京家门而不能入,一个雅致的家和您辛勤写下的手稿全部被毁,您身着长衫伫立长沙街头的时候,一定对人生有某种参透,知道什么是过眼云烟,什么是万古长青;当"文化大革命"到来,您多年沉默不语,甚至放弃您最喜欢的写作时,一定有不能言说的苦衷、寂寞和孤独;在漫漫97年的岁月中,您经过的生离死别无数,心中一定会有跌宕起伏。然而,您最宝贵的地方是悟透而不冷漠,既出世也入世,认认真真地读书、写书、教书,对人对事竭己所诚所能。

您是中国知识分子的典范。学贯中西,饱经患难,大起大落。然而,在万变中保持不变的是淡泊的心境和完美的人格。有过繁华,而不留恋繁华;经过辉煌,而不沉醉于辉煌;可以享受,而不选择享受;名利唾手可得,却断然放弃。您所度过并乐在其中的是一种宁静致远的人生,是在如今商品经济大潮四起喧嚣浮躁的环境之下一种难得的极致。

五

我知道,我会永远等您,在燕园。也许您从来就没有离去,只是春风化雨,润物无声。作为北京大学的一代名师,作为经济学界的一位泰斗,作为一个循循善诱的老师,作为一位品格高尚、修养不凡的长者,您会在无数人心中永存。我最想望的是时光倒流,我再与您走过往昔的岁月,再亲切地与您呼应。

  我知道,我会永远等您,在燕园。只要我是一名北京大学的老师,只要我是一名中国的知识分子,我一定会以您为楷模,循着您走过的道路前行。我的身后,永远会有您殷殷期待的目光。对吗?大舅!

1998 年 3 月 24 日完成于香港树仁学院

陈岱老与《经济科学》

□ 于小东[*]

今年10月20日是陈岱孙先生诞辰120周年的日子,北京大学经济学院将为此隆重举办系列纪念活动。这让我想起第一次见到陈岱老站在同学们面前的样子,恍然之间竟然也已经快40年了,但他的面容和神态却仿佛就在眼前,依然那么鲜活。我读书工作都在经院,与陈岱老有过一些接触,特别是后来在陈岱老等老先生们创办的《经济科学》杂志工作,更感受到他的品格与思想对杂志和我们的深远影响,于是下决心写这样一篇纪念文章。

1981年我考入北大经济系时,系主任就是陈岱孙先生,系里的师生大都尊称他为"陈岱老"。经济系下设三个专业,分别是政治经济学、国民经济管理和世界经济,陈岱老是统领北大经济类三大学科的掌门人。

关于陈岱老的传说,是一进大学就在同学中间不胫而走的,因此大家都想一睹这位系主任的风采。最初的印象是开系新生大会,当大家跌跌撞撞地在响铃之前最后几分钟冲进教室时,陈岱老早已站在靠近窗户的位置,高高的个子,笔直的腰板,表情严肃,一言不发静静地看着同学们落座,然后不紧不慢地走上讲台,开始讲话,除了表示欢迎和祝贺,就是讲学习经济学的重要性云云。那时还没有多少名人意识,大家甚至对他究竟讲了些什么都不是特别留意,反倒是被他身上卓尔不凡的气质所吸引,他身着一套洗得干干净净的半旧蓝色中山装,举止优雅,既有一种骨子里的洋气,又有老派中式学者的威严。似乎我所见到的陈岱老绝大多数情形下都是这一装扮,多年后才看到他年轻时候的照片,更多场合穿的是西装,典型的那个年代留洋学生的派头。后来他给我们年级开设经济思想史课,一丝不苟娓娓道来,努力将自己毕生所学所想都传授给同学们。他的课语言精练,一句多余的话都没有,逻辑清晰,节奏不紧不慢。回想起来那时自己还是太年轻,思考问题也没什么深度,亲耳聆听大师讲课却没有充分利用好这一宝贵机会,甚为遗憾。

---

[*] 于小东,北京大学《经济科学》杂志常务副主编。

当时经济系在四院，系主任办公室我印象中是在二楼顶头的位置。我是个内向的人，对领导和老师向来都是敬而远之，自然也就没有直接与陈岱老单独相处的经历。倒是多年以后听我的先生吴忠（我的同班同学）讲起他一入大学就敲开陈岱老办公室门的故事。吴忠高考时一门心思想学管理，认为学经济就是为了将来管理企业。但那年北大经济系只在福建招收两名政治经济学专业的学生，管理和世经都没有名额，作为高考全省前五、数学满分的他自是心中不甘。因与陈岱老是福建老乡，他便硬着头皮找到了四院的系主任办公室申请转专业。陈岱老拉开一张椅子请他坐下，耐心地开导道，经济学是经世济民的学问，学习经济学要树立经邦济世、造福百姓的理想。管理也不仅仅是针对企业，国家正在改革开放，各行各业乃至国家层面都需要管理人才。关键是要有真本领，将来才可以成为国家的栋梁。要学真本领，政治经济学是基础和本质。后来回想起那次与陈岱老交谈的经历，吴忠说，当年贸然上门去找陈岱老真是有些不知天高地厚，但结果却受益终身，工作后从事政府扶贫和南南合作，或许跟陈岱老讲的那一席话不无相关。而今有了在政府、企业、大学乃至国际组织等地方工作的不同经历，他更加体会到陈岱老所说的真是至理名言。

1984年陈岱老辞去了经济系主任职务，仍一如既往地受到师生们发自内心的景仰和爱戴。第二年北大经济系升格为经济学院，陈岱老被聘为经院的名誉院长，我们1981级同学也是在那一年完成本科学业的。毕业后，我考取了院里的研究生，开始关注学术研究，陈岱老担任主编的《经济科学》引起了我的注意。后来听说，这本杂志早在1979年就创刊了，那时"文化大革命"刚刚结束不久，党在思想理论界进行拨乱反正的同时，提出把工作重心转到经济建设上来，经济学界也掀起了解放思想、开动脑筋、研究新问题的热潮。于是北大经济系一批思想活跃的学者，敏锐地捕捉到这一变化，抓住机会创办了自己的刊物，德高望重的陈岱老顺理成章地被推举为首任主编。杂志名称"经济科学"据说也是经过广泛征询意见后由陈岱老最终确定的。我在阅读过程中发现，这个杂志上发表的文章既有对社会主义政治经济学基本理论的再认识，也有对西方经济学理论、观点的介绍，还有转型问题的研究，以及与经济政策相关的热点问题，作者则主要是国内经济学界的一些活跃人物，系里学术造诣深厚的老先生们也积极参与。偶尔还会看到1977级、1978级师兄的文章，他们中许多人经历过上山下乡、到兵团劳动等艰苦磨炼，恢复高考后考入北大以极大热情投入学习中来，既有一定的学术水平，又有对中国社会的深刻思考。那时在我们这些从学校到学校的普通学生眼中,要想在《经济科学》上发表文章简直是一件遥不可及的事情。没有想到的是毕业后我会留在系里任教,不仅与陈岱老成为同事,还在《经济科学》上发表了文章;更没想到的是,若干年后,我竟然会专职做这本杂志,成为陈岱老曾经主持工作的《经济科学》编委会的一员,还担任这个杂志的常务副主编,一干就是十几年。当然这是后话了。

我 1988 年年初毕业留校时陈岱老已经 88 岁高龄,偶尔还是会参加院里的教师例会。大家见到他,都会肃然起敬,纷纷前去打招呼问"岱老好",他则会慢慢地跟大家一一点头致意。我观察到,陈岱老不仅深受同学们爱戴,在同事中也是得到尊重最多的。院里老师有个性的人不少,加上经过历次政治运动的历史原因,总有些远近亲疏,但无论是谁对陈岱老都是尊敬有加。作为经济学界的泰斗级人物,陈岱老却一向极为低调与谦和,从不让系里对他个人做任何宣传,这似乎代表了与他同时代一批老知识分子的共同特点,愈发让人尊重,也是留给我印象极深的一点。所有关于陈岱老的事情,无论是书还是文章都是在他去世后多年才陆陆续续发表出来的。我当老师后先是在经济系待了七八年,讲授货币银行学,担任班主任等。1995 年调到新成立的保险系。那年正逢经院成立十周年,陈岱老发表了一篇演讲,从 1902 年京师大学堂的商科讲起,回顾了经院的历史,认为中国经济学有一个特点是"学科的名称是古老的,学科的内涵是外来的",而"长期几十年以来,我们国内经济界所遇见的问题,多少是如何对待这本为一外来的事物,以求其和我国实际相结合,为我所用,如何使外来学本土化",指出"一方面,我们要引进西方传统经济所可供借鉴的方面,而另一方面,要和社会主义经济制度结合起来。而环顾全球,并没有一个国家能提供一现成的模式以供借镜,这就使上面所说的问题具有更高的挑战性"。从讲话中可以看出 95 岁高龄的陈岱老依然思路清晰,一语中的。这篇讲话发表在 1995 年第 4 期的《经济科学》杂志上。① 1996 年年初我作为富布莱特访问学者到美国哥伦比亚大学进修,翌年归国。记得 1997 年的夏天天气奇热,97 岁的陈岱老难耐酷暑在家里用了空调,后患感冒住进北京医院,最终医治无效而病逝。消息传来,院里老师无不为失去这样一位品行高尚的经济学前辈而倍感痛心。

1997 年回国后,我将主要精力放在财产与责任保险、保险投资和企业年金

---

① 陈岱孙:《继往开来　发展创新——在北京大学经济学院成立十周年庆祝会上的演讲》,《经济科学》,1995 年第 4 期。题目为编辑部所加。

方面的教学和研究上,同时担任保险系副系主任,协助系主任孙祁祥老师工作,在保险系前后大约有十年的时间。2005年年底,一个偶然的机会让我的工作轨迹发生了改变。那年《经济科学》编辑部负责行政事务的刘淑芳老师退休,腾出一个编制,主编刘伟老师找我谈话,问我是否愿意过来担任杂志的副主编。他说:"一方面《经济科学》长期只有一个负责审阅、编辑稿件和杂志日常管理的专职副主编,需要充实学术力量和进一步发展;另一方面,也不妨碍继续搞研究和写文章。而且从你的个性来讲,做这份工作,与文字打交道很合适,相信和洪宁也会相处得愉快。"这样,2006年我就从保险系正式调到了陈岱老曾担任第一任主编的《经济科学》编辑部,至今已有十余年了。

到《经济科学》之后,一个突出的感受是,陈岱老虽然离开我们多年,却从来未被同事们所忘记。在编辑部工作期间,我听到许多关于陈岱老与《经济科学》的故事,尤其是2019年杂志创刊40周年,在为编辑部撰写的随笔短文中多位老编委不约而同地提到陈岱老。比如,年近九十的《经济科学》第二任主编刘方棫老师在回忆创刊之初的情形时告诉我们,当时这本杂志是国内经济学界少有的几家期刊之一,陈岱老是主编,知名度又高,许多稿件都是寄到他那里,他又一篇篇转交到编辑部。编辑部每期发刊前会召开编委会,讨论出一个意见,最后请陈岱老过目定稿。陈岱老总是放手让大家去干,编委们也很团结和努力,工作氛围很好。在主编岗位上任职时间最长的刘伟老师则对陈岱老嘱咐的三件事念念不忘,一是刊物要保持学术之尊严,不要做广告,不要以刊物经营收入(所以《经济科学》自陈岱老起过去40年没有做过任何广告);二是刊物要保持科学之追求,不要脱离科学精神,不要媚俗(所以《经济科学》编辑部指导思想上长期不做商业性炒作活动);三是刊物要保持思想之冷静,不要盲目跟风追风,不要怕"烧冷灶"(所以《经济科学》长期坚持以发表经济学基础理论以及思想史和经济史方面文章为基调)。陈岱老所嘱咐的这三点长期以来也成为《经济科学》编委会的共识。还有一件事值得一记,那就是与我在编辑部共事多年的洪宁老师一直珍藏着几页当初陈岱老写给编辑部的便条和对稿件的意见,纸张虽已泛黄,上面的字迹依然苍劲俊逸。从中可以看到陈岱老的认真。洪宁是毕业之后就留在编辑部做专职编辑的,后来任常务副主编,在《经济科学》工作了一辈子。记得她经常讲,陈岱老从一开始就特别重视学术刊物的纯粹性,强调不要去迎合社会上的不良风气。其实,洪宁自己也是一个很正直的人,多年做编辑部工作坚持原则,公平公正,在她身上能看到陈岱老精神的传承……所有这一切都让我对印象中那个仙风道骨的老先生有了更丰满和立体的认识,同时感受到一份沉甸甸的责任。

除了大家对陈岱老的怀念,给我个人感触最深的还有一点,那就是陈岱老的经济思想对《经济科学》具有深远的影响。

首先,陈岱老关于经济学是"致用之学"的观点确立了《经济科学》的选稿理念。所谓"致用"强调的是经济学研究不是空中楼阁,要服务于现实经济问题。在为《经济科学》创刊号所写的代发刊词中,陈岱老在开篇就提出经济学研究"要紧紧跟上时代的步伐,充分适应我国四个现代化的需要""应该把对社会主义经济问题的研究放在首要的位置上""采取实事求是的科学态度,研究新情况,提出新问题,坚持实践为检验经济理论、经济政策的唯一标准"[①]。之所以有这样的主张,一方面来自陈岱老对经济思想史长期研究的提炼,如他所言,从历史发展的情况来考察,研究经济学必然要学以致用。"无论是每一观点都来源于历史和当前现实"的《国富论》,还是把现实世界抽象为"剥除了除经济动因以外的一切其他东西的抽象机制的线性漫画"的《政治经济学及赋税原理》,抑或是为制定现实经济政策提供依据的《就业、利息和货币通论》,都是致用的,都是解决现实经济问题的。[②] 另一方面也来自他本人对20世纪50年代末期下乡下厂经历的感悟,陈岱老曾经说过"在农村中,在工厂中,我们接触到实际问题的各方面。这些都是我们在课堂中在书本中,不易接触到或者虽然接触到而不具体深刻的"。因此经济学研究不应是"空洞的或者抽象的架子和教条"[③]。在陈岱老为杂志树立的这一指导思想的影响下,多年来,《经济科学》在选取文章时始终特别重视文章的思想性,坚持将有利于现实经济问题的解决作为学术研究的出发点,努力将理论经济学与应用经济学相结合,跳出狭小的纯概念之争,反对纯粹的数字游戏。至于"之学"二字,则可将之理解为"学术"或"科学"。任何一门科学都需要抽象和逻辑的思维方法,尽管经济学从研究经济现象开始,目的是解决现实经济问题,但作为一门科学的经济学并不能满足于对现实现象的简单描述或对规律的一般推测,还需要探求经济变量之间的内在联系。

---

① 陈岱孙:《经济科学研究要为四个现代化服务——代发刊词》,《经济科学》,1979年第1期(创刊号)。
② 陈岱孙:《经济学是致用之学》,《陈岱孙学术论著自选集》。北京:首都师范大学出版社1981年版。转引自林卫斌:《再论经济学的致用性》,《学习与探索》,2006年第1期。
③ 陈岱孙:《从教学和研究工作谈谈经济科学的发展》,《经济研究》,1959年第10期。

正因为如此,《经济科学》不同于那些反映经济热点问题的财经类期刊和一些部委主办的以探讨现实经济政策中遇到的问题为主的刊物,而是将期刊的风格定位在"经济理论类学术期刊",即采用学术研究的逻辑分析和技术方法,侧重于探索经济现象产生的深层原因,研究经济关系和经济规律。那些局限于简单的现象描述与归纳,或单纯从数据出发以复杂技术方法取胜的文章,只要未能充分揭示现象与实证结果背后的经济机理,都会被认为达不到《经济科学》的刊用要求。

其次,在如何对待不同的经济学研究方法上,《经济科学》也一直秉承陈岱老的思想。创刊之初,《经济科学》与当时中国的其他经济理论类刊物一样,刊发的文章主要采用归纳、比较和规范的分析方法,探讨和界定一些基本的理论概念,力图通过文字逻辑推演的方式从经济现象中总结出经济规律。但陈岱老具有前瞻性地指出定量分析方法对于经济学研究的重要性,认为"我国的经济科学研究决不能停留在空泛的议论之上,对经济现象只强调定性分析而忽视定量分析。如果这样,经济研究就很难深入下去,对于经济政策的效应的验证,也等于是一句空话"[①]。在1979年能够提出这样的观点是非常了不起和具有远见的,在一定程度上预示了多年后新一代经济学家的崛起,以及经济学主要研究方法向基于形式逻辑的数理建模和基于计量实证的量化分析的转变。然而,陈岱老对数学在经济学研究中的作用的认识又是非常理性和客观的,如他在1983年一篇文章中所说:"我们过去对定量分析过于忽视了,数学本来是一个严密的分析工具,没有理由不让它为研究我们的经济服务。这绝不是否定定性的研究。我们更反对滥用数学,把经济探讨变为数学游戏。如果我们善于应用,它可以成为经济分析的一个有用的工具,但是不能对它抱迷信的态度。"[②]伴随经济学研究方法向更加规范的研究范式转变,《经济科学》载文风格也发生了明显的变化,这是经济学研究深化和进步的必然结果。但是,也应该看到,近年来《经济科学》收到的某些投稿中也在一定程度上存在过分依赖数量和技术分析方法而忽视思想发现的问题,一些经济学论文缺乏理论基础,只是片面追求计量技术的复杂性;一些论文以过大的篇幅和复杂的模型解释早已被论证过的或

[①] 陈岱孙:《经济科学研究要为四个现代化服务——代发刊词》,《经济科学》,1979年第1期(创刊号)。

[②] 陈岱孙:《现代西方经济学的研究和我国社会主义现代化》,《北京大学学报(社会科学版)》,1983年第3期。

常识性的问题;一些论文从公式到公式,把本来很容易说清楚的简单问题复杂化;一些论文直接照搬国外的计量模型而忽视了中国问题的特殊性和阶段性……这些都是陈岱老所担心的技术手段的滥用。为此,编辑部形成一致的认识,就是要坚持按照陈岱老提出的观点,努力处理好学术论文思想性与技术性的关系,以经济实践中的"真问题"为出发点,更多地刊登那些在思想观点、研究方法、分析视角、数据资料等方面有所创新和贡献的文章。

除此之外,《经济科学》一贯支持经济史研究、不同国家和地区经济发展过程中的比较研究、与经济学相关的交叉学科的研究以及田野调查等基础性研究等成果的发表,也是深受陈岱老思想的影响。陈岱老特别强调经济理论与经济史及经济思想史之间的联系,他认为"现实经济中的许多问题有其形成的历史背景和社会根源""经济史和经济思想史研究成果是否具有价值,关键不在于它们是否直接联系了实现四个现代化的问题,而在于它们本身是否阐明或澄清了各自研究领域内的重要事件和历史进程,从而是否对经济科学水平的提高起了一定的作用"[①]。近年来,伴随着改革的推进,金融、国际贸易等与市场发展和经济政策紧密相连的经济学分支异常活跃,成为"显学",而与此同时,经济史的研究却因远离热点,成为其中相对冷门的分支。然而,《经济科学》始终没有忘记陈岱老关于经济史研究重要性的论述,坚持接受经济史方面的文章,反对史类文章刻意和牵强地联系现实,反对为学术而学术忽略了历史事件的社会背景,鼓励发掘史实,鼓励用新的视角和方法研究和探索历史发展的规律。陈岱老还主张"把当前世界经济领域内的各个重大问题列为研究课题""研究国外经济学界的学术研究现状和动态""对世界政治经济中的新现象进行深入探讨""积极开展对不同社会制度、不同国家和地区的经济发展过程的比较研究",这些主张对于了解当今世界经济格局以及正在发生的重大变化仍具有重要的现实意义。至于陈岱老所强调的在当初还是初见端倪的经济科学与其他社会科学及自然科学的交叉学科和边缘学科如教育经济学、技术经济学、环境经济学、经济法学等,已经成为当今经济学研究的重要内容。

2020年5月初,我接到经济学院院长、《经济科学》现任主编董志勇老师的电话,提到纪念陈岱孙先生诞辰120周年的事情。说经济学院打算向大家征集

[①] 陈岱孙:《经济科学研究要为四个现代化服务——代发刊词》,《经济科学》,1979年第1期(创刊号)。

纪念文章,《经济科学》也要参加到系列纪念活动中来。我想如果能够从《经济科学》的视角回忆这位首任主编将是一件很有意义的事情。令人遗憾的是,我多年的搭档与挚友、在编辑部工作了一辈子的洪宁老师一年前刚刚因病离世,否则她肯定会有很多关于陈岱老在编辑部工作的细节回忆。

在《经济科学》工作的十余年经历,让我深深感受到能有陈岱老这样一位人品高尚、学术精深的学者担任杂志的首任主编是一件特别难得的幸事!过去这些年《经济科学》能够在发展创新的同时,坚守陈岱老等北大经济系老一辈经济学家为我们指明的办刊方向,取得了一定的成绩,得到学界广大作者和读者的认可,的确值得自豪和欣慰。当然,未来的路还很长,在当今这个高速运转和浮躁的社会环境下,如何像陈岱老那样坚持学术研究的纯洁性和严谨性,保有一份淡然的心境,不急功近利,不被周围世俗的、实用主义的潮流所裹挟;如何学习老一代经济学家的高贵精神与风骨,不屈从于权势,不盲目跟风和曲意逢迎;如何坚持以开放和宽容的态度对待不同的学术观点,以平等、公正的方式对待每一位作者和每一篇稿件;如何正确地看待自己,既不盲目自大也不妄自菲薄,静下心来摸索适合高校学术期刊的办刊机制和做出北大的风格与特色等这些问题,都是我们仍要不断地反躬自问的,也是在纪念陈岱老诞辰120周年时要特别重视和认真思考的。

衷心祝愿《经济科学》这一以陈岱老为代表的老一代经济学家留给我们的宝贵的精神财富能够被特别珍视并代代相传。

2020年9月

经学济世　宁静致远

□ 薛　旭*

初见陈先生

第一次见到陈岱孙先生是在 1982 年。那时是在北大老二教，经济系召开欢迎新生大会，陈先生做报告。时间已经过去整整 18 年了，但是陈先生清瘦健朗的形象，至今还是历历在目。那天，他穿着一件标准的蓝色中山装，在讲台上发表了关于经济学历史、经济学意义的一篇演讲。他的演讲中，特别强调了"经济"二字的解释，并做了详细的说明。通过他的演讲，我知道，"经济"两字是日本用中国的古汉语造出来，然后又传播到中国的，来源于"经世济民"。18 年过去了，当我回首往事、反思自己的工作时，明白了先生在那次欢迎大会上慷慨陈词演讲的深意。他是希望我们明白经济学理论担负的重大社会责任与使命，经济学家不能脱身于社会经济之外，不能放弃自己作为一个专业学者对国家经济命运、经济发展的责任。先生一生的经历，就是对这种使命的理解与履行，而他也希望他的学生能够继续履行与完成这种使命。

后来，我在实践中又与陈先生有过几次不多的接触。陈先生给我的感觉是，对学生的问题、要求充满热情和关心。那时我是经济学院的团委书记。1987 年我们从石家庄印染厂拉了一个赞助，支持我们编辑《春华秋实》，这是经济学院第一个正式的校友名录，我们请陈先生题词。陈先生听了我们的介绍之后非常高兴，他非常仔细地想了想，然后给我们写了"学而不思则罔，思而不学则殆"的题词。写字的时候，他手有些颤，但是表情专注，写完后，我能感觉到他轻舒一口长气，对于已经 87 岁高龄的他来说，这些工作，确实不轻松呀！

陈先生所拥有的经济学家的使命感

系统了解陈先生的思想，是在《陈岱孙文集》出版后，系里给每一个老师发

---

* 薛旭，北京大学经济学院副教授。

了一套,这样我有机会系统读了先生写于20世纪30—40年代,以及80年代的很多文章。先生的整个文章体系,体现了一个独立、不媚俗、具有强烈使命感与责任感的经济学家与教育家的精神和思想,给了我深刻的教诲与启发。

先生在1936年发表了一篇我认为能够体现他作为经济学家精神与使命的文章,就是《我们的经济运命》。我不知道当时先生为什么写这篇文章,但是,整篇文章充满强烈的使命感与豪情,字里行间流露出国家兴亡、匹夫有责的爱国情绪。文章写道:"最后我们要不惮重复地说,如果一个国家不能保持支配本身经济运命的主权,这个国家的政治运命,恐怕只有悲惨的结果。我们应该看清这一点,把我们经济运命的自决,看作整个民族国家生存斗争的前线。"

这一段话写在近65年前了,但是今天读下来,我相信,所有经济学家仍然能够感到震撼,受到激励,受到启发。

作为晚辈,我从陈先生一生的追求中得到了什么

陈先生在镜春园的家我去过几次。记得第一次进去,我首先感到一丝幽暗,他坐在紧靠门口的沙发上,静静地听我们谈自己的想法,然后说出他的观点,跟他谈话,我能感觉到一个耄耋智者,似乎在世界的另一端冷静地看着世界,本着自己的良心和原则,发表自己的看法。他也许能做的不多,但是,凡是在他能做的地方,他都本着自己的良心与思想尽量做好。从严格的理论经济学角度讲,我不是一个合格的经济学家,十年了,我研究的方向一直是贸易理论与市场营销。所以陈先生经济史的文章我读的有限,但是,他的关于如何治学、如何研究经济的文章,我还是认真读了的。因为,我相信一个年过八十的智者的思想,一定充满了他厚重的人生体验与思想积淀。回顾这十年的工作,陈先生有关经济学历史和经济学意义的文章让我的确受益匪浅,对我的工作起了莫大的精神鼓励。

当我步入中年,开始自己职业生涯的时候,我感觉到先生的了不起不仅仅在于他的思想,而更在于他作为一个经济学者的思维与行为方式,在于他在过去70年的教学生涯中,所表现出的强烈的社会责任感与经济学家的使命感。在我们今天都为自己的生活与发展忙忙碌碌的时候,先生似乎还等在他那阴暗且简陋的小室中,认真而又执着地履行自己的职责,不为世名所累,不为金钱所扰,踏踏实实一步一个脚印地去完成自己的人生使命。正是这样的使命感,才使先生从20世纪30年代到90年代的很多文章,在我们今天的人读起来,仍然

新鲜,仍然具有很强的生命力,仍然能够深深打动与影响我们。

作为陈先生曾经领导过的经济系的学生,作为曾经聆听过陈先生教诲的晚辈,在先生百年纪念的时候,我感觉到我应该说些什么,而当我重翻先生的文章,我又在问自己,我究竟能够说什么呢?先生的身影与声音,已渐渐远去,但是先生确定的标准,先生终生追求的治学思想,我们还远远没有达到。先生对经济学的研究与理解,先生关于"专才"和"通才"关系的分析,关于理论和实践结合发展经济学的思想,又被多少人重视与实践呢?

从这一点说,作为晚辈,我十分惭愧。也正因为这一点,我觉得,我必须写这篇文章,在世纪之交,在先生百年诞辰的时候,把我的惭愧、我的理解告诉大家,希望先生的理想在新世纪能够继续成为我们努力的标准。

在经济学领域,我认为先生已经用自己的一生来证明与实践了他的理论和观点,用自己的一生为中国经济学家指明了发展的道路,那就是履行自己对于这个社会的经济使命与责任,建立自立的经济体系,将中国的经济命运掌握在自己手中;那就是从经济作为致用之学的本质出发,理论联系实际,解决摆在中国经济面前的各种管理问题,为社会培养通专结合的优秀人才,为中国经济的发展尽一份努力。就这一点来说,先生是伟大的。

陈先生告诉我们,作为一个经济学家应该怎样去工作,怎样去学习,怎样去奋斗,怎样去创新。从这个意义上讲,陈先生的治学精神是永恒的,是不朽的。即使再过100年,一个希望对社会发展有所贡献的经济学者,也必须这样生活,这样思考。因为先生的治学思想从根本上反映了经济科学发展的内在规律与战略,同时,也反映了在一个特定的时代之下,一代知识分子能够从国家和民族角度,发挥和显示本身的价值。人生如斯,还能有什么遗憾呢?

"得天下英才而教育之"

□ 王曙光[*]

　　陈岱孙先生是我国老一辈著名经济学家、教育家,经济学界一代宗师。自1927年哈佛归来,岱老先后在清华、西南联大、北大执教70载,沾溉无数学人,可谓桃李满天下。岱老学识渊深,才华盖世,却又淡泊名利,洁身自爱,操守坚贞,堪称师表。我恐怕连岱老的"私淑弟子"也算不上,但有幸生活在大师身边,"虽不能至,心向往之",对岱老的道德文章总是心怀感佩。

　　我第一次拜访岱老是在1995年5月,彼时燕园正是春树如云的阳春时节。岱老的寓所在燕南园静谧幽深的一角,绿竹掩映,野花飘香,很有情调。岱老那天很开心,他仍是习惯性地坐在靠门的旧沙发上,以悠远和缓的声音与这些小他70岁的晚辈娓娓而谈。聊到年轻时围猎追击野猪的逸事,岱老笑意陶然,竟有孩童般夸耀的神气,身上自有一种活泼纯真的气象,让我不禁想起"大人者,不失其赤子之心"这句话来。席间有人问到岱老的"养生秘籍",岱老一笑,说道:"顺其自然而已。"他说他从没有什么秘不示人的健身之法,甚至不相信气功。在他的小院子里,他用手杖指着满地疯长的二月兰,风趣地说:"这东西可以吃的。"我至今珍藏着那天与岱老的合影,在我们的身后,盛开着一片金黄的连翘。事后,我写了一篇小文,题目引用《诗经》上的一句话"崧高维岳,峻极于天",以表达我对他的敬意。送他审阅时,他正暂住校医院,读后自谦地笑道:"过誉了,过誉了。"

　　岱老身材伟岸,衣着质朴无华,平素寡言,神色矜持庄重而闲雅,策杖徐行燕南园中,一派名士风度。可惜吾生也晚,未能一睹岱老讲坛上挥洒自如的神韵,只好凭借前辈们吉光片羽式的回忆来想象一番。他经常讲"为师者"要使求学者"长学识,长智慧,长道义",这三条岱老以身作则,当之无愧。岱老常在书的扉页上用一方闲章,上刻细篆"慎思明辨,强学力行",这八个字,他也是当之无愧的。岱老29岁即担任清华大学法学院院长,又在北京大学经济系执掌系

---

[*] 王曙光,北京大学经济学院教授。

务达30年,处事缜密迅捷,富有行政才能,金岳霖先生在回忆录里叹服岱老是"能办事的知识分子"。抗战事毕,岱老主持清华复校诸事,居功甚伟。岱老的守时是出了名的。我们毕业的时候,岱老已是95高龄。我前一天与他商定,邀他翌日出席我们的毕业合影。没想到等我去燕南园接他的时候,他已扶杖端坐在图书馆前的长椅上。他是那样高贵又是那样质朴的一个人。

1995年的初夏,北京大学为岱老举行盛大的祝寿会,岱老那天身穿玄色中山装,显得格外凝重庄严。当岱老缓步进入报告厅时,全场起立鼓掌,掌声久久不息,几代学子用这种无言的方式表达他们对一位一生无欲无求尽瘁教育的老师的由衷敬意。岱老为这次祝寿会而做的即席演讲,是我平生所听到的最为感人肺腑的讲话之一,至今难忘。岱老说:"我首先要对同志们的厚谊隆情表示由衷的感谢;同时,我又感到不安和惭愧,因为同大家对我的期望和鼓励相比,我所做的工作实在太少了。时光流逝,一晃大半个世纪过去了。在过去这几十年中,我只做了一件事,就是一直在学校教书。几十年来,我有一个深刻的感受,就是看到一年年毕业同学走上工作岗位,为国家社会服务,做出成绩,感到无限的欣慰,体会到古人所说的'得天下英才而教育之,一乐也'的情趣。"岱老演讲毕,向台下郑重其事地鞠了一躬,台下又是经久不息的起立鼓掌,此情此景,令人眼湿。

两年前的盛夏,岱老终于走完了近一个世纪的漫长人生。他一生澹泊、孤独,将全部的精力贯注到教书育人之中,对他而言,教书不仅是安身立命的职业,更是他全部生命的诠解方式,这种诠解迹近一种宗教式的虔诚和投入。"千古文章未尽才",与70年治学执教生涯相比,岱老并非著作等身,将近20年的学术沉默,既是他个人的遗憾,也是一代知识分子命运与节操的缩影。正如岱老一位后辈所写的:"他的生命因孤独而见深邃,因坚韧而见力度,因博爱而见宽广。"岱老对后代的深刻影响,与其说是学术上的,毋宁说更是人格上的,他卓尔不群的人格魅力将作为一种传说被流传下去。

他去世后,我曾连夜撰写挽联,献给这位我所尊崇的师长:

> 学为儒范,行堪士表,仰一代宗师,道德文章泽后续;
> 质如松柏,襟同云水,数九秩春秋,经世济民慰平生。

而今两年过去,我也选择了执教鞭的职业,岱老的为师风范,是我私心所向往和仰慕的。偶到燕南园那个熟悉的院落散步,总要立在岱老高大的铜像边,徘徊许久不想离去。那尊像,孤独,神秘,高贵,而又令人感到温暖,超脱,大气,使人忘却尘想。

1999 年 9 月

(原载《北京教育报》1999 年 9 月 10 日教师节专号)

附:瞻燕南园陈岱孙先生旧居并纪念先生逝世十周年

娇娇堂前树,萧萧宅后竹。
幸得燕南园,有此盘桓处。
庐主虽已逝,风节存千古。
浊世独翩翩,清高远尘俗。
夙志在育英,凝神无旁骛。
平生惟淡泊,冷眼蔑名禄。
静观知行藏,从容应外物。
乱世贵操守,坚贞老梅树。
廿年甘沉默,傲与时流殊。
松柏凛岁寒,形寂道不孤。
俯仰无愧怍,磊落葆清誉。
所幸暮年时,国运履正途。
老骥犹奋励,皓首频新著。
尽瘁燃蜡炬,何畏传薪苦。
念公去十载,岱岳巍然矗。
道德文章在,光焰且永驻。
泽被后学者,珍重好读书。

2007 年 10 月 5 日

作者王曙光与陈岱孙先生合影于燕南园(1995年春)

一生清高，三立不朽

□ 王曙光

我国经济学界一代宗师陈岱孙先生已仙逝20年。20年前，岱老辞世时所引起的学界之震动，如在眼前。报章咸称，"中国最后一代知识分子走了"。语含深意，耐人寻味。

20年来，我经常散步燕南园中，在陈岱老故居前徘徊，在先生像前盘桓静思，每每有所悟，有所得。先生永远目光深邃而平和地望着前方，给我以精神上的指引和心灵上的慰藉。几代学人，无数学子，都曾在先生面前聆教，受其沾溉，得其熏陶。如今先生虽已仙逝20年，但我相信仍会有无数学子继续在精神的意义上受益于先生。

岱老在精神上是一个真正的贵族！这不仅因为他出生于诗书簪缨之家。他与生俱来的骨子里的高贵，是别人很难学到的，甚至是不可能完全领会到的。童年生活于优裕之家庭环境，使他自然卓然不群；而后时代剧变，家道中落，又使他在少年时就生出世事沧桑之感，于时代之大变局中学会体察世情冷暖。观岱老青年时期留影，皆清峻严肃，冷眼观世，几乎没有一张照片是微笑的，这恐怕与其少年之时家族命运之跌宕有关。

岱老终生谨言语，不苟言笑。即使与极为熟悉的弟子或亲友闲谈，亦话语不多。别人只能远远地欣赏他，但从没有一个人真正走进他的生活与内心深处。即使是常年与岱老生活在一起的亲人，也并不能一窥他生命中的秘密。岱老终生神奇而完美地保持了他的神秘感。他与世界一直谨慎地保持着距离。他所研究的经济学，本是入世的、烟火气很浓的学问，可是岱老却通身出世气质，摒弃尘俗，超然从容。朱自清写诗称岱老"浊世翩翩迥不群"，是知音之言。浊世之中，他清高自守，孤高自持，如同一朵出淤泥而不染的莲花。他始终孤高地立在那里，不想攀缘这个世界的任何力量，似乎他自己就是一个自足的世界。岱老虽孤独，但丝毫不脆弱，他孤高而强大，孤独而坚韧。

岱老晚年的照片才露出些许笑容。那种笑容慈蔼、宽容、悲悯，是一位世纪老人留给这个世界的一抹温暖的余晖。很多人写文章称岱老是"慈祥的老者"，这种误读是善意的,但谬以千里。我们看不到岱老"慈祥"眼神中的悲悯,当然也看不到当岱老立于幽院之中,遥望天际时内心的苍凉与寂寞。他是世上最孤独的灵魂之一。

岱老身上这种高贵、孤寂的气质,即使在民国的知识分子中都是极为罕见的,甚至是独一无二的。他的这种高贵气质使得他不怒而威,一望而使人有凛然不可侵犯之感。岱老在那个特殊年代亦未受到很大冲击,相对保持了比较平稳而有尊严的生活,这恐怕与他的禀性气质、他的处事方式有很大关系。他的冷峻,他的自尊,他的沉默,使他在乱世免遭伤害。

岱老把他的嶙峋傲骨隐藏得很深。在逆境面前,他不会激烈地抗争,而是坚韧地坚守。那是一种更加强大的安静的力量。特殊历史时期,造反的后生给先生考试、给大教授大学者出考题,岱老端坐考场,沉默吸烟数小时,一字不着,考试完毕傲然离场,留下一张白卷。这张白卷,使岱老成了另一个可以彪炳千秋的"白卷英雄"。这张白卷虽然没写一个字,却充溢着一个人的人格力量,彰显着一代知识分子的傲骨与尊严。岱老一生,可谓"独持偏见,一意孤行":这里的"偏见"不是一己之偏执意见,而是一个人的独立人格;这里的"孤行"不是一个人的盲目蛮干与莽撞,而是基于一种清醒的价值操守的内心坚持。他不媚上,因为他无上可媚。他站于最高处,又有什么人能居于他之上?他不取悦同仁,也不取悦大众,他一直以独立不倚的姿态说话,坚守"修辞立其诚"之信条。当一个人不取悦这个世界之时,他的心灵才真正算是强大了。中国人这样讲大丈夫人格:"居天下之广居,立天下之正位,行天下之大道。得志与民由之,不得志独行其道。富贵不能淫,贫贱不能移,威武不能屈,此之谓大丈夫。"陈岱老不媚时,不阿世,坦坦荡荡,傲岸独立,"大丈夫"三字,当之而无愧色。这样的人格,在中国近百年以来,真正属于"空谷足音",难能可贵。

陈岱孙先生的家学渊源,无疑是正宗儒家士子的一整套伦理规典。他熟读四书五经,在《私塾内外》一文中,他细数少年读书经过,其受中国传统儒家精神浸染之深可想而知。他的刚正、持守、谨严、自律,皆是从儒家而来。他行事果断,善治事,善理政,有条不紊,从容不迫,毫无一般读书人之迂腐气息,而有古能臣之气象,此亦是家族中传统士大夫精神习染所致也。故岱老有入世的一面,在这个俗世中他完全可凭借其特有的干练精明而对一切事务应付裕如,很少有人可与之比肩。然而岱老的精神世界又深受道家之影响与熏染。这二十多年,在品读岱老的过程中,我越来越感受到先生的道家风范:他"为无为之事,行不言之教",渊静沉潜,不事张扬,如同幽谷之中溪泉之下的泓渊,如此静谧,如此深远,如此神秘,而又如此简约质朴,使人味之不尽。他少言语,亦少著述,平生几册书,读来却余味无穷。他生活极其简静,深居简出,如同燕南园中一个隐士。他隐居在一个喧嚣的世界中,世人都仰慕他,试图接近他,然而他却永远使世人难以接近。如同一位道家的修行者,他无为、谦冲、收敛,达到"坐忘"之境地。他弃绝浮世的名声、功利,远离喧嚣、争执,不凑任何热闹,避免任何不必要的纷扰。他甚至远离家庭天伦之乐,与林处士梅妻鹤子的生活相仿佛。这些都使岱老身上散发出一种道家的冲淡无为的气息。岱老的"有为",也许有人可学得一二,而岱老的"无为",却没有人可以学得到。他平生都在做"减法",清静少欲,极力鄙弃外在的繁华。老子曰:"为学日益,为道日损,损之又损,以至于无为。"欲望少之又少,以至于到了"无为"的境地,此时外界的一切诱惑都动摇不了他了。

古人云"三不朽"。岱老一生清白清高,德行高洁,堪称士林典范,可谓"立德"也;青年时期即为清华之中坚,壮年时于困境中与同仁勉力维持西南联大,抗战胜利后在清华复校大业中居功至伟,知天命之年受命组建中央财院,而后又长期执北大经济系之牛耳,毕生功业煌煌,可谓"立功"也;一生所著之经济学文章,虽惜墨如金,然而蔚开一代风气,堪称中国经济学之宗师与先驱,典册俱在,千秋不朽,可谓"立言"也。立德、立功、立言之三不朽,陈岱老亦当之无愧也。

2012年,我与刘昀学长筹办了陈岱孙先生生平文献展。展览的开头用的是先生而立之时的照片,西装革履,神态冷峻,倜傥洒脱。展览的终篇,是先生耄耋之龄立于燕南园中,身着素旧中山装,略蹙眉头,拄杖静思,神色凝重,向远空处瞻望。我们共同编了岱老的纪念文集,名之曰《岱岳长青》。刘昀后来写了岱老前半生传记,名之曰《孤帆远影》。这一叶孤帆,一脉孤影,正随着岁月慢慢离我们远去。

我在办公室里放了岱老的两张晚年留影,还有一张是1995年北大经济学院撤系建院十周年我采访岱老时与先生的合影。每有学生或客人问起"这位老人家是谁"时,都不免把岱老的故事一遍遍讲起。于是,讲故事的人和听故事的人,都沉浸在一种特殊的气场中,纯净,悠远,神圣,莫可名状。

2017年11月20日于北大经院

人民的经济学：院系调整中的北京大学经济学科

□ 刘群艺*

1952年，陈岱孙先生因为院系调整离开清华园，去到当时的中央财经学院任第一副院长。一年以后，由于财经学院撤并，陈先生又辗转来到燕园，并在此终其一生。这次变迁不仅是陈先生个人人生轨迹的变动，同时也是一个新的经济学时代的展开。

在不到一年的时间里，北京大学、清华大学与燕京大学理论经济学科的教授们济济一堂，在北大建立起学科建制基本完整的政治经济学专业，成为培养相关专业教师的重要基地。即使在今天看来，这次学科的重构都具有超乎寻常的效率与效果。本文借助校史档案、非正式出版物等资料，意图通过对这一过程的考察，来解析一个学科的诞生。

根据林齐模[①]的梳理，自20世纪80年代至今，国内外学界在不断进行1952年院系调整的相关研究，并有针对学校与学科等不同层次的论著出版，但仍需进行资料的发掘与扩展，亟须研究的深化与细化，并对院系调整的前因后果加以客观评价。

作为经济学的重镇，对于院系调整中北大经济学科的考察可能仅仅限于老辈学人的回忆[②]，而对于政治经济学这一学科在国内如何落地的研究还停留在经济思想史领域[③]，还需补充关于学科从无到有创立过程的记叙，以见证作为"人民的经济学"的中国政治经济学学科的缘起。

---

* 刘群艺，北京大学经济学院副教授。
① 本文为国家社会科学基金项目"十九世纪末二十世纪初东亚区域内的经济思想传播研究"（批准号：18BJL011）的阶段性成果之一。作者衷心感谢北京大学校史馆林齐模研究员分享的研究资料。林齐模：《建国初期高等学校院系调整研究综述》，未刊稿。
② 例如张友仁：《马寅初先生在北京大学》，《北京大学校报》，2007年7月6日，第3版。
③ 例如赵晓雷：《中华人民共和国经济思想史纲》。北京：首都经济贸易大学出版社2009年版，第14—65页。孙大权：《新中国70年理论经济学的演变与发展》，《人文杂志》，2020年第5期，第13—21页。

借助孙家红为北大经济学院撰史而提出的"教员、学生和课程设置"的思路[①],本文将其中的"教员"扩充为院系建制,并以教学体系来弥补仅仅以"课程设置"为中心的培养机制考察的欠缺。其中,陈岱孙先生可以成为一个线索,其所言所行贯穿调整过程始终,他也最终成为一位熟练运用马克思主义政治经济学范畴的研究者。

"你们不要,我要!"

根据张友仁先生的讲述,张先生曾经先后为将厉以宁和林毅夫留在北京大学经济学科说过这句话,前者正是在1952年院系调整过程中,当时厉以宁老师还是学生。[②] 时任专业负责人的张先生力主将受到非议的厉以宁留在北大,足见院系调整所波及的面之广以及诸多不确定因素的综合影响力。

虽然如此,北大所经历的院系调整还是在不到一年的过程中完成了。之所以说不到一年,是指从1951年11月15日中央教育部党组提出《关于北大、清华、燕京三大学调整方案的报告》,至1952年10月4日新北京大学在燕园举行开学典礼。当然,这是具有象征意义的时间点,因为院系调整的酝酿甚至具体操作在这之前就开始了,与北大有关的就有1949年因为全国统一师范教育而被取消的北大教育学系。[③] 1952年,新北大具体的开学日期也推迟了。据《北京大学纪事》的记载,由于校舍没有完工,北大新生迟至11月或12月才开始上课,其中就包括当年开始招收的第一届政治经济学专业的学生。[④]

考虑到背景,三校调整的难度以及完成的效率就有目共睹了。在1951年提出的调整方案中,调整的由来及各方调整过程是如此描述的:

"北京现有四个综合性的国立大学,即北京大学、清华大学、燕京大学、辅仁大学。各校院、系重复,发展极不平衡。因此,浪费人力物力极大。我们早有调整的打算,但因条件未成熟未实行。自从中央决定组织京津两地高等学校教师学习,特别从政协全国委员会第三次会议时,毛主席号召知识分子自我教育和自我改造后,各校教师思想开始有大的转变。因此,我们乘此时机提出了北大、

---

① 孙家红:《通往经世济民之路——北京大学经济学科发展史(1898—1949)》。北京:北京大学出版社2012年版,序言一。
② 张友仁:《你们不要,我要!》,载金明善主编,《经济学家茶座》第60辑。济南:山东人民出版社2013年版,第156—158页。
③ 杜勤、睢行严:《北京大学学制沿革:1949—1998》。北京:北京大学出版社2000年版,第12页。
④ 王学珍等主编:《北京大学纪事》。北京:北京大学出版社1998年版,第460页。

清华、燕京三大学调整的方案,与三校主要负责人,如马寅初、汤用彤、许德珩、钱端升、张景钺、马大猷(以上北大)、张奚若、叶企孙、周培源、吴晗、陈岱孙、潘光旦(以上清华)、陆志韦、翁独健、翦伯赞、严景耀、褚圣麟(以上燕京)分头座谈,正式提出三校调整的意见,又经过几次分头接洽,大家都同意下列方案。

"相应地,北大是如此定位的:

"将北京大学改为综合性大学,校名不变。将清华大学的文、法两院及燕京大学的文、法两院并入,以原燕大校址为基点向南发展,购地若干亩,准备有计划地修建校舍,将原北大从城内逐年迁出。预计五年内可以招收学生一万名。"

在描述院系调整的必要性时,这个方案只是点出了院系重复以及地区不平衡的问题,但如果考虑到所述"早有调整的打算",这两个原因还不足以涵盖进行全国院系调整的举措。确实,早在北京解放之后不久,对高等教育的改革就已经开始着手了。《人民日报》1949 年 3 月 16 日以《马叙伦范文澜等四十人座谈改革大学教育,主张裁并院系改造课程》为题报道了两天前在北京召开的"大学教育座谈会"。在座谈会上,虽然洪深提出合并大学的建议,但会议的主题还主要是当时北平各国立大学的课程改革以及私立大学的存废问题,而从出席人员的组成中可以看出,这次会议还是以老解放区高等教育的主导者为主,提出的是对新解放区(如北京)高等教育机构的改造建议。① 这也在后来的研究中被称为前者的"革命模式"与后者的"学术模式"的融合,要统一为新民主主义的教育模式。

维持原教育制度,稳步进行两种不同体系融合的思路在第二年公布的《高等学校暂行规程》与《私立高等学校管理暂行办法》中还有体现,但在这些规定公布之前的第一次全国高等教育会议中就明确提出了院系调整设想,上述引文中提到是因为之前"条件未成熟"。除此之外,可能的另外一个原因是融合的过程并不十分顺利。在后来的思想改造运动中,陈岱孙就曾在自我检讨中坦陈王亚南与郭大力被排挤出清华经济学系的事。1949 年,王、郭二位教授被教育部安排到清华任教,但却无法融入,甚至还有教授提交匿名劝退信。教育部只好将王调到厦门大学,郭之后去了中央马列主义学院。在这次检讨中,陈岱孙还承认,自己对于 1949 年将马克思主义学说奉为经济学圭臬的课程改革方案不

---

① 新教育社编:《稳步改革高等教育》。上海:新华书店华东总分店 1950 年版,第 3 页。

以为然,认为那只是"一家之言"①。这种针锋相对也并非学术派的一方看法,王亚南在1959年的文章中也表达了对英美学派以及中国经济学社的不满。②这种不成功的融合也在燕京大学的院系中有所体现。

究竟如何调整,一般研究者认为就是要模仿苏联,认为高等教育体系也都是苏联的翻版。从结果来看,这种模仿不能摆脱苏联的影响,但院系调整方法似乎并没有在苏联经验中找到类似的模式,而更可能源于蔡元培倡导的"大行政区教育部"管理思路,就连"院系调整"这个词也是出于解放前研究高等教育的文献中③,可以说是"学习苏联经验并与中国实际相结合"④的典范。

也正如上述引文所示,对这些不同背景、不同学制的大学进行调整并非易事,最大的阻力还是来自这些学校的师生,特别是教授们。在1950年全国高等教育会议的闭幕词中,马叙伦就提到了会前以及会议中的尖锐、热烈的争论。⑤对此,刚刚建立政权的新政府采取的还是"群众性运动"⑥的方法,即上文所引的"知识分子自我教育和自我改造""人人过关个个洗澡",也就有了陈岱孙的陈词。相比之下,清华经济学系的思想改造还相对温和,而北大经济系的教授们延续了革命传统,并不十分合作,其中最为抵触的是周炳琳。根据《北京大学纪事》的记载,自当时北大法学院院长钱端升,至校长马寅初,最后由毛泽东定调,才完成了对周炳琳的工作,而周也先后进行了四次公开的自我检讨。

为了调和各校教授之间的关系,中央政府后来还组织教师旅行团到青岛度假,而更为关键的则是各校师生共同参与的土地改革运动。周炳琳也曾于1951—1952年参与广西土改,任广西第一工作团团委。⑦

近1951年年底,北大、清华与燕京三校调整的方案才得以提出,而辅仁则仍需另议。从上文的名单中我们可以看到,陈岱孙是清华大学的主要组织者

---

① 刘昀:《孤帆远影:陈岱孙与清华大学》。北京:商务印书馆2017年版,第363—364页。
② 王亚南:《对我国经济学界的回顾和前瞻》,《经济研究》,1959年第10期,第38—39页。
③ 韩晋芳:《南京国民政府时期的院系调整》,《哈尔滨工业大学学报(社会科学版)》,2006年第4期,第12—17页。
④ 马寅初:"开幕词",《北京大学一九五四——一九五五学年教学经验讨论会文集》,北京大学非正式出版物,1955年,第1页。
⑤ 马叙伦:《在第一次全国高等教育会议上的闭幕词》,载新教育社编:《稳步改革高等教育》。上海:新华书店华东总分店1950年版,第12页。
⑥ 北京《人民日报》社:《稳步改革高等教育,整顿学风》,载新教育社编:《稳步改革高等教育》。上海:新华书店华东总分店1950年版,第29页。
⑦ 张友仁:《周炳琳和赵迺抟的友谊》,《北京大学校报》,2009年5月5日,第4版。

之一。但是,当时清华法学院的教授并不愿并入北大法学院。对此,中央教育部做出让步,以清华法学院为基础,加上北大法学院的一部分教授,设立独立的财经学院。这也才有了陈岱孙先入财经学院的经历。而随着1953年全国高等学校院系调整计划的进一步变动,财经学院取消,被并入人民大学,陈岱孙又辗转来到燕园。1953年北京大学经济系的教员花名册中已经有了陈岱孙的名字(见表1)。

表1　1953年北京大学经济系教员名册

姓名	职称或职位	来源
樊　弘	教授兼主任(马列学院学习)	北京大学
古玛青柯	苏联专家	莫斯科大学
严仁赓	教授兼校副教务长	北京大学
陈振汉	教授兼代主任	北京大学
徐毓枬	教授	清华大学
周炳琳	教授	北京大学
赵迺抟	教授	北京大学
陈岱孙	教授	清华大学
罗志如	教授	重庆大学
赵　靖	副教授	燕京大学
陈良璧	讲师	剑桥大学毕业回国
熊正文	讲师	—
张友仁	讲师	北京大学
闵庆全	讲师	北京大学
胡代光	讲师	—
余泽波	助教	—
范家骧	助教	北京大学
侯健儒	助教兼系秘书	—
洪君彦	助教	中央财经学院
江诗永	助教	—
王俊彦	助教(人大学习)	燕京大学

(续表)

姓名	职称或职位	来源
刘方棫	助教	—
陆卓明	助教	燕京大学
金以辉	助教兼系秘书	燕京大学
常卓超	助教	—
王进杰	助教	—
周 元	助教	—
张秋舫	助教	—
张俊萍	助教	—
韩延龄	助教	—
杜家芳	助理(人大学习)	—
傅骊元	助理	—
杨雪英	助理	—
刘宗棠	助理	—
黄孝楷	翻译	—
蔡沐培	翻译	—
樊 平	翻译	—

资料来源：北京大学档案馆人事室档案，档案号20553001；北京大学档案馆经济系组织人事类档案，档案号02519520009；苏云峰：《清华大学师生名录资料汇编.1927－1949》，"中央研究院"近代史研究所2004年版。

实际上，根据当时清华大学与燕京大学提供的教员名册，其中只有少数几位最终来到北大任职。在调整后的人事档案中，我们看到了苏联专家古玛青柯（Kumachenko Yakov Stepanovich，1899—1970）的名字[1]，也有三位专职俄语翻译。古玛青柯来自莫斯科大学，研究的主要领域就是社会主义政治经济学，著述颇丰。他在1952—1954年北大任职期间还曾考察过中国的土改等经济制度，在京期间就完成了关于中国土改与农村经济的论文，回国后又出版了多本

---

[1] 作者衷心感谢俄罗斯科学院远东研究院首席研究员博罗赫提供的资料，并参考王曙光、孙家红：《北京大学经济学院历史上的外籍教员》，《北京大学校报》，2011年11月5日，第3版。

关于中国经济过渡时期制度的著作。在教学领域,他先后指导了"34位来自国内28所高等学校的研究生"①,在回苏后他还曾担任北大派往莫斯科大学进修的徐淑娟的导师,对中国政治经济学教育影响颇深②。古玛青柯在北大任职期间,还同时担任校长顾问,协助马寅初校长进行机构建制与教学改革,为北京大学乃至全国综合性大学的苏联模式构建提供了诸多指导。③

具体来说,综合性高等学校要按照教育部直接领导—校长负责—系—专业的垂直管理模式进行改革,每个系再下设若干教研室,通过集体备课等形式形成类似流水线工作的规模化教学,以解决教员短缺的问题,也同时可以统一教员的一般理论认识。④ 在这样的思路指导下,北大经济系从法学院中独立出来,成为一个单独的系级单位,设置政治经济学专业。古玛青柯不仅培养研究生,也指导教员进行政治经济学的理论学习。北大1954年的校庆特刊就收录了这样一个场景的照片,解说词为:"政治经济学教研室的教师们,在苏联专家古玛青柯的指导下,讨论讲稿。"照片中,古玛青柯端坐长条会议桌的一端,赵靖等经济系教师则在边讨论边记录。

经过进一步调整,北大经济系在1954年组建三个教研室,分别是政治经济学教研室(张友仁代室主任)、国民经济计划教研室(罗志如为室主任)与经济史经济学说史教研室(陈岱孙为室主任),各有教职员工17人、9人与8人,总数为34人。⑤

人民的经济学

胡适的日记摘录了陈振汉在1950年6月29日写给胡适的信:

> 至于文化方面,政府所持政策为"坚决改造,逐步实现"。……截至今日,所有变动,一为所谓"政治课"(辩证唯物论,历史唯物论,新民主主义论)之重视——全校普遍学习,每一学生每周至少九小时。一为教学方法上之改进—注重小组讨论,课程内容计划等。一为课程之改变及内容之马

---

① 《北京大学(1898—1954)校庆纪念特刊》,北京大学非正式出版物,1954年。
② 江隆基:《苏联专家——我们的良师和益友》,《苏联专家谈话报告集》,北京大学非正式出版物,1955年,第7页。
③ 马寅初:《庆祝莫斯科大学开学二百周年》,《人民日报》,1955年5月7日,第3版。
④ 阿尔辛节夫:《关于苏联高等学校的教学研究指导组问题》,载新教育社编,《稳步改革高等教育》。上海:新华书店华东总分店1950年版,第142页。
⑤ 北京大学档案馆人事室档案,档案号20554001。

列化——经济系方面,目前如经济学概论,经济分析,等课,均已取消(如清华)或改为选修课(如北大),下年起,全国各大学均将无此课程。以前吾人所学之理论,将仅在思想史中,或专题中得一位置,亦仅为批判式的。……

北大(经济)系中新增"政治经济学"(马列主义经济学)系文法两院必修,共四班,由樊弘及弟等分授。此外新增课程,有《资本论》研究,新民主主义经济,苏联经济、土地改革与问题,均系请校外人士担任。解放前之经济学概论……半年后改选修,周炳琳先生所开经济分析,则自始即改为选修,下年起亦均暂时取消。至于其他较专门课程(新名词称"业务课"),内容方面亦均有所增改,大致为减少纯理论的分析,增益有关实际政策的材料。……

至弟个人除授政治经济学一门外,仍授近代中国经济史及一经济史专题研究,益以各种会议甚多,较前殊为忙碌。

一般而论,国内年内大学教育,在政治意识与实际联系上较前进步。水准则反低落。此亦一时无可避免之现象。①

信中讲述了北大及清华两校思想改造与教学改革的细节,指出重思想教育、重教学计划、重政策轻理论等变化,重中之重则是以马克思主义政治经济学取代之前的经济学。同年早些时候赵迺抟给胡适的信的内容也基本类似,并提到他与周炳琳都辞去了院务。相比之前的三校合并,学科领域与教学体系的改革似乎要容易推进一些。陈振汉先生就明指在院系调整开始之前自己就已经与樊弘一起开始讲授政治经济学。同样,燕京大学校长陆志韦主张把政治课设为必修课,设立校级政治课委员会,延请赵靖等在燕大开设政治经济学课。但根据陈岱孙的前述,这一变化在清华受到的阻挠不小,因为那里正是英美经济学在国内教育的重镇。

对于一个学科的塑造,很少有从教学角度来考察的,至少不会将教学放在首要位置,而会更多去关注研究领域。马克思主义政治经济学扎根于中国的过程则有所不同,因为这是一个目标前设,而又缺乏普遍的研究基础的领域,无法提供足够的教学研究人员。对此,学科的创立采取了与发展经济学

---

① 曹伯言整理:《胡适日记全编8》。合肥:安徽教育出版社2001年版,第50—51页。转引自孙大权:《新中国70年理论经济学的演变与发展》,《人文杂志》,2020年第5期,第13—21页。

的政策实践类似的实施过程,即强干预、非平衡与干中学。可以说,这种范式革命是有形的。

前述赵迺抟给胡适的信中曾提到:"目前新闻纸无消息,有如井蛙,颇为闷损。"① 这可能是指具体的教学方向不明,但对于教育整体来说,基本原则在1949年9月通过的《中国人民政治协商会议共同纲领》中就已经明确了。其中第五章第41条至第49条为"文化教育政策",提出"中华人民共和国的文化教育为新民主主义的,即民族的、科学的、大众的文化教育。人民政府的文化教育工作,应以提高人民文化水平、培养国家建设人才、肃清封建的、买办的、法西斯主义的思想、发展为人民服务的思想为主要任务"。

这种新民主主义经济理论基于半封建半殖民的假设,以马克思生产力与生产关系为理论基础,列宁新经济政策为政策借鉴,融合孙中山民生主义论。② 与此相适应,民族的教育对应反殖民,需增加民族国家认同感,加强中央控制,但因为要以先发的苏联为背景,从而需要保持对外国的开放度③;而科学的教育则试图将通才理念变为专才培养,强调理论联系实际,增加教学环节中的劳动实践;大众的教育是要打开高等学校的大门,降低入学门槛,在短时间内培养尽可能多的建设者。

在北大经济系,无论是编制教学计划、推出全国统一的教学大纲,还是参与土改、增加劳动与教学实践,以及协助开办工农中学与专修班,都是按照统一的部署按部就班,目标明确,行动有效,形似军事化管理。

虽然如此,学校毕竟不是军队,因此也就在院系调整的第一年出现了四份教学计划,分别是《北京大学教学计划(政治经济学)1952—1953》《北京大学经济系政治经济学专业过渡时期教学计划1952—1954》《北京大学经济系政治经济学专业教学计划1952—1956》与《北京大学经济系政治经济学专业教学计划修正草案1952—1956》(见表2)。其间,中央教育部还提出了对教学计划的意见,要求一一落实。④ 教学计划最终也是以草案的形式暂时实行的。

---

① 曹伯言整理:《胡适日记全编8》。合肥:安徽教育出版社2001年版,第51页。
② 聂志红:《20世纪上半期马克思主义经济思想中国化研究》。北京:社会科学文献出版社2019年版,第七章。
③ 这种开放不仅限于苏联,参见张静:《新中国学习外国科技的转向(1956—1966)》,《中共党史研究》,2019年第9期,第28—39页。
④ 北京大学档案馆教务类教学计划档案,档案号02519520010。

表 2　北京大学经济系政治经济学专业教学计划修正草案 1952—1956

编号	课程名称	总时数	第一学年 18周	第一学年 17周	第二学年 18周	第二学年 17周	第三学年 18周	第三学年 17周	第四学年 18周	第四学年 17周
1	马列主义基础	140			4 6 *	4 6 *				
2	新民主主义论	140	4 *	4 *						
3	辩证唯物论与历史唯物论	140					4 *	4 *		
4	俄文	385	4 *	4	4 *	4	3	3 *		
5	~~逻辑~~	~~105~~	3	~~3 *~~						
6	~~中国通~~史世界经济史	105	3 4	~~3 *~~ 4 *						
7	国家与法权基础	70					2	~~2 *~~		
8	政治经济学	420	6 *	6 *	6 *	6 *				
9	中国近代国民经济史	140			4 *	4 *				
10	经济地理	105	4	4	3	~~3 *~~				
11	统计学原理	105			3	3				
12	~~簿记核算原理~~经济统计	105	3	~~3 *~~	3	3				
13	国民经济计划原理	140					4 *	4 *		
14	财政与信贷	140						4	4 *	
15	工业经济	105							6 *	
16	农业经济	70					4 *			
17	贸易经济	70							4 *	
18	~~世界经济史(不包括苏联经济史)~~	~~140~~					~~4 *~~	~~4 *~~		
19	经济学说史	140							8 *	
20	政治经济学专题作业中国经济史	159					4	4		
21	政治经济学教学法专题作业	34							3	5

（续表）

编号	课程名称	总时数	第一学年 18周	第一学年 17周	第二学年 18周	第二学年 17周	第三学年 18周	第三学年 17周	第四学年 18周	第四学年 17周
22	体育	140	2	2	2	2				
总计		3 098	25	25	26	26	~~24~~25	~~24~~25	25	2

资料来源：北京大学档案馆教务类教学计划档案，档案号02519520010。

注：①第八学期前四星期从事生产实习，其余十三星期进行教学实习及论文写作。

②＊号代表该学期结束时进行考试，无＊号代表学期结束时进行测验。

③删除线参考原表；另有原表批注"中国国民经济史专门化目录学、专题作业、中国经济史、生产实习、教学实习取消"。

在草案说明中，全部课程分为四类：政治课、一般基础课、专业基础课与专业课。其中政治课除了"马列主义基础"与"辩证唯物主义历史唯物主义"，还有"中国革命史"，但在表中并无列出，想必是经济系学生免修。"俄文"与"体育"属于一般基础课，而"政治经济学"相关课程以及"经济学说史"为专业课，其余为专业基础课。

培养目标则由简趋详，原为"为国家培养马克思列宁主义政治经济学的教师及研究人员"，但"大的方向上是明确的，可是在具体的规格上大家的看法还十分模糊，不明确一个政治经济学教师或科学研究人才需要具备什么样的条件。经过大家反复讨论，规定了我们专业的培养目标的具体规格应为：能初步掌握马克思列宁主义的观点和方法，具备在现代科学水平上的政治经济学基础知识和专门知识，并具有独立工作能力的高等学校教员及科学研究人员"①。

为此，草案修改了原有计划中重视基础理论而忽视理论联系实际的做法，在"统计学原理"之外增加"经济统计"；同时注意在为学生补课的基础上提升教学层次，例如在"中国通史"基础上开设"世界经济史"，重点放在第一次世界大战以来的世界经济；强调本国特殊性，计划开设"中国国民经济通史"，但因为无师资，先以"中国近代经济史"代替；另外，苏联课程中原有"最主要工业部门工业技术"与"植物栽培与动物饲养"的设置，北大合并为"工农业生产技术"一课，但又感觉课程重复，将相关内容改为在"工业经济"与"农业经济"中讲授。

---

① 北京大学档案馆教务类教学计划档案，档案号02519520010。

草案原来参考的是苏联财经学院的教学计划,但由于综合性大学的定位,也由于古玛青柯的到来,转而参考莫斯科大学的专业计划。教学计划修改思路虽然来自古玛青柯的建议①,但明显并非照搬照抄,而确实如前文马寅初所言:"学习苏联先进经验与中国实际相结合。"

至 1954 年校庆时,政治经济学的中心定位已经确立,即专才教育中的科学理论基础,北大政治经济学专业的培养内容被定为:"在四年中,按照国家所规定的教学计划,除了学习马克思列宁主义基础、辩证唯物论与历史唯物论、中国现代革命史等政治理论课程,还要学习两年的政治经济学,要学习经济史、地、经济学说史、国民经济计划、统计和工业经济等课程。……为了培养同学理论联系实际的能力,除各课程以苏联教材结合中国具体情况以外,并规定了有生产实习和教学实践。又为了培养同学的独立思考和钻研能力,除了在课堂讨论中积极展开自由争辩,还有政治经济学方面的学年作业和专题作业。在课外,同学还有科学研究小组的活动。"②

1954 年,由北京大学政治经济学教研室负责的《政治经济学课程教学大纲》由教育部印发全国,高等技术学校、高等农业学校、高等师范学校、高等医科学校、高等艺术学校与综合大学均需采用这一教学大纲。但这份大纲直接编译自苏联科学出版局的高等教育丛书。之所以直接编译,一方面是由于中华人民共和国成立后的政治经济学研究才刚刚开始,另一方面更重要的原因则是这本苏联教科书的经典影响力,因为这本书用马克思主义的范畴第一次阐释了一个完整的社会主义政治经济学体系。③ 中国编译的教学大纲最后一节为"人民民主国家的经济制度",包括"欧洲各人民民主国家的社会主义经济建设"以及"中华人民共和国的经济制度"两个小节,但在第二年出版的《政治经济学教科书》全译本中并没有这一节④,应该是北大经济系教师的本土化发挥。

1959 年 10 月,《经济研究》刊发"庆祝建国十周年"特稿,陈岱孙当时已接任北京大学经济系主任,他以《从教学和研究工作谈谈经济科学的发展》为题,

---

① 古玛青柯:《关于政治经济学专业教学计划》,《北京大学苏联专家谈话报告集》,北京大学非正式出版物,1955 年。
② "经济系政治经济学专业",《北京大学(1898—1954)校庆纪念特刊》,北京大学非正式出版物,1954 年,第 38—39 页。
③ 维·马涅维奇:《苏联政治经济学发展简述》,载章良猷编,《苏联经济思想史论文选集》。北京:三联书店 1982 年版,第 52 页。
④ 苏联科学院经济研究所编:《政治经济学教科书》。北京:人民出版社 1955 年版。

总结十年中的经济学教育。开篇为:"过去十年中,大学经济系教学和研究工作的成绩是肯定的,十年来,在党的领导下,大学经济系建立和巩固了马克思列宁主义政治经济学理论学习的阵地,培养了一大批适应国家需要,具有一定水平的理论工作干部,进行了一些科学研究,并取得了一些成就。"之后,他先以"三结合"中北大经济系师生下乡下厂进行边工边读的经历,来认可理论联系实际的意义,然后话锋一转,提出对经济科学研究的建议,认为理论研究过于重"探讨、阐明,论辩、原则、规律、关系等问题",而完全忽略了"量"的研究,例如生产率的"量"的方面。究竟如何补足,陈岱孙并未点明,而只是提出"有待于我们进一步的探索"。

1975—1977年,陈岱孙为北京大学经济系同学开设了经济学说史专题讲座,讲座的内容后以专著的形式出版,通篇采用的是马克思主义政治经济学体系的研究方法,题目为《从古典经济学派到马克思:若干主要学说发展论略》。在简短的"前言"中,陈岱孙说明讲座内容的针对性:"讲座的对象是当时正在学习《资本论》的同学。他们对政治经济学一般原理都已熟悉,对《资本论》的主要内容也基本上了解。"[1]

从这篇写于1979年3月15日的文字中,我们已经可以得知政治经济学科在北大师生中的立基与教学成果的呈现,但更为本质的点题还是出现在同年10月25日,于光远在首都经济学界"社会主义经济目标问题"座谈会上的发言:"我们的经济工作是为人民服务的,我们的经济学也是人民的经济学。马克思主义政治经济学的阶级性、党性在今天的中国首先就表现在,它为满足人民的物质文化需要这一社会主义经济目标提供科学的论证,对达到这个目标的途径和方法提供科学的依据。"[2]可见,中国的社会主义政治经济学界已经完成了向"人民的经济学"的转变,出于人民,为人民所促,为了人民,迄今依然。在这个意义上,陈岱孙先生可称得上是一位人民的经济学家。

---

[1] 陈岱孙:《从古典经济学派到马克思:若干主要学说发展论略》。北京:北京大学出版社1996年版,前言。

[2] 于光远:《希望大家都来讨论社会主义生产目的问题》,载《于光远论著全集》第9卷。北京:知识产权出版社2015年版,第318页。

陈岱孙早期经济思想的特征及其缘起

张亚光　毕　悦*

民国时期是中国学术文化从传统向现代转型的关键时期,西方的学术理论和方法迅速涌入中国,同本土研究形成碰撞交融,诞生了一大批具有代表性的学术理论和著作,培育了众多影响至今的学科奠基人和开拓者。著名经济学家、教育家陈岱孙即为其中的杰出代表。

作为20世纪的同龄人,陈岱孙先后经历了旧式私塾启蒙、远洋留学、任教清华、西迁联大等多个重要的阶段,他的早期人生经历既是晚清民国时期战乱频仍、时局动荡的深刻反映,亦是中国教育体系和学术研究体系剧烈转型、变革的生动写照。在中青年时期,陈岱孙亲历了中西方迥乎不同的知识体系,并将其融会贯通,形成了兼具学术与实践价值的经济学思想和观点,对当时中国的经济建设特别是战时经济战略的制定产生了重要影响;与此同时,他还始终坚守在经济学教育的第一线,为经济学人才培养和学科体系建设打下了扎实基础。晏智杰(1994)曾指出,若以1926年哈佛大学的博士论文作为陈岱孙一生的学术起点,那么抗战前后(1934—1946年)即为其首个学术高峰。[①] 本文关于陈岱孙经济思想内容和特征的讨论,也主要基于这一时期。

陈岱孙的经济思想历来受到学界的关注和重视。鉴于其早期研究领域相对广阔而分散,其中以西南联大时期的学术成就最为人瞩目,相关研究多集中于此。丁文丽和王文平(2014)聚焦于西南联大时期特殊的时代背景和研究环境,梳理了陈岱孙在这一时期提出的主要学术思想[②];黄海涛等(2014)则将"计划统制"思想作为陈岱孙在西南联大时期的主要成果,并详细论述了这一思想

---

* 张亚光,北京大学经济学院副院长、副教授;毕悦,北京大学经济学院博士研究生。

① 晏智杰:《师苑楷模　学界泰斗——著名经济学家陈岱孙的教学与学术成就》,《北京大学学报(哲学社会科学版)》,1994年第5期,第102—104页。

② 丁文丽、王文平:《西南联大时期陈岱孙的学术研究》,《云南师范大学学报(哲学社会科学版)》,2014年第6期,第144—150页。

对当时乃至改革开放以来经济实践的指导意义①。中华人民共和国成立后,陈岱孙专治外国经济学说史,另有对改革开放以来诸多新现象、新事物、新领域的针对性意见或观点,这些内容集中呈现于两卷本的《陈岱孙文集》及相关学术论文中。例如,丁冰(2009)着重论述了中华人民共和国成立后陈岱孙的学术成就,认为其不仅在经济学思想上,更在经济学方法论上富有创见,为后辈学人留下了宝贵的思想财富②;再如平新乔(2017)将陈岱孙的学术贡献归纳为财政、货币、汇率、对西方经济学的态度等四大方面③。除阶段性思想论述外,还有研究对陈岱孙近70年学术生涯的全历程进行了梳理和回顾,全面展现了陈岱孙经济思想的阶段特征和演变趋势。④

总体来看,尽管目前已有相当数量对陈岱孙经济思想的研究,但更多地集中在中华人民共和国成立后,对其早期思想关注相对不足;且即使偶有涉及,亦集中在西南联大时期,不够系统和全面。事实上,陈岱孙在求学时期已展现出远超同辈的经济学思维和学术能力,在归国之初、任教清华期间也提出了诸多富有创见的学术思想,这些都为其后续的学术高峰做了扎实铺垫。他在改革开放后的诸多观点和见解,亦可从其早期的学术研究和实践中窥见端倪。因此,要深刻认识陈岱孙经济思想的贡献和演变历程,离不开对其早期的求学、任教和治学经历的研究。

基于上述原因,本文将着重探寻陈岱孙早期经济思想的缘起,系统总结与浓缩从归国任教清华到西南联大二十余年间陈岱孙经济思想产生的社会背景和主要内容,概括其早期思想特征,揭示与其后续研究及教育理念之间的关联,兼以纪念陈岱孙先生诞辰120周年。

陈岱孙早期经济思想的缘起

青壮年时期的求学和任教经历,不仅为陈岱孙的经济学研究提供了深厚的知识积淀,而且深刻影响了其学术志趣、理论架构和文化情怀。

---

① 黄海涛、杨燕江、李铁媛:《西南联大学者经济思想探寻——以陈岱孙、赵迺抟、费孝通为例》,《曲靖师范学院学报》,2014年第5期,第78—83页。
② 丁冰:《陈岱孙学术思想研究》,《高校理论战线》,2009年第7期,第13—21页。
③ 平新乔:《玉山高与阆风齐,玉水清流不贮泥》,《学习时报》,2017年4月7日。
④ 林荧权:《陈岱孙经济思想研究》,福建师范大学硕士学位论文,2014年。

（一）学生时期

受到家学渊源的影响，陈岱孙接受了近十年的私塾教育。以往关于民国经济学人的研究，往往将其在旧式家族和私塾中开蒙的经历一笔略过，甚至按下不表。但事实上，陈岱孙在童年时期接受的旧式教育至少对其产生了三点积极影响：其一，深植了传统知识分子"经世济民""富国强兵"的理想信念，成为陈岱孙终生治学的价值追求。按照其本人的话来说："想起了古书中所说的'足食足兵'的重要性和积贫积弱显然是导致横逆的原因，那么富强似乎是当务之急。"① 其二，培育了中学文化的深厚土壤，为陈岱孙建立完整的、中西交融的知识体系打下了坚实基础。在此阶段，陈岱孙早已熟稔时事对策和历史评论，又广泛涉猎了各类古典名著、传记、诗词戏曲，甚至还有西洋小说的译本。② 如此文理兼通、从不偏废的启蒙经历，使其在此后始终对社会科学的各个领域都抱有极高的热情和研究兴趣。其三，福州的三坊七巷早有"读书不轻商"的文化传统，又最早被辟为通商口岸，这为陈岱孙后来负笈欧美、学习西方经济学埋下了伏笔。

1918年，陈岱孙入清华留美预备班学习。两年间，陈岱孙在同侪间的学习成绩为中等偏上，并不十分突出，但在"法制史"课程中取得"超等"，在"文学评论""伦理学史""社会问题""经济问题"等课程中亦取得"上等"，已初现对社会科学领域的志趣和过人才能，也显示出童年时期博览群书、广泛涉猎的扎实基础。

值得注意的一点是，在清华留美预备班，授课教师大多精通英文，以英文讲授的课程也占多数。考虑到预备班的办学目的和学员构成，这本是无可厚非的。但陈岱孙敏锐地观察到，西文课程大部分安排在上午，大家精神抖擞、全神贯注；而中文课程却在午后，学生们"气氛松懈，秩序十分不堪"③。陈岱孙虽然对此种课程设置和授课氛围并未明确表态，但实有批评之意；留美学生对中西学之间的明显侧重和取舍，给青年陈岱孙留下了深刻印象，这也构成了其在任教期间开展西学本土化"长征"的深层动因。

1920—1926年间，陈岱孙先于威斯康星大学取得学士学位，后于哈佛大学

---

① 陈岱孙：《往事偶记》，载《陈岱孙文集（下卷）》。北京：北京大学出版社1989年版，第469页。
② 陈岱孙：《私塾内外——童年学习生活片断》，载《陈岱孙文集（下卷）》。北京：北京大学出版社1989年版，第465页。
③ 刘昀：《孤帆远影：陈岱孙与清华大学》。北京：商务印书馆2017年版，第41页。

取得硕士、博士学位。这一段留学经历是其正式涉猎西方经济学、开展正规学术研究的起点,在此期间,最能代表其学术志趣和研究重心的当属本科、博士阶段的两篇学位论文。陈岱孙的本科毕业论文题为《煤炭业的产业治理》(Industrial Government in Anthracite Industry),仅从选题即可看出其对产业政策、政府职能等方面的鲜明指向和关注。这实际上受到了威斯康星大学及约翰·R.康芒斯(John R. Commons)的深刻影响。众所周知,威斯康星大学是制度学派的发源地和大本营,而康芒斯则是这一学派的先驱人物。须知,对于一位本科生,特别是来自当时积贫积弱的国度的留学生而言,康芒斯这一级别的经济学者是可望而不可即的;但即使如此,陈岱孙在短短两年的本科生涯中,依然在政治学、哲学、经济学等各领域课程中成功崭露头角,并引起了康芒斯的关注①,还获得了康芒斯创办的经济学会所颁发的"金钥匙"奖。由此推知,即便康芒斯可能并未直接指导陈岱孙的学位论文写作,但其有关制度经济学的观点和研究已经深刻影响了青年陈岱孙的学术志趣和方法论取向。

而陈岱孙的博士毕业论文《麻萨诸塞州地方政府开支和人口密度的关系》(The Relation Between Local Governmental Expenditures and Density of Population in Massachusetts)则更直接地展现了他在专业领域的用力之深。这篇博士论文的写作至少在以下两方面深刻影响了陈岱孙后续经济理论的形成:一方面在内容和选题。陈岱孙博士阶段的导师是曾任全美赋税协会会长的查尔斯·杰西·布洛克(Charles Jesse Bullock),因而其博士论文的选题亦在财政税收领域。这一选题开启了陈岱孙此后数十年在该领域的深耕细作。陈岱孙始终将政府财政预算平衡作为平抑物价、稳定汇率的重要前提,并一直把预算问题作为政府财政问题的"牛鼻子"加以重视,这与其博士论文对政府财政支出的高度关注是一脉相承的。

另一方面在研究方法。政府财政支出的趋势变化问题,并不是一个崭新的话题;但正如作者本人在论文绪论中指出的,已有的财政支出理论主要应用抽象和先验的路线(演绎法)进行分析,尽管也常援引事实作为支撑,但是从未进行过全面的归纳法分析。"就眼前的问题来说,有理由相信,以系统和全面资料为基础的归纳分析会比演绎分析得出更佳成果。"②在归纳法的指导下,陈岱孙

---

① 刘昀:《孤帆远影:陈岱孙与清华大学》。北京:商务印书馆2017年版,第87页。
② 陈岱孙:《麻萨诸塞州地方政府开支和人口密度的关系》,载《陈岱孙文集(上卷)》。北京:北京大学出版社1989年版,第7—8页。

先根据支出用途严谨定义了九类政府经常开支,随后详细整理编制了马萨诸塞州各市镇的各类开支与人口变化对照表和示意图,其数据附录在近 200 页的论文中占据一半以上。在此基础上,他结合当时各市镇的经济、政治、文化状况,详细论证了各类支出变化的具体原因。这种实证研究的方法虽与现代计量经济学的方法还有一定差别,更接近于中国传统的统计资料整理汇编方法,但在当时演绎法普遍使用的背景下仍属罕见佳作。哈佛大学档案馆所保存的记录显示,这篇论文的观点和数据被众多研究者引用直至 1978 年,这也从侧面反映出其超前的学术价值和方法论创新。更进一步说,这种基于现实情况和第一手数据展开研究的方法,从一开始就避免了熊彼特所抨击的"李嘉图恶习",克服了因过度追求精致的数理建模方法而背离现实的缺陷。在此后的经济学研究中,陈岱孙一直保持着这样的方法论取向,既不全面拒绝数理经济学和数据分析方法,也不偏废对于实际情况、现实条件的严格遵守,这对于今天的经济学研究仍具有相当大的借鉴和警示意义。

自私塾启蒙至哈佛毕业,陈岱孙共经历了 20 年之久的求学时光。在此期间,陈岱孙接受了经济学的正统教育,对西方经济学的发展全貌也产生了清晰认知,为其归国后的学术研究,特别是在后来以马克思主义视角研究西方经济学各流派思想提供了充足的思想素材。

(二)任教之后

1927 年,陈岱孙正式结束留学生活,回国任教。但即便时局动荡、政权更迭,他也从没有在象牙塔中故步自封、独善其身,而是展现了知识分子应有的学术情怀和责任担当。

第一,陈岱孙始终秉承学成报国的初心和使命,尽其所能实现经济学的本土化、中国化。初入清华大学任教,陈岱孙扎实的专业功底迅速显现出优势。据其学生王传纶回忆,他授课条理之清晰,已达到"如果录音录下来,直接就可以成讲义、成书"的地步。[①] 在清华任教之初,他的数篇文章,如《欧战后欧洲各国货币概况》《苏俄新经济政策》《最近十年之欧洲财政情形》等,均经其演讲、他人整理发表而成。[②] 这些文章带有鲜明的"舶来"色彩,突出反映了一位留学

[①] 王传纶:《我的老师陈岱孙》,《金融博览》,2012 年第 4 期,第 62—65 页。
[②] 《欧战后欧洲各国货币概况》,《国立清华大学校刊》,1928 年第 15 期,第 3 页;《苏俄新经济政策》,《清华周刊》,1928 年第 7 期,第 511—518 页;《最近十年之欧洲财政情形》,《清华周刊》,1929 年第 6 期,第 3—5 页。

归来的学子希望改变祖国积贫积弱现状、充分发挥所学所闻提供国外信息和经验的迫切心理。这在民国初期众多留美学生的身上都可窥见一斑。

但陈岱孙显然没有止步于此。如前所述,在留美预备学堂期间,陈岱孙已注意到了教师大多英文授课、学生忽视国文课程的状态;而在清华任教期间,他亦得知大多数教师"经常中英文夹杂并用,尤其是在讲到学术上关键的概念、辞句时总要插进外文原辞"①。在许多时人甚至今人的观念中,既然经济学源于欧美,那么以英文作为表达工具是无可厚非的;但在陈岱孙看来,这种现象绝不仅仅是表达方式和习惯层面的问题,更涉及学术独立和话语权的深层次问题:"我仍认为在中国学校的讲坛上,除了外文课或外籍客座教师授课外,一个中国教师用纯粹的国语来讲授应该是一个原则。殖民地和半殖民地所养成的惯习必须予以痛绝。我从到清华教书起,在几十年的教书生涯中,这是一条自律的原则。"②在当时的历史背景下,这样的坚持为他带来了种种不便甚至是困境。就学术而言,他再未用英文公开发表过任何文章,直接导致了其在国际学术界并未获得应有的肯定和褒奖;就授课而言,他在没有现成参考的情况下,将自身用英文接受的各类专业知识全部翻译成中文,再以通顺、易懂的语言讲授给学生,这需要付出颇多额外的精力。也正是在以陈岱孙为代表的早期经济学人的坚持下,中国经济学的现代术语体系和理论体系才逐渐搭建起来,使国内经济学的学术交流冲破了外来语言的障碍,为此后的本土化创新提供了先决条件。

除基本授课外,陈岱孙还进行了关于经济学本土化的两大尝试,即开设具有本土化特色的课程和编写中文教材。在开设课程方面,他多次在经济学系的建系目的和培养方案中申明,"本系研究所拟偏重于本国经济制度研究"③"计划渐次添设专以研究中国情况为目的之课程,若中国财政史、中国经济思想史及中国金融市场等"④。这样的课程设置固然有材料、文献所限的考虑,但更重要的是陈岱孙一以贯之的经世致用、富国强兵的价值归宿。在条件极端恶劣的西南联大时期,在陈岱孙的推动下,经济学系先后开设了中国货币问题、中国财

---

① 陈岱孙:《我的青年时代》,载《陈岱孙遗稿和文稿拾零》。北京:北京大学出版社2005年版,第12页。
② 同上。
③ 陈岱孙:《各系之组织内容与目的》,《清华暑期周刊》,1932年第2期,第32—33页。
④ 陈岱孙:《经济系概况》,《清华周刊》,1934年第13期,第31—32页。

政问题、中国土地问题、中国经济地理等多门与中国实际国情相关的课程。尽管囿于现实条件,这些课程的深度和系统性尚不足,但仍不失为一种相当超前的经济学教育改革和尝试。

在编写教材方面,陈岱孙所设想的图景亦宏大而深邃,他计划"以国家财政预算制度一课题为突破点,然后再进入财政学中各方面专著的编纂,以构成一个较全面的、结合中国实际的财政学教材系列"①。但是国内有关英、法、美、苏等国财政制度的资料并不充足,他便利用 1932—1933 年出国的机会,通过买、抄、读、记的形式将搜集到的资料分批寄回国内。可以预想,如果这部教材能顺利付梓,那么它将是陈岱孙自博士阶段起的财政学思想和理论的高度浓缩,更将成为中国财政学领域极具分量的奠基之作。遗憾的是,在西迁联大期间,这些宝贵的材料均毁于炮火之中,留给后辈学人巨大的遗憾和思想空白。

第二,陈岱孙时刻关心时事变化,提供了众多富有价值的政策建议。陈岱孙早期的论作大多不是纯粹的理论文章,而是根据某一时事阐发的论述,其中有些学理色彩浓厚,有些则政策指向鲜明。这些论述并不是闭门造车或道听途说之作,而是陈岱孙积极参与政界和学界活动、亲身体悟时局变动后的成果。仅 1932—1933 年赴欧美的短暂休假期间,陈岱孙就先后参加了两场国际会议,分别为 1933 年伦敦国际经济货币会议和 1933 年加拿大邦佛太平洋国际学会双年会。伦敦会议期间,陈岱孙不赞成签署美国提出的购银协定,也极力反对抬高银价的任何举措,但其主张并未得到支持。购银协定签署后,中国的货币和汇率市场经历了相当强烈的震荡,并催生了其后的币制改革。

而紧随其后召开的太平洋会议更令陈岱孙大失所望。这次会议的初衷是讨论大萧条对太平洋地区的经济冲击。但据陈岱孙后来的总结,会议"大部分的时间,都用在陈述冲突的事实上,对于冲突的原因,仅仅稍为讨论,而解决的方案,可以说完全没有讲到""所给予赴会者之印象,是以大西洋的立场,或是说经济帝国主义的眼光,来看太平洋的问题。于是太平洋经济冲突,一变而为列强在太平洋区域之冲突"②。

两次会议的失败经历使陈岱孙更坚定地认清了中国经济问题乃至民族危机的根源,深刻影响了他之后经济学研究的取向。他以更审慎和执着的态度投

---

① 陈岱孙:《我的青年时代》,载《陈岱孙遗稿和文稿拾零》。北京:北京大学出版社 2005 年版,第 15 页。

② 陈岱孙:《第五届太平洋会议的回顾》,《清华周刊》,1933 年第 9 期,第 7—11 页。

入后续的政事建言活动中。1936—1937年,他针对两年的政府财政预算进行了分析,详细解读各项收支的变化情况及原因;并就遗产税、所得税的征收办法和实施细则提供了建议。① 西南联大时期,他在联大教授共同创办的《今日评论》上发表时评多篇,抨击国民党的亡国政策和官僚资本的殃民措施。这些言论不但为学界人士所接受,也激发了大后方广大青年学生的爱国热情。② 抗战胜利后,陈岱孙又与多名教授联名发表《十教授的公开信》和《我们对于"经济改革方案"之意见》,抨击国民党的反动统治与经济独裁政策。这些活动也为陈岱孙的学术研究提供了翔实的第一手素材,丰富和深化了其在财政、税收、金融等方面的经济思想。

陈岱孙早期经济思想的主要内容

任教清华和西南联大的二十余年时间,是陈岱孙早期经济思想的重要形成阶段。这一时期,陈岱孙在经济建设、财政、税收、汇率等领域均形成了较为系统的经济思想,这些思想并不是相互独立的,而是彼此关联、层层递进的。

(一) 经济建设思想

经济建设是贯穿陈岱孙早期经济学研究的中心和归宿。在耳闻目睹中国与先进欧美国家的极端反差后,陈岱孙希望利用毕生所学,改变中国积贫积弱和依附于人现状的决心更加坚定。总体来看,其有关经济建设的思想包括以下几方面:

第一,争取国家经济建设自主权,反对经济侵略。陈岱孙于1936年发表于《大公报》的文章《我们的经济运命》可被视为一篇提纲挈领的计划书和宣言书。他在文中反复强调,经济自由是政治自由的前提,必须牢牢将经济自主权和自决权握在手中。"先要'足食',然后'足兵';先要'生聚',然后可以讲到'教训'。仅仅要做到'修备强兵'这一个地步,已经是不能不从增进国家经济能力上着眼,不必说什么高深的政治理想了。我们的国事,到今日,真是不知从何说起。在这个不知从何说起中,试问我们对于我们整个民族,整个国家的经

---

① 《二十五年度国家总预算的分析》,《独立评论》1936年第209号,第2—5页;《二十六年度国家总预算》,《独立评论》,1937年第242号,第2—5页;《所得遗承二税的举办与人民的负担》,《独立评论》1936年第201号,第28—32页;《二十五年之所得税法则》,《社会科学》,1937年第2期,第409—426页。

② 陶大镛:《一代宗师 教泽流芳》,载刘昀、王曙光:《岱岳长青:陈岱孙纪念文集》。北京:北京大学出版社2012年版,第15页。

济运命,到底有什么把握?"①这一连串议论直指以往政权步步妥协退让、牺牲经济建设自主权换取短期和平的错误做法,并为正处于"黄金十年"的国民政府敲响了警钟。1936年11月,陈岱孙又发表《经济侵略》一文,一针见血地指出:"借它(经济合作)来作一个幌子,再加上提携、互助、共荣种种字眼为之烘托,便可以冠冕堂皇的作强取巧夺的勾当了。"②他强调,以经济侵略作为"缓冲礼物"谋求政治和平,终究是扬汤止沸、饮鸩止渴,无法真正实现民族的独立和富强。陈岱孙始终将经济自主作为国富民强的一个首要前提,甚至将其"看作整个民族国家生存斗争的前线"。

第二,统制经济和计划经济思想。众所熟知,陈岱孙在改革开放后的经济学说史研究中,将经济自由主义和国家干预主义两大思潮的此消彼长作为西方经济理论发展的一条主线;事实上,此观点在其早期的论述中已有部分讨论和说明。抗日战争前,陈岱孙曾赴西北地区开展调研,对国民经济建设运动实施以来的工业化成就表示肯定,但是也指出了当前经济建设的一个重要弊病——"百废俱兴,一事无成"。他将这种现象归结为缺乏系统性的、实事求是的计划。③ 1939年,抗日战争爆发两年后,陈岱孙再提经济计划和统制的重要性。在他看来,现代战争是国力的较量,国力的根本是经济力,而要在战时的穷国培植经济力,必须制订全盘计划、区分轻重缓急,"阻止一切足以消耗经济力的行为,而鼓励一切足以增长经济力的行为"④。如果说上述论述仍属于战时经济建设和工业化的权宜之计,那么抗日战争后重提"经济组团化"和统制经济,则代表了陈岱孙相对明晰的立场和态度。但他同时也指出,统制经济的实施面临很大困难,而对于当时的中国来说,这种困难不仅来自制度本身,更来自对国家、政府身份的重新界定,来自对低效、冗余的人事制度大刀阔斧的改革,也即经济统制会否随之带来政治的腐败。⑤ 这种担忧不仅对当时的国民政府而言是很有必要的,对于中华人民共和国成立后的计划经济制度也具有很强的预见性。

第三,经济建设中的效率和公平问题。在效率问题上,陈岱孙认为,不惜一切代价夺取战争胜利并不意味着经济建设中不计成本、不考虑效率,因为后者

---

① 陈岱孙:《我们的经济运命》,《大公报》,1936年1月5日。
② 陈岱孙:《经济侵略》,《大公报》,1936年11月8日。
③ 陈岱孙:《谈经济建设》,《独立评论》,1936年第203号,第2—5页。
④ 陈岱孙:《培植我们的经济力》,《今日评论》,1939年第1期,第5—7页。
⑤ 陈岱孙:《经济自由与政治自由》,《现代知识》,1947年第6期,第3—5页。

对于国民经济而言"危险性是很大的"。对于与军事关系并不密切的产业,必须充分考虑建设成本;而对于密切关乎战事的产业,也应在考虑其周期长短、耗能多少、能否进口替代的前提下不建或缓建,否则不仅无助于战事胜利,反而"徒然增加了政府经济的困难与人民此后的负担"①。而就公平问题,陈岱孙则指出,在当时中国的经济建设中存在两种对立,即都市与农村、沿海与内地的对立,而随着工业化战略的逐步推行,这种对立将有加剧和日益尖锐的趋势。这有违经济建设的原则和归宿即"民生"②。值得强调的是,以上论述均发表于20世纪30年代,在全国上下"战时心理"渲染下,陈岱孙仍能保持经济学人的理性和沉着,充分权衡经济建设的得失利弊,这是更难能可贵的,也是相当超前的。

(二) 财政收支平衡与反通货膨胀思想

如前所述,财政收支和预算制度是陈岱孙博士论文的主题,也是其毕生学术研究的重要领域。其对于政府财政的观点和建议可以分为"开源""节流"两方面。一方面,陈岱孙充分肯定了"节流"对于政府财政收支特别是战时统制经济的必要性,认为必须将预算平衡作为财政平衡的核心环节来考虑。他曾于1936年、1937年连续两年发表针对政府财政总预算方案的分析,从整体及各主要项目的角度,深入分析了各项收支预算的可行性和未来趋势。这种分析方法与其博士论文中对美国市镇财政的分类核算和分析过程一脉相承。

另一方面,陈岱孙也具体分析了政府财政"开源"的可能性。他提出,战时政府增加财源的途径主要有三种:增税、发行公债和通货膨胀。③ 但前两者各有其不足。在增税方面,陈岱孙曾就开征遗产税和个人所得税两税提出过具体意见,认为这两种税不仅能够扩大税源,还能在一定程度上"矫正现行税制的弊端""打破前此'税不上大夫'的习惯"④。但无论是开征新税,还是重征旧税,都不过是购买力在人民和政府之间的重新分配和转移。而在发行公债方面,亦有其天然弱点。若公债由人民承购,则无异于征税;若由银行承购并成为其法定准备,则易造成间接的通货膨胀。抗战爆发后,政府大量发行公债至法币贬值、通货膨胀日益严重,恰恰印证了陈岱孙对后一种情况的隐忧。由此可见,政府财政"开源"面临着重重阻力,而最符合"取之于无形"的筹措方法便

---

① 陈岱孙:《战时经济建设的几个原则》,《今日评论》,1939年第13期,第3—5页。
② 陈岱孙:《经济建设与民生》,《国闻周报》,1937年第9期,第72—74页。
③ 陈岱孙:《物价、财政与建设》,《新经济半月刊》,1941年第16期,第223—228页。
④ 陈岱孙:《所得遗承二税的举办与人民的负担》,《独立评论》,1936年第201号,第28—32页。

是通货膨胀。

但陈岱孙从一开始就对通货膨胀现象表现出了高度的警惕和反对。1936年法币发行之初,他便发表《通货膨胀与岁计》一文,详细分析了通货膨胀的含义、原因、途径及其与财政收支的关系。他提出,通货膨胀的本质并不是公债,而是变相的赋税,且为强行剥夺人民购买力的不公平的"坏税"。尽管通货膨胀具有取之于无形的特征,因而"不但财政力薄弱政府,不能不加以利用,即财力强盛之政府,恐亦未能完全抗御其强烈之诱力",但政府仍应尽可能避免使用这一工具,"于岁计收支之他部分,讲求其所以开源节流之道"①。

然而当时的国民政府恰恰选择了陈岱孙所极力反对的歧途,恶性通货膨胀现象愈演愈烈,20世纪40年代,法币、金圆券等相继崩溃。在此期间,陈岱孙发表了大量有关通货膨胀性质及治理对策的文章,包括《通货膨胀性质的一斑》(1940)、《物价、财政与建设》(1941)、《管制物价与定量配给》(1947)等,以期扭转物价上涨的恶性循环。从这些论述来看,反通货膨胀思想是陈岱孙经济思想中一个承上启下的部分。一方面,抑制通货膨胀的根本出路在发展经济建设、增加供给,同时辅之以必要的限购措施,而并非通过限价、平价等行政措施在价格本身上做文章②;另一方面,通货膨胀又是金钞价格高企的症结所在,"这个症结不除,金融管制不能作挽狂澜的砥柱"③。陈岱孙始终将财政收支平衡、币制改革、发展生产和满足消费等方面进行通盘考虑,并寄希望于政府能够实施全面的、系统的"一揽子政策"。但受到历史条件的限制,上述主张未能完全付诸现实。

(三) 货币金融思想

陈岱孙较早地观察到了国际金融市场对国内价格稳定乃至国民经济的深远影响,因此一直高度关注国际资本流动情况和外汇管理政策的革新;而多次国际经济会议的交锋,更加深了他对这一问题的认识。

20世纪30年代,在第一次世界大战和"大萧条"的接连打击下,欧美各国受困于货币贬值压力,纷纷放弃金本位;而1933年伦敦国际经济货币会议上的《国际白银协定》,实为美国企图维持银价、转嫁危机的举措,这对于中国而言无

---

① 陈岱孙:《通货膨胀与岁计》,《社会科学》,1936年第3期,第777—801页。
② 陈岱孙:《管制物价与定量配给》,《益世报》,1947年11月24日。
③ 陈岱孙:《金融管理局》,《世纪评论》,1948年第12期,第8—9页。

异于雪上加霜。作为此次会议的亲历者,陈岱孙一方面对政府头痛医头、脚痛医脚的短视做法深感失望和愤慨,尖锐批判所谓委员会"曾未闻发一言,决一策,抑若问题久经解决,不足以劳伴食诸公之神者";另一方面也深刻认识到银本位制度已经步入穷途末路,认为"白银国有,及后此美国政策,虽无对于任何国家有所轩轾,而吾国以用银本位故,其影响将至深且重"①。如其所料,1935年11月,《财政部改革币制令》发布,宣告在中国存续千年之久的银本位制最终瓦解。

随之而来的问题是,在放弃了贵金属本位制后,应如何确定外汇价格以维持国际市场的稳定?陈岱孙随后撰文阐述了一系列有关外汇管理政策的观点,主要包括以下几方面:

第一,汇率政策的目的是维持国际金融秩序的稳定,而非破坏其平衡以牟利。受到"大萧条"影响,许多国家纷纷通过贬抑币值的方式刺激出口、拉动国民经济增长,形成了恶性的"货币战争"。但陈岱孙认为这不过是一种"货币幻景",类似于古典时期的重商主义,其政策发挥作用的前提是仅有部分国家采用这样的政策;但如果所有国家均采取这一政策,那么政策效力会相互抵消。因此一切外汇管理政策的理想目标应为各国间的互利和均衡。②

第二,汇率波动源于国际资本流动,"流动性"是外汇管理的重点。1939年6月,由于日伪套汇和市场投机,平准基金委员会放弃了此前维持的汇率高位,一时引起国内金融市场恐慌。但陈岱孙认为,倘若一味维持汇率高位,很有可能造成平准基金耗损殆尽。因为外汇的供求取决于国际收支状况,而当时中国对外贸易入超严重,这个不利缺口必须由外汇基金加以抵补。上述分析思路契合了现代国际金融理论中的"国际借贷说"③,有力证明了外汇当局措施的合理性,有助于平抑市场的恐慌因素。

第三,应废止外汇"钉价"制度,在市场出清的条件下形成自然价格。抗战期间,陈岱孙主张对不同区域的金融市场实施分开管理,允许沦陷区通过平准基金操控外汇,而在非沦陷区则主要通过统制进出口贸易来调节外汇供求。④

---

① 陈岱孙:《美国宣布白银国有》,《益世报》,1934年8月13日。
② 陈岱孙:《一个应该消除的货币幻景》,《独立评论》,1937年第238号,第8—11页。
③ 丁文丽、王文平:《西南联大时期陈岱孙的学术研究》,《云南师范大学学报》,2014年第6期,第144—150页。
④ 陈岱孙:《法币汇价问题》,《今日评论》,1939年第1期,第3—7页。

这种分类管理既不至于陷于平准基金枯竭的困境,也有助于稳定汇率。抗战胜利后,在此分步改革的基础上,陈岱孙又提出应废止外汇"钉价"制度,因为这一制度"不但不能达其所企求的目的,而反做成若干副产劣果"①。

总体来看,陈岱孙在国际货币金融问题上表现出了相对审慎的态度,既不盲目相信某种本位制度或汇率制度是一劳永逸的,亦肯定了外汇管理政策在国民经济发展中的必要性和积极性。全局性、灵活性是其在汇率管理问题上的突出立场和原则。

陈岱孙早期经济思想的特征

(一)爱国主义

陈岱孙的经济思想中时时显露出深厚的爱国主义情怀与人文关怀,这不仅来自儒家传统教育中"天下兴亡,匹夫有责"等思想的浸润,更来自其所处的特殊历史环境。1918年春,陈岱孙赴清华应考,无意中看到了"华人与狗不得入内"的告示牌。据其本人后来的回忆,这是一次"刺心刻骨的冲击""只觉得似乎全身的血都涌向头部。在这牌子前站多久才透过气来,我不知道。最后,我掉头走回客店,嗒然若丧"②。这次经历使得书本上有关救亡图存的呼告完全具象化,在青年陈岱孙的心中深埋下了爱国主义的种子,一直影响其此后的求学、任教和治学历程。

20世纪上半叶,特别是抗日战争和解放战争时期,陈岱孙发表了大量关乎国计民生要紧问题的学术文章和社论。这不仅需要扎实的专业知识基础,更需要异乎常人的勇气和执着。据战时云南省防空司令部统计,从1938年9月至1944年12月的6年间,日机派往云南执行轰炸和侦查任务的各类飞机共3 599架次,执行轰炸589次。③ 除人身安全随时受到威胁外,学者们的基本温饱也屡遭挑战,甚至需要变卖手表、水笔以补贴家用,这一点自陈岱孙与梁思成夫妇的数次通信中即可知晓。

但陈岱孙并未倒向盲目的爱国主义,而是在充分观察和掌握现实情况的基础上,运用专业理论展开条分缕析,做出独立而科学的判断。1936年抗战前夕,他于《大公报》发文呼吁:"在我们现在经济落后的社会,列强眈眈虎视的环境,

---

① 陈岱孙:《废止现行外汇"钉价"办法》,《独立时论集》,1948年第1期,第101—102页。
② 陈岱孙:《往事偶记》,载《陈岱孙文集(下卷)》。北京:北京大学出版社1989年版,第468页。
③ 云南防空司令部:《云南防空实录(下编)》,1945年12月印行,第149页。

这种消极被动的政策,还是不行的……我们必须自己有决心,有能力,握住我们自己的经济运命。"①1947年,他再度与北大、清华数名教授联名发表《我们对于"经济改革方案"之意见》一文,矛头直指当局的腐败无能,认为其改革方案"对于目前经济危机,并无救治之能力""对于过去种种错误,未尝虚心检讨,遂未能针对现实提出有效之对策"②。

陈岱孙的爱国主义情怀不仅体现在其论作中,更体现在其推动经济学本土化的努力中。陈岱孙本人留美多年,通过了哈佛大学的德、法两语种的考试。然而他归国之后,再未使用外文发表文章,并坚持用中文讲授全部课程。据西南联大校史记载,1938—1946年间,经济学系共毕业562人,商学系毕业103人,两系毕业生超过全校毕业总数的1/4之多。③ 陈岱孙在联大负责讲授经济学概论这一专业入门的必修课,影响不可谓不深远。陈岱孙对中文授课的坚持,以及编写中文教材的计划,绝不是一种"舍近求远"的无谓努力,而是培育本土化经济学人才、构建本土话语体系和学术体系的必然之举。可以想见,倘若没有陈岱孙等经济学者的坚守,经济学恐怕仍要以"舶来品"的面目示人,中国经济学研究仍要长期跟随欧美学界亦步亦趋,更遑论理论创新和指导实践了。

(二) 经世致用

陈岱孙一生倡导经济学是一门经世致用的学问,认为经济学脱离了实践的需要,便是无源之水、无本之木。在论述经济学中经典的"均衡"概念时,陈岱孙提出,假定一种"经济真空"固然是理论分析的良好工具,然而"此'经济真空'中所推得之结论,能否作为现实经济状况之原则,解释现实经济之问题,实为经济学者所应切实注意者"④。时隔近半个世纪,陈岱孙再次发文提出经济学是"致用之学",认为经济学的发展过程是"新的经济情况提出了待决的问题,然后经济学家就是针对这些经济现实提出的问题进行了解、分析,对其有关事物的运动提出有论据的解说,形成了理论,这理论又反起来指导、促进、制控现实"⑤。可以说,立足现实情况、解决现实问题是陈岱孙一贯坚守的学术品格和原则。

---

① 陈岱孙:《我们的经济运命》,《大公报》,1936年1月5日。
② 应廉耕等:《我们对于"经济改革方案"之意见》,《储汇服务》,1947年第74期,第13—14页。
③ 《国立西南联合大学史料》。昆明:云南教育出版社1998年版,第6页。
④ 陈岱孙:《"均衡"概念与动态经济》,《社会科学》,1935年第1期,第151—165页。
⑤ 陈岱孙:《经济学是致用之学》,《世界经济导报》,1981年11月2日。

陈岱孙早期的学术研究涉及国民经济的各个领域，但在不同时期，因历史条件的变化，其侧重点也有所不同。归国之初，他的研究主要集中在介绍国际货币经济制度及发展现状，尽管其论述中多有与中国情况的对比讨论，但陈岱孙仍自认为"对于中国有关这些方面的历史和现况的知识太不够了"，因此"在这些方面花了不少时间来充实自己，也以之补充教课的内容"①。"大萧条"之后，国际货币金融领域一度动荡，货币战争一触即发，这一时期陈岱孙将研究重点转向了货币制度和汇率制度，并高度关注银本位制及《白银法案》的签署对中国经济的影响。抗战爆发后，陈岱孙全力投入战时经济建设的方案设计中，在工业化建设、对外贸易、财政预算等诸多领域都提供了真知灼见，特别是对如何在一个物质资本相对匮乏的落后国家开展经济建设进行了充分的思考和讨论。抗战结束后，在恶性通货膨胀愈演愈烈的背景下，陈岱孙提出了一系列有关平抑物价、治理通货膨胀的观点，并对统制经济和计划经济的实施做了初步探讨。综上可见，陈岱孙早期的研究兴趣广博而宏大，但其对各类时事的讨论始终遵循一定的原则和主线，正如晏智杰的评价，其观点"固然有一个随着时代发展而不断进步和发展的过程，但是原则性的反复和曲折是不曾存在的"②。

在经世致用的治学思想指导下，陈岱孙对经济学中许多经典概念或命题进行了批判性采纳或创新。例如，古典经济学一贯倡导发挥各自比较优势、开展国际分工。但陈岱孙认为，这种政策的适用范围是有限的，"一个真真执行国际分工主义政策的国家，在战争的时候，立即感觉国力的不完全"。考虑到国家的实际利益和战时需求，必须在完全分工和完全自给之间取一折中，从而"前此所谓国际分工的观念，也得经过大修改，方能适合于几十年逐渐已改的情势"③。再如，交通便利历来被视为是社会经济进步发展的一个前提和表征，但是这个命题的应用也必须考虑现实状况，而不能一味"大干快上"。陈岱孙提出，在当时中国的条件下，如果某一地区其他事业的发展滞后于交通的发展，那么这种畸形的发展未必能够带来当地经济的繁荣。④ 总之，经济学的发展是为适应和服务于现实的发展，故而没有一劳永逸的理论研究，更没有普遍适用的经济学理论。

---

① 陈岱孙：《往事偶记》，载《陈岱孙文集（下卷）》。北京：北京大学出版社1989年版，第472页。
② 晏智杰：《编者前言》，载《陈岱孙文集（上卷）》。北京：北京大学出版社1989年版，第12页。
③ 陈岱孙：《今日之经济国家主义》，《民族》，1936年第8期，第1231—1241页。
④ 陈岱孙：《交通发展与内地经济》，《独立评论》，1936年第220号，第8—11页。

除自身的学术研究外,陈岱孙还将经世致用的原则传递给了后辈学人。在1932年介绍经济学系的组织内容及目的时,他如是写道:"研究经济学时,知其受有限制,不能实验,然不能承认理论与事实可以分开,而应注重于理论与事实之关系。"①这一倡议不仅适用于救亡图存的历史时期,更对当今的经济学教育和学术研究具有很强的启示意义。

(三)通识教育

陈岱孙成长的年代并无"通识教育"的概念,但其本人的求学经历却与之相当契合。除童年时期因家学便利而博览群书外,他在清华学校和留美时期亦接触了其他人文社会科学领域的内容,形成了相当完备的知识体系。在哈佛大学就读的四年,是陈岱孙自认为"平生一次最长期、最密集的读书时间,也是专业知识最迅速长进的时间",他利用学校的丰富资源,广泛阅读了政治学、哲学、历史等名著,以至于他离开哈佛大学时,"别的没甚留恋,就是为这个密集读书生涯的结束,有点惘然"②。

在此影响下,陈岱孙在讨论国内外经济问题时,从不将经济现象分离割裂看待,而是将其作为社会环境的一部分加以分析。例如在分析第一次世界大战的战败国赔款问题时,陈岱孙提出,赔款偿还问题并不是简单的国际信用问题,更不是道德层面的问题,而是"政治经济军事等掺杂混和"的产物。因此不能就偿债言偿债,而必须综合考虑各国在政治稳定、军事安全等方面的计划,施以通盘考虑。③ 又如,在讨论统制经济对政府职能的影响时,陈岱孙认为,政府经济职能的扩大是一个必然且持久的趋势,因此问题的关键不在经济方面,而在政治方面,即"如果这个趋势充分发展,现代国家的政治机构是否需要彻底改造,我们对于国家的传统观念是否要完全更变"④。另在《我们的经济运命》(1936)、《经济统制的礁石》(1941)、《经济自由与政治自由》(1947)等文中,陈岱孙亦充分使用政治学、哲学和社会学的观点进行辅助论证。这种对政治、社会、文化背景的全面关注,使得陈岱孙的经济学研究不仅具有相当高的理论价值,更具有不可忽视的现实指导意义。

陈岱孙还将通识并举的理念全面贯彻于经济学人才的培养历程中。他多

---

① 陈岱孙:《各系之组织内容与目的》,《清华暑期周刊》,1932年第2期,第32—33页。
② 陈岱孙:《往事偶记》,载《陈岱孙文集(下卷)》。北京:北京大学出版社1989年版,第470页。
③ 陈岱孙:《欧美间之战债问题》,《益世报》,1934年6月15日。
④ 陈岱孙:《政治经济化》,《今日评论》,1940年第1期,第3—5页。

次教导学生们:"只能记账,只能算债票利息,并不够经济学家。就如同一个能绘图的绘图员不够工程师一样。求知识的要着不在那狭小的技术部分,也不在起始就求专门,而在使其基础坚固,广大。"[1]"治学如筑塔,基础须广大,然后层层堆建上去,将来总有合尖之一日,学经济学欲求专门深造,亦应先奠广基。"[2]要求他们在本系课程之外,同时注重培育在政治、历史、社会、心理、哲学、数学等领域的素养。

这些观念也影响了陈岱孙后续的治学和教育理念。在1950年高等教育问题座谈会上,陈岱孙提出,高等教育和专修职校的培养目标必须分开,坚持高等学校对学生的基础性、综合性教育。改革开放后,他再次强调应坚持"通才"和"专才"培养相统一、理论经济学和应用经济学发展相结合。这些教育理念对当今的经济学教育仍具有很大的借鉴意义。

结 语

陈岱孙不仅为后人留下了宝贵的学术资源,深刻影响了中国经济学本土化的发展历程,更以其言行生动展现出经济学人应有的品格和风范,留给后辈学人广阔的思考空间。通过回溯陈岱孙早期的经历和实践,结合当前经济学教育与研究的现状,本文衍生出以下几点反思:

第一,发扬经世致用、理论联系实际的学术品格,提高经济学服务现实经济发展的能力和水平。清末民初,以陈岱孙为代表的留美学生亲历了"欧风美雨"的长期洗礼,然而其毕生学术研究的目的和出发点均在于谋求国家及民族的独立和富强,追求中国文化的更大发展。现今的经济学研究,亦应积极参与和紧密联系中国经济改革与发展的实践,回应现实诉求,勇担时代重任,为中国乃至世界的发展提供更新的思路和方案。

第二,在批判吸收西方经济学成果的基础上加强本土化创新,争取经济学在中国新时代背景下的更大突破。早在民国时期,陈岱孙就充分认识到了经济学本土化和中国化的必要性,并通过创新理论和概念、开设本土化课程、编写教材等形式实现这一目标。在中国经济学科已取得长足发展的今天,我们更不应对西方经济学亦步亦趋、奉为圭臬,而是要结合中国现实特别是改革开放以来的

---

[1] 陈岱孙:《各系之组织内容与目的》,《清华暑期周刊》,1932年第2期,第32—33页。
[2] 刘昀:《孤帆远影:陈岱孙与清华大学》。北京:商务印书馆2017年版,第261页。

伟大实践,研究本土化的学术议题,探索具有中国特色的理论体系和评价体系。

第三,在经济学教育和研究中,注重同其他学科特别是社会科学领域的沟通与合作。近几十年来,随着市场经济的高速发展,经济学成为显学,由此使某些人产生经济学似乎成为解决一切社会经济问题的"灵丹妙药"的误解。这不免使人回想起陈岱孙有关"治学如筑塔"的教诲和提醒。事实上,不应将经济学凌驾于其他任何社会科学领域之上,更不应人为割裂经济学与其他社会科学方法的关系,唯有促进沟通、加强合作,才能实现各领域学术体系的科学化、理性化、成熟化。

(原载《经济科学》2020 年第 5 期)

追忆岱老对我的悉心关怀

□ 孔繁敏*

陈岱孙先生是我国经济学界的一代宗师。在北大经济学院，先生被其晚辈尊称为陈岱老、岱老。岱老是我最为尊敬的先生之一，我平生受其教诲、承其恩泽颇多。当我们这些分布在世界各地的学生热切等待着岱老的百岁华诞时，岱老却于1997年7月27日驾鹤西归。

此次回国出差、休假，本打算从外地返回北京后再去拜望岱老的。7月22日，飞抵北京的第二天，我先到承泽园看望了导师陈振汉先生和崔书香先生，曾向先生问及岱老近况。崔先生嘱我回京后到岱老家看看。次日一早我就赶赴西宁了。我怎么也不会料到岱老竟走得这样匆忙。当我在青海获知岱老过世的消息时，震惊、茫然、悲痛和后悔一起化作两行清泪。

8月7日，我由成都返回北京。8日上午，随北大经济学院和光华管理学院的老师们到八宝山向岱老告别。当我走过岱老身旁时，受岱老教诲的一幕幕闪现在脑际，一时悲从心生，泪如泉涌。

1979年入北大经济系时，系主任岱老在迎新会上致辞，要求我们刻苦努力，认真学好经世济民之学，做一个对国家、对社会有用之人。1983年我念研究生时，岱老又谆谆告诫，要给我们压担子，研究生学习期间，"没有星期日，只有星期七；没有寒暑假，只有寒暑期"。现在反省起来，多有愧对岱老教诲之处，尤为当学生时蹉跎的岁月感到面红耳赤。

岱老的治学和做人，世间已有公论；岱老对学生的关怀和爱护，更为后人称颂。作为岱老的晚辈学生，我个人亦多承恩泽。1985年年底，我研究生毕业后留在经济系任教，与岱老同在中外经济史经济思想史大教研室。在一次教研室会议上与岱老的交谈使我终生难忘。那次是周三下午的例会，岱老同往常一样第一个到教研室。我随后到，熊正文先生第三个到。熊公一进门就笑了："好啊，今天我们教研室最老的和最小的碰头儿了。"那年岱老已过85高龄，而我当

---

* 孔繁敏，北京大学光华管理学院教授。

时还不满 23 岁。

岱老问我讲课的感受,我回答说,一上讲台就有些紧张,备课时写了好多,可到课堂上很快就讲完了。岱老听罢宽厚地笑了。继之鼓励我道:"在课堂上你是老师,学生没有你知道得多,因此不要怕。备课要认真、充分,但讲课时不能照讲稿念,要能背讲出来。"从那时起,我就照着岱老的话做,上课不再紧张,授课效果也改善了。

1992 年 9 月,我到法国巴黎第一大学进修。1993 年元旦前夕投书岱老请安贺岁。让我感动的是,岱老挤出时间回了一封长信。岱老除关怀我的学业及生活之外,还在信中提及他早年在巴黎时的情景。提醒我在工作、学习之余不忘探访巴黎的名胜。末了还特别叮嘱,在巴黎期间一定要到巴黎歌剧院看一场歌剧,那是世界一流的。因为回国后就很难有这样的机会了。岱老说,若是买了池座的票,去看演出时务必穿戴整齐。他那时一定要穿上夜礼服方准入座。不过池座票贵,买一张站票也好。暑期里,我花了 150 法郎买到一张优惠学者的池座票。上演的是柴可夫斯基的名剧《黑桃皇后》。不过演出地点不在富丽堂皇的老巴黎歌剧院,而是巴士底狱广场的新巴黎歌剧院。入池座后环顾四周,我意外地发现只有上了岁数的观众才和我一样西装革履,而绝大多数年轻人则是牛仔裤、T 恤衫裹身。后来回到北京跟岱老讲起此事,觉得有点不成体统。岱老笑笑说:"时代变了。"可是,岱老的嘱咐却随着时间的流逝而愈见珍贵:我离开巴黎后还一直没有看到过那么激动人心、令人震撼的歌剧。

1994 年 8 月,我又从当老师变为做学生,赴美国明尼苏达大学卡尔松管理学院攻读博士学位,临行前到燕南园向岱老辞别。岱老竟到庭院里迎我。进屋落座后,岱老对我说,刚才在电话中听到我去美国念博士的消息很高兴。"明尼苏达大学是个好学校,希望你快点读完,回来。明尼苏达冬天非常冷,多带些厚衣服。"岱老还给我介绍了两位北大在明大的熟人,说遇到问题可问问他们。我到明大后一直谨记先生的教诲,学习计划如期进展,我还想着,明年就可以带着我的博士文凭向岱老汇报了。谁知……

8 月 19 日,我在中国的假期已满,从北京飞返美国。巧的是,在客舱分发的当天英文报纸《中国日报》上,正好刊登了一篇悼念岱老的长文。我逐字逐句地读完后,久久注目那帧岱老沉思的照片,止不住的泪水溢出眼眶,落满了衣襟。

1997 年 8 月 21 日于美国明尼苏达大学

浊世翩翩迥不群

□ 汤　燕*

　　自幼的印象里,家里来往的老朋友多与清华有关,或外公辈的同事、学生,或与母亲、姨妈们一起长大的老友,他们相聚最热衷于谈论的话题就是永远的清华,其中最具特色的"清华人"之一就是陈岱孙先生。第一次见到传奇般的陈先生是十多年前,印象最深的是他温和平易的言谈和那间仓库似的卧室兼书房,四周一摞摞的书顶向天花板。1989 年,陈先生搬到了燕南园,我到了距燕南园百米之遥的北大图书馆工作,开始是雨雪天中午去吃饭,后来就成为每周固定的拜访。陈先生,也从传奇人物变成了我心底永远不会逝去的记忆。

　　由于是清华人的后代吧,陈先生一直将我当作家里人看待。虽然按年龄我们相差六十多岁,但他坚持让我称呼他为大舅,只因外公教过他生物学。我曾戏言:"汤佩松爷爷已从伯伯升到了爷爷,您不升辈吗?"他说:"不,这样年轻些!"因此,"大舅"就这样叫下来了,远方的亲友来了问起我是哪家的孩子,他就幽默地答道:"按时髦说法:特约嘉宾!"多年的接触,我从大舅身上深深感受到了中国老一代学者爱国忧民克己博大的胸怀,而他特有的人格的感染力是笔墨无法言传的。

　　陈先生是爱国的,陈先生的爱国情怀一生不渝,融于他的一言一行中。他多次讲他那辈人认为留学归国是理所应当的事,那时根本就没有不回国的念头。读书救国,教书救国,朴素的信念伴着陈先生走过近一个世纪的人生历程。每每谈到抗日战争,谈到当时全国民众同仇敌忾的爱国豪情,那些他亲眼所见、为到抗日前线从云南步行到长沙露宿街头的云南士兵,他挺直的身子会不自觉地离开椅背,言语间有的是无限敬意。他爱国,以毕生 70 年从教报效祖国,桃李天下,并无索取。他赞赏一切对国家有益的事,如讲北大成立中国经济研究中心的做法是很好的办法。他关注国家的发展,报上许多有关经济改革的文章,他都用红笔画个钩,这是他多年的习惯,认为是重要的、要推荐给晚辈们看

---

* 汤燕,北京大学图书馆古籍部副研究员,清华大学原农学系主任虞振镛先生外孙女。

的。他深恶腐败,对贪官蛀虫只有一个"宰"字。

陈先生热爱学校,先是清华、联大,后是北大,陈先生始终关心着学校的发展变化。陈先生对清华有着特殊的感情,在那里他奉献了一生中最好的年华,在那里曾有过他讲究的家和志同道合的挚友。讲起清华的往事,他如数家珍,95岁之前,清华每年的校友返校日他都回去,《清华校友通讯》每期必读,在书架上有固定的位置。他在清华人心中也是备受敬重的。费孝通先生说他是"清华的一杆大旗"。95岁那场病后,陈先生身体大不如前,不大出门了,但几乎每周他都问我校园有什么新变化、图书馆有什么新闻。一次他说:"听说中国经济研究中心将旧房子按传统样子修得非常漂亮!"我将新校历带给他,上面印有中国经济研究中心的新房子的照片,他非常高兴,将台历提前翻到那页,放在书桌上。是1997年年初吧,一天他特别高兴地告诉我:"今天晏老师(晏智杰老师)来了,说春天天暖了,叫一辆车,我们经济学院自己的车,拉我在校园里到处看看!"可惜由于他身体一直不如意,始终没能成行。

陈先生热爱学生,对学生的要求几乎没有"不"字。学生们来访,陈先生不会闭门,告别时,都要送到门口。年纪大了,体力大不如前,事后会说:"今天很累,来了两批客人。"我们建议他少讲话,有些可以不见了。他说:"不好意思,人家来不容易。"后来系里出面保驾了,来客少多了。1997年6月,陈先生的身体已经非常虚弱了,系里有一个进修班的学生要毕业,提出想来照相,我们都劝他回绝了,但最终他也没有回绝。那天他很累,饭吃得更少了。那次,是他最后一次与学生合影。陈先生去世后的三周时间里,来家里灵堂悼念的学生络绎不绝,年纪最大的是90岁,联大时期的学生最年轻的也有72岁了。有位老师说:"陈先生对学生真好,我们这些穷学生没什么孝敬老师的,还给老师添麻烦……"几年前她出版了书,请陈先生帮忙推荐、推广。有位学生,带了还未上小学的儿子来给陈爷爷鞠躬,说当年他的论文陈先生改了三十多页。那些日子,家里的电话铃声几乎不断,每天系里、家里都会收到从全国各地来的唁电,大家都能讲出陈先生为他们做的、令他们难忘的事。

陈先生正直、谦逊、博学、宽厚。他的学问我不懂,肯定精深,但他能用浅显的语言讲解那些复杂的经济观点,话不多,让外行人能知其所然。我的父亲也是陈先生的学生。父亲说,陈先生讲课深入浅出,没有一句多余的话,第一节课在黑板上写一个大大的 WANT,由此引出经济的本质。每当上课的钟声一响,陈先生准时出现在教室门口,放下烟斗、翻开书本开始,最后一句话音落了,合上书本、拿起烟斗,下课的钟声就响了。陈先生对大事、小事都有自己的想法,不受潮流左右。他总是告诫大家要老实做人,老实做事。他是这样说的,也是这样做的。他严格自律,不愿麻烦人,不愿有特殊。生活中许多具体而细微的小事能以小见大,体现他的为人。95岁之前,去邮局寄信、去图书馆查资料……他都自己去做。有一两年时间,报上有关治疗癌症方面的文章他都剪下,及时去邮局寄,是寄给一位在远方患病的学生。他的好友梅贻琦夫人去世了,他不愿公家为他单独派车,佯称不去参加追悼会,而让我问母亲学校去八宝山班车的时间地点,与大家一同在烈日下等班车,那年他已是93岁了。陈先生是认真的人,做事规规矩矩。由于年纪大了,许多会议他都不去开了,每次都自己写信告假,没有半点马虎。各种来信,或咨询问题,或索要论著,甚至托找工作,他都自己处理,不厌其烦。体力所限,书房疏于整理,许多书堆在窗台上下,但凡给系资料室的各种杂志一定放在固定的地方,不许小辈拿,存齐一年请系里取走。书桌旁边的书架每一位置都放固定的东西,将再利用的旧信封、近期要看的文章……还有,每周给我的报纸。我们每周见面的一项内容就是交换报纸,《文汇读书周报》《文摘报》……我有时会忘带,大舅却从不忘记,见面第一件事就是去书房取报,住医院期间也不曾忘记将给我的报带回。家用的日常用品,都放在固定的地方,小辈们找不到知道去问舅公。陈先生的记忆力惊人,很久以前的事都能将来龙去脉讲清楚,95岁时我们还一起背《长恨歌》。后来一两年发现会忽然记不起来客的名字,觉得"很可怕",而"以前听别人讲这样的事不相信",这时,他才意识到自己老了。他不大出门了,凡托我们办的事,总是整整齐齐罗列清楚,最后不忘写个"谢"字。他对现在学校、社会上许多时候办事简单草率,很不以为然,当然,也无可奈何。陈先生是会生活的人,在清华园,陈先生的衣着与张奚若、周培源先生家的家具一样闻名,西服马裤,讲究得体。随着时代的变化,他改变了生活,"房子又小了,成套的红木家具没地方放了,卖!"搬到燕南园,添置的书架是图书馆处理的大铁架,20元一个。只有凭这份达观,才能以这般平和的心境历尽变故沧桑。

  陈先生是风趣幽默的人。孙辈们如何也不能想象舅公在长辈、学生们的心中怎么是个严肃、不苟言笑的人!而在家里,讲笑话最多、外号最多的是舅公:"皇上""老干部""老耗子""老猫"。陈先生讲笑话,不动声色,等大家反应过来"喷饭"了,他依旧平静如水。他晚年主要的消遣之一是看电视,除了各种体育比赛,电影、电视剧他也看。在播放电视剧《我爱我家》期间,家里的生活用语随着剧情的发展不断变化,见面相问:"您安得可好?进得可好?……"我们问:"皇上,闹不闹呀?"他拊掌大快:"这多热闹呀!"因此发现了"家里谁个子最高、谁年纪最大、谁可以离休",引出了"老干部",也从此,外甥孙女冰冰被"封为蜻蜓秘书"。《我爱我家》不知何故在北京电视台停播,他与我们一起不甘心、等到失望。陈先生肚子里的故事似乎永远讲不完:儿时的辫子、留学时用一根香肠吃下半打面包的同学、清华园的同事、金岳霖先生家的"湖南饭店"、联大的艰苦团结、昆明的唐家戏楼、战后从日本人手中接收清华园……悠悠往事在他脑海里似乎永远不会褪色。回忆时目光中跳动的欢愉,好似他又回到往昔的岁月,那些永存他心底、令他留恋的日子。陈先生是感情深沉的人。与他一起生活了近三十年的堂妹病倒了,住院和回家后的日子,每天下午他都到她的床边坐坐,或讲讲一天里发生的事,或并不说什么,只是默默地坐着。晚辈们绕膝的笑语给他的晚年带来了无限的慰藉。外甥女唐斯复、唐立苏只要在北京,每周总要来北大两三次,他一方面愿意她们来,另一方面又不愿劳累她们,总是说:"太忙了,不用来。"对于孙辈,几乎是平起平坐、没大没小了,左一声"舅公"、右一声"舅公",下午一点才午休也可以,"没关系,再坐五分钟"。这几年他特别愿意过节,这时家里人都会聚在他周围,三三两两地闲聊,有时他并不加入谈话,只是坐着,静静地听。记得1996年过中秋节,是临时决定的,提前了一天,我们小辈"申请",他特别高兴:"批准! 咱们没有提前,就是今天,春节过除夕,圣诞节过圣诞夜,十五过十四!"马上戴上眼镜、打开柜子,认真选出一听罐头和一瓶酒,说:"我宣布贡献一听罐头和一瓶酒!"当看到外甥孙陈晴如何也打不开酒瓶的软木塞,我们七手八脚帮不上忙时,他站在旁边,双手叉腰,歪着头,一脸的幸灾乐祸! 乘我们不注意,他快手抢过酒瓶、挟在两腿间做用力状,被我们惊呼着夺回! 有时大家愿意给他个惊喜,事先不讲,一下都来了,他更是高兴。给他过96岁生日,事先没有告他,他上海来的堂妹还剪了一对红寿字,他非常高兴,告诉我们这是福建家乡风俗,在鸡蛋上印上红寿字,他一头吃一口,然后给小辈吃,叫作"接寿"。晚辈们出差、出行都告诉他,他总是记得非常清楚:"×日唐斯复在××处,×日唐立苏在××处""今天他们又野吃去了"……大舅走了,舅公走了,谈笑如昨,为之潸然。

亲聆智者謦欬,得以领悟什么是尊严、人格、品质。陈先生儒雅卓绝,世罕其俦,他属于他的时代,如鲲西先生所言:"他是属于清华园的,这样的风范以后再也不会有了……"他的道德学问教化了几代学人,行为人表,会永为人们所敬慕。

作者汤燕与陈岱孙先生合影于 1988 年

文章永在　风范长存

□ 林其屏*

北京大学的校园里,走出了许多学术界的泰山北斗,陈岱老就是其中之一。他是经济学界的泰斗、一代宗师。

1963年,我刚跨进北大经济系,就听说我们的系主任陈岱孙教授是福建闽侯人,一级教授,学贯中西。不久,在全系迎新会上,我聆听他的简短、精辟、风趣的致词后,更感到他的厚实的、内在的力量。

陈岱老在西方经济学的研究和教学上的造诣极深,出了很多著作和文章。他讲授西方经济学说深入浅出,生动风趣,逻辑性很强,广为学生称赞。北京大学校报曾以整个版面长篇介绍他的教学经验。在学术权威云集的北大,校报能这样宣扬他的治学经验,可见其学术思想的精深、学术地位的崇高。1986年,福建论坛杂志社组织了五位同志到北京召开座谈会和组稿,我和社里的一位同志一起到北大镜春园拜访陈岱老,请他谈对外开放与经济发展方面的问题。尽管事先没有预约,他仍侃侃而谈,极为切题,很有深度。他认为,在对外开放中,对西方经济学说和经济思想的吸收,一定要取其精华去其糟粕,切不可全部吸纳,也不能全盘否定,一定要根据中国本身的实际。这一精辟的见解也是他对西方经济学研究和教学的一贯思想,是一条贯穿始终的红线。

陈岱老不仅治学严谨,还很严于律己。1968年秋冬之交,军宣队进驻北大,各系各班每天早晨都要进行军训,老师都下到各班。陈岱老是到我们班。每天他都很早就到,他个子高,是我们班的"排头兵"。与世纪同龄的他,此时已68岁高龄,仍然同大家一起"立正""稍息""起步走",跑步时也小跑一段。入冬后,北京早晨6点,有时天上还有星星和残月,我们年轻的学生有时还想偷懒请假不去,而陈岱老仍然坚持天天早到,一丝不苟地参加军训,我们学生对他这一点都很钦佩。

陈岱老对学生很关心。1992年7月,我们班的同学在北京聚会,来了三十

---

* 林其屏,福建省社会科学院原副院长,北京大学经济系校友。

多人，大家提议一起去看系主任。这时陈岱老已经搬到燕南园。他见我们班这么多人去看他，很高兴。我们说，这是我们毕业24年之后的第一次聚会，他说"你们分到各国各地，能够聚在一起，这很不容易"。他同我们大家合影后，又不厌其烦地与每位同学单独合影，同时还说了一些勉励的话。走时，92岁高龄的他，仍然坚持要送我们，同我们挥手告别。我似乎感到他依然像1963年秋季在迎新会上致词时那样富有活力，同时也倍感亲切。

1998年6月

求实的学风　博大的胸怀

□ 梁小民*

　　一年多前,友人告知我陈岱老的身体不如以前了。1997年春节我去给岱老拜年,他从沙发上起来时,我感到他有点吃力,但坐下后他谈吐的风度、思维的清晰不减当年。他关切地问到我最近的工作与研究,并说在《光明日报》上看到了我写的几本书的广告。广告是在10月份左右刊登的,岱老不仅留意看到了,而且还记着,很使我感动。临别时我祝岱老健康长寿,心想岱老是应该能进入21世纪的。不料7月27日友人打来电话,说岱老过世了。他只说了这一句话就说不下去了,我拿着听筒也说不出话来。

　　我曾在北大学习、工作近二十年,与各代学人都有接触交往,但我总感到在岱老他们这一代留美学者的身上,有一种其他学者所欠缺的风范,那就是学问的博大精深与为人的谦虚宽容融为一体。

　　记得1994年年底,我参加一个学术研讨会。会议的主题之一是"西方经济学与中国社会主义市场经济"。当时我刚从美国回来不久,就在大会发言中介绍了美国经济学的最新进展,并强调了对西方经济学不应立足于批,而应立足于学。整个发言的基调与当时国内学术界对西方经济学整体批判、个别合理之处借鉴的调子不同,其中也不乏对获得诺贝尔经济学奖的学者及其理论的赞赏。发言进行到一多半时,主持人不断敲杯子,我硬着头皮,仍把准备好的内容讲完。下来后友人告诉我,发言超时了,主持人才有敲杯之举。但接着一位长者发言,他声明自己对社会主义市场经济的提法仍不理解,只是按组织原则服从,接着大批西方经济学,把诺贝尔经济学奖称为有政治偏见的资产阶级捧场,并对我的观点点名或不点名地逐一批驳。他的发言比我长得多,但主持人并未敲杯。我感到,是否敲杯恐怕不是取决于发言长短,而是主持人对内容的偏好。想到我的发言有点逆主持人的基调,心情也就沉重了。会后我去问候岱老。岱老握着我的手说:"你今天的发言很好,我们是应该多学、多了解国外经济学的

---

* 梁小民,北京工商大学教授,北京大学经济系校友。

新动向。"这是我与岱老交往的这些年中第一次得到他的当面夸奖。这几句话把我心头的不快一扫而光。我想,岱老也许并不完全赞同我那些有点偏激的观点(如经济学离开数学是万万不能的),但他鼓励我有自己的观点,并希望我讲自己的观点。岱老这种宽容的态度使我胆大起来,把这个发言整理为《重要的还是学习》,发表在1995年《读书》第7期上。

但是,岱老的宽容不是无原则的不抗争和逆来顺受,也不是某些旧文人"闲时帮闲,作恶时帮凶"的恶习。他有自己的信仰与原则,无论在任何情况下,他都不会出卖自己的良知。他和那一代大多数知识分子一样,相信中国共产党能够使中国富强,也接受了马克思主义。但是对"文化大革命"前的种种极"左"错误和对马克思主义的曲解,他决不盲从。在极"左"的环境中,他坚持了康德的原则:我不能说违心的话,但我可以不说话。这正是改革开放前二十余年中他一篇学术文章都未发表的原因。

1978年改革开放以后,知识界迎来了思想解放的春天。然而,在极"左"思想仍未肃清的情况下,天气还是乍暖还寒的。这时,有人沉默,有人观望,有人随风转,而年近八旬的岱老成了经济学界的中流砥柱。20世纪80年代初,介绍与研究西方经济学,尤其对西方经济学某些观点、方法的肯定或借鉴,曾被作为"资产阶级自由化的表现",甚至商务印书馆把萨缪尔森的《经济学》列入《汉译世界名著丛书》也受到"吹捧资产阶级经济学家"的指责。当时刚刚起步的西方经济学研究遇到了阻力,大学里正在或准备开设的西方经济学课程面临被砍掉的危险,原纳入出版计划的一些西方经济学原著也被推迟或准备取消出版。我们这些以西方经济学为专长的人则有些遑遑不知所措的感觉。正是在这时,当时已83岁高龄的岱老在《北京大学学报(哲学社会科学版)》1983年第3期上发表了《现代西方经济学的研究和我国社会主义经济现代化》一文。岱老在这篇著名文章中提出:"现代西方经济学作为一个整个体系,不能成为我们国民经济发展的指导理论。同时,我们又要认识到,在若干具体经济问题的分析方面,它确有可供我们参考、借鉴之处。"这篇文章以后由《人民日报》转载,得到胡乔木等中央领导和学术界的首肯。当时我们读岱老的这篇文章,尤其是读《人民日报》明确肯定这篇文章基本观点的"编者按"时,真有一种得到解放的感觉。至今,经历了那个年代的人在一起相聚时,还常常兴奋地谈到这篇文章,谈到读这篇文章的感受。现在当我们回顾我国研究西方经济学的历程,评价经济学的繁荣及其为改革所做出的贡献时,我们不能忘记当年岱老力挽狂澜的壮举。

按我的理解,宽容作为一种对不同于自己观点的见解的耐心而公正的容忍,绝不是毫无原则的唯唯诺诺,不是见风转舵的投机行为,也不是逢场作戏的人生哲学,而是一种有容乃大的胸怀。我也正是在这种意义上用"宽容"这个词来说明岱老的学风与为人。

房龙认为,宽容这个词从来就是一个奢侈品,购买它的人只会是智力非常发达的人。不宽容实际上是一种软弱的表现。当一个人没有足够的知识又要维护自己的权威地位时,当一个人并没有掌握真理而又以真理的化身自居时,当一个人固守陈腐的教条而拒绝历史的进步时,当一个人目空一切自作井底之蛙时,这个人必然是不宽容的。岱老的宽容来自他非常发达的智力。这种智力包括他的个人修养与深厚的学问信仰与根底。

岱老幼年时受中国传统文化教育,青年时在美国受到了西方文化的教育,中华人民共和国成立之后自觉接受了马克思主义。深厚的国学根底、广博的西学知识和对马克思主义的造诣是他学术成就的基础。中华人民共和国成立之前,岱老是财政金融专家,成立之后专攻经济学说史。20世纪50年代后期,岱老撰写了40万字的《经济学说史》讲义。上册从古希腊罗马的经济思想到19世纪上半期的经济学说,中册从19世纪下半期到20世纪初的各经济学学派;下册集中论述马克思主义和列宁主义经济思想的发展。这本讲义是岱老学习马克思主义的一个小结,也是中国学者用马克思主义观点研究经济学说史的早期成果。可惜这部著作还未及出版就在60年代初高等院校内一次短命的政治运动中遭到批判。直至80年代初,在这本讲义的基础上由岱老主编的《政治经济学说史》才得以出版。

20世纪60年代以后,政治运动接踵而来,岱老不再发表什么研究成果了。但他仍坚持自己的研究,其成果是在1981年出版的《从古典经济学派到马克思》。这本近二十万字的经济学说史专著以专题的形式评述了马克思以前的经济学说,及其与马克思主义经济学的关系。这本书资料丰富、分析精辟,显示了岱老对马克思主义经济学的精通,以及对西方经济思想发展的造诣。至今这本书仍被作为经济系研究生的必读书。

20世纪80年代以后,岱老的学术研究空前活跃。这时,各种国外新思潮涌入国门,国内各种离经叛道的观点也层出不穷,但岱老坚持马克思主义的态度并没有变。这集中体现在他对西方经济学的态度上。首先,他认为西方经济学是资产阶级经济学,是为资本主义制度辩护的,因此对西方经济学应该批判。

这种观点是继承了马克思对资产阶级经济学的基本态度。其次,他认为对西方经济学应该认真研究、学习,既不能简单地否定,也不能贴标签式地批判,对西方经济学的批判应该是有分析、有说服力的。这也是马克思在批判资产阶级庸俗经济学时所采取的态度。最后,对西方经济学中合理的内容应该吸收、借鉴,而不能一概排斥。这与马克思主义经济学吸收了资产阶级经济学中合理的成分也是一致的。岱老对西方经济学的这种态度完全是马克思主义的,也是始终一致的。国内外有些学者根据岱老的这个观点把他划入反对改革的"左"派之中(1996年香港一家杂志点了国内经济学界"左"派的名字,第一个就是岱老,国内一些"左"派也把岱老作为他们的旗帜),这实在是一个误会。从岱老20世纪80年代以后的研究成果可以看出,岱老是既坚持马克思主义,又拥护改革开放的。他对马克思主义的信仰是坚定的,对改革开放也是衷心支持的。岱老真正掌握了马克思主义的精髓,把马克思主义作为一门开放的、科学的理论,而不是作为教条。由此来解释他对改革开放的衷心支持也就顺理成章了。仅就对西方经济学的态度而言,岱老的观点也与那些"左"派完全不一样。某些人坚持对西方经济学的批判是与他们对改革开放的某种抵制相关的。他们坚持的马克思主义实际并不是真正的马克思主义,而是某些过时的苏联模式教条。例如,把公有制的形式确定为传统的国有制与集体所有制,公有制形式的多样化就等于私有化。他们起劲地批科斯理论,其目的在于否定产权改革,否定中央关于国有企业改革中"产权明晰"的观点。"项庄舞剑,意在沛公",名为批西方经济学,实为抵制改革。岱老与这些人的观点完全不同。他强调对西方经济学的批判,是为了纠正对西方经济学的盲目崇拜,提醒我们不要忽略中国国情、照搬西方经济学。作为一个既精通西方经济学,又了解中国国情的学者,这种忠告是非常可贵的。对西方经济学,他决不盲目排斥,更不做简单化批判,他坚持的是实事求是的态度。岱老长期担任中华外国经济学说研究会会长,对我国西方经济学的教学与研究做出了巨大的贡献。对某些人借他的名声与地位,以批西方经济学为名行反对改革之实的做法,岱老表示了明确的不满与拒绝。

岱老对西方经济学的研究严谨求实。改革开放以后他发表的一系列研究成果体现了这种学风。

1979年11月5日,岱老就《魁奈〈经济表〉中再生产规模的问题》为北大经济系师生做了一次学术报告。在这次报告中,他根据国外学者新发现的材料,对法国重农学派主要代表人物魁奈的《经济表》的版本和模式做了详尽的考证和分析。过去学术界认为《经济表》只分析了简单再生产,岱老根据详细的考证说明《经济表》及相关文献中还分析了规模扩大或缩小的再生产的可能性。当时我是经济系的研究生,也正在学习经济学说史。岱老这次演讲考据之翔实,分析之透彻,令我们耳目一新。魁奈《经济表》中关于再生产的分析,本来是经济学说史中的一个老问题,有关研究成果我也曾看过一些。没想到岱老对这一问题的研究如此深入、广泛,并且做出了有开创意义的新发现。这次报告使我深感学也无涯的道理。我们这些小字辈在一起议论这次演讲时都说,这才是做学问。

1981 年,岱老在《经济科学》上发表了《规范经济学、实证经济学和西方资产阶级经济学说的发展》(该文是岱老 1981 年 5 月在四川大学及西南财经大学的一次演讲,可惜那次我未去四川开会,没有亲耳聆听岱老风趣、幽默的演讲)。这篇文章从方法论的角度来分析西方经济学的发展,其立意与观点都是当时国内学术界所未曾提出的。岱老从方法论的角度精辟地概括了从古到今的经济学发展史,尤其是对资产阶级经济学的评价有所突破。传统的经济学说史研究者认为,19 世纪上半期,资产阶级经济学研究方法从规范向实证发展是庸俗化的表现,是掩盖政治经济学本身阶级性的手法。岱老认为,这种说法是把事情简单化了。他不认为经济学可以完全脱离价值判断,但肯定了经济学实证化对以后经济学发展的意义,并肯定了过去我们一直完全否定的庸俗经济学家萨伊和西尼尔对经济学实证化的贡献。对以资产阶级价值判断为基础的规范经济学,岱老也肯定了其合理的内容。通过这种分析,岱老的结论是:"对待西方的经济学,对我们来说,同对待引进生产技术一样,不能采取绝对化的态度,要做具体分析。"岱老对西方经济学的分析与批判是以求实的研究为基础的,不是盲目否定与简单批判,更不是随风而变。这种态度贯穿了他终生的研究,是留给我们宝贵的精神财富。

1984 年 8 月,我在武汉开会时聆听了岱老在华中理工大学所做的《西方经济学中经济自由主义和国家干预主义两思潮的消长》的学术报告。这个报告仍然是对西方经济学发展史的高度概括,但角度是各经济学派的政策取向。过去,我们对西方经济学说发展的研究更多偏重于一个人或一个流派的思想。这种研究当然是必要的,但缺乏总体观念。也有一些学者试图用价值论或发展论把各学派的思想发展串起来,但都不能令人满意。岱老用经济自由主义与国家干预主义的消长与交替来把握经济学发展的总体趋势,既说明了经济学说与经济政策之间的关系,又抓住了各经济学派分歧的实质。岱老以此为线索分析了从重商主义到现代各派的经济思想,令人对许多难解的问题豁然开朗。没有多年精心的研究与思考是做不出这种高屋建瓴的分析的。我听了这个报告真有醍醐灌顶之感。顺着这个思路,我对经济学说史上各流派之间的纷争,对那些不断创新的理论有了更深的理解。我为人民出版社所写的《西方当代经济思想》正是按这个思路写出来的。

20世纪80年代之后,岱老还应各方作者之邀写了大量序文,内容广泛,立意独特,其中不乏真知灼见,尽管篇幅都不长,但读后总令人有所得、有所思。例如,他为《新帕尔格雷夫经济学大辞典》中文版所写的序,回顾了这本辞典三个版本的情况,介绍了国外对这本辞典的评价,肯定了它的出版是"80年代经济学界一件大事和经济学文献史上一个新的里程碑",也指出了它词条选择失当等缺点。这篇序言发表在辞典出版之前,看了岱老对这本辞典如实的介绍,我才下决心买了一套。

岱老做学问无哗众取宠之心,无标新立异之意,也没有产生轰动效应的企望,他只是辛勤地耕耘,认真地探索,他不追求轰轰烈烈,也不去跟踪什么热门话题。他甘于在书斋中苦读、静思。但是,他的成果为经济学界所重视,为后学者指点了研究方向,他无声的榜样影响了数代学人,他真正无愧于一代宗师的称号。

岱老离我们而去了,但他的风范永存。向市场经济转变是一次伟大的历史变革,其间有创造,也难免浮躁。岱老之所以做出了我们难以企及的学问,根源在于他求实的学风、勤奋的态度,以及博大的胸怀。只有做好人,才能做出好学问。岱老的一生正是对这个平凡真理的证明。这也正是我们在悼念岱老时所应牢记的。

1997年8月初稿,1997年10月再稿

(原载《读书》1998年第2期)

永不磨灭的记忆

□ 徐慧荣*

7月28日清晨,我照例准时打开收音机,收听中央人民广播电台播送的早间新闻。当听到陈岱孙先生不幸逝世的消息,我的心咯噔一下沉重起来,陈先生的音容笑貌顿时浮现在我的脑海。光阴荏苒,二十几年如过眼烟云,多少往事付诸流年,但对陈先生的记忆,却难以被岁月磨灭。

1970年,我被选送到北大经济系学习。由于天津市决定第一批工农兵学员220人以行军的方式走到北京,所以我们晚于其他地区学员,至8月29日午时才到校。后勤部门特意为天津学员开放淋浴。洗去"征尘"回到宿舍,工宣队的师傅们前来看望,互相介绍并致问候后,其他师傅就告辞了。一位女师傅留下来和我们聊起来。她十分神秘地对我们述说了陈先生的一些情况。于是步入北大,来到经济系,第一个留给我印象的便是陈先生。从师傅那里我知道了他是一级教授、系主任;知道了他曾在美国留学并获得金钥匙奖;还知道了他没有结婚,据说是为了更多地学习和研究而错过……这样,虽未曾谋面,却已对陈先生十分崇敬了。

后来,在全系师生大会上我第一次见到了用英文做记录的陈先生。会后,一些同学议论着他的外表多像美国人,而更多的是钦佩他的外语水平,以至于到后来许多同学都提出开外语课的建议。当时,因为周总理亲自过问大学的学习质量,同学们卸下了"背着麻袋装知识走白专道路"指责的包袱,学习热情十分高涨。于是有的同学就出面组织并与陈先生商量教大家学英语的事。当时年逾古稀的老人竟欣然满足了大家的要求,利用业余时间到系里教起英语。虽然时间不长就被军宣队的领导制止了,大家很失望。但是,一位颇有名望的老教授竟没有一点架子,这样有求必应,而且具有这么大的耐心,从初级教起,像慈父教子女牙牙学语,这让同学们更加深了对他的尊崇。

对于开设经济学说史这门课,当时系里有些争议,因为课时少,一些同学基

---

* 徐慧荣,北京大学经济系校友。

础较差,领导担心大家听不懂,但同学们都愿多学一些知识,这门课最终还是开了。得知这门课由陈先生讲授,同学们欣喜地翘首以待。当我们坐在宁静的课堂聆听先生讲课时,一种荣幸感油然而生。先生高度概括,把各流派的学说讲得清清楚楚,同学们听得明明白白。对于先生每一堂课结束语的最后一字恰与下课铃声同时,大家更是无不啧啧称赞。是呵,这是陈先生多年教学经验与教学艺术的体现,我说这是他的"绝活儿"。

1974年春节前我们毕业了。1月15日,中央新闻制片厂和天津电视台的记者来北大拍摄第一批工农兵大学生毕业离校的场景。经济系的同学几乎走光了,天津同学只有我和刘秀琴以及留校的赵云岭没有离去。这一天,晴空万里但比较寒冷,我们背着书包来到西校门口,见陈先生和张友仁老师早就到了。趁拍片还没开始,张老师打开相机为大家拍照,有我们同学三人的合影,有我们三人和陈先生的合影,还有我们师生五人的合影及两位老师的合影。大家都很高兴,但我内心不免有些离别前的伤感,这时陈先生关切地问我:"穿这么单薄冷不冷啊?"我答:"不冷,我穿得不少,里面是尼龙衣、棉坎肩,外面又有棉袄。"陈先生笑着说:"噢,有内容呵!"真没想到陈先生这样幽默。是啊,睿智的人都会幽默。

回到天津后,很快便接到张老师寄来的经放大的合影照。那些天我怀着激动的心情,按照片为陈先生放大了一张炭粉画像,寄给他作纪念。虽然在北大三年多的学习生活中与陈先生接触不算多,但是,进入北大后所了解的第一位老师是陈先生,而离开北大送我们的还是陈先生,并与我们留下了珍贵的合影,这难道不是一种缘分吗?

陈先生离去了,但他伟大而高尚的人格力量对我的深刻影响是永不磨灭的,我对先生的深刻记忆是永不磨灭的。

1997年10月20日

一株挺拔的劲松

□ 黄范章*

敬爱的岱老走了。我们一班同学爱称他"岱老",很少称他"陈老师",是因为他不仅是我们的老师,而且是我们老师的老师。"岱老"两字,蕴含着弟子们对他的无限仰慕、尊敬与挚爱。他那慈祥而又刚毅的表情,凝结着他对莘莘学子的千种爱心和万种期望;他那清瘦而又挺直的身躯,就像一株挺拔的劲松,凝聚着他毕生的执着:对祖国执着的爱,对真理执着的追求,对事业执着的倾心。现在岱老走了,我们为失去这样一位恩师而悲痛,沉湎在对他的无限哀思之中。

岱老早年留学美国,获哈佛大学博士学位。他既不羡国外优厚待遇,而是一毕业就回国;也不慕当年国内的高官厚禄,一回国就全身心地扑在教育事业上,而且一扑就是 70 个春秋,把全部青春和生命都贡献给莘莘学子。这充分体现了他对祖国执着的爱,对事业执着的倾心。他对西方经济学有精深的研究,孜孜不倦地探求真谛。中华人民共和国成立之后,他进一步认真研究马克思主义,思想境界有了一个升华。他努力用科学的观点和方法来研究经济学及其历史。他对待外国经济学说的基本观点和立场是,既不要全盘否定,也不要全盘照搬,而应该牢牢地立足本国实际,从本国实际情况出发,吸收、运用一切有用的东西为发展中国经济服务,造福于人民。他的一个习惯手势是,伸出手掌,向左右一摆,示意既别"左"也别"右",而要致力于把本国的实际情况和实际需要作为从事科研、教学工作的出发点和归宿点。这就把他对真理的执着追求与对祖国、对事业执着的爱融结在一起。

然而,在改革开放前的几十年里,进行这种有分析、有鉴别、有取舍的科学研究尚不具备条件。20 世纪 50 年代,我们向苏联"一边倒",经济上实行中央集权的计划化制度,大学里采用的是苏联的教科书。由于把西方资本主义市场经济看作社会主义经济的对立物,因而把研究前者的现代经济理论看作洪水猛兽,全盘否定,彻底批判。这种"左"的路线给人们的思想既套上枷锁,也留下阴

---

* 黄范章,国家发展和改革委员会宏观经济研究院研究员,北京大学经济系校友。

影。这种"左"的路线在"文化大革命"期间发展到了顶峰,也把国民经济推到了崩溃的边缘。这就迫使人们在经济体制和经济理论上重新探索社会主义的新方向。岱老本身长期身受"左"的路线之害,但他追求真理之心不仅未泯灭,相反,他那一颗忧国忧民的心反倒使他对真理的渴望更加炽热起来。

1978年12月党的十一届三中全会开启了中国改革开放的新时期,同时也要求解放思想,向"左"的思想禁锢发起冲击。翌年5月间,以岱老为首的17位研究外国经济学说及学史的同仁,汇聚于杭州西子湖畔的宾馆,讨论由许涤新同志(时任中国社会科学院经济研究所所长)主编的《政治经济学辞典》中有关外国经济思想部分的书稿。讨论会由受许涤新同志委托负责主编的"外国经济思想史"部分的张培刚教授主持,我协助工作。会间,与会者均深感必须摒弃过去对西方经济学采取全面否定的"左"的做法,而重新以科学的态度进行研究。尽管当时"左"的思想仍笼罩着这个领域,尽管在我们与会者身上仍不同程度地留下"左"的阴影,但这种新的认识无疑是思想认识上的初始解放。会下,朱绍文教授提议应该趁此机会发起成立一个研究会,团结更多的同行来从事这项工作。大家热烈赞同,公推岱老为会长,岱老欣然赞同,并愿主持研究会的筹备工作,指定李宗正、厉以宁和我具体操办,起草成立"外国经济学说研究会"创议书(发表于《经济学动态》1979年第9期);此外,岱老还建议推举许涤新同志担任研究会名誉会长。起初,我们觉得岱老素来超脱淡恬,担心他会推辞会长职务,没想到他答应得这么爽快,这是头一回看到他如此明快地表露他的政治热情。这表明他对过去长时期桎梏着学术研究与教学的"左"的路线十分厌恶,对党的改革开放、解放思想的战略性举措竭诚拥护。岱老对长期以来全盘否定西方经济学的做法很不以为然,认为那里有不少可供我们利用、借鉴的东西,强调无论是批判它抑或借鉴它,都必须先要全面地、客观地研究和了解它。后来他在不同场合多次表示,对西方经济学采取全盘否定或全盘照搬的做法,都比较容易,困难的是对它进行客观的有分析的研究,并根据中国国情从中鉴别取舍,为我所用。我想,这正是他之所以赞同成立外国经济学说研究会的初衷,也是他老人家对研究会同仁所寄予的厚望。

研究会成立后的第一个活动,就是在岱老的指导下,举办国外经济学讲座。当时研究会组织了几十位从事这个领域的教学工作者和研究工作者,对西方国家经济学的不同派别、不同观点进行比较系统的、有分析的介绍,目的是推进思想解放,让人们对国外经济学有一个比较系统、全面和初步的了解。尽管在当时主讲人的思想上还不同程度地存在过去盛行几十年的"左"的影响,但大家朝着新的方向做了巨大努力,取得了积极的效果。我因 1980 年年初奉派美国哈佛大学进修,只为这项活动贡献了一篇《30 年代以来西方经济学界关于计划经济学的论战》的讲稿。这项活动的组织工作由李宗正、厉以宁、范家骧等同志进行,全部讲稿后来由中国社会科学出版社分四辑出版,在为以后的经济体制改革进行思想准备方面发挥了一定的作用。这项活动始终是在岱老的指导和支持下进行的。

1983 年国内兴起了反对精神污染的运动,一些人错误地估计了形势,认为这是要逆转改革开放的方向。于是,过去那套"左"的东西就像滚滚乌云迎面扑来,西方经济学的研究与教学首当其冲。这个领域的广大教学工作者和研究工作者又重新堕入迷惘之中。幸亏党中央及时拨正了方向,使改革开放的列车继续沿着正确的轨道向前驰进。也正是在这个关键时刻,岱老于 1983 年发表了《现代西方经济学研究和我国社会主义经济现代化》一文,一方面坚持否定过去二十多年来对西方国家一切经济学采取的"自我封闭"的态度;另一方面又着重指出西方经济学"有若干值得参考借鉴之处",应该本着"以我为主,以符合国情为主"的精神来取舍,接着又列举了现代西方经济学中至少在五个方面"对于促进我国经济建设现代化是有用的"。尽管岱老在这篇短文中并未对现代西方经济学展开全面的分析与论述,而且对其间的积极因素的分析也只是初步的,但整篇文章的针对性是十分明显的:抵制过去的"左"的思潮卷土重来,反对重新回到"自我封闭"的状态中去,继续推进思想解放。这篇篇幅不长但分量颇重的文章,给这个领域内广大教学工作者和研究工作者指明了前进的方向,帮助了不少同志从迷惘中重新振作起来。

岱老对于把市场机制引进社会主义经济的中国经济改革是竭诚拥护的。他对中国经济改革在这个方向上前进的每一步都给予由衷的赞许,这些均见诸于他十多年来发表的文章中。在 18 年改革的风雨中,岱老不仅努力抵制主要来自"左"的方面的外部干扰,同时也提醒人们要注意市场机制运转中出现的问题。尤其可贵的是,岱老自己还在改革的风雨中不断冲刷过去几十年"左"的思潮在自己脑海中留下的阴影,根据我国改革实践的发展不断地调整自己的观点,努力用自己的渊博学识和精湛的成果来为中国经济的改革与发展服务。一般人能做到这一点,已属不易;像岱老这样一位年逾九旬的长者,如此严格要求自己,执着地追求真知,这种精神是何等的可贵可敬! 这种精神,完全来自他对祖国、对事业执着的爱，来自他热切地想看到中国经济改革成功，想看到市场机制在中国这片社会主义土地上开花结果。

岱老虽然还没来得及对社会主义市场经济理论做直接的阐述，但他以其精湛的研究对什么是市场机制和市场经济做了深刻的阐述，以排除对它的各种误解或曲解。例如，关于英国古典经济学大师亚当·斯密的《道德情操论》中的"利他主义"（或"同情心"）思想与《国富论》中的"利己主义"思想如何能统一这个世界级课题，国外学术界长期争论不休。岱老进行了深入的研究，认为这二者在斯密那里是统一的。斯密把利己主义的经济行为简化为交换，但要做成交易，就不能依赖他人恩赐，而要提供能满足对方需要的商品。这样，"利己"便与"利他"统一起来了。所以，斯密《国富论》中的"利己主义"并不是一般人所狭隘地理解的唯利是图、损人利己、假冒伪劣之类的劣行，而是与为消费者服务、物美价廉、企业文明、市场秩序和法规相联系的正常交易。在我国当前从计划经济向社会主义市场经济的转变过程中，由于市场经济不成熟，法规不健全，上述劣行乃至权钱交易比较盛行。岱老对现实中出现的这些问题十分重视，警示人们不要因对市场机制的作用"顶礼膜拜"而对这些问题视若无睹。岱老的这些警示，语重心长，并不是对市场机制和市场经济表示怀疑，而是要人们从斯密的"利己"与"利他"两种思想的统一上正确把握市场机制和市场经济的本质，既要看到市场机制的积极作用，也不要忽视它的缺陷，要防止各种弊端滋长而损害它的发育与成长。这是在更高的理论层次上警惕可能干扰市场机制运转的"左""右"两种倾向。

两年前，岱老有一篇并非出自他手笔的论述西方国家的经济学的文章，为不少报刊所转载，引起了人们对岱老的误解，一些海外报刊更是加以渲染，竟把岱老描绘成一个对改革开放深怀疑虑的人。岱老对此甚感不快。据在岱老身边学习与工作几十年的嫡传弟子晏智杰教授告诉我，这时他已衰弱得无法提笔，只是一边让晏智杰教授通知报刊不要再转载那篇文章，一边让晏智杰在适当场合为他有所澄清，并郑重地说："拜托了。"岱老逝世后第三天，我与卢迈（国务院发展研究中心）、易纲（北京大学中国经济研究中心）一道前往岱老家吊唁，正值晏智杰教授陪同岱老家属守灵。谈话间，岱老的外甥女唐斯复女士特别说道："大舅（指岱老）近两三年来身体衰弱得很快，主要是精神上受了打击，一是我母亲（岱老的堂妹）的去世，二是那篇未能全面反映他观点的文章，被外面炒得变了样，利用它来搞政治，他很窝火。"其实，只要看一看岱老十多年来对改革开放事业的一贯热情,这一切误解,自会冰释。

岱老走了,并没有留下什么遗憾;他留下的是他对祖国、对事业、对青年学子一片执着的爱,是他对邓小平开创的改革开放事业的灼热而深沉的热情。一丝阴霾,遮不住他作为一代宗师的光辉形象。他将永远活在我们的心中。他所创立的中华外国经济学说研究会的全体同仁,一定会秉承他的遗志,高举邓小平理论的伟大旗帜,在党的领导下,以他为榜样,刻苦学习,深入研究,排除干扰,为中国跨世纪的经济发展与改革做出应有的贡献。

(原载《改革》1997 年第 6 期)

献上一瓣心香

□ 钟 民[*]

1997年仲夏7月,艳阳高照温哥华。老朋友、老同事厉以宁同学应邀访加讲学。在中国总领事宋有明先生的欢迎宴席上,厉同学突然轻声告诉我:陈岱孙教授已于昨天早上不幸逝世。骤获噩耗,悲痛逾常。我对陈教授的特殊感情,难以抑制地翻腾起来。回到家后,我立即发出第一份吊唁传真,沉痛哀悼我的恩师。

哲人其萎,学界同悲!

我进北大,除了仰慕北大的名声和优良传统,还特别敬佩那些才高八斗、学富五车的教授。像我们这样十七八岁的小青年,身处名校名师之中,连做梦都是笑脸迎人的。我是在高年级的同学口中认识陈教授的。他们告诉我,陈先生的伯公叫陈宝琛,是前清进士,任职翰林院,做过太子太傅;陈先生自己是哈佛大学的博士,金钥匙奖获得者,28岁就当了教授和院长;以前主持清华大学校政的就是"一琦三孙"(校长梅贻琦,院长陈岱孙、叶企孙、金龙荪)。从书香门第到现代的博士、教授。年少的我不由得心向往之,能够亲聆他的教诲,该是多大的幸福啊!

学完一些经济理论的基础课之后,终于盼来了陈教授主讲的经济学说史。我十分注意地听课,也十分用心地记录。陈教授善于从史的角度阐述理论的产生和发展,使我们原先学到的理论知识得到扩展和延伸。对于以前学到的东西,我往往是知其然而不知其所以然,或者是知其不然而不知其所以不然。陈教授讲解的内容和方法使我获得深入一步的理解。至今还有几堂课给我留下很深的印象。比如他讲魁奈《经济表》时,提到魁奈是医生,而且又是晚年才去研究经济问题,又说《经济表》用数字表明再生产过程及其各方面的关系,引入一个重大的经济实质问题,等等。他点出了问题,但并不详细解说,而是引而不发,给我们留下了理解的时间和思索的空间。又比如,他讲边际学说时,不但讲

---

[*] 钟民,原名范中民,北京大学经济系校友。

了历史背景,也讲了边际原理和边际分析方法,没有简单化地批判一通。这给我后来的学习和研究起了很大的启发作用。陈教授那种深入浅出、简洁深刻的教学方法和讲授内容,班上同学都反应热烈,觉得质量高,是"集约式"的,要抓紧时间好好复习消化。我那本"详细"的笔记经常被同学借走。

那年头,学校为了鼓励学生上进,定出了一个评选三好模范生制度。我有幸被评为模范生,获得学校的嘉奖。有一次,陈教授在课间休息时对我说:"当了模范生,很好,祝贺你。希望你再接再厉,再上一层楼,可不要变成'麻烦生'!"当时,我又惊又喜,连连说感谢老师鼓励、鞭策,我一定会谦虚谨慎,不辜负老师的期望。晚上回到宿舍后,想起了陈教授的嘱咐"不要变成麻烦生"的话,很用心地告诫自己,要牢牢记住陈教授的谆谆嘱咐。

令人遗憾的事啊,竟然一语成谶!

我竟然成了"麻烦生",岂止是"麻烦",更是遭到了一场厄运。

1958 年 2 月,我被批判,戴上"右派"帽子,接着就去了北京郊区的下放基地劳动,但心里是不认罪服罪的,抱着对抗的情绪。不到一个月,我公开对抗,跑回了北京。在公安局蹲了 10 天后,心里更加不服,回到学校宿舍后闭门不出。

有一天,系里说领导要找我谈话。我正想找机会为自己申辩,就去了办公室。不料推门一看,只有一个人坐在办公桌旁,而那人正是我尊敬的陈教授。我一下子就想倾吐所有的委屈,但他让我坐下,冷静下来再说。他没有指责什么,也没有批判什么,却一脸严肃地说:"如今之事,需要面对现实。下去劳动这一点有没有想通?"我马上回答说:"下放劳动当然愿意,但是……"他接着说:"既然愿意,想通了,那就先行动,其他就慢慢来、慢慢想。你才二十出头,今后还有很多机会。对抗下去,没有出路。"我想,现实是如此严酷,谁都帮不了忙。陈教授说得对,要面对现实。我要听从他的规劝,不要再有不切实际的对抗。临告别时,陈教授送我几句话,他说:"前面的路是艰难的,切切小心谨慎,好自为之,多多保重!"就这样,回到宿舍以后,反复思考这十几分钟的谈话,尤其是临别赠言。我觉得陈教授在我这个关键时刻,给予我"小心谨慎,好自为之"的教导,可谓言简意赅、语重心长!

我又回到了劳动基地。在此后长时期里的人生苦旅中历尽坎坷,我始终牢记陈教授"好自为之"的警语铭言,渡过多少暗礁险滩。"好自为之"是充满智慧和阅历的出路。时至今日,陈教授的教导仍然指引着我待人处事,几十年的风雨人生中,我深深体验到陈教授珍贵的指教使我终身受益。我永远感谢他。

感谢陈教授不仅在思想上、精神上,他在生活方面的帮助也使我难以忘怀。

三年困难时期,我在某个农场劳动。那年萧瑟秋风预示寒冬将至,而我只有一件破棉袄,过冬衣裤都没着落。要钱没钱,要布票没布票,我为过冬发了愁。后来不知怎的,想到了陈教授,我想给他写封信求援,也许能成。信寄出去后,我倒有点后悔起来。因为当时已经响起了新的号召:阶级斗争要年年讲、月月讲、天天讲。我这么做不就难为陈教授了吗?多少个日日夜夜,我都忐忑不安,希望不要产生什么瓜葛,只求太平无事。

一天傍晚我下工回来,在集体宿舍里看到一个不大不小的邮递包裹,仔细一看果然是我的。封皮上的落款工工整整、大大方方地写着:北京大学镜春园甲79号陈岱孙寄。我惊喜激动之下,眼眶湿润了。这天夜里,我爬上了双人床的上层,避开旁人,满心喜悦地拆开了这个包裹。原先我在信上提出的要求只是希望陈教授从他不准备穿用的旧衣里送我几件。可我收到的好多套棉毛衣裤和绒衣都很新,恐怕是他当时穿用的衣物。他想得周到,还有几双厚实的线袜。我抱着这堆温暖的衣物,喜极而泣。这一晚,我久久不能入睡,也不想入睡。

阴冷的弯月透过窗户带来浓重的寒意,但怀里的衣物散发着沁人的温暖。多年来,我们这类人物的处境和心情,都处于无奈的彷徨和无限的失落之中,迫切需要各种各样的帮一手、拉一下,需要正常、必要的关心爱护。陈教授的人道关怀,促进了我对未来的积极追求。当然,在"千万不要忘记阶级斗争"的政治环境中,陈教授对我的帮助是有很大风险的,"丧失立场、同情右派"等类帽子随时都可以加在他的头上。但他毫不顾忌这些,光明正大地帮助我。

第二天清晨,我穿上了棉毛衣裤,十分合身。裤管稍长一些,卷起一截更加暖和。喜滋滋地挑担上工,浑身都是劲。想起陈教授的面容和话语,我看到了他那正直慈爱的心灵;我穿着他的衣裤和袜子,好像感到他留存在衣物上的体温。真的,我从肌肤到心灵体会到了"温暖"这个概念的含义和价值。

世界总是对立统一的,有"温暖"也就会有"冷酷"。就在"温暖"以后一年,我碰上了"冷酷"。这是一个鲜明的对比,更加使我感到"温暖"的可贵。

那一年我被调回系里工作,同宿舍的同事也顺当地成了改造我的监督者。平时里我向他汇报思想争取帮助,对我的改造、进步也有利。有一次,我的海外亲属给我寄送了一些罐头和大米之类的食物。当时的我十分小心,不敢去侨务机构领取,害怕被人批判为贪图享受、跟国外关系不清。我如实地向这位同事汇报了这件事。没有料到他竟说这是允许的,而且他可以帮我去领取。后来,他真的去领了回来,我也分了一些罐头给他以表谢意。事情就这么简单地过去了。可又是一件没有料到的事发生了,也是老天有眼让我碰到。一天早晨我一个人在房间里扫地,在他的床边扫出一个纸团儿。初初一看,纸上隐约间有我的名字。好奇心驱使我捡起打开,这一看令我惊呆了。原来这是他的一份转正报告,说我反动立场不变,用海外寄来的食品拉拢他、腐蚀他,而他则立场坚定、不为所动……这下子他可能就顺利地转正往上爬,而我的档案里又会平白无故地增加了一条罪行。从这件事中,我触目惊心地看到了人性中恶劣的一面。

往事如烟,什么都过去了。我提到这件事,并非记恨他对我的陷害,而是这件事和陈教授对我的恩反差强烈。陈教授是名教授、系主任,又是全国政协委员,对于我这样的人原本可以不予理会,何况当时政治斗争的气氛日渐浓重严峻。但是他却胸怀坦荡,毅然伸手帮助。雪中送寒衣,暖身更暖心。有人为私利践踏我,更有人像陈教授那样无私无畏地帮我拉我。伟人有词云:"不是春光,胜似春光。"陈教授于我可说是"不是亲人,胜似亲人"。从社会角度看,他看得深、看得远,对人对事观察真切,无不显示出他那崇高的人格精神。他在我眼里,真是"高山仰止,景行行止"。

我一直好好收藏着那方包裹布,上面有陈教授的亲笔书法。我把它当作珍贵的纪念品。我想,将来我有了孩子,要告诉他这个难忘的故事。

此后几年,"阶级斗争"越来越趋尖锐复杂,终于爆发了"文化大革命"。无可逃避地,我当然属于被横扫的"牛鬼蛇神"之列。几次抄家,加上武斗烽火中的逃难流浪,我珍藏的那块纪念布不知流落何处。当时,那种着急忧虑的心绪真是无法形容。我实在担心,红卫兵和造反派会不会拿着这块布去揭批陈教授。原来只是把它留作纪念,现在却变成害人的证据。那个年代,什么意想不到的事都可能发生。我多么想去看看陈教授,特别是包裹布已被抄走的事,要早点告诉他,让他好有个思想准备。

那时我被分在校内绿化队劳动。我不能去系里开会学习的地方,也不敢在校园里到处走动。我们这"一小撮"只能老老实实劳动和接受随时提解的批斗。一次,校内一个帮派的小头头跑来训话。个别谈话时,他问我每天干什么活。我说:"锯树、砍树,再把拉下来的树枝、树杈用大车运到场子里去。"他又问:"你每天跟树打交道,知道不知道校园里有多少棵树?"我说:"不知道。"他马上板起了脸大声喝道:"明天起,你给我一棵一棵地数,下工到天黑抽时间去数,听见没有?"我只好接受这个"任务",心里却感到好笑,这不是捉弄人吗!这怎么能数得过来呢!可过后一想,倒有点高兴起来了。这是一个好机会,我可以借着数树的名义,从西校门往镜春园那边慢慢走过去,总有一天可以碰到陈教授。我可以亲眼看一看陈教授,向他请个安问个好。他也会跟我说几句亲切而深刻的话语,给我一个新的安慰。每次兴冲冲出发,假装数树,慢慢摸索前进,越靠近镜春园,越盼望碰到陈教授,有时就在他住宅附近徘徊。但常等到月亮爬上来的时候,失望而归。

宣传队进校后,系里开始大联合和逐步落实政策。我也被允许回到系里参加学习。从旁人那里打听到陈教授总算平安,也没听说有什么事牵连到我,这才放下心来。此后,政治气氛慢慢缓和起来,我也被落实政策摘掉"右派"帽子。我怀着喜悦轻松的心情到处寻找陈教授学习的房间,才知道老教授不一定要来系里学习。有一次,在校园的食堂北面,看到了陈教授的身影,我急匆匆地追上去,赶到了他的面前,紧紧地握着他的手,忍着眼泪,除了一个劲地问他身体如何,不知道再说些什么。他微微笑了一下,说:"你终于归队了,这下就好了。你还年轻,向前看吧。当然,还是要留意自己的思想行动跟现实是否适合。"我接着说:"我记得,记得要'好自为之'。"他好像想到了什么,问我有什么生活上的安排,我说自己什么也不考虑,听从组织安排吧,听说会下去一批,到江西老区去。……我陪着他绕过水塔,沿未名湖北去,一路叙谈着这些年的故事。快到镜春园时,我们才告别。陈教授显然老了,需要拄着拐杖走路。但他依然挺直腰杆,他伟岸的躯体蕴藏着崇高的品格,他的精神风采永远存在我的心里。

在中国民航温哥华到北京的飞机上,一对父子在兴奋地谈话。父亲说:"这次回国,我要带你去拜见一位我心中永远存在的崇高人物,他是哈佛的前辈留学生,九十多岁了,而你是哈佛的新鲜人,才一十九岁。"儿子十分惊奇地睁大了眼,很有兴趣地听了许多过去的故事。这个父亲就是我,这个儿子也就是我的孩子昆仑。

我是1979年正式开放那年出国的。那年3月我应邀探亲。8月,我带着6岁的小昆仑离京,到加拿大温哥华定居。昆仑在这里完成小学、中学学业。令我感到安慰的是,他十分懂得我对他的殷切期望,每学期的学习成绩都是全年级最高的。他报考了普林斯顿大学、耶鲁大学、斯坦福大学和哈佛大学,结果全都被录取了。他十分开心地问我去哪所大学。我说:"当然去哈佛大学啰。这是我多年来的秘密心愿啊!"1991年8月,他去了波士顿,成了哈佛大学的新鲜人。

我给儿子起名昆仑,就是希望他像昆仑山脉那样坚定、坚毅和坚强,懂得自己应该做什么、如何做、什么是自己的目标。他为我争了气。第二年暑假我带他回祖国,除了看看大江南北的美好河山和灿烂辉煌的历史文化,最重要的节目就是拜访我尊敬的老一代哈佛人陈教授。

骄阳7月的一个好日子,我和昆仑到了北大校园。一场阵雨把校园冲洗得十分干净明亮。我们先到未名湖东北角原先居住的公寓楼,再去看了看昆仑曾经上过的幼儿园。午休时间过了,我们俩怀着特别兴奋愉快的心情,沿湖南下,走向陈教授燕南园的新居。我刚刚敲了几下他家的大门,门就开了,陈教授迎了出来。我激动地拉着他的手,连声问好,接着就指着旁边的昆仑说:"这就是刚进哈佛的儿子昆仑。"昆仑乖巧懂事,朝着陈教授深深地鞠了一躬。陈教授笑着说:"请坐请坐,难得稀客。"19岁的哈佛新鲜人拜见92岁的哈佛老前辈,他们越谈越多越热烈,从波士顿说到哈佛校园,又从楼宇兴衰谈到人事变换。我看着他们只感到心潮澎湃,人生的甜酸苦辣一齐涌上心头。一个多小时过去了,我们只好依依惜别。出了燕南园,昆仑告诉我:"第一眼看到陈老教授,就感到他是一位真正的哈佛人,也是有中国传统的哈佛人。他的气质、素养令人崇敬,怪不得在爸爸心里有那么崇高的地位!"

是的,这次拜访和谈话,使我们父子俩倍受教益,印象深刻。陈教授说,进了哈佛,只是一个好的开端,切勿滋生骄矜之气。念书、做学问,一定要扎扎实实。他在哈佛,下决心发愤苦读,虽然紧张,却很扎实,还读出了乐趣。活到老、学到老,学无止境。新一代人是令人羡慕的,但也要付出辛勤的努力,才会有真正收获。陈教授赞成我孩子广泛地学习现代科学的基础知识,学会为社会服务的真本领。身居海外,说到底永远是炎黄子孙,不要忘记在适当的时候、方便的时候报效祖国。陈教授在缅怀哈佛校园生活时说道:哈佛各个方面都有那么大的变化,但有一条是永远不会改变的,那就是追求真理,这是三百多年来哈佛固有的传统。

VERITAS,这是哈佛大学校徽标志上的一个词。普通词典上查不到,大概是一个拉丁古词吧。问了孩子才知道那是"真理"的意思,就是truth。青年陈岱孙曾经在那里接受了哈佛传统的熏陶,六七十年后的老年陈岱孙,仍然念念不忘。

1995年6月,我应哈佛的邀请,作为毕业生的家长来到波士顿,参加昆仑的毕业典礼。盛大的典礼过后,我独自一人漫步哈佛校园,遐想当年的中国青年留学生陈总,也曾在这里漫步人生。久经风雨的建筑物,我都进去浏览一下,我想他也一定来过。到了一座庞大而又精致的建筑大楼前,我上上下下都看了几遍,然后欣然入内。这是大图书馆,陈总一定常来这里,他是硕士、博士研究生,总有研究生的研究室,可问遍了所有能找到的工作人员,无一人知道20世纪20年代的情况。陈教授曾经说过,他最喜欢的去处就是大图书馆。陈教授确实在这个地方发愤苦读过,在这里拿过硕士、博士学位。这个图书馆,这所大学,是追求真理的学术殿堂。我想起了一句哈佛的校训:"让亚里士多德与你为友,让柏拉图与你为友,更要让真理与你为友。"说得多好啊!即便是人类文明史上的思想家,甚至是经受检验的真理本身,也都是"与你为友"。思想和学术的充分自由,是追求真理所必需的气候和环境。"为友",就是平等自由的态度和氛围。

从这种追求真理和"让真理与你为友"的环境中迈出来的青年陈总,为什么到了中华人民共和国成立之后,长时间里没有发表学术和时事方面的言论文字呢?无论我身陷何种处境,我对报纸杂志还是十分注意的。可以说,陈教授是长期保持沉默的。这跟大多数颇负盛名的老作家相类似,他们也极少有新的作品、文章问世。究其原因,则在于时显时隐的"左"的路线和政策,造成了一个压制思想、学术自由的不良环境。有一年,我在香港报刊上看到内地的学术动态,其中报道了陈教授的言论,他说,挂在学术理论界头上的一把德摩克里斯的利剑,阻碍学术探讨和对真理的追求,真理要在自由辩论中逐步达到;不是说服而是靠压服,实际上是软弱无能,手中没有真理而只有权力。陈教授的这些话点中了学界长期沉默的根源。

陈教授终于打破沉默,在改革开放的大好时期里开口动笔了。他在耄耋之年,陆续出版旧作,发表新著。消息传来,令后生辈如我者不胜欣喜,他在其黄昏岁月再度焕发了学术青春。

我与陈老有个"约会":在欢庆共和国成立50周年时,也为我们真正的世纪老人祝寿百岁。现在这个心愿已经成了永远的遗憾。

获悉噩耗的那个夜晚,午夜时分,家人都已入睡,我在客厅里面向大洋西岸,跪拜陈岱孙恩师,遥祭先生在天之灵。想起历历往事,热泪滚滚而下。原本我很有希望追随先生,在经济学术领域有一番作为,可惜一阵狂风暴雨改变了我的命运。就在这些稀少而特殊的交往中,我也受到陈先生刻骨铭心的教导和帮助。谨以虔敬之心,恭记若干,集为心香一瓣,献给恩师岱孙先生。

先生坦荡、正义和崇高的品格、精神永远留在我和后代的心中!

作者钟民(范中民)与陈岱孙先生合影,摄于1992年

导师风范励人前行

□ 辛守良*

我们敬爱的导师陈岱孙与世长辞了,我心中久久不能平静。他那严于律己、宽厚待人、热情关怀学生成长的慈祥面容一次次浮现在我的面前,使人终生怀念。他的无私奉献、严谨质朴、真诚待人的风范,永远鼓励我们前行。

1956年,我离开呼和浩特的工作岗位,进入北京大学经济系学习。那时陈老师任经济系主任。从这个时候开始,我有幸直接聆听他的教诲。在大学一年级期间,除了在全系大会上讲话,他还给我们系统地讲授了经济学说史课程。他那渊博的知识,鲜明的观点,严密的逻辑,高超的教学艺术,使我们受益匪浅。由于那时我在系团总支、学生会工作,自然与陈老师接触较多,每次谈话都使我受到不小的启示。1960年我被提前终止学习留系当教师,此后自然与陈老师接触机会更多,可以更多地得到他的亲切教导。

陈老师经常组织和指导中青年教师努力提高经济系教学质量。他亲自与本系教师座谈,研讨如何提高教学水平,并亲切地介绍他多年从教的经验,他的谈话给我们留下很深的印象,总结起来有以下四点:

第一,立意要准。他强调教师讲课一定要有自己的见解,要有新意,使学生受到启发,引起学习兴趣,引导学生深入研究。但这种新意不是随便标新立异,而是经过推敲得到的比较准确的认识。

第二,基础要深。他强调教师要努力帮助学生打下扎实深厚的理论根基,要把实与深结合起来,这涉及学生们将来事业的发展问题。他曾说过,可能刚参加工作时我们的毕业生与其他学校的毕业生不相上下,但过几年后在教学与研究上的后劲就会显现出来,我们培养的人有广阔的发展前景。

第三,联系实际。他强调教师讲课,在讲清理论的基础上要注意联系实际,一来便于学生更好地消化、吸收、掌握理论,二来可以帮助学生运用所学理论分析与解决问题,帮他们将来参加工作打一点基础,吸取一点经验。

---

* 辛守良,中共中央党校教授,北京大学经济系校友。

第四,讲授自然。他认为教学要讲究方法,教师要把自己真正弄懂、真正掌握了的东西讲给学生听,使他们容易接受。他曾向我们介绍教学经验说,他每次上课前,总要安静地坐在那里对本节课讲授内容从前到后仔细地思考一番,包括怎么开头、怎么结尾,中间讲述哪些问题,重点在什么地方,板书如何,都要想到。他把这个过程形象地称作在大脑里"过电影"。他不赞成急急忙忙写完讲稿,立刻就走上讲台,认为那样不会取得好的教学效果。

陈老师注意指导教师开展科学研究活动。为了倡导学术研究、活跃学术争论气氛,系里教师曾定期举行座谈会,展开学术争论,交流研究成果。

他重视教师掌握外语工具,提高外语水平。他认为这对北京大学的教师是十分重要的,既便于加强对外交往,又可以给大家开辟一个吸收新知识的途径和领域。为此,他亲自给我们辅导英文阅读,帮助大家提高阅读水平,他仔细选择范文,发给大家,并不厌其烦地讲解。我们十几个人每周在他家里聚集一次。

他要求青年教师好好做人。他认为,既为人师,就要处处做表率。站在讲台上,就要像个大学教师的样子,言谈举止都要文明与得体,这是教师职业的起码要求。他还强调,下了课,要对学生关怀备至,诲人不倦。

陈老师的这些谈话与思想,对我这个刚刚走上大学教学岗位的青年人来说,实在是及时雨、雪中炭,深深地印入了我的头脑与灵魂之中,成为我从事高等院校教育工作几十年的潜在指针。

党的十一届三中全会后,北大教学秩序完全恢复正常,我曾经在许多文理科系讲授过政治经济学社会主义部分,陈老师的教导时时激励与鞭策着我。我的教学受到了学生的欢迎,北京大学校刊曾以《润物细无声》《默默的开拓者》为题做了较系统的反映,以后又把这些东西收入北大"五人丛书"的《春雨力耕人》卷。我的这一点成果是与陈老师的教导不可分的。1984年9月我由北大调到中共中央党校教务部工作,负责全校的教学管理。环境变了,一切要从实际出发。根据党校高中级领导干部学员的实际,以中央的最新精神为指针,总结党校教育的历史经验,借鉴北大、清华等高等院校的成功做法,组织学员深入学习马克思列宁主义、毛泽东思想、邓小平理论,我们教务部做了大量工作,受到学员的欢迎。后来在春节或"五四"返校多次见到陈老师时,他总是热情地询问我的工作情况,勉励我进行开创性的工作。

1998年3月30日

三 清 精 神

□ 王梦奎*

陈岱孙先生以 97 岁高龄去世,按理该是意料中事,但我还是颇感意外。以他的健康状况,我满以为他能活过百岁呢。

最后一次看望陈先生是 1997 年 3 月。他写信向我推荐北大中文系一名博士,说:"该生品学兼优,很想到你那里工作,但对此类工作的艰辛却缺乏了解。"我虽然明白陈先生的意思,还是立即到北大燕南园寓所同他面谈,问明所以。我发现,陈先生的房间里挂了我写的大字条幅。他察觉了我的关注,笑道:"都说你解释得好。"说实话,我听了有点儿得意。那是在 1995 年 10 月,北大为他举行 95 寿辰暨执教 70 周年庆祝会,我写了"九五之尊"四字表示祝贺。我说,"九五"原本是男士最佳卦象,封建时代被皇帝窃为专用;今天是岱老 95 大寿,说他"九五之尊"是最恰当不过的。岱老有"三清精神"——清白的人格、清高的品行、甘于清苦而一心从事教育的志向,永远是我们的楷模。我的说法得到大家的首肯,还被报纸和画报所援引。我没有问,何以新近挂起这个条幅,年前分明还不曾有的,只是说:"那天我说过的,2000 年要为您庆祝百岁大寿,到 2001 年您就是跨三个世纪的寿星了。"他说但愿如此。不料,这次拜访竟成永别。6 月 6 日,他写信介绍一位经济问题研究者见我,语言还是那么简练得体,字迹还是那么苍劲有力,足见健康状况之好。哪里想到他竟这么快地走了呢?

我于 1958 年入北大经济系学习,陈先生是系主任。在校期间我同他过往不多。"文化大革命"结束之后,陈先生的学术研究和社会活动活跃起来,我同他的交往也多起来。1979 年,他将新著《从古典经济学派到马克思》签名送我,我读后复信说了些感想,后来在写《两大部类对比关系研究》一书时,关于魁奈《经济表》的解析,参考了他的意见。同年 11 月,有一天在三里河公共汽车站碰到他,他是到国家计委开会的。我写了一篇《老专家的乘车问题应该解决》,通过在《光明日报》工作的一位朋友,在报社的《情况反映》刊出,向领导部门做了

---

* 王梦奎,国务院发展研究中心原主任、全国人大财政经济委员会原副主任委员,北京大学经济系校友。

反映。后来问题得到解决,未必是这个建议的作用,因为十一届三中全会之后,党的知识分子政策逐步得到落实。北大还改善了陈先生的居住条件。这都是令人高兴的。

1985年3月,胡乔木同志到北大看望陈岱孙、冯友兰、朱光潜三位老教授,因为同陈先生不相识,他要我陪同前往。胡乔木同志敬重陈先生,但对其学术研究的具体情况不十分清楚,提出请陈先生过问经济管理教材的编写工作。陈先生面有难色,我说了些和他的研究领域有关的其他题目转移了话题。离开陈宅后,我说:"陈先生对西方经济学造诣很深,但让他搞管理学教材并非最佳人选,也太劳累老先生了。"乔木同志同意我的意见,说是看了陈先生的文章,觉得他关于西方经济学既要参考、借鉴又不能盲目地全盘接受的意见很好,希望他能利用自己的影响加以号召,经济管理教材不必勉强。我写信告诉陈先生,他喜出望外,复信说:"这几天正在发愁呢。乔木同志所说的事是一个待决的问题,但我是没这个本事插嘴的。"又说:"大半年来我债台(笔墨债)高筑,本以为春节前可告全部清偿,但未能做到。明天又得去全国政协报到参加年会,则这债务只好再背上一时了。"说得很实在,所谓"债台高筑"也是实情,正表示他工作的繁忙。翻翻1989年出版的两卷本《陈岱孙文集》,1979年3月至1989年4月,即80岁到90岁这10年间的著作,共约50万字。除专著1本外,还有各类文章60多篇,其中有经济学论文、权威性辞书的条目、西方名著中译本的出版说明、涉及广泛领域的多种经济学著作的序言,以及杂著若干篇。90岁以后陈先生仍不时有新作问世。1985年之前他一直是北大经济系主任,八十多岁还在指导博士生。除担任全国政协常委外,还有许多社会兼职。对于一个耄耋之年的学者来说,该要付出多么大的辛劳!陈先生学贯中西,具有深厚的中国传统文化底蕴,对西方经济学说有精湛研究,中华人民共和国成立后认真学习了马克思主义。他的论著,无论篇幅长短,无论何种体裁,都表现出大家风范,给人以博大精深、总揽全局而又驾轻就熟之感。但在改革开放前的二十多年里,著作竟付阙如,这对学术界是多么大的损失!

当年乍入北大读书,我对陈先生的最初印象是,衣履整洁,不苟言笑,行走目不旁视,典型的教授派头。讲课条分缕析,深入浅出,当堂就能把握要义,受到全体同学好评。他的讲课简直是一种艺术,语言表达干净利落,没有多余的话,而且总是提前几分钟讲完。当时北大学生食堂比较拥挤,买饭要抢先排队,陈先生的做法大受同学欢迎。关于他的身世,大家只知道早年留学美国,在哈佛大学获博士学位,27岁成为清华大学教授,以及终身不娶。近年来,读了他晚年所写的《私塾内外》《往事偶记》以及其他介绍性文字,对他才有了更多了解。

陈先生1900年出生在福建一个书香门第,受过传统的私塾教育。他亲眼见到过上海的公园里"华人与狗不得入内"的牌子,民族的凌辱创伤使他刺心刻骨。在清华大学参加了五四运动。记得1996年我看过一则报道,记者问他:"在美国获得博士学位后立即回国,当时是怎么想的?"他说:"出国学习就是为了回国服务,没有想过不回来。"抗日战争时期,他先后在长沙临时大学和西南联大任教,发表过许多声讨日寇罪行的文章。我听他讲过西南联大艰苦办学的事,后来在昆明见到西南联大旧址,情形确乎如他所说;校史室里,陈列着他和张奚若、闻一多等人联名发表的要求国民党当局停止内战的《十教授的公开信》。1945年11月,他担任清华大学保管委员会主任,负责从日本投降者手中接管清华大学。1948年,他断然拒绝要他去台湾的劝说,留在北京迎接中华人民共和国的成立。陈先生平素是那么平静而又平和,但在关系国家和民族利益的大是大非问题上,是没有含糊的。他走的是老一辈爱国知识分子的光荣道路。在新中国成立后"左"的错误时期,像他这样的知识分子自然不免陷于困境,他面对不公正待遇而能泰然处之,洁身自好,宁肯沉默而未尝作违心之论。改革开放以来,他虽然年事已高,仍以不倦的努力,使自己的事业进入新的境界,在暮年焕发了青春。这都是足堪深思和效法的。

陈先生终生从事高等教育,尝言如能再生一回,仍当以教书为业。他70年来教过的学生,恐怕真是难以计其数了。这些年来,我多次参加北大经济系以及现在的经济学院和光华管理学院的集会,每能见到陈老师在场。我曾经顽皮地模仿一则阿凡提故事做出这样的概括:"他是我的老师,也是我的老师的老师的老师;我是他的学生,也是他的学生的学生的学生。"我辈往下,也该有好几茬学生了。经济学界一代宗师的称誉,他是当之无愧的。70年的教学生涯,通过他培养的一代又一代学生而显示其不灭的劳绩。学术上的成就,将通过他的论著而传之后世。国家对他的贡献做了充分肯定,人们对他的人品学品给予高度评价。年近百岁,得享天年,这就是所谓仁者寿吧。我想,岱孙先生该是去而无憾了。

1997年8月10日

(原载1997年8月13日《光明日报》)

虚怀若谷的经济学大师——陈岱老

□ 牛德林*

陈岱老离我们而去,我们的国家和民族失去了一位卓越的经济学大师与杰出的教育家,北大学生痛失一位德高望重的恩师。我作为陈岱老当年的学生,以极其悲痛的心情,追忆同他相处的几件往事,以示对他深切的怀念。

1980—1981年,我在北大经济系高校骨干教师进修班就读经济学说史专业,陈岱老是我的导师。我不仅有幸直接聆听他深邃透辟的"西方古代奴隶社会和中世纪封建社会的经济学说"的讲授,而且不止一次地参加过由他亲自主持的学术活动。例如,1980年11月5日,在北大二教103室,他主持的中国人民银行杨培新同志赴美国、法国考察金融业的学术报告会;同年11月27日上午,在北大二教103室,他所主持的美国芝加哥大学教授舒尔茨的学术演讲会;1981年4月,在经济系听取他做的"以马克思主义为指导,研究和制定我国经济和社会发展战略"的精彩演讲;等等。1980年11月27日下午,我还出席了在北大办公楼举行的陈岱老任教54周年庆祝大会,在长长的纪念折上签了名。在一系列活动中,他都表现出无与伦比的谦逊品格。

他尊重爱护青年,热诚服务于青年

1980年9月中旬,陈岱老出席进修班的学生座谈会。会上他倡导向青年学习。他说:"我偏爱青年。青年学生富有朝气,我从你们的神情和提出的问题看,你们渴望研究问题、懂得更多。你们提出的诸多问题,还能够促进我改进教学,甚至对我的科学研究,也有许多启发和借镜。"他的讲话,给我们进修生留下深深的印象。同学们说,陈岱老是经济学大家,学识渊博,著述丰厚,竟丝毫没有自恃清高的影子,而是胸怀坦荡,虚怀若谷,为我们青年树立了效法的榜样。

1980年11月27日下午,我们在北大办公楼礼堂庆祝陈岱老从教54周年。在这次大会上,他以愉悦的心情,做了简短的即兴发言。其中有这样一段话我

---

* 牛德林,北京大学经济系校友。

至今记忆犹新,他说:"在今天的会上,许多同志做了情深意厚的讲话,可谓情真意美。可回忆一下自己没做什么工作。虽有搞好工作的愿望,但常常事与愿违。这几年,中央拨乱反正,一切上了正轨,工作条件更好了。可是,又有一个新的矛盾:年岁大了,有点力不从心,自己总感觉有压力。一是有社会方面的压力。国家要加快'四化',建设中提出许多新的问题,要求答复;经济科学成为热门学科,社会上很多问题,寄希望于我们研究回答;国家急需经济科学人才,也寄希望我们来培养。这些是一个方面的压力。二是来自青年学生方面的压力。青年好学而且很敏锐。在课下,我从他们提出的问题上看,对我们这样的人寄予希望。昨天晚上,有一位朋友到我家来拜访,七十多岁了,名叫苏德。他讲,虽感年纪不小,但在文字工作上还能做点事情。这对我启发很大。不可否认,年岁大了,有些事情可能做不了,但像他说的在文字工作方面也还可以做一点事情。我要追随同志们之后继续努力,力求对中国现代化建设做一点很小的努力。"(摘自本人当时的原始记录本)陈岱老从教半个多世纪,桃李遍神州。他著书立说,为繁荣科学文化尽心尽力。他兼任国务院科学规划委员会委员及经济学组副组长。他担任全国政协常委,参政议政,等等。这岂能谦称"没做什么工作",或者说只做出"很小一点努力"?陈岱老淡泊名利,为国为民不遗余力。为满足在北大进修的莘莘学子对知识的强烈渴望,不顾当时已届80岁高龄和教学科研任务的繁重,担任了我们的导师并亲临课堂为我们讲授经济学说史。出于关心陈岱老健康的感情,当时我作为班干向他提议:请陈先生坐着讲课。他善意地谢绝了这个要求,一直精神抖擞地站着讲下去。他的这种默默奉献的崇高精神,深深地感染着我们每一个学生。

他待人谦和,虚怀若谷,情操高尚,令世人赞叹

1983年3月,我收到陈岱老的一封亲笔信。信笺是浅黄色底红线竖格的,上面写着:"德林同志:近因参加国家科学规划工作会议,失迎为歉。关于《表》一文,我完全同意你的意见,可以那样处理。在发表前,也不必寄给我过目了。谢谢你对此付出的劳动。"

这封信的原委是这样的:1981年暑期我离开北大前夕去拜访张友仁教授,临行张先生交给我一本由北京大学经济系资料室编印的内部资料《经济资料》(1980年第5期),上面刊登着1979年11月5日陈岱老在北大经济系的学术讲演稿,题目是《魁奈〈经济表〉中再生产规模的问题》。张先生希望我把这篇十

分珍贵的讲演稿做某些文字的技术性处理,交由《北方论丛》杂志发表。我愉快地接受了张先生的建议,把这篇篇幅较长的讲演稿,编写成七八千字的学术论文,把题目变为《对魁奈〈经济表〉中再生产规模问题之探讨》(载于《北方论丛》1983年第3期)。文稿形成后,1983年春我到北大陈岱老寓所,目的是征询陈岱老对缩写后文稿提出修改意见。事不凑巧,陈岱老不在家,据说是外出开会。于是,我留下了一张字条,说明此次拜访的目的。陈岱老开完会回来,见到了我写的那张字条,就写了上述那封言辞谦和的书信。

陈岱老收到杂志后仔细地阅读了全文。不久,哈尔滨师范大学政教系李向荣副教授在长沙召开的中华外国经济学说研究会上见到了陈岱老。李向荣对陈岱老说:"牛德林觉得《经济表》一文受学报版面的限制,未能充分体现您讲演稿的全貌,理当向您致歉。"陈岱老当即表示:"文章我看了,觉得很好、很好、很好,请返校后代我转达对牛德林的谢意。"

陈岱老身正为师,虚怀若谷,以自己的言行,展现着他一生高尚的情操。他留给后人的精神财富,永远鼓舞着我们沿着正确的航向前进。我要以陈岱老为榜样,既要有所作为,又要有谦逊的品德。为了表达对导师的热爱,对他学品人品的钦佩,1995年10月,我在祝贺陈岱老95岁大寿的长篇电文中写道:"陈老师,您渊博的学识令我倾倒,您高尚的品德让我折服,您谆谆的教诲催我奋进。"

陈岱老离我们而去了,令我们无比悲痛。但当我们想到,他老人家把毕生的才智无私地奉献给了我们,把浩然正气留给了我们,把虚怀若谷等美德传给了我们,我们又在精神上得到莫大的安慰。

1998年4月4日

岱者，泰山也

□ 刘晓东[*]

97岁的老人，说走就走了。

中国经济学界泰斗陈岱孙先生走完了他的人生历程，于1997年7月27日辞世。

我从北京的一份报纸读到，岱老走得很从容，他给人世间的最后留言是："我要自己起来。我要是起不来，就永远起不来了。"

乍一听到岱老辞世的消息，虽然也明白生老病死实属难免，何况岱老已是近百岁高寿，我更多的仍然是不相信，中国现代经济学的奠基人之一就这样辞别了人世。

岱老没有留下等身著作，然而，岱老是一棵枝叶繁茂的大树，"中国经济学界有六代人师出陈门"。岱老的生日是闰八月二十七日，相传孔子也是这一天出生。孔子弟子三千，贤者七十二；而岱老手执教鞭七十年，弟子又何止三千。"桃李满天下"之誉，岱老是当之无愧的，高官者如朱镕基、宋平等，见到岱老也要谦称学生。岱老95大寿时，朱镕基写来贺信与岱老攀师生缘。

我不是岱老及门弟子，但也算岱老这棵大树上的一片叶子。1982年我考入北大，当时岱老已82岁高龄了，仍担任着经济系主任一职。由于年事已高，岱老不再为本科生开课而专带硕士和博士生，但我的经济学第一课却是岱老亲授。其时，岱老以系主任身份主持迎新，做了一个专题报告，谈的是"经济学是致用之学"。我大学毕业迄今十余载，对岱老的第一课依然记忆犹新。

学生时代对岱老之于中国经济学界的价值，体会是肤浅的。入学时，岱老四倍于我们的年龄，之于我们是一座高山。关于这座大山的故事，学长们传给了我们，我们又传给下一级，如此这般在一座和岱老一般古老的校园相传，而亲眼所见的是一个高个子老者，身穿中山装，挺着腰板，有时坐在大会小会的主席台上，有时在镜春园（原陈宅）和四院（经济系旧址）之间的小路上缓缓地走着，

---

[*] 刘晓东，北京大学经济系校友。

后来手上多了一根拄杖。这是燕园有名的一道风景线。自己读书越多年龄越大,便愈觉岱老是"国宝"级的一代宗师。

系主任,现在也多了,也泛了。而系主任对岱老来说,既是最初的任职,也是最后的任职。1927年岱老27岁,从哈佛归国,先任清华经济学系教授,转年便任了系主任。西南联大期间,北大、清华、南开三校合并,联大经济学系主任仍是岱老,直到1945年年底岱老赴北平负责从日本人手中接管清华,才由赵迺抟和徐毓楠暂代。1952年高校院系调整,岱老1953年到北大任教,1954年接任的又是经济系主任,一当就是30年,到1985年北大经济系扩大为经济学院前才卸下系主任一职。如此算来,岱老从教70年,系主任便当了近60年,不知算不算世界之最。

对这一角色,岱老认同很深。95岁的时候,岱老对他走过的路有一个回顾,他说:"时光流逝,一晃大半个世纪过去了。在过去这几十年中,我只做了一件事,就是一直在学校教书。"岱老乐此不疲:"几十年来,我有一个深刻的感受,就是看到一年年毕业同学走上工作岗位,为国家、社会服务,做出成绩,感到无限的欣慰;体会到古人所说的'得天下英才而教育之,一乐也'的情趣。"

北大经济系建院前,我负责团刊《窗口》的工作,曾就建院问题采访过岱老。记得采访是在未名湖边一座庭院中长有杂草、显得有点年久失修的院子进行的,这是"落实住房政策"前的陈宅。岱老把我们迎进书房,记得岱老当时特别强调了两点:其一,通才与专才的关系。岱老历来是提倡"宽口径、厚基础"的。其二,岱老告诫我们再不能"恨不十年读书"了,"读书无用论"是个大骗局。

毕业后我留校工作,与岱老的接触多了些。我编北大学报,负责经济类的论文,岱老是学报的顾问。虽说厉以宁、萧灼基、刘方棫三位先生是编委,有些稿子还是要请岱老审,一般是我送到岱老家中,岱老审完后通知我去取回。当时的审稿费是文章不论长短,每篇30元,象征性付酬。但只要是学报请看的稿,岱老都会看。岱老很认真,不能用的稿子不会给"面子"。有时岱老也赐些稿给学报,但不多,多是给同事、学生专著写的序。对同行的评价,岱老的序文有独立的学术价值,为原作添色。

20世纪80年代以后,岱老一篇影响极大的论文是发表在学报上的《现代西方经济学的研究和我国社会主义经济现代化》。该文的基本结论是,由于制度的根本不同,现代西方经济学不能成为我国国民经济发展的指导理论;同时要认识到在若干具体经济问题的分析方面,它确有可供参考、借鉴之处。当时是

1983年。

这样的观点今天看来并不新鲜,也许有人会贬之为应景之作。其实,岱老说过:"我是个教员,教员出口之言必须是真话实话。"岱老一生坚持的观点没有原则性的反复,更不受风潮的左右。与风潮不符的话,他宁愿不说。这是千金不易的科学品格。两卷本的《陈岱孙文集》,汇集了岱老1926—1989年的大部分著述,虽不足百万言,却是岱老思想历程的真实展现。同时,《陈岱孙文集》又是一幅历史长卷,读者从中可以发现1949—1979年间,岱老发表的文章,有案可查的只是一篇刊于1959年第10期《经济研究》上不足千字的短文,余下的便是长达30年的引人注目的空白。对这一时期,后来有人戏称岱老成"仙"了,基本上是述而不作。

1989年我读到刚出版的《陈岱孙文集》时,就觉得从中可以一睹岱老青年时代的风采和晚年的智慧。或许由于有一部分手稿毁于战火,三四十年代岱老传世的文字,最多的不是经济学论文,而是为报章撰写的大量时评、社论,锋芒直砭时弊,而且贯穿了岱老"经济学是致用之学"的理想。从《外债与建设》《我们的经济运命》《出超的分析》《经济自由与政治自由》等一系列时评的题目,就可以看出岱老当年参与程度之深,其中许多观点至今仍是真知灼见。如在1936年9月为《独立评论》所写的《交通发展与内地经济》一文中,岱老这样说:"交通便利是一个社会经济进步的一个主要条件。我们也承认这个原则也适用于中国。然而我们不能把这个原则囫囵吞下去。""我们应该考虑……交通的发展是否有时可以产生一个意外的、我们所不欢迎的结果""我们必须使国内其他生产事业的发达能勉强追随着交通事业的进展,然后我们才能够得着交通工具的好处",否则,"交通事业的发展未必能产生一个经济繁荣,人民经济的状况也未必有什么进步"。尽管这是岱老六十多年前说的话,这一观点对现在有的地方过分和片面强调"桥通路通,路通财通"诸类提法,未必不是一大警醒。

岱老之于自己一代又一代的学生,有一种无言的人格魅力。学生出书,也常在扉页上印有"献给我的老师陈岱孙教授"等字样,这是学生对长者风范的报答。厉以宁毕业时,做的是资料工作。岱老当时是系主任,说了一句话:"厉以宁是个人才,还是回来教书吧!"少了这一句话,中国或许就会少了一位一流的经济学家。对后学,岱老是悉心加以提携的,他希望年轻人超过前辈,"要使青出于蓝而胜于蓝,我这样的人就应该帮助年轻人,这是我辈责无旁贷的事情"。

有一件小事令我感怀。20世纪80年代末90年代初,我联系出国留学,陈振汉、厉以宁、萧灼基等先生都为我写了推荐信,我特别希望得到岱老的推荐。我惴惴不安地向岱老说了我的愿望,却没想到他很爽快就答应了下来。为了减轻先生们的负担,通常的做法是先生们答应下来后,学生按先生的意见起草推荐信,然后送先生过目修改,打印后再送先生签名。岱老却坚持亲自写,写完后叫我去取,嘱咐联系几所学校就打印几份,他不会多签一份。此时岱老年已90,学校刚给他落实了住房政策,从镜春园搬到了燕南园55号。在燕南园,岱老和我谈了他在哈佛踢球、骑马、闭门读书,谈到由于搬到燕南园,他有一个多月没到未名湖散步了……后来,因为种种原因我留学未能成行,岱老在一张稿纸上手书的推荐信,也就成了我的珍存之物。

1992年之后,我到了珠海,虽常有机会回北京,归京也必回北大,但没去看望过岱老。很多次走到竹木掩映中的陈宅门前,又一次次转头离去,不忍打扰一位老者的平静。毕竟岁月不饶人,要把最后一点时间留给这位与世纪同龄的老人……

岱老的晚年,仍是为后学着想,拳拳之心,可鉴于此:"个人年华,如逝水一般,于不知不觉中迅速地流失。不可否认我已经垂垂老矣。但我也要承认我还挣扎着不肯服老,总想还能做些力所能及的工作。这就是,把我在治学过程中走过的弯路,犯过的错误和得到的教训,提供给今日的青年,以免他们重蹈覆辙。"

我查了字典,"岱"字无别解,岱者,泰山也!

1997年8月12日于珠海

和陈老在一起的日子

□ 刘姝威[*]

一、初识陈老

1984年秋天,我从家乡哈尔滨市考入北京大学成为陈岱孙教授和厉以宁教授的硕士研究生。我到达北京大学报到的当天晚上,厉老师和夫人到宿舍看望我,厉老师说:"明天早上你和郑伟、王向勇一起去看陈老。"第二天早饭后,我和另外两位男同学一起去陈老家。我们仨都很高兴成为陈老和厉老师的学生。我从未见过陈老,只知道他是我国著名的经济学家,还听说他从未结婚,家里有只大猫。虽然郑伟和王向勇一直在北大上本科,但是他俩也从未去过陈老家。去陈老家的路上,我们仨很兴奋。那时,陈老家在北大镜春园,位于未名湖的后面,绿荫掩映,很安静。我们推开陈老家门,陈老像迎接自己的孩子一样,伸出双手迎接我们三个快乐的学生。坐定之后,陈老挨个问我们的名字。陈老对我说:"听厉老师说,你曾经来过北大。"我说:"是的。1981年我第一次来北大,见到了厉老师。"

陈老和蔼可亲,说话平易近人。第一次见到陈老,我们一点儿都没感到拘谨。陈老问我们生活是否安排好了,关心我是否习惯北大的生活,问我:"昨晚你睡好了吗?"我说:"昨晚睡得很好,食堂的饭菜也可口。"

从第一次去陈老家到1997年7月27日他离开我们,13年间我经常去陈老家,他成为我的良师益友。

二、严　师

陈老是一位严师。开学典礼上,他第一次给我们讲话时说:"在北大学习,没有星期天,只有星期七。"陈老和厉老师给我们开列了大量的英文阅读书籍,要求我们认真做笔记。开始时,我有些吃力。陈老和厉老师经常鼓励我,他们

---

[*] 刘姝威,中央财经大学财经研究所研究员,北京大学经济系校友。

对我说:"你不是从北大直接考上来的,你是凭着自学考取的,这说明你的能力比其他同学强,你能行。"有一次期中数学考试,同学们都感到考题很难,当我精疲力尽地走出考场时,心里很沮丧,心想:这次肯定不及格。我告诉了陈老,陈老鼓励我说:"不要紧。"当数学老师公布成绩时,我知道我是全班第二名,又告诉了陈老,陈老笑了。

陈老告诫我们:"不要少年老成。要敢于提出与老师不同的观点。"有一天,我和同学们为了一个学术问题争论到深夜。第二天,我告诉了陈老。陈老说:"好,我们在哈佛大学学习时就是这样,同学们经常为了一个学术问题激烈争论,嗓门大大的。你们应该保持这种习惯。"

陈老给我们上课时,教室里总是静静的,陈老渊博的知识和深入浅出的道理吸引着我们每一位学生。下课时,我经常陪陈老回家。我扶着陈老,走过未名湖畔的山坡,沿着未名湖漫步。这是我和陈老最轻松愉快的时候。我告诉陈老我和同学们之间发生的有趣事情,陈老也常常给我讲起他早年留学时的事情。在美国留学时,陈老和同学们搭伙吃饭,起初陈老不会做饭,只好饭后洗碗。陈老不愿意洗碗,于是,他偷偷地学做西餐,然后,他骄傲地告诉同学们:"我可以为你们做西餐了。"饭后,他得意地一边休息,一边看着同学洗碗。散步和交谈消除了我们上课的疲劳。到家时,陈老经常邀请我进家里小坐。为了不影响陈老的休息,我常常推辞。这时,陈老总爱说:"只喝一小杯咖啡,行吗?不会影响你的学习。"走进陈老家里,陈老拿咖啡,我沏水,然后,我俩坐在沙发上一边喝咖啡,一边继续聊着路上的话题。

陈老不希望我们成为"书呆子"。陈老年轻时会干木匠活,曾经做过桌子。陈老很高兴我会做衣服。有一次,我去陈老家,他远远地看见我来了,对家里的客人说:"这是我的学生,她穿的连衣裙是她自己做的。"

1985年年底,我开始做毕业论文,陈老一次又一次地修改我的论文,一共改了十次,并且让厉老师和他一起修改我的论文,厉老师也改了十次。我通过论文答辩后,陈老对我的论文给予很高的评价。

三、知 音

1986年年底,我毕业了。根据陈老的建议,我去了他曾经担任过第一副院长的中央财经大学。

1987年冬天,陈老住进北京友谊医院检查身体。我想陈老住进单人病房一定很寂寞,就到王府井百货大楼买了一个大娃娃,抱着娃娃去医院看望陈老。陈老惊讶地看着我抱着娃娃进来。我对他说:"我小时候一个人在家时很寂寞,我喜欢抱娃娃,因为娃娃能够陪我。我让这个娃娃陪您。"陈老开心地笑了。出院时,陈老把娃娃带回了家。家里人问他娃娃是哪来的,他高兴地说:"这是刘姝威送给我的。"

在生活方面,陈老很简朴。1989年冬天,陈老家要从北大镜春园搬到燕南园55号。搬家前,我去燕南园看房子,正在修理房间的工人对我说:"为什么你导师不让我们刷地板,这不费什么事,几天工夫就完。"我和陈老说这件事,陈老说:"天冷了,我急着搬家,地板旧正好和我的旧家具配上了。"

毕业后我经常去陈老家,我们常聊的话题是我国的宏观经济。陈老坚决反对用通货膨胀刺激经济。他对我说:"搞通货膨胀,老百姓怎么办?"1993年之后,陈老坚决支持我国的宏观经济调控政策。1994年夏天,雨很大。有一天,我去陈老家,陈老告诉我前一天他去参加了一个会议。我很吃惊,说:"昨天下着瓢泼大雨,您怎么能出门,淋生病了怎么办?"在那次会议上,陈老对我国的宏观经济调控政策给予了强有力的理论上的支持。

1995年10月,陈老95岁生日那天,北大为陈老举行盛大的祝寿会。那天,我去晚了,站在挤得水泄不通的过道里,看着坐在台上的陈老。大会结束时,我迎着从台上走下来的陈老走去,陈老满面红光,笑了。我们回到陈老家,陈老稍事休息后,和我们大家一起吃他的生日蛋糕。

我是陈老带的最后一位女研究生,陈老希望我能有所成就。毕业后,选择研究方向一直是我最难解决的问题,也是陈老最关心的问题之一。我曾经试过几个研究方向都以失败而告终。1995年,经过近十年的摸索,我终于开始在全国主要金融杂志和报纸上大量连续发表我的研究成果,在金融界引起不小的反响。我每发表一篇文章都立即送给陈老,陈老也会认真阅读。陈老说:"你这条路走对了。现在,银行理论和实务之间有一条沟,需要一座桥,你现在正在做桥的工作。你沿着这条路走下去。"

1996年年初,我开始写作我的专著《资产负债管理,信贷质量管理,外汇风险管理,分析技术策略和实例》。我去陈老家,他看着我说:"我担心你写书会累坏身体。"我说:"不会。因为我已经有一种写作欲望和冲动。"1997年4月12日,我去陈老家,把我的书送给他。陈老喜形于色,兴奋不已,他终于看到了他最后一位女学生的专著出版。

四、离　别

1997年6月以后,应各家银行的邀请,我一直在外地讲学。回北京前,我请当地的同志将我在外地拍的照片冲洗好,准备回来送给陈老看,上飞机前特地给陈老买了新鲜水果。回北京后,不到36小时,我接到陈老去世的噩耗。我去花店为陈老定做花篮,看着花店工人做花篮,我掩面失声痛哭。

洁白的香百合花篮陪伴着陈老去了很远很远的地方,他能看到我们。

追忆陈岱孙先生

□ 胡景北[*]

十年前的 8 月份,我在回国的飞机上,读到《人民日报(海外版)》上纪念陈岱孙先生的文章,才知道岱老已驾鹤西去。本来准备回国后拜访他的计划不可能实现了。当时便欲写点文字,可光阴荏苒,十年一梦,刚刚看到纪念岱老逝世十周年的文章,才似梦醒,坐下来完成夙愿。

第一次拜访岱老是 25 年前。1982 年 2 月,我到北京大学读西方经济学。当时中国尚未发明"西方经济学"一词,我所在学科的正式名称是"外国经济思想史专业当代西方经济学说研究方向"。岱老是该学科领衔导师。某天晚饭后,我随斯栋、善利诸兄拜访了岱老。第一次拜访的印象不深,只觉得岱老身材高大,腰板挺直,是我从未见过的伟岸之人。后来与岱老接触多了一些。一是由于当时刚成立的研究生会委托王玮兄(王兄竟英年早逝,惜乎!)、步克兄和我等编辑《北大研究生论文集(文科版)》。我们在文科各系聘请教授做顾问,经济系聘的是岱老。为此,我多次去过岱老家。何小峰和我自己投到该文集的稿子也请岱老审阅。小峰兄原就是北大本科,他的观点引起过北大经济学内部的争论,岱老比较熟悉,没有提出意见。就拙稿《略论服务业资本》,岱老至少和我谈过两次,我向岱老请教的次数便更多了。记得有一次在岱老的小平房里向他请教马歇尔关于生产劳动与非生产劳动的区分。又一次他提出拙稿中用的煤矿工人洗浴的例子不妥。20 世纪 80 年代初的我,完全没有想到任何一个国家,尤其资本主义国家的普通人家竟会有浴室。岱老于 20 世纪 20 年代便在美国生活多年并攻读博士学位,知道那里的工人家里都有浴室。当时中国经济学界正在激烈争论资本主义国家工人阶级的生活状况,与过去相比,争论双方都同意马克思的工人阶级不断贫困化的理论,不同之处仅仅在于是"相对"贫困化还是"绝对"贫困化了。也许为了避免卷入这场争论,也许出于其他原因,岱老没有明确向我说明美国家庭浴室普及的事实,只是提出拙稿里的浴室例子修改一

---

[*] 胡景北,北京大学经济系校友。

下更好。我虽然想循岱老之意修改,但其时不知天高地厚,内心里没有信服岱老的意见,最后未加修改。但岱老并不在意,照样同意发布拙稿。为了感谢岱老,我在2000年拙稿正式发表时,特地加上一句:1983年在《北大研究生论文集(文科版)》发布时,"其时陈岱孙先生兼该论文集顾问,审阅了此文。陈先生不但提出了批评意见,还和笔者讨论了有关问题,使笔者深感教益。现在正式发布此文,以纪念陈先生百年诞辰"。

与岱老接触较多的第二个机会,是岱老不顾八十多岁高龄,坚持为我们开课。他讲课内容就是他刚刚出版的《从古典经济学派到马克思》。我听课一贯不认真。有次斯栋兄发现该书中一个小错,岱老在课堂表扬了他,我很敬佩,可难改积习。岱老每次提前到教室,上课时依旧腰板挺直,温文尔雅,一字一句,思路极其清楚。当时的我,好像上课不是为了知识,而是为了感受岱老的风范。我读过书上描写的高贵典雅,见到岱老,我才第一次亲身体会到它。据说岱老年轻时就是翩翩君子,我生而晚也,未能睹其风采。可岱老过了八十高龄依旧神情怡然,坐如弓、立如松,矜持而典雅,温和而高贵。在北大我曾有幸接触若干名教授如季羡林先生等,若论及贵族风范、名士气度,岱老当夺头筹。几个月前我在写《追求高贵》时,脑海里自然而然就映现出岱老的形象。也许,只有出身书香世家、家教严格,青少年时期没有受过折磨同时又终生保持追求的人,才能到达他的境界。

不过,与十年前不同,今天提笔追忆岱老,我的头脑总是缠着一个问题:"岱老相信马克思主义吗?"在抵制刘国光的"独尊马学"观点时,有网友把岱老1985年那篇主张"马学为体、西学为用"的文章发到我的个人主页。岱老的文章为中国在大学里引入现代经济学课程起了很大促进作用,后者是刘国光们当时就反对的。可岱老的文章又为"独尊马学"留下了余地。那么,那篇文章是岱老的真实观点,还是岱老为引入现代经济学的"曲笔",抑或是他人代笔而以岱老名义发表?我的感觉是前者——他的气质决定了他不会做曲笔之事。在岱老那一代学者里面,1949年后相信了马克思主义的不在少数。冯友兰、朱光潜等人都相信了马克思主义。邹恒甫曾感叹共产党竟然把岱老这位哈佛博士改造成马克思主义者。其实,即使哈佛教授,也有非常同情甚至可说是马克思主义者的人。岱老是如何转变而相信马克思主义的呢?他自己简短的回忆录对此只字未提。岱老一生时间,1949年前后各为一半。可他写于1982年的《往事偶记》,记的却是1949年以前的事情。难道1949年以后的事情,岱老就没有可记可书的？如果岱老的回忆录写于1955年（其时他已经经过了共产党的知识分子改造运动并接受了马克思主义的再教育）或者1971年（其时正是"文化大革命"后期），他会不会反过来用大部分篇幅记录自己的转变或者自己1949年以后的经历呢？这些问题对后人来说只能是谜了。可岱老不记，却又是他矜持高贵的表现：把自己的痛藏在自己心里，既不怨天尤人，也不说长道短。

岱老生于1900年，卒于1997年，他经历了整个20世纪中国的沉浮。今天我们刚刚离开20世纪，我们的心灵留下了20世纪的深刻烙印，所以，我们很难平静地对待20世纪。可是，要了解岱老的转变，我们又不能离开20世纪中国的沉浮，因为中国命运始终是岱老心之所系。18岁时，深受儒家教育但不谙世事的他因亲眼看到"华人与狗不得入内"的公园告示而受到刻骨铭心的冲击。救国从此成了他的生命动力。如今人们在考证上海黄浦公园前究竟是否有过那块侮辱国人的告示，但真相或虚构在这里没有作用，有作用的是一个人、一个群体对它的心理感受。例如，至少在岱老27岁回国之后，这张即使原先存在过的告示也被撤下了；可在他的感觉里，它依旧存在，直到1949年才消失，因为在他的感觉里，1949年之前中国始终积贫积弱，外不能防止侵略，内不能消弭混乱。而1949年之后中国外无入侵之敌，内有大好形势。尤其在20世纪50年代初期，打败了美帝"侵略"阴谋，全国人民一条心建设美好祖国。这样一种形势，不能不让岱老那一代以救国为己任的知识分子激动，不能不让他相信"只有马克思主义能够救中国"。更加重要的是，只许服从、不许争论的知识分子改造运动，还不许参加者沉默。经过那个时代的人都知道，有时候人连沉默的权利都没有。你不表态，别人便天天上门动员你，就像十多年前，还没有节育的家庭天天有人上门动员那样。而岱老的气质决定了他无法说假话。本来，岱老可能成为一位非常同情马克思主义的学者，同时又不需要把自己对马克思主义的看法明确到不是相信就是反对的地步。在生活中，在学问上，我们几乎对任何事情都不需要采取不相信就反对的二者择一态度。我自己讲授"西方经济学"，是因为我认为它比其他经济学说更有说服力，而不是因为我相信只有它是真理，更不是因为我反对其他经济学说。可是，在1949年以后的30年里，一个人必须明确自己对马克思主义或相信或反对的立场。这种"明确"是极其残酷的。多少人在这里第一次说了假话！灵魂高贵的岱老不会说假话，因此，在被迫明确自己看法的情形下，他明确地相信了马克思主义。我们可以想象他在那场运动中说自己出身于剥削阶级因此更应当努力学习马克思主义等虽然并不违心，但也只有在思想钳制下才可以理解的话语。可是,对于一位痛感国家(即政府)积弱而又深受儒家熏陶的知识分子,也许一个强大到允许人批评的政府亦是可以接受的。

在我看来,也许这种以民族复兴为重的传统情怀,不但让岱老1949年决定留在国内,让他相信马克思主义,而且也让他参与了对右派、对马寅初等人的"大批判",最后也让他在回顾一生时限于内心矛盾之中,以至于在回忆录中完全不记1949年之后的经历。更重要的是,代表中国未来的他的学生、后辈再也不相信"只有马克思主义能够救中国"了。岱老面临了新的冲击。可岱老值得我敬佩的是,他不但呼吁为了中国而引入和利用西方经济学,同时让我们发表意见:他的贵族气质和名士风范决定了他的宽容态度。也许,他的"不记1949年以后"正表明了他的追求和他留给我们的空间。因此,他的相信马克思主义与"独尊马学"的专制主义是性质截然不同的两回事。在什么是真、什么是善、什么是美的问题上,知识分子个人会犯错误、知识分子整体也会犯错误,然而,不是他们可能的错误,而是他们的高贵气质,他们说真话的传统道德,他们对真、善、美的终生追求,决定了一个国家、一个时代的精神生活,也决定了他们个人在后来者心目中的地位。在岱老逝世十周年之际,作为他的学生,我想自己纪念他的最好方式,就是继续学做他的样子,说真话,追求真、善、美,并且时刻注意宽容和反对专制。

2007年8月27日
(原载"夜话"2007年第15期)

北大的"国宝"——陈岱老

□ 张 宏[*]

在北大读书时,我有幸与陈岱老结缘,是始于燕南园旁边的北大理发馆。我因怕排队等候浪费时间,便总是挑快下班人少的时候去理发。虽然有的师傅这时不免三下五除二地剪完了事,我也无所谓,倒正合我不求美观但求剪掉长发、节省时间的愿望。然而我多数时候遇到的是一位非常细心和耐心的小姐。周围的理发师傅们吆喝着结伴离去,她仍旧不言不语、不慌不忙地推着剪子,手还是那么地轻柔,丝毫也没有加重加快,而且往往因顾客变少而更加从容、精心地修剪!而这时的我,总不免惶惶不安地说:"把头发剪短就行,不要耽误您下班回家吃饭。"而小姐总是腼腆地一笑:"没关系。我就住在燕南园,很近。"北大燕南园住的可都是"国宝"级的老教授!于是我进一步问清了她就是在经济学家陈岱孙先生家里做事的陈翠玉。这样便让我对陈岱老多了一份亲近和熟悉!而她的优质服务和高尚品德更增添了我对岱老的崇敬向往之情。

时值北大百年华诞将至,我当时在研究生会工作,也开始筹划百年庆典的事。我首先想到了住在北大燕南园和朗润园里的老教授们。他们是燕园星空中最璀璨夺目的学术泰斗,又都差不多是北大的同龄人,是北大光荣历史的创造者和见证人,是北大精神魅力中最闪光的地方。他们的音容笑貌和生活、工作情形,应该永留人间,流传后世。于是我找到了人民出版社的编辑严平——北大哲学系毕业的博士、著名的黑格尔哲学研究专家张世英先生的高足,还有新华社的主任记者唐师曾——北大国政系 1979 级学生,在海湾战争中成为国际知名的摄影师。大家在朗润园里的北招餐厅里热烈地筹划出了制作一盘反映北大老教授成就的录像带,同时编辑出版一本有关老教授的画册,作为百年校庆的献礼。我当时正同北大人事处处长陈文申合办"北大跨世纪学术论坛",陈处长同时还是百年校庆委员会的委员,又与唐师曾是同班同学,于是我们一行又来到设在红一楼的人事处办公室。陈处长办事以雷厉风行著称。他当即

---

[*] 张宏,北京大学校友。

表示积极支持,旋即引我们到校党委书记任彦申同志的办公室。任书记也称赞这是一件好事。这样我们又找了中央电视台、北京电视台的记者,决定马上着手采访拍摄工作。我们的第一站,就是燕南园55号陈岱老家。那天陈岱老靠南窗坐在沙发上,穿一件深绿色衬衣,显得非常素朴而庄重。他在武汉的堂妹正好来玩,她对我们说,陈岱老这几天身体不适。陈岱老也指着对面一张堆满了药的桌子,淡淡一笑地说:"我现在是吃药比吃饭多。"但他仍打起精神来接受采访。陈岱老端坐时非常地肃穆,而站立时,虽拄着拐杖,却昂昂然如一座山峰般挺拔巍峨,如将军般令人肃然起敬。我们感受到了一种超凡的气度,沐浴在一片神奇的境界氛围之中。这是陈岱老融贯中西的学养和饱经沧桑的经历所铸就的大智慧、大涵养的人生高境。唐师曾带了三台相机,一口气照了好几卷胶卷。只见他时而蹲下,时而跪着,有时甚至趴在地板上如痴如醉地拍着,拍下了陈岱老各个角度的音容笑貌。面对着一刻也没停下来的闪光灯,陈岱老不愧是大经济学家,只说了一句:"你们的胶卷好像是不要钱的。"令众人大笑。我说:"您是国宝,价值不可限量啊!"

转眼我即将博士毕业,开始找工作。由于我曾在武汉市硚口区政府政研室工作三年,积累了一些机关工作经验,于是我想到了报考国务院研究室,并寄去了我的简历和申请。管人事的同志回答说,我条件很好,但他们编制很紧,要我等待消息。但半年过去了,直到1997年元旦,还没有任何音信。我很是着急。忽然想到研究室的主任就是陈岱老的得意弟子。于是我在新年的第一场大雪天里,隔着燕南园的矮墙,叫住正在门前扫雪的陈翠玉,请她帮我约一个时间拜见陈岱老。陈翠玉很快通知我第二天下午四点去。我又见到了坐在南窗下沙发上的陈岱老。窗外仍纷纷扬扬地飘着大雪,晶莹的雪光将他的须眉映衬得更白更亮了。陈岱老膝上盖着毛毯。见我走进,陈岱老欠着身子要站起来,我赶紧跨步到他身边,请他别动。我很快地诉说了我决心走知识分子学有所成、报效祖国的道路,并说了我想拜见研究室主任而不得的难处。陈岱老听后即点点头,表示可以给我写一封信,让我去见一面。我怕陈岱老写信劳累,特意留下一张纸条,只要他写十来个字:"张宏同学想到贵室工作,请予引荐。"过了一天,陈翠玉转给我信。我打开一看,陈岱老用标准的竖行信笺纸,工工整整地写了三页,对我的经历、学业、品德和打算都做了简明扼要的介绍。看着这三百多个遒劲有力的字,想着一位96岁高龄的老人为我伏案疾书,我的惊喜、感激和敬佩之情,真是难以言表!在热泪泉涌之际,我强烈地感到,我的心花,像沐浴到了明媚和煦的春光一般,在寒冬的雪地里绽放开来。陈岱老为人之仁义厚道,处事之严肃认真、一丝不苟,对学生之无私帮助和鼎力提携,真是达到了忘我的境界,超过了凡人能想象的程度。

我的导师陈贻焮先生也是一位在燕园辛勤耕耘了半个世纪的老教授,听说陈岱老给我写了推荐信,不禁激动地竖起大拇指,兴奋地说:"陈岱老可是我们北大的骄傲啊!北大教授当中,人品之高,当推陈岱老第一。他和季老(季羡林先生),是我们北大当之无愧的二宝,我的学生能得到岱老的推荐信,我也感到很自豪很光荣啊!"

据王梦奎先生说,陈岱老在去世的前一个月,还在写信引荐学生求学问道。陈岱老将自己的一生都献给了我国的学术和教育事业。他对学生,真正做到了鞠躬尽瘁,死而后已。

1998 年 3 月 20 日

敬忆陈岱孙先生

□ 陈　芳*

1997年8月初的一天中午,正埋头于海淀区地方志政协卷资料长篇整理的我,收到一封信,肃穆的信封上面有黑体字"陈岱孙教授治丧办公室"。当时真惊呆了,岱老走了？让人不敢相信！

先生之风,山高水长。真想哭,我即刻给治丧办公室打电话,表示作为晚辈要敬献花圈和挽联,又陈述了难过心情。办公室的同志说大家都一样,感到挺突然的。

下午,我去中关村鲜花店请年轻的老板扎了一大束鲜花,内中有马蹄莲,凤尾葵,黄、白菊,还特意插了两枝玫瑰。小伙子讲,岱老是高寿无疾而终,可说是"喜丧"。然而我的心情依然沉重得很。捧着鲜花来到北大燕南园55号,客厅北墙正中一帧大镜框黑白相片里岱老慈祥地微笑着,我一下就哭了,先是鞠躬致哀,后双手合十,垂首默祈上苍护佑我岱老英灵安息,再跪泣叩首,仍感不能表达伤心之万一。岱老亲属接过花束,放在遗像下面。周围已有不少束鲜花,还有花篮。岱老亲属说岱老此生真不虚度,身后有这么多人由衷地怀念他。我说,这是大家共同的心愿。

众星拱月仰岱岳

1990年5月底的一天,我第一次见到了德高望重的陈岱老。当时全国政协正在政协礼堂举行"庆贺陈岱孙先生90寿辰和从教63周年茶话会",我跟随北大党委统战部的同志们前往致贺。当精神矍铄的岱老出场时,我即为他整洁的仪表、潇洒的风度所倾倒,只见他身着朴素的深蓝色中山装,面容清癯,讲话清晰。岱老当时已90岁高龄,然而上下主席台不用搀扶,身轻体健,行动自如。而与会领导、岱老弟子和各界人士表现出来的敬仰之情又深深地感染了我。全国政协李先念主席写来祝贺信称赞岱老："辛勤耕耘,无私奉献,在经济学研究

---

* 陈芳,北京大学校友。

上有很高造诣,值得大家学习。"谷牧副主席则发言评价陈岱老是"一位具有坚定的爱国思想的高级知识分子"。茶话会结束后,北大的同志们和岱老合影留念,统战部部长葛淑英阿姨把我也拉上了,我心里真是高兴,觉得能和岱老这样德高望重的前辈师长合影非常之荣幸。

在以后的岁月里,我曾多次去北大燕南园先生寓所拜望岱老,现在此缅怀追叙,以资众友更好地向岱老学习。

爱国者的道路

在访谈中我感到,岱老等老一辈中国知识分子爱国家爱得真挚、深切,始终把自己的命运同国家前途的命运联系在一起,科学救国、精忠报国的意识深入骨髓,爱国是他们一生事业的原动力。

1992 年 11 月初的一次拜访中,岱老回忆起他早年的经历。自少年时代就目睹中国的积贫积弱,面对世界萧条的压力和列强的欺凌,痛感中国作为一个经济落后的国家,"不但是一般人民生活的艰难,而是一切立国大计的无着""富强是当务之急"。岱老说到 1932 年在伦敦举行的国际经济货币会议,世界所有主要国家都参加,唯中国没有被正式邀请。"国大却言轻,你不配的!"岱老由衷地慨叹。至 1936 年岱老更尖锐指出:"甲午战争之后,中国虽幸免于列强政治的瓜分,而经济侵略乃与日俱进。"使晚辈更为感动的是抗战时期西南联大条件那么艰苦,岱老还在想着前方部队士兵要填饱肚皮,一再呼吁要培养我们的经济力。中华人民共和国成立后,岱老全身心投入经济学教育事业。改革开放以来,岱老边教学边研究,边从事社会工作,更关注改革开放,发表的学术演讲和各种论文累计竟达百万字。1993 年他还发表了《我对通货膨胀的一点看法》,其中充满真知灼见。

陈岱老早年在美国念了六年书,在哈佛大学拿到博士学位后即准备回国。岱老对我说过,他们当年出国就是为了回来帮助国家富强起来,不像现在有些人先考虑回来不回来。

蔼蔼师尊,长者风范

岱老于 1927 年归国后在清华大学新设经济学系任教授,次年即任经济学系主任,一直是清华骨干台柱,被公誉为"清华人的骄傲"。1953 年后到北大经济系任主任,28 岁至 84 岁都做系主任,90 岁还带博士研究生,令人感佩至极。

岱老曾对我很谦逊地说:"我最适宜的工作就是教书,别的事情不会做。在任何国家教书都是很苦的,我从不考虑这个问题。"早年岱老抽烟时,学生都爱送香烟、雪茄、烟斗,到"文化大革命"中不抽烟了,学生们就送咖啡,什么品牌的都有,这算是一段趣话。

岱老当年学成回国后每学期同时开三四门课,每周课时 9 节至 12 节,而现在却是三四人同教一门课。对此岱老很为焦虑,诚恳地说:"这怎么行!"我拜读过岱老当年写的《关于大学毕业生职业问题一个建议》:"社会费了大量的财力,造成了这一般的人才,造成之后,又把他们弃置不用,当初的财力岂不是虚掷?"显出经济学家特有的精明。

面对教书这一永恒主题——培养后人、造福社会,岱老坚持默默无闻地把自己一生精力都花在学生身上。教书六十余载对学生一向耐心细致,哪怕是不知深浅的毛头小伙儿拿不成熟的观点上门讨教,岱老也要亲自看论文,用红笔修改,告诉后生,他所谓的"新发明"哪位学者已有言在先,如想再论,建议参考什么书,并开列书单。岱老在审阅中青年学者的论文、书稿时也是认真至极,逐段逐句,错别字都予以修正。他曾给一位博士研究生毕业论文写出了近两万字的指导意见。记得岱老说过:"青年人做学问就该老实,这是我的一贯看法。"真乃循循善诱,清流惠风。

"春风化雨乐未央。"1994 年春天的一次拜访中,岱老平静地说:"我上课时从来不点名,但下面总是坐得满满的。我对青年同志有一种好感,觉得中国的将来在青年身上,协助社会培养一代新人是很有意义的。亲戚也好,学生也好,他们都不怕我。现在家里有两个外甥孙子、孙女住在后屋,有小孩子在,热闹!"拜访中,岱老的得意弟子——知名教授晏智杰、张友仁诸先生都由衷地赞颂岱老的治学、为人之道。

我也亲感岱老的长者风范。自幼在未名湖畔徜徉的我,童年时曾跟着父母到过江西鄱阳湖畔的北大鲤鱼洲"五七干校"。1992 年年底的一天,当向岱老追述往事时,老人家眼角立即浮上慈祥的笑意,问:"你那时才多大?觉得苦吗?"在我起身时,岱老还笑着伸出手来,说:"江西干校的小朋友,好好走啊!"让人心里真温暖,我永远都忘不了这句话。1993 年元旦,我又去燕南园拜望,坐在客厅里的岱老一见我进门,即起身相迎,我赶紧扶老人家坐下。岱老的外甥女、《文汇报》记者唐斯复老师告诉我孩子们都喜欢他们的舅公。后来出门时,岱老又起身送我。真是让人感动至极,后生晚辈岂敢啊!我冒昧地请岱老多指教,岱老非常和蔼地同意了,说我随时可以去,只要他在家。

人格清逸,风骨劲健

岱老一生孜孜矻矻,尽瘁教坛,静以修身,俭以养德。面对百年沧桑,不弃精神学问。岱老的弟子谈起他时都露敬重之色。北大经济学院教授陆卓明先生称赞岱老有中国知识分子的人格,教书治学皆以正直为先。岱老对西方经济学融会贯通,不是东抄西抄,而是始终如一。直到1996年,岱老还强调对西方经济学不能"述而不批",认为对西方经济学的盲目崇拜是当前的主要危险。岱老早在1978年为厉以宁教授专著作序时即指出,在资产阶级经济学说史的研究中,最忌简单化的做法。岱老一生把自己的焦点凝聚在教书治学上,排除各种诱惑,能及时了解各种动态,学术思想很新,对经济形势和未来都有很正确的理解和分析,提供给社会和决策部门参考。

岱老虽无家室,孤旅一生,但对生活仍很有追求和讲究。早年留洋时,去西班牙是为了看斗牛,到意大利则一定要观歌剧。岱老很奇怪当代人出去就是为了搬几个"大件"回国,而不是去做学问、长见识。当年先生面对国内财政论述几乎空白的状态,自言曾有"野心"写一套系统的财政金融研究专著,以组建中国自己的财政金融研究系统。后来岱老风趣地告诉我,自觉能力有限,官场陋习看不惯,挣钱又累,再加上求学时学的是财政金融,只学花钱,没学挣钱。然而言谈中却透着清高:虽然是学经济的,却始终抵制唯利是图。岱老生活上有追求,但不挑剔,精神乐观。"文化大革命"期间及以后很长一段时间住在镜春园的老式平房里,潮湿阴暗,中央领导同志访问他时都觉过意不去,岱老却说环境有野趣。谈到"文化大革命"对他的冲击,岱老讲不算大,"层次没那么高"。第一等是"资产阶级反动学术权威",第二等差"反动"两字。当时有学生贴大字报在家门口,说岱老是"资产阶级学术权威"。对此,岱老一笑了之,自嘲当"反动派"这不够格哩!1957年岱老曾在全国政协二届三次会议上写提案反映我国人口问题,呼吁实施计划生育。据说康生当时曾想据此划岱老为"右派"。我问过岱老可有其事,岱老还是笑着讲,他是听过这个"谣言",但后来没有证实。

1992年的一个冬日,岱老向我谈起往事时,曾讲归国后目睹北洋军阀政府官场的腐败和黑暗,使他想起《孟子·滕文公章句下》中引曾子语"胁肩谄笑,病于夏畦"这句名言,发誓终生不为官。可叹我这个中文系毕业的学生竟不知所引何言,还劳岱老亲笔指教,真是难忘师恩。

最后谨以我 1997 年为岱老所撰挽联作为本拙文结束语,以表敬仰追怀之意:

气派吞山河,宗师懿范敬仰岱岳;
萋萋生春草,先生道德痛泣王孙。
陈公大师千秋

丁丑夏月晚辈陈芳衷挽

编 三

蜡炬春蚕　吾国吾乡

▶ 陈岱孙先生接待国外来访者，摄于 1957 年

▶ 陈岱孙先生与外国留学生在颐和园门外，摄于 1965 年

▶ 陈岱孙先生与冯友兰教授接待国外来访者，摄于 1973 年

▶ 中国人民银行总行金融研究所研究生部于 1981 年 9 月成立，1982 年 2 月开学，陈岱孙、胡代光、厉以宁、黄达担任研究生部学术顾问并亲自授课

▶ 20世纪80年代的陈岱孙先生

▶ 王志伟教授和他的导师陈岱孙先生合影，摄于1984年6月

▶ 陈荷女士（陈岱孙先生堂妹）与陈岱孙先生合影，摄于1986年

▶ 20世纪90年代的陈岱孙先生

▶ 王志伟博士论文答辩会合影，前排左起：杜度、巫宝三、陈岱孙、胡代光；后排左起：王志伟、黄范章、范家骧、章铮，摄于1993年6月

▶ 陈岱孙先生与萧灼基教授，摄于1992年

▶ 丁国香教授、晏智杰教授拜访陈岱孙先生，摄于 1992 年 1 月 25 日

▶ 时任北京大学副校长郝斌与陈岱孙先生的合影，摄于 1992 年 2 月

▶ 陈岱孙先生与学生在一起，摄于 1995 年春

▶ 陈岱孙先生和学生们在一起

陈岱孙对探索经济改革理论基础的贡献

——来自俄罗斯的观点

□ 博罗赫*

20世纪80年代改革开放初期,中国经济学家陈岱孙在中国和其他国家都极负盛名。这位学者数十年来积累的研究世界经济思想史的经验,为他提出推进中国经济改革实践的理论建议奠定了基础。

利用现代西方经济学的某些内容来实现社会主义国家的现代化,在80年代初是具有开创性和先驱性的思想。在此前的很长一段时间里,社会主义国家的学者们已经形成了一种对西方经济思想固有的批判范式。这一学术传统是由苏联在20世纪上半叶建立的,后来被中国借鉴和采用。

中国实行改革开放政策之前,苏联和东欧国家曾尝试对计划经济进行改造。那些主张改革的经济学家们通常都在马克思主义理论范式内为新的变化寻找正当理由。

陈岱孙在20世纪马克思主义经济思想史上具有独特的地位。他是马克思主义和中国社会主义发展道路的拥护者。同时,他主张将西方经济学部分应用于国家发展的实际需要。陈岱孙明确表示,西方经济学不能在社会主义中国占据主导地位。但是,这并不排除"在若干具体经济问题的分析方面,它确有可供我们参考、借镜之处"[①]。

陈岱孙展现了辩证法的思维。他明白,西方经济学在中国不能完全被采用,但也不应被全盘否定。他的文章帮助中国经济学界克服了对外国经济理论的片面态度。在当时的环境下,有关这个问题的表述对于中国即将到来的深化改革进程具有重要意义。

陈岱孙非常了解外国经济思想和马克思主义理论,他也了解中国经济体制

---

* 博罗赫(Olga BOROKH, Бороx О.Н.),俄罗斯科学院远东研究所研究员。

① 陈岱孙:《现代西方经济学的研究和我国社会主义经济现代化》,《人民日报》,1983年11月16日,第5版。

的具体情况。这使得他能够具备超前的眼界,发现西方经济学中可以被借鉴的有益内容。在《人民日报》刊出的一篇著名文章中,陈岱孙概述了现代西方经济学理论体系内可以帮助中国实现社会主义经济现代化的五个方面。

第一,他呼吁关注外国学界在企业、事业的经济经营与管理领域的研究,包括企业组织,劳动管理,能源、原料的有效利用。陈岱孙的理论建议是对改革初期中国企业效率低下这一现实问题的回应。

第二,陈岱孙建议采用欧美国家的方法,尤其是里昂惕夫的"投入产出分析法",来编制部门间平衡表。陈岱孙强调,这种方法"不但可为资本主义经济所利用,也可以成为社会主义进行国民经济综合平衡的重要工具"。

第三,陈岱孙提议用西方微观经济学"对于商品的需求和供给、价格和售量、竞争和垄断等有关于市场机制的分析"来贯彻执行当时"计划经济为主、市场调节为辅"的方针。在20世纪80年代初期,中国还没有正式的"社会主义市场经济"概念。然而,这位学者已经清楚地认识到市场机制在经济改革中的重要性。

第四,陈岱孙指出,有必要掌握西方基于数学方法来定量分析经济现象的经验。他承认,计量经济学是在西方发展起来的,而长期以来中国经济学家更倾向于定性分析。他解释说,数理经济学研究不能替代定性分析,"但如果我们善于应用,它可以成为经济分析的一个有用的工具"。

这个观点在陈岱孙的文章中多次出现。1979年,即实行改革开放政策的第一年,陈岱孙即明确指出,经济科学不应该停留在一般推理的层面,而应该高度重视定量分析。他认为:"我国的经济科学研究也决不能停留在空泛的议论之上,对经济现象只强调定性分析,而忽视定量分析。"[①]

伴随着中国的现代化建设进程,陈岱孙非常重视在经济研究中使用数学。他强调,中国经济学家需要大力开展数学方面的经济研究工作,并建立科学的社会主义的经济核算体系。[②]

第五条建议是最有见地且值得注意的。它展示了陈岱孙高瞻远瞩的预见能力。陈岱孙指出,研究西方经济学范围内的现实社会经济问题对于中国未来的发展至关重要。这些问题包括资源耗竭、工业化和环境污染、生态平衡、分配

[①] 陈岱孙:《经济科学研究要为四个现代化服务——代发刊词》,《经济科学》,1979年第1期,第4页。

[②] 同上。

失衡、社会危机等。

陈岱孙认为,这些都是在发展中会出现的常见问题,不仅可以在资本主义制度下出现,在社会主义制度下也可能出现。在西方,这些问题尚未得到解决。然而,它们在其他国家的恶化对中国应该是一个严重警告。"如果在实现现代化的过程中不注意这些问题的发生可能,及早采取措施,后果将是严重的。"①

宏阔的学术视野使陈岱孙能够展望未来,并做出现实的假设,即在中国市场经济发展的过程中,可能会出现类似于西方社会里已经存在的负面效应。因此,应该使用西方经济学的知识来理解和解决将来可能与中国相关的问题。陈岱孙以涉及环境问题的西方生态经济学作为例证,他强调,资本主义社会的汽车和社会主义社会的汽车都会排放尾气,因此中国可以借鉴外国的方法来解决这个问题。②

将西方经济学中具有实践价值的部分与中国经济发展的需求相对接,是陈岱孙始终在推进和深化的工作。20 世纪 80 年代后半期,他拓展了西方经济学方法论领域可能被借鉴的范围。陈岱孙提到了实证分析法和规范分析法,历史描述法和理论模型法,静态分析法和动态分析法,以及以数理经济分析、计量经济分析和统计分析为基本内容的经济数学方法。③

在西方微观经济学值得关注并具有科学内涵的部分中,陈岱孙认为消费者行为理论和生产者行为理论是重点。在分配理论中,他突出强调收入的定量分析;在福利经济学中,他重视经济伦理分析和市场优缺点分析。在研究国民经济运行的宏观经济学领域,他认为,国民收入核算理论中的某些方法和概念,静态宏观经济理论中对产品和金融市场均衡条件的分析,动态宏观经济理论中对经济增长、经济周期、通货膨胀的分析等,均不无可供参考之处。

在西方国际经济学的研究成果中,陈岱孙着眼于国际贸易问题、生产要素的国际流动、汇率和国际收支平衡的分析、经济制度比较(社会主义和资本主义)以及发展经济学。④

选择外国理论在中国应用的标准不仅基于经济实践的要求,而且基于对经

---

① 陈岱孙:《现代西方经济学的研究和我国社会主义经济现代化》,《人民日报》,1983 年 11 月 16 日,第 5 版。
② 《对外开放的理论与对策的再探讨——本刊在京举办学术座谈会发言摘要》,《福建论坛(社科教育版)》,1987 年第 1 期,第 2 页。
③ 陈岱孙、杨德明:《关于当代西方经济学评价的几个问题》,《红旗杂志》,1987 年第 6 期,第 20 页。
④ 同上,第 20—21 页。

济学知识体系的分析。陈岱孙认为,西方经济学中最应被借鉴的是抽象层次较低,因而也相对更加实用的领域。他指出,西方实用经济学科,比如财政学、金融学、管理经济学、城市经济学、环境经济学,抽象层次低,实用色彩浓厚,因此可以借鉴。①

陈岱孙提出的区分不同层次的经济学知识的问题仍然具有其理论意义。经济思想史的现代研究者非常重视经济理论的假设与由此衍生的政策建议之间的关系。他们指出,经济学发展史上形成了两个抽象程度不同的准则。第一个准则关注适用于所有地理和历史背景的普遍真理。它更为抽象,旨在创造一种普遍、形式化的经济理论。这一准则遵从自然科学的研究标准,并主动引入自然科学的术语,例如"均衡"概念。第二个准则不是那么抽象,其支持者们致力于创造一种直接有用的经济理论,他们考虑到了经济现实的时空特殊性。这一准则以实践经验为基础,充分考虑人类动机的多样性,并与其他社会科学相联系。它主要关注的是国民经济的发展和经济结构的变化。②

陈岱孙提出将西方经济理论的某些部分与中国经济实践相结合,这对开展中苏转型经验的比较研究是相当有意义的。20世纪70年代末80年代初,他对西方经济学选择性吸收的创新态度最为突出。同时,他也在论著中对苏联经济学及其对中国的影响进行了客观中立的评价。

陈岱孙承认,中国学术界经历了从20世纪50年代照搬苏联经济模式和理论,到拒绝苏联模式并试图建立本土化经济模式和理论的转变。但在六七十年代,由于"左"倾路线的主导,中国未能成功建立起本土化的经济学理论体系。陈岱孙避免了全盘否定和全盘接受西方经济学的极端情况。在他对苏联经济思想的解释中亦可以找到类似的态度。他说,对苏联模式和理论照抄照搬是有害的。但是,对苏联模式和理论一概否定,一概排斥,认为它一无是处,同样是片面的,是走向了另一种极端。③

陈岱孙指出,苏联和东欧在国民经济综合平衡表上的经验,是一个值得被中国研究的部分。"对苏联和东欧国家的几十年建设经验一笔抹杀,对它们的

---

① 陈岱孙、杨德明:《关于当代西方经济学评价的几个问题》,《红旗杂志》,1987年第6期,第21页。
② Avtonomov, V., "Abstraction as a Mother of Order?", *Voprosy Ekonomiki*, 2013, No. 4, p. 6. (In Russian)
③ 陈岱孙:《西方经济学与我国的现代化》,《世界经济》,1983年第9期,第10页。

经济模式和经济理论一概拒绝,不是科学的实事求是的态度,因而是不可取的。"①

陈岱孙还特别对斯大林在《苏联社会主义经济问题》和苏联《政治经济学教科书》中体现的建立社会主义经济学体系的尝试进行了综合评价。他客观地认识到了苏联在20世纪50年代对社会主义政治经济学理论基础的形成中做出的贡献;但与此同时,他也并没有拔高其对80年代中国经济实践的意义。"由于历史的原因,这种努力只能视为社会主义经济学理论体系的一个有益的开端。"②

经济思想史是陈岱孙的主要研究领域,他在该领域也秉持着类似的态度。1979年,他指出,在50年代,邀请苏联专家来华访问、引进和学习苏联学者关于经济学说史方面的教材和专著,都是必要的、及时的,也取得了很好的成效。③同时,他也承认,在学习苏联的基础上,中国学者曾不自觉地为自己划定了界限,他们墨守苏联学说史教科书和学说史专著所持的全部观点。他们不敢超越界限,缺乏独立的研究和思考。④

然而,这种情况并没有持续很长时间。60年代上半期,中国的研究者编写了自己的经济学说史教科书。尽管"一些地方还不能完全脱离卢森贝的窠臼,但与以往国内出版的经济学说通史书籍相比,它是一个显著的进步"。⑤

从这个角度来看,苏联经验似乎是中国经济思想史研究的组成部分之一,而不是该领域的绝对标准。借用苏联的经验是历史的必然。因为在中华人民共和国成立初期,中国学者们还没有足够的经验从马克思主义立场全面介绍经济思想史。陈岱孙在这个问题上的观点是值得关注的,因为他在1949年以前有多年使用西方教科书教授经济学概论和经济思想史课程的经验。

苏联在20世纪三四十年代出版的经济思想史教科书,因其通俗的表述风格而在中国被广泛借鉴和接受。然而,这些教科书不能完全满足中国学者运用马克思主义对现代西方经济学进行深入全面分析的需求。

在20世纪中叶,中苏两国学者在学术传统和知识领域上有着明显的历史

---

① 陈岱孙:《西方经济学与我国的现代化》,《世界经济》,1983年第9期,第10页。
② 陈岱孙、杨德明:《关于当代西方经济学评价的几个问题》,《红旗杂志》,1987年第6期,第21页。
③ 陈岱孙:《建国三十周年来经济学一个部门进展的情况》,《经济学动态》,1979年第10期,第4页。
④⑤ 同上。

差异。首先,与陈岱孙不同,苏联马克思主义经济思想史研究学派的创始人没有接受过西方大学教育,也没有任何直接接触西方经济学的经历。

苏联教科书《政治经济学史》曾被译为中文并在中国广泛使用,其作者戴维德·约赫列维奇·卢森贝(David Iohelevich Rosenberg,1879—1950)没有接受过高等教育。1917—1918年,他积极参与了西伯利亚的革命运动。1921年,他开始在鄂木斯克的西伯利亚党校教授政治经济学基础课程。1924年,他40多岁时,成为莫斯科共产主义教育学院的政治经济学讲师。[1]

卢森贝以其革命宣传家和政治记者的技巧来普及马克思主义。1929—1933年间,他为马克思的三卷《资本论》撰写了注释,这些注释对于没有扎实教育背景的学生来说很容易理解。他解释了马克思的主要论点,并阐明了《资本论》中的经济史实。该书深受读者欢迎,于1961年再版,1984年由莫斯科国立大学著名马克思主义政治经济学家尼古拉·阿列克山德罗维奇·察戈洛夫主编,历经半个世纪后再次印刷。[2]

在学术生涯的巅峰时期,陈岱孙开始就马克思主义经典著作发表看法,当时他对西方经济学和马克思主义理论都已有广泛的了解。尽管马克思的著作大多已被充分解读,但陈岱孙却选取了一个非常晦涩的部分进行解读,那就是马克思为《反杜林论》撰写的一章。此前中国学术界对这一章并没有深刻理解。陈岱孙清楚地解释了此章中哪些是对杜林观点的论战,哪些是对马克思主义观点的正面阐释。[3]

20世纪中叶,苏联在西方经济学领域最有影响力的学者是伊兹赖尔·格里戈里耶维奇·布柳明(Israel Grigoryevich Blyumin,1897—1959),他没有在西方学习经济学的经历。1924年,他毕业于莫斯科国立大学社会科学系。1928年,他出版了著名的《政治经济学中的主观学派》一书,批判地概述了奥地利学派、英美学派和数学学派的教义。卢森贝和布柳明开创了从马克思主义的立场对现代"资产阶级经济思想"进行批判性理解的先河。两位学者还进行了合作,例如,布柳明在卢森贝1940年版教科书中参与撰写了"德国庸俗经济学"一章。

---

[1] Sheremetyeva, D., "Professor Without Education: Social Lifts of the Russian Society During the First Half of the 20th Century in the D.I. Rosenberg's Career", *Tomsk State University Journal of History*, 2016, No. 6 (44), pp. 29-37. (In Russian)

[2] Rosenberg, D.I., *Comments to the "Capital" by K. Marx*. Moscow: Ekonomika, 1984. (In Russian)

[3] 张友仁:《学界泰斗 一代宗师——纪念陈岱孙师诞辰100周年》,《经济学家》,2000年第3期,第115页。

学界先驱在历史背景、教育背景上的差异,对中苏两国西方经济思想研究产生了重要影响。俄罗斯经济思想研究者 N. 马卡舍娃(N. Makasheva)指出,1917 年革命之前的俄国经济学是"前范式科学,在方法论上是极不成熟的"。①

如果我们以马卡舍娃的概念为依据,那么 1917 年革命就标志着俄国马克思主义政治经济学的发展从"前范式"阶段过渡到范式阶段。20 世纪 20 年代,伴随着经济学学术群体的创立,苏联经济学吸收马克思主义,并向知识的范式阶段过渡,这一过程与西方经济学的边际革命是殊途同归的。②

关键的区别即在于此。陈岱孙属于 20 世纪中国一个杰出的经济学家群体,这个群体在 20 世纪上半叶接受了西方(主要是美国)的经济学教育,尤其是接受了"范式"经济学的培训。回到中国后,他们组成了受现代西方经济学直接影响的专业群体的核心。他们还将西方创建现代经济研究中心和专业经济学术期刊的先进经验带到了中国。

中国的范式经济学是于 20 世纪 20—40 年代在西方直接影响下形成的。在这一时期,中国知识分子也熟悉了马克思主义的经济学思想。1949 年之后,学术界从一种经济学范式转移到另一种经济学范式,即从现代西方经济学转向马克思主义经济学。但前者的知识体系在中国的经济学家中一直保留着。这也促成了改革开放后以马克思主义理论、现代西方经济学成果为基础的中国经济学的可持续发展。从这一角度讲,陈岱孙堪称 20 世纪中国经济思想史上杰出的"双范式"经济学家之一。他将西方经济理论引入中国,并推动其与马克思主义基本范式相结合。

到 80 年代中期苏联开始转型之时,在世学者都没有在 1917 年俄国革命之前接受过外国经济学教育。20 世纪下半叶,苏联经济学界仍缺少受过现代西方经济学教育的具有影响力的学者。在这种情况下,从事西方经济学理论批判的学者就肩负起了引入西方经济学的使命。

20 世纪 70 年代和 80 年代,苏联经济学学者对西方经济学进行了深入的批判研究。苏联进步出版社以"科学图书馆专用"为标题出版了现代西方经济学家们著作的译本。他们不打算出售,但可提供给感兴趣的专业人士。

---

① Makasheva, N., "Economic Science in Russia during the Transformation Period (late 1980s-1990s): Revolution and the Growth of Scientific Knowledge", In: Origins. *From the Experience of Studying Economics as Structure and Process*. Moscow: Publ. House of HSE, 2006, p. 404. (In Russian)

② Ibid., pp. 424-425.

例如《当代经济思想》一书。① 这是西方同名著作的译本(由西德尼·温特劳布主编,并于 1977 年出版),其中包括西方经济学家的 28 篇论文,他们考察了 20 世纪经济思想的主要趋势,包括新古典主义、凯恩斯主义和微观经济学理论、货币理论、经济增长理论以及收入分配理论。

这本书于 20 世纪 80 年代初以俄语翻译出版。在同一时期,陈岱孙也建议使用西方经济学的成果来促进中国的社会主义现代化。比较上述两种学术态度,可以使我们更深入地了解中苏两国当时在历史和学术背景上的差异。

俄译本序言的作者弗拉季连·谢尔盖耶维奇·阿法纳西耶夫(Vladilen Sergeyevich Afanasiev, 1926—)明确指出:"资产阶级政治经济学危机的普遍特征是,它无一例外地涵盖了其所有理论和概念,并体现在其所有结构要素中——在概念范畴、方法论和理论体系中,在趋势和流派的结构中,在资产阶级政治经济学的功能中,以及在对资产阶级国家和资本主义垄断经济政策的实际建议中。"②

这种态度没有为借鉴西方经济学有价值的部分留下任何余地。然而,仔细研究阿法纳西耶夫的序言可以发现,他和陈岱孙一样,对正确理解新古典主义经济学与凯恩斯主义经济学之间复杂的互动过程很感兴趣。这位苏联学者还试图将"现代资产阶级政治经济学"的概念分为"历史的"和"实用的"两部分,其中后者着眼于"资本主义再生产的数量、函数关系",并被"直接用于制定对资本主义经济的国家垄断管制的实际建议"。③

投入产出法属于西方经济学的"实用理论"。阿法纳西耶夫指出,西方实用理论的支持者旨在"研究经济过程的外部定量关系,也即呈现资本主义经济内在基本规律的具体表现形式,同时开发一种研究此类定量关系的数学工具"。④

将西方"实用理论"排除在意识形态批判的范畴之外,可能有助于苏联经济学界像陈岱孙提议的那样,吸收西方经济学中有价值的部分。然而,他们无法超越理论层面上的批判,而是始终站在批判现代资本主义弊端、揭示资本主义矛盾的立场上审视西方经济理论,并认为这些弊端和矛盾天然存在于其理论之中。

---

① Weintraub, S., *Modern Economic Thought*. Moscow: Progress, 1981. (In Russian)
② Ibid., p. 17.
③ Ibid., p. 27.
④ Ibid., p. 30.

苏联学者无法像陈岱孙一样,提出把西方经济学的某些部分与社会主义经济的实践相结合的建议。在经历了 20 世纪 90 年代初的变革和对马克思主义指导思想的否定之后,他们开始不加批判和选择地借鉴西方理论。

早在 80 年代,经济学界就已经注意到陈岱孙的观点与中国其他西方经济学研究者相比具有独特性。加州大学伯克利分校卫生经济学教授胡德伟曾于 1983—1985 年多次访问中国,考察经济学研究的情况,他观察到:"……在中国经济学家发表的文章中,对于西方经济学理论方面的讨论相对较少。这些讨论出自中国研究西方经济理论的学者,他们回顾了剑桥经济理论、凯恩斯主义经济理论、货币理论以及所谓的供给学派经济学,还使用马克思的《资本论》、反对货币理论的凯恩斯理论或反对凯恩斯理论的货币理论来对这些理论的矛盾进行了评述。这些学者通常认为西方经济学不能用于中国的经济规划。但是北京大学著名经济学家陈岱孙最近发表的一篇文章(1983)指出,西方经济学的某些部分,例如供求理论、成本和生产理论,可以用于未来中国的经济现代化。甚至中国官方的报纸也印有陈岱孙的文章的摘录。"[1]

苏联的中国现代史学者从《人民日报》上阅读了陈岱孙的文章《现代西方经济学的研究和我国社会主义经济现代化》。在当时苏联的学术背景下,很容易理解 70 年代末和 80 年代初在中国进行的经济讨论,即关于社会主义经济规律以及生产关系和生产力相匹配问题的讨论。但是,陈岱孙的文章直接借鉴了西方经济学的理论逻辑,这对于苏联的中国史学者而言是非常陌生的。

在 80 年代苏联经济学研究的背景下,陈岱孙的经济学术语给人留下了深刻的印象。他非常关注实证经济学和规范经济学的问题,并致力于探讨是否存在一个真正超脱于社会价值判断的经济学。

在苏联社会科学界,专门研究西方理论的学者都知道经济理论中"实证"和"规范"分析的概念。在广泛的学术讨论中,这个话题并未引起太多关注。即使在 20 世纪 80 年代后半期的剧变时期,苏联学者对现代经济学的方法论及其分析假设的论述也寥寥无几。因此,在 80 年代前半期,我们不仅注意到了陈岱孙关于借鉴西方经济学某些部分的建议,还注意到了他在表达时使用的术语框架。

---

[1] Hu, Teh-wei, "Teaching about the American Economy in the People's Republic of China", *The Journal of Economic Education*, 1988, Vol. 19, No. 1, pp. 93-94.

从当今时代的角度回顾过去,我们可以理解陈岱孙观点的深刻性,即在社会主义制度下,规范经济学和实证经济学都可以被借鉴。实证经济学能够提供更多的分析经济现象的技术和手段,而这些技术和手段也的确可以不分社会形态而为我所用。

至少在资源耗竭、生态和其他类似的问题方面,西方的规范经济学也是可以借鉴的。这些问题和制度没有直接的关系,而是一切社会在经济发展中共同面临的问题。在陈岱孙看来,考量实证经济学或规范经济学可借鉴性的主要标准是其是否符合国家的具体情况。[①]

陈岱孙对经济理论与实践之间的关系以及经济理论的实践性质产生了许多思考,他用传统中文词语"致用之学"来解释。[②] 陈岱孙承认,"理论落后于实际,在这理论产生发展的时期,恐怕是不可避免的"。[③]

陈岱孙学术方法的一个重要特征是注重研究历史和现代资料。他强调,对待西方经济学,不能采取绝对化的态度,而要做具体分析。[④]

20世纪80年代初,陈岱孙指出,在中国经过二十多年的知识隔绝之后,西方经济学对于一些人来说已变得十分陌生,而陌生不免引起目眩。过去的自满也许变成自疑,又由自疑而变为不加审别的推崇。他认为,后者也许是一个不可避免的过渡现象,但有必要尽快地排除这个现象。[⑤]

陈岱孙呼吁不要通过限制来解决这个问题,而是要通过对外国思想的深入研究来解决。他以自身的西方经济学研究做出了表率。作为《中国大百科全书》中《经济学》三卷分册的副主编,他亲自撰写了一些文章。在书中有关"英国古典政治经济学"的文章中,他遵循分析"古典政治经济学"概念的科学方法,分析了马克思和凯恩斯对该学派代表人物的界定。这篇文章中提到的古典经

[①] 陈岱孙:《规范经济学、实证经济学和西方资产阶级经济学说的发展》,《经济科学》,1981年第3期,第59页。
[②] 陈岱孙:《理论联系实际与经济科学的发展》,《经济研究》,1981年第10期,第18—19页。
[③] 《陈岱孙在"中国社会主义经济理论的回顾与展望"学术讨论会上的讲话》,《经济学动态》,1985年第7期,第2页。
[④] 陈岱孙:《规范经济学、实证经济学和西方资产阶级经济学说的发展》,《经济科学》,1981年第3期,第59页。
[⑤] 《陈岱孙现代西方经济学的研究和我国社会主义经济现代化》,《人民日报》,1983年11月16日,第5版。

济学家不只有斯密和李嘉图,这清楚地反映了陈岱孙的谨慎选择。①

陈岱孙对外国经济思想史的浓厚兴趣,可以从他在20世纪80年代撰写的序言中得到证明。例如,他曾为 J. 拉姆塞(J. Ramsay)《论财富的分配》的汉译本写了序言。②

陈岱孙对魁奈的《经济表》也很感兴趣。他对相关研究和材料的出版亲自把关,还比较了《经济表》的不同版本,并且发表了与之相关的文章。③

陈岱孙认为,有必要研究经济思想史上的次要学派、人物、思想。从他为《近代西方经济学史》写的序言中可以明显看出这一点。④

陈岱孙还高度关注西方经济学形成的趋势及其发展前景。他分析了西方经济学中经济自由主义和国家干预主义两思潮的消长,研究了正统与异端经济学之间的关系,并探讨了一方以何种方式、在什么条件下取代了另一方。

陈岱孙为了证实"需要借鉴西方经济学中对社会主义理论有用的部分"这一论点,还使用了史料。他回忆说,这个想法最初是由波兰经济学家奥斯卡·兰格(Oskar Lange)提出的,他在20世纪30年代"运用边际分析和均衡价格分析等手段,论证了在社会主义制度下实现最优资源配置的可能性和可行性"。⑤

陈岱孙的教学、研究和行政管理工作,为改革初期西方经济学在中国的传播做出了贡献。他任教于北京大学。根据他的倡议,北京大学于1981年成立了外国经济思想史专业的首批博士点。

陈岱孙还参与了《经济科学》杂志的创刊,并为其撰写了发刊词。陈岱孙深谙将学术交流制度化的重要性。他发起成立了"外国经济学说研究会"并担任会长。该研究学会组织专家学者翻译了《现代国外经济学论文选》。⑥

陈岱孙以该学会为平台,组织了有关西方经济学的讲座,邀请老一辈的顶尖学者来讲学,这其中的许多人接受过西方教育。这些演讲被收录到《中国经

---

① 陈岱孙:《英国古典政治经济学》,载《中国大百科全书:经济学》(第3卷)。北京:中国大百科全书出版社1988年版,第1167—1170页。
② 陈岱孙:《拉姆塞"论财富的分配"汉译本序》,《社会科学战线》,1981年第1期,第84—85页。
③ 陈岱孙:《对魁奈"经济表"中再生产规模问题之探讨》,《北方论丛》,1983年第3期,第3—8页。
④ 陈岱孙:《一本有特色的经济学史著作》,《经济评论》,1991年第1期,第2页。
⑤ 陈岱孙、杨德明:《关于当代西方经济学评价的几个问题》,《红旗杂志》,1987年第6期,第20页。
⑥ 杨春学:《西方经济学在中国的境遇:一种历史的考察》,《经济学动态》,2019年第10期,第18页。

济会刊》(1980—1981)中,分为四辑出版,产生了很大的学术影响。① 如今,中国学者都认为,这些讲座在某种意义上起到了"启蒙作用"。②

陈岱孙强调了研究经济史和经济思想史的重要性。他指出,在经济科学研究中,经济理论、经济史、经济思想史的研究是相互促进的。不能认为经济史和经济思想史的研究没有现实意义,更不能认为这些研究是不重要的。③

陈岱孙还强调了研究中国经济史和中国经济思想史对于创造符合中国国情的经济学的重要性。他认为,对中国经济史和中国经济思想史的研究能够增进对中国国情的理解,从而有助于总结出适合中国的发展模式。

改革开放时期,陈岱孙提出了"建立高度发达的具有中国特色和世界先进水平的中国经济科学"这一任务。④ 他强调,要做到这一点,就必须学习外国经济理论。具有中国特色的马克思主义社会主义经济学应兼顾中国经验和外国经验。⑤

陈岱孙写道:"外国的理论和模式,好比食物,必须经过消化吸收,才有用处……外国的理论,即使是最优秀的,也不能代替我们自己的创造。"⑥

大约四十年前,陈岱孙为了社会主义现代化建设,提出了借鉴西方经济学的创新思想。自那时起,中国经济取得了长足的进步,并真正实现了市场化。也许陈岱孙的一些具体建议已经失去了其实际意义,这是很自然的,因为人类知识的进步并不会停滞不前。

但另一方面,他将中国经济学带到世界前列的呼吁是超前的。直到今天,中国学者仍在为构建本土化经济学体系,乃至现代化的、有影响力的中国特色社会科学体系而不懈努力着。

(毕悦、黄文心译,张亚光校)

---

① 方福前:《引进西方经济学40年》,《教学与研究》,2018年第12期,第69页。
② 黄范章:《新中国成立60多年来西方经济学在中国》,载张卓元主编,《中国经济学60年》。北京:中国社会科学出版社2009年版,第649页。
③ 陈岱孙:《经济科学研究要为四个现代化服务——代发刊词》,《经济科学》,1979年第1期,第2页。
④ 陈岱孙:《西方经济学与我国的现代化》,《世界经济》,1983年第9期,第9页。
⑤ 同上。
⑥ 陈岱孙、杨德明:《关于当代西方经济学评价的几个问题》,《红旗杂志》,1987年第6期,第21页。

一代宗师　教泽流芳

□ 陶大镛[*]

1997年7月27日黄昏,我刚从外地归来,灯下匆接绍文同志电话,惊悉我们敬爱的岱老突于当晨与世长辞。悲恸万分,心潮起伏,久久不能平静。翌日,跟北大经济学院晏智杰教授通了电话,才得知岱老这次突患肺炎的一些情况,在离家住院那天,家人曾劝他换件衣服,他老人家还说:"过不了几天就回家来,不必再换了。"谁都没有料到,他就这样从燕南园寓所与我们永别了!

7月30日清晨,我怀着异常沉痛的心情,偕同朱绍文、高鸿业和丁冰三位教授,到北大岱老的灵堂前默念致哀。前来吊唁的人士不断,临别时一位报社记者追上来问我对岱老的逝世有什么感想,当我提到"岱老是我们经济学界的一代宗师,是坚持真理的一面旗帜。他的逝世是我国教育界和学术界的莫大损失"时,已悲不成声,再也说不下去了。

今天,我参加了岱老的遗体告别仪式,看到他老人家安详地躺卧在鲜花翠柏之中,虽紧闭着双眼,仍像还活在我们的队伍中。他为国家富强、科学繁荣教书育人,无私奉献了七十多个春秋,实在太辛苦、太令人感佩了。岱老请安息吧!从八宝山返校途中,万念俱集,回到家里,我索性拿起笔来,回首一些往事,寄托哀思于万一。

从大学时代起,我就开始受到岱老的熏陶了。当时,正值抗日战争的艰危阶段,西南联大一批知名教授所主办的《今日评论》,敢于发出正义的呼声。我们在重庆沙坪坝追求进步的青年学生都把那时的昆明视为"民主运动的摇篮"。岱老在该刊上发表过不少篇《时评》,抨击国民党的亡国政策和官僚资本的殃民措施,后来又反对独裁,呼吁停止内战,主张和平建国。这些言论不但为各界人士所接受,也激发了大后方广大青年学生的爱国热情。

在中华人民共和国成立前夕,我从海外绕经东北来到北京。记得有一个礼拜天上午,我到清华园去看望王亚南教授。他当时执教于清华大学经济学系。

---

[*] 陶大镛,北京师范大学经济与工商管理学院教授。

王先生是我的恩师,回国前我们在香港曾住在一起。他对清华园的学术气氛极为赞赏,还介绍我谒见了慕名已久的陈岱老。我当时刚过而立之年,岱老则风华正茂。岱老给我的最初印象是博学谦逊和平易近人,至今还深深地留在我的记忆里。

在中华人民共和国成立以后一个相当长的时期里,我跟岱老虽都在高校理论战线上工作,但各忙各的,事实上并没有什么来往,只是在一些学术性会议上偶尔有些接触而已。直到党的十一届三中全会以后,特别是中华外国经济学说研究会成立(1979年)以后,我才有机会经常聆听到他的教导——不仅高瞻远瞩,而且深入浅出;每每强调经济科学的教学工作一定要理论联系实际,提倡学以致用。他不仅是我国在西方经济思想史研究领域中一面光辉的旗帜,而且学贯中西。他一再明确指示我们:对外国的经济学说,我们既不应盲目推崇,更不能全盘照搬,根本的原则是以我为主,以符合国情为主,做到"洋为中用",切忌"食洋不化"。这是岱老的一贯主张。它集中地发表在那篇题为《现代西方经济学的研究和我国社会主义经济现代化》的著名论文中,至今仍为海内外有识之士所称颂。

为了我国经济科学的繁荣和发展,特别是为了正确对待西方经济学和经济政策,岱老数十年如一日,呕心沥血,老当益壮,做出了不可磨灭的贡献。我还记得1983年五六月间,中华外国经济学说研究会北京分会在总会的赞助下,曾举办过《西方经济学评介》讲座(共15讲)。由于经费不足,办学条件十分困难,借用了市内一所学校的小礼堂作为教室,听讲者倒很踊跃。时值盛夏,岱老当年虽已83岁高龄,仍不辞辛劳,每次一早就从西郊亲临指导,从未间断,有时还到得最早。第一讲曾由他亲自主持。由于教室难于安排,有好几次每天接连要开两讲,大家午间只能以面包、煮鸡蛋充饥,且无沙发,岱老也无法午休,只能靠在椅上闭目养一下神,下午照样听讲。岱老还有一个习惯,在课堂上从不坐在前排,而是总跟其他学员坐在一起。他是众所爱戴的老前辈,却从不以高高在上的权威自居。这种谦虚待人、以身作则的高尚风范,真使我们深受教益,终生难忘。

现在陈岱老虽已悄悄走了,但他的光辉业绩和学术成就,是留给后人的极为珍贵的精神财富。他老人家那种探索真理、俭朴自洁、诲人不倦、正直不阿的高风亮节将永远是我们,特别是年轻一代学习的榜样。

1997年8月8日于北师大
(原载1997年8月19日《中国经济时报》)

一代宗师关心后辈成长

——缅怀岱老为我国金融系统培养研究生二三事

□ 甘培根　唐　旭[*]

我国著名经济学家、北京大学经济学院陈岱孙教授从1981年起就与黄达、胡代光和厉以宁三位教授一起被中国人民银行总行礼聘为该行刚刚成立的研究生部的顾问。自那时起,岱老对人行研究生部(因该校坐落在北京海淀区五道口,人们一般简称该校为"五道口",为行文方便,下文亦简称该校为"五道口")的成长一直关怀备至。可以这样说,"五道口"的一些重要学术活动或庆祝典礼,只要有请,岱老必到,而且从不迟到早退;只要有问,岱老必答,而且见解精辟。岱老对"五道口"的办学模式和教学改革曾给予很大的支持,充分发挥了"高级顾问"不可替代的作用。十多年来,岱老学识之渊博、治学之严谨、待人接物的谦虚谨慎与生活衣着的朴实无华的确给"五道口"的师生员工留下了极其深刻的印象。

岱老对"五道口"能坚持教学、科研与业务部门"三结合"的办学模式一直给予很高的评价和鼓励。"五道口"这个学校是人行金融研究所创办的,一些基础课程主要聘请北京大学、中国人民大学及国际关系学院的老师来主讲,专业课程及毕业论文则主要聘请金融系统的业务专家来讲授和指导,处处都体现了教学、科研与业务部门"三结合"这一办学精神。正如岱老经常教诲我们的那样,大学本科和研究生的教学必须要与科研及实际业务部门紧密结合,这样理论才不会脱离实际。岱老对"五道口"办学模式的支持与肯定实际上成为我校在教学改革中不断前进的一个巨大推动力。

岱老很关心"五道口"研究生的培养质量。他经常告诫我们,对研究生的培养,不仅要教好书,而更重要的是要教育好人。岱老认为对研究生的培养,一定要在学习上提出具体要求,即要求他们在学习与科研上一定要在"博、大、精、

---

[*] 甘培根,中国人民银行研究生部原主任;唐旭,中国人民银行研究局原局长、中国人民银行研究所原所长。

深"四个方面狠下功夫。岱老的这"四字"方针实际上为"五道口"研究生培养目标中在智力方面注入了新的具体要求,我们将为此不断进行教学改革,以表示对岱老的无限怀念!

从"五道口"第一位博士研究生算起,十几名博士研究生的毕业论文答辩差不多都是在岱老的主持下进行的。在每次博士生毕业论文答辩中,作为答辩委员会的主席,岱老都是最后一位提问的老师。他提出的问题少而精,有些甚至还是经济学中最基本的概念或理论问题,这是岱老有意要考一下博士研究生的经济理论基本功是否扎实。在答辩委员会做出综合评语时,每次都是由岱老当场口述,由秘书记下整理,经答辩委员共同研究修改后,由岱老在答辩委员会上正式宣读,然后由秘书填入正式表格,岱老在再次过目后才签字。岱老口述的综合评语,言简意赅,高度概括,字里行间洋溢着岱老对后学的正确评价与殷切期望。当时岱老已年过九旬,但身体仍那样康健,在每次主持"五道口"博士生论文答辩时,其思路之清晰,分析之透彻,提问之精辟,评价之中肯以及对工作极端负责、一丝不苟的作风,的确给我们留下了难以磨灭的印象。我们真为"五道口"的博士研究生们能在这样一位德高望重的经济学界的老前辈主持下进行论文答辩而深感庆幸!

岱老在后辈深造问题上也一直是很关心的。每年"五道口"都要接收北京大学经济学院推荐一名应届优秀本科生免试入学。目前,我校还珍藏着几封由岱老亲笔书写的推荐北大学生免试入学的推荐信。岱老对这些被推荐的学生的学习成绩、科研成果、人品素质以及有无深造前途都做了实事求是的科学评价,从那苍劲有力的楷书中更能够看出岱老对后辈的继续深造是多么关心、寄予多么殷切的期望啊!

每年春节前,我们都要去看望岱老,令人感触最深的就是岱老的起居饮食竟是那么的朴素艰苦,室内陈设简单,但整洁高雅,尤其是两张宽大而又有些褪色的老式单人沙发更是引人注目。岱老告诉我们,不要小看这一对沙发,这是他在20世纪40年代后期抗日战争胜利后由昆明西南联大返回北平时在西单一家家具店买的,一直使用至今。真是岁月如梭,这一对老式旧沙发已伴随着岱老度过了半个世纪的日日夜夜,那是多么难忘的岁月啊!它们是岱老操劳一生、不断培养出新的一代经济学家的"历史见证"。当我们每次去岱老家看到这一对历经沧桑的老式单人沙发时,都不禁对岱老的高风亮节、艰苦朴素的一生肃然起敬。一代宗师,岱老当之无愧!

1998年1月5日于北京

陈岱孙先生主持中国人民银行金融研究所研究生部的博士生答辩会,左二甘培根、左三王传纶、左四胡代光、左五陈岱孙,后立者为博士生张美玲,摄于1993年

我国西方经济学研究的引路人陈岱孙先生

□ 谭崇台*

从进大学经济学系起,我就仰慕陈岱孙先生的大名,知道他是最早负笈美国哈佛大学学习西方经济学的中国留学生,回国后很年轻就当上清华大学的教授;在教学中有极佳的效果,能把深邃的思考和清晰的表达结合起来;他总是在上课铃声中步入课堂,在下课铃声中结束一个段落,这件事在学术界被传为美谈。这些体现了他一生治学严谨、一丝不苟的高度负责精神。

我有幸拜见岱老是1983年在昆明举行的中华外国经济学会第二届年会上,在以后几届年会上也都有机会聆听他的教诲。我几次到北京,只要他方便,必去拜见他。岱老每次讲话,言简意赅,用词准确,言必有中,令人深受教益。岱老风度儒雅,胸襟开阔,在他面前,我总有高山仰止之感。

岱老对西方经济学的研究做出了多方面的巨大贡献,其中主要有三:

第一,从西方经济学说演变的历史长河中,把握住四个关键性的理论问题(即价值理论、剩余价值理论、社会总资本的再生产和流通理论以及经济危机理论),并做出了系统的、深刻的分析。[①] 在价值学说方面,岱老首先回顾了古典政治经济学前思想家对价值和劳动关系的认识历程,进而指出古典政治经济学奠定了近代劳动价值学说的基础,然后分析了马克思在劳动价值学说上的科学变革。在剩余价值学说方面,首先回顾了古典时期重商主义对剩余价值的最早看法,进而指出了古典政治经济学把剩余价值理论的研究从流通领域转入生产领域,然后分析了马克思创立的作为无产阶级政治经济学基石的剩余价值学说。在社会总资本的再生产和流通学说方面,先是回顾了重农学派对社会总资本再生产和流通的初步考察,进而指出了以斯密为代表的古典政治经济学者在再生

---

* 谭崇台,经济学家,武汉大学教授。

① 陈岱孙:《从古典经济学派到马克思——若干主要学说发展论略》。北京:北京大学出版社1996年版。

产过程的研究上的退步,然后指出了马克思创立了完整的社会总资本再生产和流通学说。在经济危机学说方面,先是指出古典政治经济学一般地否认普遍的生产过剩危机,进而论证了与古典政治经济学相对立的、承认普遍生产过剩可能性或必然性的消费不足论,然后介绍了马克思的经济危机学说。在《从古典经济学派到马克思——若干主要学说发展论略》这本著作中,岱老对经济学的四个重要理论的研究,从价值论着手,这就抓住了核心问题。正如恩格斯所说,价值论是经济学体系的纯洁性的试金石。以危机论结束,这就指明了马克思经济学与西方正统经济学的明显区别,前者对资本主义市场经济存在的一个重大问题做出了透彻的剖析,后者则对之进行了或明或暗的掩盖。在这本著作中,岱老以一分为二的观点对古典经济学加以分析,是其所是而非其所非,既指出了它向庸俗化的蜕变,又指出它的科学部分为马克思所承袭和发展,在学说史中做到了正本清源。在这本著作中,岱老通过四个重要理论问题的研究,对《资本论》的基本框架和精华做出了极其清晰的陈述,纲举目张,使人读后对马克思的博大精深的巨篇可以掌握脉络和线索,不再有雾里看花之感。

第二,在西方经济学政策思想的变化中,岱老准确地看清了一条主线。[①] 他指出,从 16 世纪以后迄至今日,西方经济学从政策思想的角度看是经济自由主义和国家干预主义两种思潮的消长;他认为,了解经济自由主义和国家干预主义在西方经济学整个发展过程中的交替情况有助于理解 300 年来西方经济学如何反映这一历史过程的经济现实,又如何反过来为现实服务,而且可以从这两种思潮似乎仍然对峙的情况,推测其将来的发展趋势。人们熟知,在凯恩斯学说问世之前,西方经济学的主流派一贯主张经济自由主义,1929 年的经济大危机暴露了市场自由调节的不可靠性,导致了经济自由主义濒于破产,应运而生的凯恩斯理论系统地提出反对经济自由主义、倡导国家干预主义的主张。凯恩斯理论在西方国家风行近三十年后,对滞胀现象不能自圆其说。于是,20 世纪 70 年代以后,现代货币主义、供给学派和理性预期理论纷纷出场,同凯恩斯主义唱起反调,重新强调经济自由主义。但是,岱老指出,这些新自由主义者们并不能夺取国家干预主义之席,恢复其过去在西方经济学中一度占据统治思想的地位。百余年来的实践和探索终于导致"完善自由市场"神话的破灭,使经济自由主义成为不切实际的理想,于是国家干预主义从此就可以稳定地和它处于

[①] 见《西方经济学中经济自由主义和国家干预主义两思潮的增长》。

分庭抗礼的地位。我认为,岱老对西方经济学政策思想演变的分析具有三点极其重要的学术意义:(1)非常明确地理清西方经济学政策思想消长更替的线索,使人们不再对看来似乎眼花缭乱的政策变化感到茫茫然不知所从。(2)非常正确地指出市场经济不可能是完善的,它的竞争性应当被合理地保护起来,但它的盲目性又需要适当地由国家进行干预,也就是说,在市场经济中,不能不"两手"并举,即是说,在发挥市场经济固有的通过竞争机制以配置资源这只"看不见的手"的作用的同时,还要发挥国家对经济进行必要干预这只"看得见的手"的作用。(3)"两手"并举必将是资本主义市场经济今后长时期中继续贯彻的政策,也值得走向市场经济的发展中国家借鉴。

第三,岱老十分强调经济学应是致用之学,他认为经济学的教学与研究应当坚持为社会主义现代化事业服务、坚持理论联系实际的方针,提倡探讨、创新和百家争鸣。对怎样对待西方经济学这一问题,他多次指出,既不应一概排斥,也不应全盘照搬。首先要准确理解,结合我国国情,汲取其有益成分。

岱老对青年同志非常爱护和鼓励,肯定他们的进步,关心他们的成长。我十分欣赏他给一位青年学者撰写的一本书①的题词:"弘扬马列,锐意求新,借鉴西学,体察国情。"这几句话体现出的岱老对后辈的关注之情是多么深厚啊!

岱老精通西方经济学,又认真学习马克思主义,他的著作方向明确,立论严谨,在国内外都有重大影响。他不愧为我国研究西方经济学的引路人、对我国高校经济学科建设做出巨大贡献的一代宗师。我们将永远怀念他。

---

① 程恩富:《西方产权理论评析——兼论中国企业改革》。上海:上海财经大学出版社1997年版。

自由之意志　独立之精神

□ 程巢父*

　　读了鲲西先生的文章(《陈岱孙：一代学人的终结》(《文汇读书周报》1997年8月23日),才知道陈岱孙先生不久前去世了。陈先生是与世纪同龄的最后一位人师。《三国志·魏志·刘靖传》："宜高选博士,取行为人表,经任人师者,掌教国子。"陈先生的道德学问,"掌教国子"是当之无愧的。袁宏《后汉纪》："经师易遇,人师难遭。"故鲲西先生乃有"一代学人的终结"之叹。陈先生既有专精的学问,又是风范卓绝的道德君子。他的确与潘光旦先生是梅贻琦校长的左右两臂。抗战胜利,西南联大当局做出翌年夏秋间复校的决定,由三校各自先行派出先遣人员接管、修葺平津校舍。陈先生受命同土木系王明之教授于1945年11月飞北平,组织并主持"清华校舍保管委员会"工作。先遣人员仅30人左右。这是一项繁重而艰巨的任务,既要有牺牲精神,又要能负责任,还须办事能干。保管会进驻时,占用校舍之日军伤兵医院只能让出贯穿清华园中部小河的南岸校舍;北岸仍住满了待遣返的日军伤兵,双方划河为界。白天工作之余,每天晚上还得分班和日军士兵隔河相望地巡逻各自防区。从1946年春土地解冻到8月接待昆明归来的师生,陈先生硬是率领管委会抢在几个月里将一座满目疮痍的清华园建筑得可以适应开学的要求。

　　陈先生已逾耄耋,仅差三年就届期颐,可谓无疾而终。因此鲲西先生的悼师文写得很平实,字面上没有写出什么大的哀痛悲悼之辞,但情感却是极其深沉的,因此他说陈先生的死"标志着一代学人的终结",一腔深切的悲痛就蕴含在这一句话里。我感到就其情感与心理而言,这篇短文与70年前陈寅恪先生撰写《王观堂先生碑铭》是同调的。文末又说,陈先生"是属于清华园的,这样的风范以后再也不会有了……"这是如丧考妣的无可挽回难以补偿的大哀痛,是在悼岱孙先生,也是在哀文化。一代学人的风范,构成一个学术群体(如清华园)的学术精神和学术传统。具体地说,陈先生身上体现了哪些风范呢？归根

---

* 程巢父,西南联合大学校史专家。

结底还是"自由之意志，独立之精神"。陈先生在哈佛的专业方向是财政金融，他在清华主讲的也是这一门。在教学过程中他感到中国有关这方面的历史和现状的知识太不够了。1932年清华给他一个休假研究一学年的机会，他就又去欧洲，为了写一本《比较预算制度》的书做准备，这个课题完全是他自己定的，谁也不干预，不发指令，不经审批，亦无什么御用项目的侧重、倾斜，而旅费和津贴照章发给。这就是"自由之研究精神"的体现。陈先生是纯粹依据国情选定这个研究专题的，本之于深沉的爱国情怀和学术良知。梁启超论清代学术"极绚烂"的原因，有一条即是"旧学派权威既坠，新学派系统未成，无'定于一尊之弊'，故自由之研究精神特盛"。从辛亥到北伐初成之后，情况大体相似，即使三民主义也是可以评头论足的，没有什么一尊之学，故"自由之研究精神"得以确立。今之视昔，那就是学术繁荣的命脉，亦是陈先生下一代学人（如鲲西先生）的人格"情结"。

  陈先生于1932年年底到日内瓦。当时中国正在国际联盟控告日本发动"九·一八"事变和建立伪满洲国的侵略。南京政府起用了闲置多年的老外交家颜惠庆代表中国去日内瓦和日本周旋。在和颜相遇的闲谈中，陈先生略述了他对白银问题的意见。当颜受命去伦敦组织中国参加"国际经济货币会议"的代表团时，他邀请陈先生以专家身份参加代表团。陈先生坦率地说自己有顾虑，因为宋子文当时正从美国来英国，传闻他将任中国代表团团长。陈先生说自己的观点与宋氏所代表的利益集团的企图是背道而驰的。颜说，宋只参加开幕式，翌日就去欧洲大陆返国；而他自己将是代表团的首席代表。于是，陈先生才答应参加会议。陈先生当时才三十出头。这表明：无论是多大的名声或升进机会置之于前，陈先生自己的学术观点是神圣不可改易的。在学术面前，绝无丝毫的个人功利之可言。这种维护学术独立神圣的执着态度，也就是"自由之意志，独立之精神"的具体体现。陈寅恪先生说："唯此独立之精神，自由之思想，历千万祀与天壤而日久，共三光而永光。"陈先生就是秉持和坚守那个时代的学术精神的一员。此种学术精神的式微，也就是鲲西先生值陈岱孙先生逝世之际，萌发深悲大恸的根由。

1997年8月30日

（原载1997年9月27日《文汇读书周报》）

陈岱孙先生以中国代表团专家身份,出席于伦敦召开的国际经济货币会议,摄于 1933 年

陈老师永远活在我的记忆里

□ 罗承熙[*]

陈岱孙老师是我最敬爱的老师之一。他把他的一生奉献给祖国的高等教育事业和经济学的研究，成绩斐然。他待人以诚，洁身自爱，勤恳工作，受到同事、朋友和学生的高度尊敬。

我于1944年从西南联大经济学系毕业，1946—1947年在清华大学经济研究院肄业。在联大和清华研究院时期，我和陈老师接触不多。彼此有较深了解并且我可以对老师畅所欲言的时期，是在1978—1987年我在北京中国社会科学院世界经济与政治研究所工作的时候。以后我就离开内地了。

在联大，我选读了陈老师讲授的财政学这门课。他讲课的特点是语言精练，条理分明，内容充实，没有多余的话，因此很有吸引力。他对讲课时间掌握得特别好，每课结束语说完了，就是下课铃响之时。

1978—1987年，我和陈老师都在北京，我住北京城内，他住北大，相隔颇远；但每年我至少去北大看望他两三次。他很健谈，我特别喜爱听他讲述他过去的经历。我记得他两次谈过他在哈佛大学四年时间如何刻苦学习的情景——没有寒暑假、没有星期日的休息，大部分时间都在图书馆内一个小隔间度过，大量阅读各种书籍和文献，并以此为乐。这使我懂得他的渊博的学识的由来，也是对我的一种激励。

我和陈老师叙会时，有时我向他诉苦。我说过，假如时光能够倒流的话，我不会研究世界经济，因为根据我在研究所的工作经验，世界经济研究总离不开"预测"这一步，就是要求预测有关国家经济的未来发展趋势，而实际生活中总会有一些无法预知的变数干扰着预测的准确性，增加了预测的错误程度。陈老师语重心长地说，既来之，则安之，如今不是打退堂鼓的时候，只有积极地迎接挑战。

陈老师很关心他的学生，并且在各方面给予大力支持，以下是一些例子：

---

[*] 罗承熙，中国社会科学院世界经济研究所研究员。

第一,在我写《货币理论探索》(中国社会科学出版社 1987 年出版)这本书时,急需阅读一本有关货币数量说的书,即 *The Purchasing Power of Money*(Irving Fisher,1911)。我所在的研究所没有这本书,北京图书馆也没有这本书。于是我去找陈老师,请他查一下北大图书馆或他个人藏书中有否这本书。他很快就回复我:查过了,都没有。他约我去他家一次,由他写一封介绍信,让我去赵迺抟教授家,看能否借到此书。我持信便去赵教授家了。他满屋藏书,并且热情地为我找寻,终于找到并借给了我。

第二,1990 年我住香港,拟再版《货币理论探索》一书,请陈老师为我写一篇再版序。那时他身体不大好,仍慨然答允,很负责地把序写好,航挂寄给我。我由衷地感谢他的支持,特别是那时他已是 90 高龄,如此认真地为我写长达 2 000 宁的序,实在使我感动。

第三,在他 1990 年 8 月 19 日写的另一封信中,他告诉我:他把上述书再看了一遍,并提出一些问题供我思考。这封信又再表明他老人家是多么关心他的学生呀!

我最后一次和陈老师晤面,是在 1987 年 7 月的一个晚上,我请陈老师到我北京家中吃晚饭——那是我即将离开内地的一个晚上。席上我们只谈家常,谁都不提快要离别之事。饭后我请陈老师在我的书架上选出三本他喜爱的书带走,作为纪念。他欣然这样做了。

我最后一次给陈老师写信,是在 1997 年元旦前夕。那只是一张贺年卡,上面简单地写了几句祝他健康、长寿的话。

此文该结束了,想起以后再也见不到陈老师了,不觉凄然。幸而将有《陈岱孙纪念文集》问世,此文集一定有很多介绍陈老师生平的好文章,让青年学子学习他的崇高精神和治学之道。另外,陈老师于 1990 年曾特别托人把 1989 年 11 月出版的《陈岱孙文集》带到香港给我,此文集大大有助于我对他的思想的了解。

1997 年 10 月 14 日于香港

深切的思念

□ 胡企林*

1997年7月末,友人特地打电话告诉我,岱老永远离开了我们。乍闻噩耗,我实在不敢相信。此前不久,他应约在他寓所接谈时,还是像往常那样带着亲切的微笑,话语不多但爽朗有力,兴致盎然,在交谈的半小时里一直显得很有精神。那时我怎么也想不到,这是我们的最后一面。然而,这终究是事实。

那次约见,是谈为商务印书馆(以下简称"商务")百年题词事。在商务创立90周年时,岱老就在《我和商务印书馆》一文中满怀深情地叙述了他从十三四岁结识商务时起同商务的关系不断加深、情义日隆的历程。面临商务百年,他更欣然命笔,作了如下题词:"介绍世界典籍,弘扬中华文化;百载煌煌业绩,继年更上层楼。"在这里,岱老言简意赅地肯定了商务百年来取得的成绩,又对商务在第二个百年里再创辉煌寄予了厚望。这是对商务人何等巨大的鼓舞和鞭策!

在撰写此文时,我翻开《商务印书馆百年纪念书画集》重读这个题词,依然心情激荡。我不会忘记,商务过去做出的业绩,是同岱老几十年来的大力支持和协助密不可分的。他对我一贯热情关怀、多方扶掖的拳拳之情,我更铭记在心。

在这篇短文里,我只能简述同岱老交往中印象最深的一些事情,略表自己的心怀。

商务恢复建制以来,曾多次制订外国哲学社会科学翻译出版规划,诸如《哲学社会科学重要著作选译目录》、1960—1972年十二年规划、1978—1985年七年规划和1984—1990年七年规划,以及1981年开始印行的《汉译世界学术名著丛书》各辑选题计划等。在我或商务同仁们请岱老就这些规划、计划的经济学部分提供意见时,他都经过认真考虑,提出了许多宝贵的意见,包括选题的增订、版本的选择、重点的确定和迻译的先后等。《李嘉图著作和通信集》中论述

---

* 胡企林,商务印书馆原副总编辑。

货币问题的第 3 卷,就是经他选定收入"汉译世界学术名著丛书"的。

岱老在耄耋之年,还经常应我们之请命笔作序、撰文,使商务的名著译本等大为增色。他为上述《李嘉图著作和通信集》(正文共 10 卷)中的 7 卷译本撰写的前言、译序或出版说明无不具有独特的学术价值。它们褒贬合度,重点突出,指破迷津,不乏新意,对读者正确理解原著提供了重要的指导帮助。1990 年他为英国著名经济学家约翰·穆勒的代表作《政治经济学原理及其在社会哲学中的若干应用》(以下简称《原理》)中译本撰写的序言,更令人感到耳目一新。文中指出,西方经济学者中有不少人"在论证穆勒折衷主义特征时,似乎都忽略了在《原理》中,也应该作为折衷主义一部分内容的、结合理论分析和政策结论二者矛盾的调和论",而《原理》正是通过对这种调和论的阐述,提出了对经济理论和政策的一些新看法,反映了穆勒在经济学上所持立场的某种转变。这种富有说服力的分析,在经济学界可以说是独一无二的。

20 世纪 80 年代末,我得知岱老在北京大学经济系资料室所编的《经济资料》(内部资料)上发表过一篇研究魁奈的《经济表》的文章,即提请他将此文交由我主编的《马克思主义来源研究论丛》(以下简称《论丛》)正式发表。不久,他就将此文略做文字增改后寄来。这就是刊载于《论丛》等 12 辑的《魁奈〈经济表〉中再生产规模的问题——从〈经济表〉的版本、模式讲起》一文。起先,我只感到此文对《经济表》中若干众说纷纭的问题做了深入的研究,提出了一些新颖的见解,具有很大的启迪作用,因而作为《论丛》第 12 辑的第一篇论文刊用。后来才知道,此文在国内外经济学界对《经济表》所做的众多研究中独树一帜,它澄清和修正了长期以来学术界根深蒂固的某些概念,是一个具有重大学术价值的研究成果。我为《论丛》能揭载岱老的这一不刊之论感到庆幸,更从中体会到他对商务、对我的情义之深。

尤其使我铭诸肺腑的是,岱老不仅不辞辛劳认真审阅了我与人合译的、逾 40 万字的《亚当·斯密传》(约翰·雷著)译稿,并在译序中对此书做了有根有据、恰如其分的评价,而且一丝不苟地逐字逐句审读了我写的一本小册子《亚当·斯密》,挥毫写下了长达十余页的、细致入微的审读意见,其中涉及观点、提法、内容安排、字句、引文等很多方面,可谓巨细无遗。经过岱老如此热心的指点,此书质量多有提高。

岱老给予我的当然不仅仅是种种关怀、支持和协助表面显示出的裨益。我从这一切当中感受到的,以及在有幸接近岱老的种种场合体会到的这样那样无形的东西,诸如无言的教诲、榜样的力量等,更使我受益无穷。

这里还要提一下《李嘉图著作和通信集》第3卷。1977年间,岱老应我们的冒昧请求(对我们他总是有求必应),为我们代写了此书中译本出版说明。内容精湛,显示出他深厚的学术功力,而形式则完全符合商务有关出版说明的规定。出版说明作为译本的附件,一般均不署名。按照这一惯例,岱老写的这篇很有分量的文章也就未予署名,但他处之泰然,从不计较。甚至在1986年此书收入"汉译世界学术名著丛书"时,他也这样对待。这种只讲奉献、毫不为己的态度,正是岱老高尚人品的生动写照,其所包含的思想品德上的感染力,不难想见。

我愈益强烈地感到,读岱老的文章,听岱老的学术报告(例如20世纪80年代初聆听他在中华外国经济学说研究会一次年会上围绕16世纪以来西方经济学中经济自由主义和国家干预主义两种思潮的消长问题所做的长篇讲演),是一种理论上的满足,一种思想上的升华。那些文章和报告中显示出的巨大的理论勇气和执着地探求真理永不止息的精神,总是沁人心脾,催人奋进。

1997年5月,我在为纪念商务百年而写的《喜做商务人》一文中专门写了一段,抒发我对岱老对我的深情厚谊的感激之情;而未形诸文字的一个心念是,要在岱老高贵精神的感召下,在有生之年发挥余热,为学术文化事业的发展继续尽绵薄之力。我想,这也许可以作为我对岱老的一种较好的纪念。

关怀后辈学子的楷模

□ 蒋自强[*]

1997年7月29日夜晚,我突然接到黄范章同志的一个长途电话,他以沉重的语调告诉我,我们研究会的会长陈岱孙先生已于前天逝世。噩耗传来,甚感悲痛!并使我沉浸在哀思中。

我和张旭昆教授合作撰著的《三次革命和三次综合——西方经济学演化模式研究》(上海人民出版社1996年11月出版)一书,是在陈岱孙先生的热情关怀、指导、帮助下写成的。现在陈先生已离我们而去了!从此,我们失去了一位学识渊博、品格高尚、热心关怀后辈学子的良师益友。

我和陈先生素昧平生,只是1979年4—5月在杭州召开的《政治经济学辞典》(许涤新主编)外国经济思想词条定稿讨论会上,才有缘和陈先生相识。这次词条定稿讨论会,是由该辞典的外国经济思想词条编写组组长张培刚教授主持召开的。我作为这次会议的东道主,受张培刚教授嘱托,负责寻找、选择合适会址,并和我的硕士研究生钦北愚一起协助张培刚教授做一些具体会务工作。会议的前三周在距市区十余里钱塘江畔的九溪工人疗养院举行,后两周在西子湖畔的新新饭店举行。这次到会的专家、教授17人,分成两组:一组是讨论、修改当代经济思想词条,另一组是讨论、修改经济思想史词条。我有幸被分在和陈先生一起的思想史组;参加我们思想史组的还有吴斐丹教授、朱绍文教授、李宗正教授等。在这一个多月的词条讨论、修改、定稿过程中,在早晚散步等相处的日子里,陈先生的音容笑貌、精辟见解、道德风范和严格的治学精神,给我留下了深刻的印象。

在这次词条定稿讨论会的结尾阶段,与会学者还讨论了成立中华外国经济学说研究会问题,并发表了成立研究会的《创议书》,大家一致推荐陈先生为会长并主持筹备工作,我有幸成为该学会的17个发起人之一。

这次词条定稿讨论会,由于陈先生和张培刚教授等前辈学者的严谨治学精

---

[*] 蒋自强,浙江大学经济学院教授。

神以及他们言传身教的影响,全体与会学者的共同努力,并得到浙江省机关事务管理局有关同志的支持,取得了圆满成功。这次会议,我除了参加词条讨论、修改,还做了一些具体的会务工作,陈先生却因此不止一次地夸奖我,并多次关心地询问起我的教学、科研和生活情况。最使我难忘的是在这次会议结束时,陈先生还率领与会专家、教授来我家看望,使寒舍蓬荜增辉,我和我爱人都感动不已。

在这次词条定稿会结束后,陈先生回到北京立即给我写了一封热情洋溢的信,告知一行五人平安到达,并说"这次在杭得识荆,至幸,至幸",望不久能北来"畅叙"。

1979年冬,中华外国经济学说研究会在京正式成立,德高望重的陈先生当选为学会理事长,我也成了理事会的成员之一。在陈先生生前,研究会共举办过六届全国性的学术讨论暨调研会议,其中陈先生亲自主持召开了五届,并主持召开了历届理事会。除了在这些学术活动期间相聚畅谈,我们还保持着经常的通信联系,同时,我也曾三次上北京看望他老人家,两次是在未名湖畔的镜春园,还有一次是在燕南园。在我的一生中,曾遇到过好几位关怀我成长的良师益友,陈先生就是其中联系时间较长的、接触较密切的、使我受益最多的一位。

在我参加陈先生主持的学术活动中,还有一次印象深刻而使我难忘的研讨会,即1987年11月在南京由中华外国经济学说研究会和南京大学经济系联合召开的全国性的外国经济学说史研讨会。这次研讨会是在党的十三大闭幕不久召开的,会议根据十三大提出的社会主义初级阶段理论,集中讨论了外国经济学说史教材的改革和建设问题。这次,我又有幸被分配在和陈先生一个组进行讨论,使我又一次聆听到陈先生关于学说史研究的许多重要见解。与会学者在讨论中,立足改革,按各自的思路,提出了各种教材建设方案。有的同志提出,为适应社会主义初级阶段中心任务的需要,当务之急是编写出一本经济发展思想史;不少同志认为,要加强学说史的断代研究,首先应按照资本主义发展过程的阶段写出一本近代经济学说史;我在发言中,也提出一个按"革命"和"综合"为线索,撰写论述西方主流经济学演化规律的专题史的设想。陈先生听了大家的发言后,提出了坚持实事求是,防止"简单化",各种方案都可试的重要见解。通过这次讨论,与会学者取得了共识。在陈先生主持制定的会议《纪要》中写道:"为了建立一个大家都能接受的学说史体系,目前,首要的任务是鼓励百家争鸣,先写出各具特色的版本,然后在教学实践中接受检验,逐步完善,以形成较为统一的体系。在现阶段强求统一,既不可能,也没有必要。"(《中国经济学说史研讨会纪要》,1987年11月26日,第6—7页。)

在这次研讨会精神的鼓舞下,在陈先生的鼓励和支持下,我在这次会议结束后,应18所教育学院政教系同仁之约,在完成了主编《简明西方经济学史》教材(辽宁人民出版社1989年出版)的基础上,随即与张旭昆教授合作,着手实现我在南京召开的外国经济学说史研讨会上提出的论述西方主流经济学演化规律的设想,开始撰著《三次革命和三次综合——西方经济学演化模式研究》这一专题著作。经过两年多的研究和撰述,在基本完成了该书的初稿后,我们便将详细提纲和说明,以及部分书稿,寄给陈先生审阅,请求帮助和指导,并请他为该书赐序。

1990—1991年,在我们的《三次革命和三次综合——西方经济学演化模式研究》一书的定稿过程中,陈先生曾五次给我来信,不仅同意为该书作序,还热情地进行具体指导和帮助。有些信写得相当长,如1990年8月21日的那封,写满了整整八张注明页码的信纸。陈先生使用的信封都是标准的航空信封,使用的信纸都是直书格式的宣纸信笺,而且每封信都写上自己的门牌号码和姓名,信中提到的许多重要概念、专有名词和术语,还都注上英文的原文,封封信都有明确、丰富的内容。

陈先生在看了我们的写作提纲和说明,以及部分书稿后,在这五封来信中,对该书的撰著做了充分肯定和中肯评价,并提出了许多具有指导性的意见和一系列富有启发性的问题,在提出问题的同时,也表明了自己的一些原则性看法。

第一,陈先生肯定我们以"革命"和"综合"为线索来研究及阐述西方经济学的发展与演化"是一个对问题的新处理法";虽然,西方经济学者已提出并论述过"边际革命""凯恩斯革命"和"约翰·穆勒综合""马歇尔综合";本书的"新处,在于把斯密看为第一次革命,而在凯恩斯之后,有个第三次综合。资产阶级经济学家没这样说,但没什么理由不可'自我作古'。问题只在于如何解释'革命'和'综合'而已"。陈先生对我们撰著该书做了这样肯定的评说,并同意作序,这给我们进一步做好修改与定稿工作以极大的鼓舞和力量。

第二,陈先生还对西方经济学演化过程中的"革命"和"综合"这两个概念做了精辟的解释。他说:"西方经济思想史中所称的'革命',实际上,只是处于统治地位的统治阶级经济思想内部派系的争论。它只是,在一个新的社会经济制度发展的时期,在处于统治地位经济思想内部,被动地出现的一个自发的知识的发展。其目的并不在于,在意识形态上,企图推翻现存的思想体系,而实只在于修正、改进、完善在现存思想体系中,已不适应新社会要求的某些理论。"以"边际革命"为例,杰文斯、门格尔、瓦尔拉斯这三位边际革命的奠基人,"并不企图全面推翻古典学派的体系,而只是在价值问题上,企图以效用价值论来代替在他们看来久已失去作用的劳动价值论而已"。

关于西方经济学演化过程中所称的"综合",陈先生说,这不仅要综合前人的理论,形成"兼包并蓄的体系",而且"要承前启后,起而管领一代的风骚"。约翰·穆勒的"综合",只是指"自李嘉图以次……资产阶级经济学中不同流派各正反意见,融汇之于一体的努力。所以'革命'也好,'综合'也好,都只是当时已成为社会统治思想的统治阶级经济思想的内部争论与融合而已"。陈先生对这两个具有关键性概念的理解和解释,成为我们贯穿全书的基本指导原则。

第三,陈先生在来信中还提出了这样一个极富启发性的问题,即论述"革命"和"综合"涉及的面有多广。到底是涉及"面广"写成一部"通史式的学说史",还是"限于书题,只涉及与'革命'及'综合'有关的部分",写成一部"专题著述"?

陈先生深恐我们不能完全领会他对这一问题的看法,还提出了一系列具体问题来进一步启发我们。例如,历史学派在本书中应安排在何处、做何等程度的阐述?西尼尔占有怎样的地位?米塞斯、哈耶克和熊彼特等人又应做怎样的处理?等等。这就促使了我们进一步思考,从而使我们进一步明确了本书的写作,应"限于书题",紧紧围绕"革命—综合"这一主线,"只涉及与'革命'及'综合'有关的部分",因此,本书力求写成一部揭示西方主流经济学演化规律的"专题著述",最后使本书形成由3篇26章101节173目构成的体系。陈先生对本书的写作以及对我本人的成长,真可谓无微不至地关怀。

第四,由于本书以"革命"和"综合"为线索阐述了西方经济学的发展演化过程,并揭示了西方主流经济学"在这几百年中所出现的这反、合两趋势,相互对抗又相互融合的发展的规律性"。因此,陈先生认为,这本书"在性质上"虽是一本"专题著作,而实际上,它又是一本很好的经济学说史教材"。这是陈先生对我们的鼓励和鞭策。本书仅只是一个初步的探索,它明显存在不少缺陷与不足(参见《三次革命和三次综合——西方经济学演化模式研究》的结束语)。存在这些缺陷与不足的原因之一,是由于我们对陈先生的学术见解领会不深和我们努力不够所致。我们现在正撰著一部较完善的经济思想史,以报陈先生对我们的关怀和期望。

我虽不是陈先生的注册学生,但陈先生却确是我真正的良师益友。他的道德文章,他对我的言传身教,使我终生难忘。

(本文初稿写于1997年9月8日,刊登在杭州大学金融与经贸学院主办的内部刊物《经济研究动态》第12期上;1997年12月进一步修改、充实、定稿)

忆 陈 爸

□ 周如苹*

1997年7月27日,当我听到著名经济学家陈岱孙教授不幸仙逝的噩耗,悲痛万分。旧日的情景不禁涌上心头,使我不由自主地要提笔,将我脑海中纷杂记忆的点点滴滴写下来,以示永恒的纪念。

我们姐妹对父母的挚友们,均以某爸、某姨相称,比如:对张奚若、杨景任夫妇,我们称其为张爸、张姨;称梁思成、林徽因夫妇为梁爸、梁姨,而他们的孩子也称我父亲周培源、母亲王蒂澂为周爸、周姨。金岳霖先生和陈岱孙先生终身未娶,我们这辈的孩子们都称他们作金爸、陈爸。当然,陈爸跟我家又有一层特殊关系,即他是我大姐如枚的"老干爹"。陈爸偏爱如枚,我们有目共睹,心中多少有那么一点儿嫉妒。

我在家里最小,太早的事情我不知道,都是听大人说的。我只记得在"文化大革命"前("文化大革命"中,由于人所共知的原因,不便过多来往,"文化大革命"后,我家搬离北大,路远,走动就逐渐少些),每到周日上午,陈爸总是从他居住的北大镜春园散步到我们住的燕南园,晚饭后再慢慢散步回去。有时张爸、张姨、金爸都来的时候,父亲总是和张爸在一旁说笑或谈论一点儿"正经事儿"。母亲则陪陈爸、金爸和张姨一同打桥牌,母亲牌艺不高,总是"三缺一"填空的。陈爸打牌从不动声色,输赢不露喜怒。

在我们眼里,陈爸总是一副模样,高高的个子、挺拔的身材、稳健的步伐、慈祥深邃的目光,喜怒从不形于色。所以父亲常说陈爸是"gentleman"、绅士派。母亲常对我们说,陈爸讲故事,听的人肚子都要笑破了,而他依然平静如水,就像什么都没有发生一样。即使在他最艰难的日子里,人所共知的年月,虽在劫难逃,但他仍能冷静地面对现实,坚强地度过了那几年。

1981年,大姐如枚英年早逝,陈爸悲痛欲绝、失声痛哭的样子,我终生难忘,连英姐(张爸张姨的长女)都说,从未见过陈爸这么难过,这么失态。这是我第

---

* 周如苹,物理学家周培源先生之女。

一次看到陈爸流泪,每回忆至此,令人心酸。自大姐去世后,我们更加视陈爸如亲父,常去探望他。

父亲常说陈爸学问好,为人宽厚、正直。小时候,我什么也不懂,从学校里略知一二,回来便问陈爸:"什么是主观、什么是客观?"陈爸指指自己的头,说:"主观在这儿。"又指指周围,说:"客观在那儿。"我茅塞顿开,一下子明白了许多。后来,传闻在某次会议上,有人曾不切实际地说我国经济发展如何快,已基本消灭赤字云云。陈爸立即站起来,说:"这个根据不知是否包括向国际上借的债,而有赤字也并非坏事……"后来我曾向陈爸证实此事,他笑笑,不置可否。

陈爸是父母亲的挚友,在他去世的前几天,瘫痪多年的母亲不知何故,连续三天叨念陈爸,责备他为何不来看她,是否不知道她还活在世上。我说:"陈爸比你大十岁,天气又热,不要惊动他。"母亲竟说:"就是因为他比我大,才应该让着我,来看我。"我说:"过两天,打个电话,你们说说话就行了。"没想到,两天后竟传来这样令人心碎的噩耗,叫我怎样面对母亲。

父亲与陈爸的交谊是从 1929 年父亲赴美留学归国后开始的。那时,早于父亲回国两年又年长父亲两岁的陈爸已是清华大学法学院院长。27 岁的父亲成为清华物理系最年轻的教授。1932 年父母亲结婚(陈爸送父母亲的结婚礼物,现仍在家中保存),后来,我们姐妹四人相继出世,陈爸就成为我们全家的好朋友,连三姐如玲的名字也是陈爸起的。那时我家孩子多,母亲体弱多病,家里开销大,钱不够用,经常是陈爸慷慨解囊相助。

20 世纪 60 年代初,我读中学时,要好的同学向我证实一个"故事",说我父亲当年和陈爸一同追一个女学生,这个女学生相貌出众,引人注目。但这个女学生自己拿不定主意到底选择哪一位,于是就说"你们两位谁先拿到博士学位学成归国就选择谁"。陈爸按约定学成归国,而狡猾的父亲却提前回国且捷足先登,将这位女学生也就是我的母亲追到手。而陈爸回来后发现为时已晚,后悔不已,自此终身未娶。我听到这个"故事",不知真假,特意追问父母。父亲听后,只是一笑了之。母亲则说:"别听人瞎说!"自此后的几十年,以至今天还有人来向我陈述这个老掉牙的"故事"。后来,我整理父亲年谱时才证实,父亲是 1929 年从欧洲完成博士后工作以后才回国到清华任教,而陈爸是 1927 年就已归国。父亲是在 1930 年认识母亲,1932 年 6 月 18 日与母亲完婚,之后定居清华园后母亲才与陈爸相识,于是陈爸成为父母亲一生的朋友。可见前述的"故事"简直是无稽之谈。可在今天居然有人还在以此"美谈"大做文章,借此赚取名利,简直无聊至极。但尽管这样,几十年来,丝毫没有影响父母亲与陈爸之间的纯真友谊。

陈爸是美国哈佛大学毕业的。1987年我和父母亲去美国到哈佛访问,还去参观了老校友捐给母校的"王八驮石碑"。1997年我再次来到哈佛,望着碑上那充满爱国主义激情的碑文,心潮起伏,想念陈爸,想念父亲。当然,因年久失修、风雨侵蚀,石碑上已看不清校友的名字,没有找到陈爸的名字,但我知道,这就是他们捐的石碑,因为常听陈爸说起。陈爸和父亲一样有数不清的学生,他所从事的专业我是一窍不通。1997年春节我去给陈爸拜年,他送给母亲一套他的著作,我翻了翻,什么也看不懂。父亲与陈爸之间的友谊近70年,从1929年在清华起,后抗战时期同赴西南联大,1952年院系调整后来到北大一直是同事。1993年11月24日父亲突然去世,93岁的陈爸从当日的新闻里得知,号啕大哭,翌日来家看望瘫痪的母亲,共叙怀念之情。后来,陈爸又不顾年事已高,冒着严寒亲自到北京医院挥泪为父亲送别,拥抱我们姐妹三人,当时我们真担心他的健康。1995年周培源基金会欲出版一本父亲的纪念文集,邀父亲生前好友、学生撰写纪念文章,我约陈爸,他欣然同意。没有多久就我收到他的亲笔信,亲笔撰写的怀念文章也一同寄来,令人感动之至,因为这是我收到的第一篇文章,时年陈爸也已95岁高龄。

作者周如苹与陈岱孙先生合影,摄于1997年2月

陈爸一向身体很好,记忆力惊人,思维敏捷。前两年二姐如雁回国探亲时我们去看陈爸,他居然问如雁是否吃过一种叫什么名字的汉堡包,他说在1927年以前做学生时吃过,特别喜欢,令大家十分吃惊。

陈爸以他97岁高龄溘然辞世,按旧时说法叫"喜丧",但我仍非常非常难过,非常非常舍不得他,不仅因为他是父母亲最后一位挚友,也是我们敬重的前辈楷模和良师益友。和陈爸在一起,我们可以学到很多很多。

翻开与陈爸合影的相册,睹物思人,更加怀念逝去的日子。陈爸一生虽没有儿女,但我们都是他的孩子。在我们的心中,陈爸永远活着,我们永远怀念他。

1997年7月31日落笔
1998年10月15日修改
(原载1997年8月17日《文汇报》)

经济学界"不老松"

□ 王健平*

在我国经济学界和教育界,北京大学经济学院陈岱孙教授被人们尊称为"岱老"。岱者,泰山也!

岱老与20世纪同龄,今年已达94岁高龄了,但他仍然精神矍铄、头脑敏锐、语言流畅、记忆力惊人,特别是他那瘦削、高挑的身板依然那么硬朗、挺直,给每位见过他的人都留下了极其深刻的印象。听岱老回忆他那难忘的往事,同熟悉岱老的人聊起他的处事为人,拜读他那浓缩其学术思想精华的《陈岱孙文集》,从中我感受到了我国老一辈知识分子"爱国自强、刚直不阿、诲人不倦"的崇高精神。

爱 国 自 强

陈岱孙教授1900年出生于福建闽侯一个书香旺族之家,光阴荏苒,斗转星移,如今九十多年过去,从清朝的小臣民到中华人民共和国的公民,他经历了20世纪的世事沧桑。当我问及岱老一生中最难忘的一件事是什么时,他稍加思索后说:"是目睹了'华人与狗不得入内'的牌子。"那是1918年夏,正是我们的祖国饱受内忧外患的时代,青年陈岱孙从闽赴沪报考清华学堂,当时他根本不知道有这类侮辱中国人的牌子存在。一日,他到街上散步,无意之中在上海外滩公园门口见到了这块牌子。岱老回忆道:"瞪着这块牌子,我只觉得全身的血液都涌上头部,不知多久才恢复了知觉,嗒然若丧地走回客店。我们民族遭到这样的凌辱创伤,对一个青年来说是个刺心刻骨的创伤。"次年爆发的"五四运动"又给正在清华学堂就读的陈岱孙上了一堂爱国主义的课。他参加了游行、请愿、宣传等活动,尽管"只有摇旗呐喊的份儿"。那时在爱国学生中盛行各种救国论,陈岱孙则主张"经济救国论"。他认为,积贫积弱是导致横逆的原因,只有"足食足兵"才能救国救民于水深火热之中。于是他选择了"经世济民"之学作

---

* 王健平,新华通讯社高级记者。

为民族富强效力的志向。1920年,陈岱孙赴美留学,无论在威斯康星大学还是在哈佛大学,他都是出类拔萃的好学生,曾荣获金钥匙奖。至今,岱老仍对在美国哈佛大学有幸获一单人小隔间如饥似渴地吸吮知识的岁月无限神往,对与诸多后来被证明在学术上卓有成就的同学(如荣获诺贝尔经济学奖的奥林、鼓吹"垄断竞争"学说而成名的张伯伦)在一起"面红耳赤"地争论问题的经历记忆犹新。1926年,仅26岁的陈岱孙以优异的成绩获得了哈佛大学博士学位,凭他当时的条件,在美国完全可以找到一份理想的工作。然而,他却不顾导师的挽留,经欧洲大陆"游学"一年后,于1927年春回到了祖国。岱老回忆说:"当时我只有一个信念:学成之后报效祖国。正是因为祖国的经济文化不如欧美发达国家,才出去学习,学到知识才更有用。学成了不回来,又出去干什么。"

高 节 清 风

1990年,在庆祝岱老90寿辰和从教63周年茶话会上,全国政协副主席谷牧在祝词中这样说道:"陈教授的特点是'三清',即清白、清廉、清高。一般地讲,我们并不赞成在知识分子中提倡孤芳自赏式的清高,而陈教授的清高实质上是鄙视庸俗低级趣味……我们赞成和提倡这样的清高。"

针对眼下时兴的"黄(经商)、红(做官)、黑(学术)"三道之说,我曾问过岱老,作为哈佛的高才生,当年为什么独独选择了一条"黑道"并一走到底呢?岱老爽朗地笑着说:"我与教书有缘。"陈岱孙的祖父在清朝时曾"进了秀才、当了举人、中了进士、点了翰林。本来,在翰林院散馆时可以等候做官,但他却主动回到了三闽大地以教书为生"。陈先生的祖叔爷(祖父的亲哥哥)就是清朝末代小皇帝溥仪的老师陈宝琛。家庭的"香火"影响对陈岱孙从教确有潜移默化之功力,但促使他从教的深层原因则是旧社会官场上那"相互倾轧"之风和腐败之气,使他深深感到官场的肮脏。因此他决定"不去做官,而把教书作为一生的事业"。

作为教师,陈岱孙是一位学识渊博、教学有方的教育家;但同时,他又是一位敢于直言、刚直不阿的爱国者。在抗战以前和抗战时期,他在动荡不定、条件艰苦的环境下,发表了许多文章或言论,猛烈抨击国民党当局"恳求乞怜"的亡国政策,愤怒声讨日寇的野蛮行径,主张建立自立经济,以抵抗外来经济侵略。抗战胜利后,中国面临着向何处去的重大历史抉择。1945年冬,陈岱孙不顾个人安危,在西南联大与张奚若、钱端升、闻一多、朱自清等著名教授联名发表了轰动一时的《十教授公开信》，要求"废除一人独揽作用"，停止内战，希望政治协商会议成功和中华民族独立解放。随着时局的发展，陈岱孙同许多正直的知识分子一样，愈益看清了国民党卖国独裁的真面目，开始把希望寄托在中国共产党身上，他以拒绝南迁、坚持留在清华园迎接解放的实际行动做出了自己的正确的抉择。

中华人民共和国成立后，陈岱孙的生活步入一个崭新的时期，他潜心学习马列主义毛泽东思想，思想逐渐发生了深刻的变化，用他自己的话说，就是确立了"全心全意为人民服务"的思想。在从事繁忙的教学、行政领导和社会活动的同时，陈岱孙积极著述，其代表作就是一部40万字的《经济学说史讲义》，这套讲义是陈岱孙以马列主义为指导研究西方经济学和马列主义经济学说发展史的重要成果。遗憾的是，由于当时特定的历史性原因，这一成果未及正式出版面世便遭扼杀，他本人也受到不公正待遇。在20世纪60年代初当"左"的指导思想占主要地位后，高等院校中政治运动时伏时起，对此，陈岱孙采取了沉默的态度。在"文化大革命"时期，陈岱孙更受到严重冲击，处境困难，但他采取的"对策"是："既然不能说真话，就不说话了，但决不说假话。"从60年代到70年代末，陈岱孙的学术活动中断了近20年。这20年的"空白"，对学术功底扎实的陈岱孙来说无疑是个重大损失。然而，这不正是从另一个方面说明了陈岱孙的正直和对科学的忠贞吗？

党的十一届三中全会以后，已到耄耋之年的陈岱孙重新恢复了青春活力，进入了他著述最为丰硕的丰产期。十年之中，岱老在坚持教学、创办并主编《经济科学》杂志以及参加各项社会活动的同时（岱老是全国政协第二届至第八届委员，第六、七届常委），撰写并发表了大量论著，其中包括学术专著《从古典经济学派到马克思》，主编二卷本《政治经济学史》，发表了各类学术演讲和文章数十篇，累计达百万字左右。除此以外，岱老还为审阅许多书稿和文稿做了大量幕后工作。

在改革开放的新形势下，当形形色色的西方经济学说给中国经济学界带来"冲击"之时，有人盲目欣赏，有人一概排斥，岱老却始终保持清醒的头脑。1983年，他在《北京大学学报》上撰文指出："在对待西方经济学对于我们现代化的作用上，我们既要认识到，这些国家的经济制度和我们的社会经济制度根本不同，从而，现代西方经济学作为一整个体系，不能成为我们国民经济发展的指导思想；但同时，我们又要认识到，在若干具体经济问题的分析方面，它确有可供我们参考、借鉴之处。"岱老还针对新形势下出现的各种理论和实践问题,提出了自己的重要意见和建议。他强调应从具体国情出发制定经济发展战略,切忌在反对曾经存在的旧教条主义偏向的时候,又盲目照搬西方国家的理论和政策,陷入新的教条主义泥坑;他强调要注意把握好微观搞活与宏观调控的关系,不断调整各部门、各行业、各利益集团人们之间的各种比例关系,力争避免出现重大的比例失调和分配不公这类全局性问题,实现经济的协调稳定发展;他还对货币金融、人口、消费经济等问题阐明了自己的观点……这些饱含肺腑之言的意见和建议,字字句句都表达了这位老知识分子的报国之情。

诲 人 不 倦

岱老的教龄在经济学界可以称得上"之最"了。他从 27 岁被聘为教授起,曾经先后就教于清华、西南联大、中央财经学院、北大等院校,直到如今仍然在带博士研究生。六十多年来,亲耳聆听过岱老教诲、亲眼看到岱老讲课风采的学生足可以组成一个高素质的军团。我国不少政要和著名经济学家、企业家、科学家都以作为岱老的学生而自豪。有一年,岱老与费孝通一起去香港讲学,所到之处都有学生举着清华校友会或北大校友会的旗帜热烈欢迎。费老感慨地说:"陈先生是一面大旗!"的确,岱老的学生在海内外已经汇集成浩浩荡荡的队伍,而恩师则是他们做人建业的旗帜。抗战时期,日军飞机轰炸,他在西南联大坚持上课;1976 年唐山大地震后,他露天讲课,主动承担为最后一届工农兵学员补习的任务;他 90 寿辰是在为两百多人上课的讲台上度过的……

岱老的学生都说,听岱老的课可真是一种艺术的享受:岱老学识渊博、治学严谨,讲课的内容充实、条理清晰、言简意赅,在历史和理论的论述中,不乏幽默与诙谐,把抽象枯燥的经济学理论讲得透彻而生动。更令人叫绝的是时间掌握得特别准,当一堂课下来他的结束语收尾之时,常常是下课铃声响起之刻……若无精深的学识、真诚的态度以及长期教学实践的千锤百炼,要想达到如此炉火纯青的境界是难以想象的。

岱老待人谦和但治学却极其严格。一位博士研究生向岱老呈交了近 20 万字的毕业论文,岱老认真审阅后竟写出了近 2 万字的书面指导意见,就论文的指导思想、框架结构、理论内容方面提出了许多重要意见,连文字表述、人名拼写和标点符号等方面出现的问题,他都注意到了,字里行间渗透着老先生的科学态度以及提携后学的拳拳之忱。由于岱老的声望,不少中青年学者都请他为自己的专著写序,但岱老绝不是敷衍地对原著和作者唱几句浮浅虚夸的赞美词,而是认真地联系原著陈述自己的看法,或补充、发挥,或修改,思路新颖,观点鲜明,不但为原著增色,而且序文本身往往就是一篇颇具学术价值的论文。

岱老一生辛勤耕耘于教育事业,现在仍然笔耕不辍,每天工作达六小时之多,著书立论、带研究生……这种敬业精神、对事业的执着追求着实令人钦佩。我曾问过岱老,今后还有什么新的打算,岱老说:"个人的年华,如逝水一般,于不知不觉中迅速地流失,不可否认自己已经垂垂老矣。但我要承认我还挣扎着不肯服老,总想还能做些力所能及的工作。人们常说'老骥伏枥,志在千里',对此,我不敢奉为座右铭,因为年纪大了,再谈'志在千里'太空洞,何况自己当年是否是'千里马'还是个问题。还有个说法是'老马恋栈',这是要引以为训的。我认为'老马识途'或许可以为我所用。老马是在走了多少错路、弯路后,才迷途知返地认识了归程。回顾我六十多年的教书治学的历程,的确走了不少弯路、犯了不少错误、受到不少教训,我希望今天的青年朋友不要重蹈我的覆辙。为青年人在治学上提供这些覆辙的教训,这也许是我今后所能做的一种力所能及的事情。"

1994 年 4 月 16 日

(原载新华社《经济参考报》,《新华文摘》全文转载)

记陈岱孙先生与中央财经大学

□ 杨禹强*

从陈岱孙先生简短的生平小传中,我们可以看出其留学归国后大半生多是在清华大学和北京大学度过的,在这两校过渡之间,有一段不凡的岁月,那就是1952—1953年任中央财经学院第一副院长。担任中央财经学院第一副院长,是陈岱孙先生作为教育家办学的重要经历,也是中央财经大学发展史上弥足珍贵的一段佳话。

1952年,正是全国范围内的高等学校"院系调整"时期,这也是中华人民共和国成立之后在中国教育史上备受瞩目的大事件之一。在这次全国范围的院系大调整中,北京大学、清华大学、燕京大学、辅仁大学的部分原财经科系调整到中央财政学院,在此基础上成立了中央财经学院。中央财政学院的前身是成立于1949年的中央税务学校,隶属财政部领导,第一任校长是由时任国家税务总局局长的李予昂兼任。据史料记载,国家成立这所学校的主要目的,就是为当时百废待兴的新中国培养急需的中高级经济管理人才。随着中央财经学院的成立,隶属关系由原来的财政部领导转为高教部领导,也预示着这所学校将朝着正规化的大学办学方向转变,不过在培养全日制本科生的同时,它依然保留着为国家培养急需干部的传统,所以还承担着每年为财政部轮训干部600人的任务。

中央财经学院建院之初,首先成立了筹委会,筹委会主任委员正是著名的经济学家陈岱孙先生。陈岱孙生于1900年,福建闽侯人,1926年毕业于哈佛大学研究院经济系,获得哲学博士学位,先后任教于清华大学、西南联合大学,担任过经济学系主任、法学院院长等行政职务。从学术背景、阅历、年龄、声望与视野可以看出,国家选择陈岱孙先生作为这所肩负国家经济建设重任的高校负责人,是非常恰当与明智的。1952年12月10日,时任教育部部长的马叙伦签发了关于陈岱孙先生的任命,"由第一副院长陈岱孙主持中央财经学院的工

---

* 杨禹强,中央财经大学图书馆原馆长。

作"。学院院长暂缺。由此,开启了陈岱孙先生与中央财经大学的不解之缘,其对学校的影响、牵挂与期盼也一直伴随日后的生活。

据一位尚健在的离休老同志王万有回忆,当时年富力强的陈岱孙先生受命担任中央财经学院负责人一年多时间里,总是踌躇满志,忘我工作,希望干出一番事业来。翻阅史料,我们可以看出,在此期间,陈岱孙先生工作的着力点主要体现在确立办学理念,加强制度建设,广揽英才并促进融合,设置学科专业和进行教学改革等几个方面。在确立学校办学理念方面,考虑到学校的前身是发轫于1949年的中央税务学校,以"延安式"干部培训为人才培养特点,陈岱孙先生上任伊始便提出了要办正规大学的思路,强调既要继承学校原有的优良传统,同时还要融合民国时期借鉴欧美大学以追求高深学问、培养宏大人才为宗旨的办学理念。这一办学理念成为学校日后不断发展、追求卓越的精神动力和力量源泉。

在制度建设方面,陈岱孙先生提出要朝着"大学化"的方向建章立制,从原来的"干部培训"学校向真正意义上的"大学"蜕变。在他亲自领导下,学校制定了《中央财经学院院章(草稿)》,作为学校的根本大法,在人才培养、学术研究、组织管理、学生活动等方面都做了具体规定,其间渗透着"教授治学"的精神,在当时整个国家正轰轰烈烈地向苏联学习的时代背景下,显得尤为可贵。

在师资引进与促进融合方面,陈岱孙先生也是念兹在兹,将其作为头等大事来抓。根据史料记载,经过院系调整后,当时学校共有教职工356名,其中教授24名,副教授11名。在这批教师中,除了一批富有经济管理经验的专家和干部,还有余肇池、赵人俊、戴世光、吴景超、陈达、王传纶、周作红、罗志兴、姚曾荫、赵承信、郑林庄、张伟弢、饶毓苏、袁方、徐卜五、赵锡禹、杨承祚、崔书香、孙昌湘、董浩、李景汉、魏重庆、陈文仙等著名学者。这其中,既有像陈岱孙、魏重庆等享誉全国的经济学大家,亦有社会学领域如陈达、李景汉、吴景超、赵承信等领军式人物;同时还有一些在应用经济学研究方面造诣深厚的学者,如素有中国会计学界"南潘北赵"之称的赵锡禹、中国统计学科前辈崔书香、财政金融学家王传纶等;此外还有一些默默耕耘、厚积薄发、大器晚成的学者,如郑必坚等。当时的中央财经学院,真可谓群贤毕至、名家荟萃,这批学养深厚的学者的加入,给学院创造了非常浓厚的学术氛围。当然,这些来自不同学校的教师也带来了各自不同的办学理念与教学风格,难免在工作中有些小摩擦,但在陈岱孙先生和风细雨与人性化的领导风格感染下,教师之间总体上和睦相处、其乐融融。这一点，我们可以从当年工资调整一事看出。

1952年10月29日至11月15日，学校专门成立了工资调整评议委员会，采取"领导与群众相结合，充分准备，多协商，少开大会"的原则，用了18天的时间，在教职工相互还不太熟悉的情况下，顺利地进行了工资调整，教职工工资平均增长40.7%，高于全国高校教师工资增长18.6%的水平。总结此事的经验，学校认为："一是领导负责，亲自动手，与陈（岱孙）院长、秦（穆伯）主任的亲自动员和掌握分不开；二是通过党团及群众大会和个别交谈，充分进行了宣传教育，强调处理好个人利益和国家利益的关系；适当的批评和自我批评，所谓'适当的'，是不能搞得太激烈，否则就会丧失调整工资的意义，不利于团结。"在工资调整过程中，陈岱孙先生不顾个别职工对高级知识分子工资调整过高的意见，坚持给予高级知识分子以特殊照顾，充分发挥他们的积极性。从这一点能够看得出陈岱孙先生深知办好一所大学的根本是尊重并充分发挥教师，尤其是高水平教授的作用，同时也可以看出他温文尔雅的性格中有坚毅的一面。

在学科专业设置和教学改革方面，在陈岱孙先生的领导下，根据国家经济建设的需要，结合中央财经学院的实际情况，设置了财政系、统计系、会计系、企业管理系以及贸易系等五个本科层次的专业，同时还设置了贸易、银行、劳动以及保险等四个两年制的专修学科，共有学生1 768名。翻阅史料，我们可以看出，对每个专业人才培养目标和课程体系设置都是非常明确的，也很符合当时人才培养的要求。这些学科专业都是当时国家经济建设急需的，也奠定了中央财经大学日后学科发展的基本架构，如今已是学校优势特色学科，在国内高校中占有举足轻重的地位。这些成绩的取得，是与当年陈岱孙先生在学科专业设置方面的远见卓识分不开的。从1952—1953学年的档案资料中，我们可以看出，当时学校在人才培养，特别是在教学改革方面主要还是向苏联学习、向中国人民大学学习，注重加强师资培养，改进教学方法，提高教学质量，在这个过程中，也出现了整齐划一的"苏联模式"与多数教师中已形成的自由多元的欧美大学教育理念之间的冲突，陈岱孙先生总是能够直面这些问题，尽力妥善加以解决。

正当陈岱孙先生试图将心中规划好的大学蓝图逐一付诸实现的时候，1953年8月，高教部发来（53）综财马字第30号通知，决定撤销中央财经学院，同时，决定成立中央财政干部学校，继续为国家培养急需的中高级经济管理干部，师资以原财政学院、税务学校人员为主，这所学校后来发展成为中央财政金融学院。撤销后的中央财经学院学生并入中国人民大学,部分师资安排到北京大学、清华大学、中国人民大学、钢铁学院、石油学院、林学院等院校,陈岱孙先生调到北京大学任教,此后再也没有离开过。

虽然离开了中央财经学院,但陈岱孙先生与中央财经大学的联系并不因为离开而隔断,而是一直延续着。1978年,"文化大革命"中停办的中央财政金融学院恢复招生,得知这个消息,陈岱孙先生十分高兴,主动表示要回学校给学生作讲座,还联系安排一些熟悉的教授到学校授课。在20世纪70年代末80年代初,中央财经大学邀请了当时国内著名经济学大家来校为师生作系列讲座,成为当时开风气之先、研究中国经济问题的中心之一。这系列讲座的第一场便由原来的老领导、已是经济学泰斗的陈岱孙先生开讲。当时正读大一、现任学校组织部部长的叶飞学长告诉我,陈岱孙先生来校讲演那天,他还不太知道先生的大名,只是看到很多的老师和同学不约而同地往学校大礼堂走,询问后才知道是怎么回事,他立马跟着人流一起去礼堂听讲。据他回忆,当时陈岱孙先生演讲的内容似乎是与如何正确认识西方经济学有关。多年过后,叶飞学长仍然对那天盛况空前的讲演场景印象深刻,为刚入大学不久就有机会一睹大师风采感到庆幸。陈岱孙先生重回中央财经大学一晃已近三十年,久别重回是怎样的一种感觉,也许只有老先生自己知道。但对当时的年轻学子而言,听着陈岱孙先生的讲演,就像听着家中久经世事的老人与他们叙说家常一样温馨亲切。

除了有时回中央财经大学做讲座或参加学术活动,陈岱孙先生还与当年留在学校继续工作的朋友同事们保持着密切联系。在参加学术活动时,若遇到来自中央财经大学的教师也显得格外高兴,总是询问学校的发展情况。在这些教师当中,崔书香教授是与陈岱孙先生联系比较多的一位。崔书香教授生于1914年,1935年考入清华大学经济学系做研究生,1937年在美国威斯康星大学经济学系获硕士学位,1939年获哈佛大学瑞德克利夫学院经济学系硕士学位。除了时间上的先后,崔书香教授与陈岱孙先生在求学经历和毕业院校方面有着惊人的巧合和一致,两位教授又同为经济学界人士,经常在学问上相互切磋,保持着君子之交。据崔书香教授回忆:"陈岱孙先生一向关心咱们学校,每一次见到他,他总是要问起学校的情况。"特别是在1996年年初,在学校将更名为中央财经大学之际,陈岱孙先生专门通过信件向时任校长的王柯敬和副校长王广谦提出了殷殷期望。在信中,陈岱孙先生希望中央财经大学能成为一所有理念、有特色、有发展眼光、有时代气象的大学,能够为国家培养更多担纲扛鼎的领军人物和一批又一批高素质财经管理人才。陈岱孙先生先后求学于威斯康星大学、哈佛大学,任教于清华大学、西南联大、北京大学等闻名于世的学府,对于大学教育发展及学术建设的识见自是高人一筹,所以其对中央财经大学发展的谆谆之言无疑是我们的宝贵财富。经过六十余年的发展,中央财经大学已被社会美誉为"中国财经管理专家的摇篮",培养了近十万名学生,涌现出李金华、金人庆、戴相龙、孙志强等一批杰出的校友代表,他们为国家所做的贡献应该可以告慰老院长陈岱孙先生的殷切期盼。

现任中央财经大学校长的王广谦教授亦曾与我谈及自己与陈岱孙先生的一段不解之缘。王广谦教授是中央财经大学1979级学生,研究生毕业后一直留在母校工作,对学校的历史渊源与发展历程十分了解。据他所言,作为晚学后辈,在参加一些学术会议遇见陈岱孙先生时,先生总是热情地与他说话,询问学校的发展情况,言谈之间充满了对中央财经大学的惦记和期盼。正如王广谦校长所言:"每次看见陈岱老总是觉得非常亲切,他对学校的发展是那样的关心,让我印象深刻,也令我深受感动,总是能给我增添做好学问、办好学校的信心与力量。"

虽然,陈岱孙先生主持中央财经学院工作仅短短一年多,但他的办学理念、领导风格和人格魅力对学校日后发展产生了非常重大的影响,至今仍然发挥着潜移默化的作用。熟知学校这段历史的师生,无不为能有陈岱孙先生这样的学术大家担任过学校领导而深感骄傲,无不感念陈岱孙先生为学校发展所付出的艰辛和做出的重大贡献。

陈岱孙先生永远活在中央财经大学师生的心中,我们永远怀念他!

八年前的一件往事

□ 海 波*

1990年的夏天,我从河北师范大学校医院转院到石家庄市级医院看病。由于我肺炎很重,高烧又不退,我决定回唐山华北煤炭医学院附属医院住院。我在火车站一家书店的书架上,惊喜地发现了《陈岱孙文集》。

陈岱孙是我国老一辈著名经济学家和教育家。此书反映了岱老光荣爱国的一生。那是为民族独立和国家富强不懈奋斗的一生,是为我国教育事业和经济科学无私奉献的一生。岱老青年时代曾在美国哈佛大学获得博士学位,从此他以经济学为武器,为捍卫民族和国家的利益,岱老一直走在队伍的前列……

我默默地在角落里阅读着,油然而生敬意,思绪不自觉地回到了一年前的那一时刻。那是1989年年初北大刚要开学的前几天,我与概率系一位影友刚刚从北大三角地书店里出来,正巧碰上岱老去校内的邮局。影友先是与岱老说事,事后将身边的我介绍给岱老。第一次见面岱老就给我留下了很深的印象。

此时在书店里看见岱老厚厚的文集,我不禁心头大喜。岱老是我所尊崇的文化人。今天在这儿见到他的文集好像见到了久别的好朋友,真想一下把它抱在怀里。由于身上带的看病钱和路费极为有限,我犹豫了很久。火车进站的时间到了,我只好将书放下,走出书店朝火车站的方向跑去。

新学期开始了,我打算早些时候回到石家庄,我的第一个计划就是:到石家庄后马上把《陈岱孙文集》买到,并在开学前认真地读完,我带着期待的心情匆匆上路了,谁知《陈岱孙文集》早已销售一空。我垂头丧气地出了书店,心情一下子变阴了,后来跑遍了全石家庄的新华书店都没买到。那些日子里我一个人在空荡荡的校园里来回踯躅,很苦恼:我为什么住院前不买?后来也多次顺路来北京购买,但都没有在书店里见到。这遗憾伴随我三年之久。

1993年10月我与北大俄语系朱士毅教授、陈游芳同学一起拜访了岱老。我无意中说出在石家庄上学时的往事。"不遗憾,不遗憾,海波。"和善的声音,

---

* 海波,摄影家。

我循声望着岱老从里边的书房走出。是书！是渴望已久的《陈岱孙文集》。我心情十分激动,三年之久的遗憾随风飘去,在老人面前我感情失控了。真没想到蓄积了三年之久的愿望,终于如愿以偿了,可以认真地阅读了,可以领略一下世纪老人深邃的思想以及他用生命抒写的爱国精神了。

从那时起我每年都要去看望岱老两三次。与岱老在一起的时候我称他"爷爷",这不仅是因为岱老年岁大,更主要的是岱老的思想和渊博的知识让我敬佩和爱戴。岱老让我增长了很多的见识,特别是做人的道理。他对于青年人的成长特别关心。有一次,一位素不相识的女学生来到岱老家,向岱老请教经济学方面的问题,岱老带病给她讲解了三个小时。那位学生走后我问岱老为什么不留下这位女学生的地址,岱老微笑着回答说:"学生求知是一件可贵的事情,不必要人家的姓名、地址,只是在学问上互相交流一下。"是呀！此时,我的耳边又响起了岱老的学生王梦奎先生所说的:"先生清白的人格,清高的作风,乐于清苦、追求真理与自我完善的精神,是我们后来者学习的榜样。"

岱老离开了我们,但岱老的著作和思想永远与我们民族同在。

1998 年 3 月于北京

心中往事

□ 李依真*

惊闻陈岱孙先生仙逝,心中异常悲痛。我心中一直埋藏着这位经济学界泰斗、一代宗师鲜为人知的往事。

我父亲曾是岱老20世纪30年代在清华大学执教时的学生,1957年被划为"右派",并开除公职;1964年被送往精神病院长期治疗;1973年病情好转出院后回西城区老家居住。当时,正值"文化大革命"时期,父亲找不到工作,没有经济来源,生活十分困难,几乎靠乞讨度日。

父亲是老北京人,亲朋好友甚多。但在"文化大革命"时期,人人自危,父亲不愿连累他们。亲人们有的自顾不暇,有的避而远之。父亲几乎到了走投无路的地步。这时,只有岱老——一位白发苍苍的老人,冒着包庇"右派"、被批斗专政的风险,向濒临死亡的学生伸出援助之手,从自己仅有的生活费中,每月挤出五元钱,救济我的父亲。月复一月,年复一年,一连八年,直到我父亲落实政策后才停止。

五元钱在现代人眼中是不屑一顾的。可在五六十年代,五元钱足可养活一口人啊!父亲就是靠岱老的这五元钱买粮、买煤,度过了最困难的时期。

落实政策后的父亲,不久便瘫痪了。他在病床上最想的就是恩师岱老。无论在广播、电视或报纸上,只要听到或看到岱老的名字,便老泪纵横,激动不已。1984年父亲带着未能报答恩师的终生遗憾,离开了人世。

现在岱老也仙逝了。我相信在天堂大门叩迎岱老的第一人,一定是我的父亲——岱老养育了八年之久的学生李祥煜。此刻,父亲和他离世的同学们,正静静地恭候他们的陈岱孙老师,为他们在天堂上第一课:怎样才能称得起一个真正的人。

(原载1997年8月22日《北京青年报》)

---

* 李依真,清华大学经济学系校友李祥煜先生之子。

深情怀念岱孙伯父

□ 陈　俱[*]

　　早在我上小学的时候,就知道有个堂伯父名叫岱孙,是个出色的人物(他和我父亲是同曾祖的堂兄弟)。刚上初中,在华南女子文理学院教书的佩兰姑多次和我说起岱孙伯品德高尚,学问渊博。她说:"我们这些做弟妹的都为了有这么一位大哥而自豪,以他作为自己的榜样。你们小一辈的也要好好向大伯父学习。"她的话引起我对大伯的无限景仰。那时他在遥远的昆明,我们不可能会面。

　　抗日战争胜利后,我中学毕业准备升学,因母亲重病不能离家,就近上了福建学院读经济。1947年春母亲去世,我决心转学平、沪,随着叔叔陈绛到上海应试。我的首选是清华。家里都知道岱孙伯为人"四角"(福州方言,严格正直之意),不论父亲或是姑母,都没有提起向他请托的事,我只能凭自己的本领。清华的考题只有两道,其一是关于边际效用,我略有所知,答得较满意;另一题懂得少,就勉强写一些。发榜时,经济学系插班生只录取两名,自然没有我的份。出乎意料的是,第二年暑假岱孙伯回福州时特地看望了我父亲,说他看过我的考卷,认为还不错,但是比不过人家,因而没有录取。他知道我已就学上海,感到欣慰,勉励我用功。从这件事,可以看出他果然是一心为公、绝不徇私,同时也体现了对晚辈的关怀爱护。我对他的感激和敬佩,是难以形容的。

　　我和岱孙伯的直接接触,主要是在改革开放之后。这时,我从"文化大革命"中下放的县份调到福建省科委工作,有了到北京的机会。每次进京,我必到镜春园看望他老人家。他殷殷垂询家乡情况,我谈了福建经济建设长期滞后,现在作为改革开放的综合试点省份,出现了转机,有了蓬勃发展的势头,他表示了由衷的高兴。

　　尽管我是个不堪造就的学生,总算学过几年经济,岱孙伯记住了这一点,每当他的著作出版,必定赠送我一本。有的面交,有的托人转交,而且必亲自题字签名。我虽然不能完全读懂,还是认真读了,多少弥补了我学识浅薄的缺陷。

---

[*] 陈俱,陈岱孙先生之侄。

同时我也很注意岱孙伯在报刊上发表的文章,比如1983年那篇著名的论文,我反复阅读,觉得在盲目学西方的论调甚嚣尘上的当时,不啻是一副清醒剂。

1982年11月,我有幸参加国家科委组织的"提高科学技术能力考察团"到加拿大、巴西两国,临行前我拜访了岱孙伯。他听了我谈的此行目的,说:"到外国考察,很有必要,需要注意的是应以'我'为主,从我们自己的实际情况出发。"他为我写了一封信给他旅加的学生谭振樵先生,请他予以协助。谭先生是位知名人士,为当地社会做出了卓越贡献。我们到达蒙特利尔时,谭先生伉俪热情接待,亲自开车领我们参观。这次考察达到了预期目的,就我而言,对于其后理解和贯彻中央科技体制改革的方针政策,有着积极的意义。

1984年,我在《福建画报》上读到岱孙伯写的短文《乡声》,不胜惊喜。他以朴素的语言记述少年时代的回忆,透露出对家乡的浓厚感情。这简直是一篇优美的散文诗。到京时我向他谈了自己的看法,他淡淡一笑,说:"我不擅长这些,他们一定要我写,只好应命。"

岱孙伯很少流露自己的感情,他对人们的真挚感情往往体现在实实在在的行动中。他热爱晚辈,热爱青年。我所知道的,佩兰姑的外曾孙女、中科院研究生白欣在北大听课,纶叔的孙子郁以福州一中毕业考试第一名的优异成绩被保送进北大学物理,都得到他的亲切关怀。

我到北京看望岱孙伯时,往往带些家乡土产如红糟、肉松之类,时逢秋冬,还带上漳州水仙花头。有一次,荷姑说:"别的无所谓,水仙花最好。"岱孙伯微笑。他们说我送去的水仙开花特别多。此后,我去北京从不忘记带水仙。我理解,他们对水仙的喜爱,不仅因这花的品格高雅,而且包含着浓郁的乡情。1989年我离开工作岗位,不去北京了。季节一到,我就买好水仙装进纸盒邮寄。1992年,岱孙伯为此特地写信表示谢意。这信,我一直保存着,作为我的一件珍藏品。

1997年水仙花上市的季节,街头处处是卖花的所在。我猛然想起:今后,水仙花该往哪里寄呢?想着想着,泪水已经模糊了我的双眼。

我想,我没有赢得直接受教于岱孙伯的机会,是我一生最大的憾事。然而,他作为长辈所树立的榜样,我虽不能企及,却时时给予我莫大的激励和鞭策。他的高风亮节将长久流传,受到后人的景仰。

1998年6月

我的大伯父陈岱孙

□ 陈　彬　代　明*

陈岱孙是我的大伯父,我祖父弟弟的儿子,独子。他的父亲叫陈懋豫①,我叫"四叔公",他的母亲叫罗伯瑛②,我叫"四婶婆"。在我小的时候,大概刚上小学吧,他们还在清华大学住,我母亲③带我到清华看望四叔公,见到过大伯父,那是我记忆里第一次见到他。

记得那次,我母亲和四叔公正在客厅聊天,我就看见大伯父抱着一摞书到他书房,去读书备课;他当时只是冲我们点点头,没说话,但还是给我留下很深刻的印象。我记得大伯父个子高高的,腰板挺得笔直,有一个像外国人的高鼻梁,和他母亲像极了。大伯父是1927年从美国哈佛大学毕业回国,回来后就在清华大学教学,工作很忙。④ 那次见到大伯父后,母亲就常常对我说:"你要以大

---

* 陈彬,陈岱孙先生堂侄;代明,原名戴明,诗人、作家,陈彬之子。本文由陈彬口述,代明执笔。

① 陈懋豫,陈宝璐之长子,陈岱孙之父,字泽建,号用刚。生于1878年,光绪癸卯(1903年)举人,拣选分省补用知县,卒于1947年。陈懋豫,在"懋"字辈兄弟的大排行中列第四,故陈彬尊称他"四叔公";他与陈彬的祖父陈懋鼎一直交往密切,陈懋鼎曾有不少诗提到他:"因之思家园,刚也实近仁。家园傍猰貐,时时防毁薪。异地存亲旧,大患非贱食。愿持第一义,忘己济众屯。"在"刚"字后特意注"指用刚弟"。此诗作于1922年,正是陈懋豫供陈岱孙到美国读书时,虽然陈懋豫为人善良正直,可家里并不富裕,在这里,作为大哥的陈懋鼎愿意尽自己所能,接济他们一家人渡过难关。

② 罗伯瑛,又名罗英,陈岱孙之母,出身新贵豪门,其父罗丰禄是清末著名外交家,常年作为翻译跟随李鸿章出访欧美。但是他最为后人津津乐道的,是罗丰禄和弟弟罗臻禄的两个女儿:罗伯瑛和罗伯珏,同时嫁给了陈宝璐的两个儿子陈懋豫和陈懋咸。罗伯瑛于1967年去世,终年89岁,她的独子陈岱孙把她安葬在万安公墓的陈氏家族墓地。

③ 陈彬的母亲叫何端宜,字尔庄,1901年生于福州,为溥杰老师何启椿(字寿芬)之女,陈怀英妻子,1994年卒于北京。

④ 陈岱孙自1927年春从哈佛大学毕业,学成归国后,就接到清华大学经济学系聘任他为教授的证书,陈懋豫陪他从福州到北京,曾到东城区陈宅看望过陈懋鼎。陈懋鼎又带着他们父子,去见已在京城居住的陈懋咸,亲兄弟、叔侄相见,自有难以抑制的激动。事后,陈懋鼎还做七律一首以记其事:"家园终养去燕京,五十之年暂北征。车过阙间重有感,琴初弹后未成声。登科为殿当平世,览揆同符乃寡兄。更为季方留几日,西山不改昔时情。"(见《喜用刚四弟北来及其五十初度并视虚谷》)其中颈联"登科为殿当平世",是在夸赞陈岱孙,在美国读完硕士又读博士,未来整治世界全要仰仗他这样的年轻人。"览揆同符乃寡兄",是在褒扬陈懋豫,不仅与弟弟生日相同,还是一个有魄力把儿子送往美国留学、贤明过人的"寡兄"。可知,陈懋鼎对留学归来的陈岱孙给予很高期望。

伯父为榜样,将来也能出国留学,学有所长,为家族、为祖国争光。"

说到家族,我和大伯父一样,出生在福建螺洲陈氏一个大家族里,大伯父的父亲陈懋豫,是"末代帝师"陈宝琛①三弟陈宝璐②的儿子;我的父亲叫陈怀英,与陈岱孙是一辈,是陈宝琛二弟陈宝瑨的长子陈懋鼎③的儿子。大伯父出生在1900年,我父亲出生在1905年,所以,我要管陈岱孙叫"大伯父"。他们这一辈本来名字都是单字,偏旁都要加一个"糸"旁,比如大伯父原名叫陈緫,后来,他听人们都管国民党军官叫"老总",十分厌烦,就自己把名字改成陈岱孙。④ 我父亲的名字也没有"糸"旁,那是因为他是我祖父做英国公使参赞期间,祖母在伦敦怀上的,所以起名陈怀英。⑤ 只可惜,我父亲去世太早,在我刚生下不满两周岁就病逝了。

1940年,我祖父陈懋鼎去世,从那以后,我家与大伯父就很少往来;再加上我对大伯父一直以长辈相待,常常心怀敬畏,中华人民共和国成立之后大家工作又非常忙碌,就更少联系。有一次,我在路上碰到他,那时已经是20世纪60年代,那段时间他好像住在东总布胡同,他让我有时间去看望一下"荷姑姑"。荷姑姑叫陈荷,是陈宝琛第二个儿子陈懋侗的女儿。陈懋侗⑥,我管他叫"十一叔公",陈懋侗的妻子吴绶如⑦,我管她叫"十一婶婆",他们和陈宝琛原来一直住在灵境宫⑧。小时候,母亲经常抱着我去灵境宫,给长辈们拜年、祝寿。十一叔公去世后,他们一家从灵境宫搬了出来,后来,陈荷就和她的堂兄陈岱孙住在

---

① 陈宝琛,晚清名臣,著名诗人、学者,末代皇帝溥仪的老师,因敢于谏言献策,与张佩纶、张之洞、宝廷并称"清流四谏",在中国近代史上,他对交通、教育、文化等方面的贡献颇巨。

② 陈承裘共生有七个儿子:陈宝琛、陈宝瑨、陈宝璐、陈宝琦、陈宝瑀、陈宝瑄、陈宝璜。陈宝璐排行第三,是陈岱孙祖父,字敬果,号铁珊,1888年中举人,做过刑部主事、礼学馆顾问,但不久即辞官回乡,专注学术和教育。他曾是福州致用专学掌教(即院长),另著有《艺兰庐文存》《陈刑部杂文》。但是,陈宝璐最神奇的一件事,是在光绪庚寅(1890年)进京赶考时,与二哥陈宝瑨,以及陈宝瑨的儿子陈懋鼎,三人一同参加会试,一同考中进士,创下科举制度下"父子兄弟叔侄同榜进士"的神话。大概正是这个缘故,从陈宝璐到他的儿子陈懋豫,再到他的孙子陈岱孙,才和陈懋鼎走得这样近。

③ 陈懋鼎,字征宇,生于1870年,光绪庚寅进士,历任内阁中书、外务部左参议,驻英国公使参赞,西班牙代理公使,国务院秘书,济南道道尹,厦门交涉员,外交部顾问,国会议员。曾与张元济一起创办通艺学堂(后并入京师大学堂),将《基督山伯爵》第一次翻译到我国,取名《岛雄记》,并著有《槐楼诗钞》《修三居士易稿》等,被后人誉为"清末民初的奇才"。

④ 陈岱孙,原名陈緫,乳名挥,字长持,号岱孙。

⑤ 陈怀英,号彦伦,陈懋鼎之长子,陈彬之父,1905年生于福州,中国大学西语系毕业,后考入燕京大学研究生院社会系,1930年年底病逝,年仅25岁。

⑥ 陈懋侗,陈宝琛之次子,生于1894年,曾就读日本千叶医学院,卒于1965年。

⑦ 吴绶如,陈懋侗妻子,林则徐外孙女,生于1894年,是广东女子师范学校首届毕业生。

⑧ 灵境宫,即西城区灵境胡同33号(原7号),为"末代帝师"陈宝琛在北京的故居。

了一起。

20世纪70年代末,我被调到北京市规划委员会工作,在召开有关经济方面的座谈会上,曾见过来开会的大伯父,但由于是工作会议,我们仅限于点点头,没有时间深聊。

我真正和大伯父重新取得联系,是我们要搞北京市总体规划,需要征求一些专家学者的意见,我被单位派去拜访侯仁之①先生,就在北大燕南园里。见到侯仁之的时候,我就跟他提起陈岱孙是我大伯父一事,在侯仁之的家,我用电话跟大伯父取得了联系。那次,我是骑着自行车去的北大,大伯父已经从清华调到北大当教授,当时住在未名湖后面的镜春园,那是1988年。第二年,我骑车去北大朗润园,去看望我做地下党时的老上级项子明②,顺道又一次拜访了大伯父和他的堂妹荷姑姑。

这时候,大伯父已经退休,但还在带博士生,好在他不再那么忙碌,我们也有更多的时间聊家常。从这两次会面中,我才知道,我祖父在世时,大伯父只要进城,一定会到东城区马大人胡同的陈宅③,去拜望我祖父,因此对我家非常了解。大伯父说我祖父人很好,经常帮助并不富裕的亲友,还很有学问,能写诗,研究易经,会外文,他非常敬佩④。大伯父还提到我的父亲陈怀英,因为我父亲去世时,我年纪很小,不记得他确切的死亡日期,还是大伯父告诉我,他是在1930年年底去世。也就是在这几次聊天中,大伯父特别建议我,有空回福州老家看看,感受一下家乡的乡土气息。

大伯父是一个很了不起的人,也是一个非常正直、谦虚、敬业的人,他没有结过婚,一辈子都在从事教育事业,为我们国家培养出了一批批经济学家,被尊

---

① 侯仁之,我国著名历史地理学家,曾任北京大学副教务长,兼地质地理系主任。
② 项子明,中华人民共和国成立之前为华北局城工部委员,专门做北京地下党学生工作,中华人民共和国成立之后,先后担任北京市委秘书长、北京大学代理党委书记。
③ 陈宅位于东城区育群胡同18号(原马大人胡同34号),为陈懋鼎于1911年购得,此后一直生活在此,直到去世。
④ 20世纪30年代中期,陈懋鼎与陈岱孙伯侄两人来往频繁,感情深厚。1936年12月,陈懋鼎原配夫人病故,陈宅举办旧式丧礼,陈岱孙还身着孝服亲自守灵。翌日,是陈懋鼎长女陈绚与历史学家姚从吾预定好的结婚日期,陈懋鼎因悲痛无法到场,也是委托陈岱孙代为主持了这场婚礼。以上事例见《吴宓日记》。陈岱孙始终钦佩陈懋鼎的为人和学问,陈懋鼎也非常看好陈岱孙的才华和前途。陈岱孙经常向他伯父讲述在美国的见闻,政治经济、人文地理、风土人情,陈懋鼎很感兴趣,为此还写了三首题为《美洲》的七绝,其中第二首是专门写给陈岱孙的:"乌使初通王母家,名邦归政典如华。御床四角金狮子,涌现庄严帝女花。"感慨他们这些守旧的、维护皇权的"金狮子"旁边,要涌现出一枝崭新的、鲜艳的"帝女花",他是盼望着这枝迎风傲雪的菊花,能绽放得越来越灿烂夺目。

称为"一代宗师"。

大伯父为人很严肃,从不开玩笑。每次见面,他都是穿着西装外套,皮鞋擦得很亮,非常西化的做派。到了晚年,他也总爱拄一根"文明棍",别人总误以为那是拐杖,可我几次见他,并没觉得他的腿有什么毛病。记得有一次,我在他家吃饭,桌上许多都是福建菜,其中有一道鱼丸是我们家乡的特产。可知,大伯父一直都很留恋自己的福州老家。他待人也很彬彬有礼,每次我从他家里出来,他都要亲自送到院门口。

进入20世纪90年代,我又见过大伯父两次。那时,我是北京老同学合唱团的成员,我们经常到北大百周年纪念讲堂演出,每次演出结束,我都要去拜望一下大伯父。一次是在1994年,那时,大伯父已经从镜春园搬到燕南园居住,他的精神状态很好,只是荷姑姑生病多年,长期卧床,有一个阿姨在照料两位老人。还有一次是在1996年,这时荷姑姑和我母亲都已过世,我感觉大伯父有些憔悴,精神上也有些恍惚,但生活还能自理。哪知道,第二年我再想去,却从报纸上得知大伯父已经去世的消息,为此,我伤心难过了很长一段时间。

今年是陈岱孙诞辰120周年,我今年虚岁也已经93了。非常感谢北大经济学院提供了这样一个平台,让我能有机会,把我所知道的有关陈岱孙的一切,告诉现在的年轻人,让他们记住老一辈人学习、研究、创业的艰辛,希望年轻人能干出更大的成绩。

世纪同龄人

□ 唐斯复[*]

陈岱孙教授是我国著名经济学家、教育家,经济学界一代宗师,享年 97 岁。

陈岱孙先生,摄于 1965 年

这位与 20 世纪同龄的老人,在漫长的一生中只做了一件事:教书。从 27 岁开始的粉笔生涯,一直持续了 70 年,春风化雨,桃李满园。

1997 年 7 月 27 日上午 8 时 12 分,陈岱孙教授怀着对人生的深深眷恋,溘然长逝,结束了平凡而又奇迹般的一生。花纷纷,泪纷纷,哀悼的人们悲叹:一个时代结束了。

1997 年春天的一个下午,我坐在陈先生身边,对他说:"大舅,出版社让我写

---

[*] 唐斯复,陈岱孙先生外甥女,资深记者。

一篇关于您的文章,猜,我怎么写?"他侧过脸,眼睛放光。"我想好了第一句:在我少年时的印象中,我的大舅是位威严的人。好不好?"他笑了,连声说:"好,好。"每当他绽放出开心的笑容,我便会感到整个房子充满阳光。

少年时,我眼中的陈先生确实是威严的。人们称呼他都有个"大"字,同辈人称他"大哥",晚辈叫他"大舅""大伯",又下一代呼唤他"大舅公""大伯公",我哥哥的孙子该叫他"大太公",外面的人说到他,则是"大教授""大学者",这"大"意味着了不起。20世纪50年代初,我从上海到北京读书,住在外祖母家,只有逢年过节才能见到陈先生来。他个子好高,身板笔挺,穿着也笔挺,坐下喝杯茶,话不多,又笔挺着走了。那时,逢年过节,外祖母是要摆上香案祭祖先的,叫我磕头,我不肯。"大舅每次都磕头,你还不磕。"只要是陈先生做了的事,我一定顺从。放寒假,外祖母带我到陈先生家小住,陈先生的母亲我叫"四婆婆",她和外祖母是妯娌,她们有说不完的往事。

在镜春园的日子,比在城里上课时还有规律。每天,陈先生6时30分起床,全家便都起来了,7时30分早点,12时午饭,6时晚饭,10时各自回睡房,与时钟一样准。镜春园甲79号平日安静的时候多。陈先生即便不外出上课,8时整坐到书桌前,一盏旧式绿玻璃罩的台灯便亮了,他潜心看书写字。每当此时,家里嗓门最大的朝年(管家兼厨师),也悄声来去。陈先生的相册一本又一本,很多,从照片上看他年轻时好运动,篮球、高尔夫球、游泳、网球、打猎、跳舞,尤其桥牌打得精彩。他28岁担任系主任,一直做到84岁。有时系里教员之间意见不一致,一起到镜春园开会,家里人照例回避。只听客厅里先一阵是双方语气激烈的争论,静下来后,是陈先生说话的声音,话不多,然后就没有声音了。不一会儿,传来开门和纷沓离去的脚步声。常听人们说,陈先生一语千钧,一锤定音。

实际上,陈先生一点也不可怕,从少年时我便喜欢和他在一起,喜欢镜春园家里的宁静和秩序。每一个物件都有固定的放置地方,那煮茶的壶,套在壶上保温的绣花罩子,粗瓷杯碟,至今仿佛垂手可取。去上课之前,陈先生把茶喝够,讲课几个小时无须再饮水,他说自己是"骆驼",这习惯一直延续了很久。正餐四菜一汤,这大概是他在清华学校吃包饭时留下的规矩。那时吃些什么已记不得了,但是,忘不了吃饭时的情景。饭菜摆上桌了,朝年去里屋请四婆婆。穿戴梳妆整齐的四婆婆慢慢走出来(她腿不好),陈先生在门边迎候,抬起右臂,四婆婆扶着他走到桌边,他为母亲把椅子放合适,坐下。最年长的人先动筷子,全家人方可吃饭。饭桌上没有声音,没人挑肥拣瘦,没人落下米粒,饭菜吃得干干净净。有客人时,略备薄酒,从不劝酒、划拳,而是酌量自饮。每个人走出卧室,衣冠整齐,陈先生沐浴后也整整齐齐走出洗澡间。

天气好时,大舅带我去商店买东西,他一定按顺序排队,别人请他站到前面去,他摆摆手。沿着未名湖散步是最迷人的了,他给我讲湖光塔影、临湖轩、花神庙……迎面过来不论是行人还是骑车人,见到大舅都会站定让出路来,恭敬地唤一声"陈先生",大舅点头还礼,略侧身再往前走,继续给我讲北大图书馆藏书的故事。

陈先生求学的故事,是最令人听后难忘的。陈氏家族是福建闽侯的望族,书香门第,中国传统的老式大家庭。末代皇帝溥仪的老师陈宝琛太傅是我妈妈的祖父,陈先生的伯公。陈先生留过小辫子,6岁到15岁在私塾读书,国学基础厚实,酷爱学历史。他的外祖母家景况完全不同,十分洋派,他的外祖父、舅父曾是清政府派驻国外的公使,全家说英文。外祖父为他请了英文教师,自幼他的英文就很好。辛亥革命,11岁时的陈先生自己把"猪尾巴"剪了,说"我是少年革命党"。15岁,他入教会办的福州鹤龄英华中学读书,写了两篇文章便免修中文课,英文课只参加期末考试,专读他最怕的算术课,从最低班一级一级跳到最高班毕业。"一点基础都没有,学起来好难啊!"直到辞世前,偶谈往事,涉及此话题,他仍心有余悸。三年读完六年课程,1918年,他考入清华学校留美预备班,插班三年级。在清华学校,他感到同学们一个个好厉害,都拼命念书,原来以为自己挺不错的,"可不能得意,山外有山,天外有天,埋下头去,发奋念书!"1920年,他赴美国留学,在美国六年,得了学士、硕士、博士三个学位,因成绩杰出,荣获美国大学生的最高奖——金钥匙奖。15岁到26岁的11年间,他如同在跑道上狂奔,不断追过跑在前面的同学,冲向终点。"竞争十分激烈,我是连滚带爬地读完了书。"美国哈佛大学研究院是世界高等学人聚集求学的学府,他22岁考入。"那时,我是个小伙子,班上有五十多岁出过著作的学者,他们不把我当回事,我要和他们比试比试。"整整四年,他从不外出游玩,在图书馆中专用的小隔间里发奋读书。他攻读的是经济学和哲学,涉及的学问非常广,通读马克思的《资本论》就在那个时期。博士学位答辩在研究院是众人关注的大事,考官是四位大胡子长者,他们分别是经济学、哲学、文学、天文地理等学界的权威,其中一位主持答辩。没有预先可准备的考试范围,一入考场便是四个小时。他回忆:"紧张得汗顺着脊梁往下流。"答辩完毕,如果这四位大胡子什么也不说走了,意思就是"明年再来",而对陈先生则是依次握手祝贺。他在班上最年幼,一次通过。之后,他周游一番。1926年,他告别美国,取道欧洲,在英国、法国游学半年,1927年,返回祖国。我曾问他:"您想过不回来吗?"他回答:"我们所有的人都想的是学成回来,报效祖国。"他先回福建探望父母,8月北上,应聘赴清华大学任教,从他第一次面对学生起,便一直面对学生70年!他到底教过多少学生,无法统计,来向他遗容告别的学生,有91岁的老人,也有21岁的年轻学子。陈岱孙教授倾毕生年华、学识才智,化作一届一届学生的成长,他似吐丝的春蚕、燃烧自我的蜡炬。他乐意得很:"得天下英才而教育之,一乐也。"陈先生怀念在清华的生活,他获得教课和奋发读书的满足。那时一位教员要担任3—4门课的老师,每星期8—9课时。他在哈佛大学时专业方向是财政金融,教的主要也是这一门,但是,他感到对于中国有关这些方面的历史和现状的知识太不够了,最初几年,他花了很多时间和精力来充实自己,补充教课的内容。1932年,清华大学又提供他旅费和生活费,派他去欧洲游学一年。他在法兰西国家图书馆和大不列颠博物院里,曾为写《比较预算制度》一书做准备,又是发奋地读书。大家都评价陈先生教课教得太精彩,那是教员坚持学贯中西、厚积薄发的效果。教书是他毕生的职业。学习,也伴随了他一生。1997年1月初,他还捧着一本厚厚的、国外出版不久的经济学著作在读。手不释卷,可谓他一生的写照。

《文汇读书周报》曾刊一文,题目是《陈岱孙:一代学人的终结》,这似乎成了大家怀念他的共同话题。1928年,陈先生担任清华大学经济学系主任。1929年,他兼任清华大学法学院长,是最年轻的院长,其他诸院长也只有三四十岁,均踌躇满志,具有为教育献身的精神。他们组成校务委员会,制定、管理全校教学工作,效率卓著。教授之间的君子之交,至今被当作美谈。陈先生带我去过张奚若先生家,因为先生谢世,去看望张夫人,张夫人是他打桥牌的牌友。我也去过哲学家金岳霖先生家,那是"文化大革命"之前,他们老友见面,谈笑风生,两位都是终身未娶,梁思成和林徽因的儿子陪金先生住;金先生有一个收集嗜好,屋里到处是特大个的水果,下面用红木架托着;再就是满屋子的书,和弥漫的熏醋味,为了防感冒用的。每次与老朋友叙谈后,陈先生的脚步会轻快许多,脸上的兴奋能挂很久。物理学教授叶企孙也是单身贵族,也住镜春园,陈先生和他在星期日常常一同进城,各有去处,下午四时在东安市场内的和平西餐馆会面,喝杯咖啡歇歇脚,再一起返回北京大学。叶先生家有一位"老张",与朝年是相同角色,管家兼厨师。不幸的是,在"文化大革命"中,叶先生被冤枉投进监狱,抗战时他在天津冒死为八路军买过药品和器材,后来加给他的罪名是"叛徒""特务"。出狱后他病得很重,陈先生常去看他,给他送东西,每次谈话都心情沉重。不久,叶先生去世了。陈先生与物理学家周培源是通家之好,是20世纪20年代时的朋友。

说起来也是很久以前,陈先生带我去崇文门吃饭,他指着一个店面说:"过去这里是家洋行,卖些很有意思的东西。周伯伯结婚之前,要我陪他给新娘买个礼物,就在这里,我替他选了一个非常细致的针线盒。"周先生头发白得早,陈先生叫他"周白毛",时常在晚饭后带我去他们家玩。周先生看到我们,总是挥动双手,高呼:"欢迎,欢迎,热烈欢迎!"周夫人就把家里的好东西抱出来给我们吃。周家的女儿对陈先生特别好,不论哪一个出国、出差回来,买的东西第一个送给他们的陈爸。后来,周先生当了政协副主席,搬离北大校园,陈先生去得少了。当周先生去世的消息出现在电视屏幕上时,陈先生正在喝茶,茶杯险些掉在地上,他掩面恸哭,难以割舍这位同甘苦共患难的挚友。上面谈到的都是中国教育界一代举足轻重的著名教授,陈先生看着他们一个个地先走了。1997年7月27日,陈岱孙先生去世,这些家的晚辈全来了,呼唤着"亲爱的陈爸",深深地鞠躬。抗战前,在清华大学教书,这些前辈们过着很好的生活,月薪平均400银圆,以面粉价格换算,相当今天的人民币4万元。但是,抗日战争打响,他们义无反顾地抛弃一切,奔赴长沙、昆明,建立长沙临时大学、西南联合大学。陈先生在清华的家是很讲究的,南下时,他连家都没回,从会议室上的路,朝年只从家里抱出一包四公公四婆婆的衣物。陈先生到了长沙,身上只有一件白夏布长衫。据说,首先扫荡教授住宅区的是本国村民,陈先生的家空了,连同他在欧洲搜集的关于预算问题的资料和已写了两三年的手稿,全部化为乌有。在长沙、昆明共八年半,住过戏院的包厢,也曾和朱自清同宿一室,生活拮据到连一支一支买的香烟也抽不起了。他们在炮火下,坚持上课;在国民党反动派的特务暗杀威胁中,坚持上课;在极端贫困中,坚持上课。这一代学贯中西的学者,是踏着《义勇军进行曲》的旋律和节奏赶路的,是"把我们的血肉筑成我们新的长城"的实践者。1945年,陈先生作为清华大学保管委员会主席,身携巨款,最先回到北平,接收和恢复清华大学。他在东单日本人撤退前大甩卖的集市上,买了几件家具,再就是每个人都有一张的行军床、一条从日军缴获来的粗毛毯,凑成一个新家。

镜春园的家就是如此简朴。1952年,全国大专院校院系调整,陈先生曾任中央财经学院第一副院长一年,第二年调任北京大学经济系主任。他对这般按苏联的大学模式将综合大学调整成专业院校,一直存有异议,主张专才必须在通才的基础上培养。几十年中,陈先生反复惋惜:一些很好的综合大学被肢解,恢复起来不容易。他们这一代学人走的是从通才成为专才的路。由此,他又谈到过因为知识面窄,有些教员只能承担一门课的教学,甚至有一门课由几个教员分段授课的现象,"这样,对学生是很不利的"。当然,这类现象近几年逐渐在改变,他感到欣慰。晚年,家里几个孙辈的孩子在北大和清华上学,陈先生要求他们选听本专业以外的大课,包括文学和艺术讲座。很难估量,他对学生们的爱有多深,对学生们成才的期望有多殷切。1976 年,北京大学的工农兵学生受到歧视,被认为基础差,陈先生说:"这样对待他们不公平,他们是'文化大革命'的受害者,我给他们上课。"他在有限的时间内,增加课时,增加知识量,那个时期,他累得很瘦很瘦。改革开放了,年轻人有机会出国留学,陈先生非常高兴,记不清为多少人写过推荐信,帮助他们确定专业和选择学校。他希望他们学成回国,但又从不这样提出要求,期待国家能有他们的用武之地,坚信:学生们会回来的。师生交谈,话语不多,临行握别,每一个学生都会从老师那温暖有力的手上,得到动力,感受到挚爱。有一天,家里来了一位面带岁月风霜的男士,陈先生外出开会,来者要了一张纸留言,写道:"1957 年我当了'右派',被发配到外地,曾来向老师告别,终于没敢推开虚掩的门,在门外向老师鞠躬。"凡是对被平反归来的学生,他都备薄酒接风。他去世后,到家里来吊唁的人很多,北京图书馆馆长任继愈已八十有余,他流着泪说:"我最后的一位老师走了!"经济学院 1995 级研究生男女 10 人,静悄悄地在院子里集合,身上只有庄重的黑色和白色,他们站成一排行礼时,脸上是从心底升上的神圣。他们非常幸福,拥有如此值得尊敬和热爱的师长。

　　陈先生终身未娶给人们留下一个谜,从清华到西南联大,直至到北大,对此传说很多,"美谈"很多。有一天我壮着胆子问:"大舅,外面人说的是真的吗?""瞎说。"两个字就把我堵回去了。中央电视台《东方之子》记者曾经来采访他,其中问到他终身未娶的原因,他回答,一是没时间,二是需两相情愿。我认为后者是主要的。20 世纪 50 年代,四婆婆和我外祖母为此十分着急,张罗着介绍对象,因为陈先生是独生子。我还跟着去看他们见面呢,在北海公园白塔下的茶座,来了一位穿着整齐的女士,脸上略施脂粉,戴着金丝边眼镜,看样子,她挺中意陈先生的。但是,陈先生没兴趣,不了了之。后来,还有人来提亲,全是有上文没下文。他的生活自理能力很强,衣柜、箱子整整齐齐,留下的枕套、被单还能用好多年。

陈先生淡泊名利,与世无争,心境平和。其实,他心中也藏有痛苦和无奈。他最痛苦的是学生早逝和被扼杀前程。"文化大革命"前夜,陈先生发低烧,我妈妈把他送进医院查病因,躲过了北京大学的"革命浪潮",若是他也被戴上高帽子和抹黑脸,后果不堪设想。回学校以后隔离审查,"资产阶级学术权威"这一劫是逃不过的。所幸的是他没有被关过"牛棚",也没有被人直呼姓名。据说,工宣队、军宣队都尊称他"陈先生",这在北大找不出第二个人。那时,我妈妈传来陈先生的决定:暂不见面。他是怕连累我们。于是,音信全无。不久,妈妈去了江西鲤鱼洲北大的干校。紧接着,陈先生也被派去鲤鱼洲。便笺寄来,要求代买一双翻毛高统鞋,一条狗皮褥子。那时候他第一次给我们"留言",做好了再也回不来的准备,届时他已70高龄。命运多变,旋即他又被取消去鲤鱼洲,而是去大兴县庞各庄收麦子。很难想象,他个子这么高,长时间弯腰收割,怎么吃得消。总算结束了"学农",他又被派去"学工",在轧钢厂劳动,住在北小街一个托儿所里。熬到春节前夕,好不容易接到他的便笺,说:"春节放假,你们到托儿所来接我。"等得实在太久了,如同熬过一场战争生还者相见——那天,天空阴沉得如铅色,他穿着灰外套,戴蓝棉帽,说不出他脸上的神情,依旧腰背挺直,我和妹妹直冲过去。"回家说话。"他克制喜悦,令人感到凄凉。那期间,四婆婆去世了,外祖母也去世了,她们老妯娌俩谁也没能给谁送行。我们陪着陈先生把四婆婆送去火化,陈先生陪着我们把外祖母送去火化,又把她们葬在了一起。1995年妈妈去世。待来年清明时,我们将把他们都葬在他们母亲的身旁,长眠在一起。

漫长的"文化大革命"十年,我雀跃过三次:陈先生不去鲤鱼洲了!妈妈要从鲤鱼洲回来了!"四人帮"打倒了!这些都是陈先生第一个告诉我的。我们的国家进入了建设现代化的新时期,从计划经济转向市场经济是重大的革命,随之而来的通货膨胀,令很多人生活陷入困境,陈先生是其中之一。他一向慷慨、乐善好施,过去取了工资直奔邮电局,给有困难的亲友、学生一一汇款。《北京青年报》刊有一文《心中往事》,写的是他救济一位生活无着的"右派"学生达八年的事情。这些年他靠补助,靠亲友、学生接济度日,这是他最最不情愿的。1995年,他的月工资实发860元,他坚持按年度纳税。窘境中,不忘记作为一个公民的义务。

陈岱孙先生在"文化大革命"期间

陈先生的晚年有两个信条:"挣扎着不服老""和年轻人在一起会感到年轻"。90岁生日,他是在给二百多人上课的讲坛上度过的。平日,他密切关注国家经济发展的状况,不断提出具有前瞻性、对制定经济政策有重要参考价值的建议。那几年中,他出版了《陈岱孙文集(上、下)》《陈岱孙学术论著自选集》,主编《中国经济大百科全书》《市场经济大百科全书》等。他95岁时还为来自台湾的女学生主持了博士论文答辩。1989年,他的家从镜春园搬到燕南园55号,房子宽敞了,住进几个孙辈年轻人,他们常在老人面前穿梭来往,他高兴。北平解放前夕,清华大学校长梅贻琦劝陈先生去台湾,说:"这是飞台湾的最后一班飞机了。蒋先生请您一定动身,到台湾再办清华大学。"他谢绝了,国民党令他失望,因为——腐败。他对腐败深恶痛绝,只要看到电视新闻中有腐败曝光,他便会蹦出一句:"宰!""皇上才有权力杀人呢,我们就选您当皇上吧。"于是,"皇上"成了孩子们对舅公的爱称。1900年农历闰八月二十七日是他的生日,与孔夫子同一天,属鼠,19年过一次。1995年10月,北京大学盛会庆祝他

95华诞,他说:"我只有6岁呢。"他对孩子们从来不说教,也从不刻意为他们做榜样,但是,孩子们感受到:"我们的舅公给予后人的是一种力量,这种力量来自他从青少年时代起秉承了一生的世间最简单和朴素的信念:读书救国。这是所有发奋图强的国家和所有发奋图强的青年所需要的信念。"

同龄老友冰心女士与陈岱孙先生在北京医院巧遇,摄于1996年4月

1997年7月9日下午,陈先生拄着手杖出门,无须搀扶,走向送他去北京医院的汽车。在医院里,他的身体急剧走向衰弱,再高明的医生已回天无术。

在生命的最后时刻,他在报纸上题为《不依规矩 不成方圆》一文的标题处打上"√",颤抖着写下一个"留"字,推荐给我们看。7月26日下午,晏智杰教授到医院汇报介绍陈先生一生学术精华的那本书(即《陈岱孙学术精要与解读》)已编撰完毕。他虽虚弱,仍拱手致谢。他一生的学术研究在这里画上句号。

在生命的最后时刻,他想起了那把小小的金钥匙在"文化大革命"中被抄走了,似问非问:"现在不知道在什么人的手里?"

在生命的最后时刻,他恍惚中对护士说:"这里是清华大学。"

这些是他心中的情结。

陈先生经历了近一个世纪的时代风云,面对了太多太多的死亡,称得上是历尽沧桑。他是他们那一代学人中,最后一个走的。他的仙逝,标志着一个时代的结束,一代学人的终结。但是,他们的精神、风范、操守、才智,将永恒。自古以来,先贤和圣者光照大地,我们不能辜负了这份光明。

(原载1997年9月14日《文汇报》)

我的大舅——陈岱孙

□ 唐立苏*

我国著名的经济学家、教育家陈岱孙先生是我母亲的堂哥,我称他大舅。大舅自1927年从美国学成归来,到1997年7月27日去世,整整70年都是在讲台上度过的。他把毕生的精力都献给了他热爱的教育事业,献给了他热爱的学生们。他到底有多少学生谁也说不清,真可谓桃李满天下了。1995年在"庆祝陈岱孙95寿辰暨从事教育科研70周年大会"上,中国人民大学戴世光教授骄傲地说:"我是岱老最老的学生。"戴先生现已年逾90;最年轻的要算是1995年入学的研究生了,他们当时才20出头。

大舅爱每一个学生。记得1997年5月,中国人民大学的王传纶教授来家小坐,与大舅叙旧。大舅说:"我还记得你的毕业论文,是用英文写的,你的英文很好。"50年前的学生,大舅还记得那么清楚。大舅对在政治上受到不公正待遇的学生十分关心,总是尽自己微薄的力量在精神上给予支持,在经济上给予帮助。记得十几年前每月中旬总有一位身体瘦弱、衣着破旧的人到家来找大舅,没有很多的对话,接下大舅给的钱就走了。我问:"他是谁?"大舅心情沉重地说:"说了'错话',打成'右派',没了工作。"后来,有一年他好几个月没来,大舅先是盼着,后是担心……大舅去世后不久,我从《北京青年报》刊登的《心中往事》一文中,才知道那一年李先生是病了,几年后便去世了。

大舅一生单身无儿女,在众多的侄甥儿女中,我是最受大舅宠爱的,大舅的许多事情都托我办理。他给许多学生写出国推荐信,在使用计算机的年代之前,他总是写好信后让我用打字机打出来。大舅做任何事情都是认认真真,对信的规格要求得极严格,甚至于怎样折信、怎样放进信封里,也有一定的规矩。他说要让外国人看到,我们中国人做事都是规规矩矩的。

大舅从不受钱和权的诱惑。国民党政府曾请他当财政部长,他拒绝了。中华人民共和国成立前夕,国民党又安排他去台湾再办清华,他也拒绝了。他曾

---

* 唐立苏,陈岱孙先生外甥女。

对我说:"国民党政府没希望,因为它腐败。"他总是按照自己的意志做应该做的事情。当我国税法公布后,1995年大舅每月工资实发860元,按规定800元以外的60元要纳税。为了纳几元钱的税,他先是主动与海淀区税务局联系,后又托我丈夫陈衍庆替他办理,他说这是一个公民对国家应尽的责任和义务。

大舅对清华有着特殊的感情。他从福州英华中学毕业后,就考上了清华留美预备班。从美国学成回来,他又选择了在清华教书,直到1952年院系调整,才离开清华到了北大。抗战之前,大舅在清华新林院有个"讲究"的家,"那时候我为布置那个家,真花了不少心思,几件红木家具都是从西直门地摊上买的,再请人一件件背回来"。当年,清华园里有他的几位莫逆之交,那时他们都过着优裕的"上等人"的生活。但抗日战争爆发后,他们都义无反顾地到长沙,继而到昆明,在西南联大一干就是八年。他们住在昆明的一个大戏院里,抽着从地摊一支支买的最廉价的香烟。大舅给我讲过那时有位好朋友从国外转道到昆明看望他们,临走时把可留的东西全留下了,除了身上穿的衣服,真是"一无所有"了,上了飞机后,又匆忙地把袜子脱下扔出机舱,留给同仁们。当时的生活就是那么艰苦,中国的那一代学人,就是在这样艰苦的条件下,在强烈的爱国主义精神感召下,为国家、为民族培养了一批又一批的人才。

1945年抗战胜利后,大舅作为"清华校舍保管委员会"主席,先行一步,从昆明回到清华。当时日军伤兵员还没完全撤出清华,大舅一边搞接收,一边干着繁重又艰巨的恢复工作,在短短几个月里,同先行的同仁们一起,把一个满目疮痍的清华园,恢复到可以接纳从昆明回来的师生们正式上课。大舅把他的精力和心血,无私地献给了清华,清华是大舅生命的一部分。

大舅有高尚的道德风范,在一些家庭琐事上就能体现出来。凡是在大舅家工作过的保姆都深有体会。小叶、小陈来自安徽农村,文化程度低,大舅就要我们教她们认字、记账和简单的算术。大舅还托人在城里买了初级的中国历史和中国地理书,并亲自给她们讲解。大舅说,中国人不了解自己国家的历史和地理,是可悲的。几年下来,小叶、小陈都有了很大的进步。

我儿子陈晴1992年考入清华大学建筑学院,五年来一直住在北大,和舅公生活在一起,一老一小相依为命。1997年临近毕业分配,有一天,大舅对我说:"能把陈晴留下来陪我吗?"我告诉大舅:"陈晴就是愿意留在北大和您在一起。"过了几天,陈晴要迁户口了,我问大舅,户口是迁到城里,还是迁到北大。大舅当时没回答,两天以后才告诉我:"我考虑陈晴的户口还是迁回城里吧。"我明白,大舅是怕他百年以后,如果燕南园家里有长居户口,会给学校在住房安排上带来难题的。这些事,我都照大舅的意愿办理了。

7月27日下午,当我们回到燕南园家里,北大经济学院张铮老师轻轻地推门进来,看着我们一张张悲痛的面孔就走了。很快,他又回来了,迟疑了一会儿,轻声地说:"晏老师要我通知大家,我不相信。"谁又能相信呢?!大舅他走得那么突然,却又那么安静。大舅自1995年患了桥脑栓塞后,身体状况就每况愈下;但7月9日我们送他去北京医院时,他执意不要我搀扶,拄着手杖,挺直了腰板,步行二十多米,自己上车。

大舅就是这样,挺直着腰板,走完了自己模范而又辉煌的一生。

听舅公讲故事

□ 唐　晖　徐燕萍*

我们是侄孙辈之中和舅公相处时间最少的一对,因为,我们生活在苏州,只有过春节或放假才能到北京。和舅公在一起的日子里,最爱听舅公讲他的故事。

舅公是一本读不完的书,他身上折射着百年的沧桑,散发出我们民族至高的精神力量。当他把自己的经历娓娓道来时,给人如沐春风的感受。

曾经听舅公谈到当年留美的趣闻轶事,我们印象最深的是关于面包的故事。当时生活艰苦,有的留学生在经费未到、青黄不接时,竟到了吃干面包、喝自来水的地步。有人拿一截香肠,夹在面包中间,吃一口面包,将香肠后移一段,结果面包吃完,香肠仍在。听罢,我们捧腹大笑,笑过之后,却不禁汗颜。正是这些人,终年在图书馆里,没有星期天、没有寒暑假地苦读,这种求学精神令人钦佩。而我们这一代青年人,在如此优越的条件下,学无所成,虚掷光阴,凭什么去笑话他们?

舅公是一位崇高的爱国者,他虚怀若谷,从不提他自己所做的贡献。但我们从他的谈笑之间,却不时为他的拳拳赤子之心深深感动。1937年抗战爆发后,舅公正好从外地返回北平,国难当头,他立刻投身清华南迁的工作,竟过家门而不入。抗战胜利后回家,多年积累的学术资料和珍贵手稿已荡然无存。每当提及此事,从未见舅公有懊悔之色。中国的学者可以不爱权,不爱钱,但没有不爱自己心血凝结的成果的。而舅公把这一切抛置脑后,以无比的热情去爱清华的数千师生,去爱民族的教育事业。

有一次,舅公说他从来不吃炒饼,我们很好奇地追问。他说在"文化大革命"期间到工厂劳动,厂门口只有个卖炒饼的铺子,出于无奈,只得天天吃炒饼,连吃几个月,从此以后,看见炒饼就难受。这是舅公唯一一次对我们提到他在十年浩劫中的遭遇。当年他已是七旬老人,其中滋味大家都能体会,但舅公只

---

*唐晖,陈岱孙先生外甥孙;徐燕萍,唐晖之妻。

说这十年没读书,是个"空白点"。舅公就是这样高尚的人,荣厚毁誉全不挂怀,鞠躬尽瘁,为国育才。

舅公讲的每个故事,都令我们反复回味。舅公的一言一行,都在教导我们如何面对人生的风雨,如何走好自己的路。

1997 年 9 月

舅公,您好吗?

□ 陈　晴[*]

我仍旧生活在舅公生活过的房子里,天天看着熟悉的陈设,总盼望着您依然坐在沙发上,或是写字台前,卧室里……寻找,失望。日历永远翻在1997年7月27日。

语言和文字根本无法表达思念。好几次梦里想抓住您的手,惊醒时,孤单的我已是泪湿枕边……

和您一起生活的五年,是我人生中最黄金的时间,在您温暖的怀抱里,我从幼稚走向成熟。您是最好的老师、朋友和长辈。

在我的印象中,您就是严谨,就是热情,就是衡量是非的标准,就是爱。您会因为我们点滴的进步而笑得那么开心,却不会把自己的委屈讲给我们听;您会在我生日时送给我那么好的刮胡刀,自己的却又旧又破;您会津津乐道地告诉我们,做一个绅士,什么场合该穿什么衣服,如何搭配,自己身上却永远是那一件旧中山装……

我上大学上得很累,忙于学习,更忙于实践。您从来不干涉我的想法,但总是提醒我很多该注意的地方……每当我又熬了一夜,清晨把自己的图纸兴高采烈地给您看时,您总是鼓励我,也提一些中肯的意见,最后总免不了问一句:"昨晚我起夜,见你屋灯还亮着,又没睡?"然后就紧锁着眉,摇头叹气不已:"宝贝呀!Take care of yourself!"那关切的表情让我觉得自己又伤了您的心……

当我费尽心力,终于拿到毕业证书和学位证书的时候,我悄悄地把它们放在茶几上。第二天,您叫我站到面前,有点吃力地说:"晴晴,我很累,就不站起来了。"我还没反应过来,您突然紧紧握住我的手:"孩子,祝贺你!祝贺你呀!"话语之中的恳切、兴奋和关怀,我太懂了……五年来,您以九十多岁的高龄,为我操了多少心,着了多少急?!就在我真正步入工作岗位,想永远住在您身边陪着您的时候;就在我满怀希冀,想有一天把自己真正的成功与您分享的时候,您

---

[*] 陈晴,陈岱孙先生外甥孙,清华大学校友。

就这么匆匆地走了……什么都没说。

我亲爱的舅公啊！您的一生都在关心着别人，我多想您啊！哪怕让我再抱一抱您，和您撒撒娇，亲亲您的脸呢……

许多年以后，我们的孩子不会像我们这样，有幸和舅公生活在一起。对于他们来说"老舅公"一定是父母口中伟大而遥远的传奇。我们既然已经无法把您的爱和美德回报给您，也就只能尽力地给予我们的后代，告诉他们您的精神，告诉他们要做一个光明磊落的人。

亲爱的舅公，我懂事了，不哭了，您在哪儿？您好吗？

1997年9月9日

作者陈晴与陈岱孙先生合影，摄于1986年

忆岱孙伯公

□ 陈　郁*

又一次踏进熟悉的燕南园,又一次推开55号那熟悉的大门。大厅堆满的花篮和挽联取代了往日茶几上的电视机,伯公常坐的那张沙发空荡荡地摆在原处,还有那摆在案桌上的遗像,这些都使我不得不接受这个事实:我亲爱的伯公已经离我们而去了!

就像12年前失去亲爱的爷爷一样,如今我又失去一位可亲可敬的长者。可是十多天前送伯公去医院时,伯公还是自己走着上汽车的。当时,我的感觉是伯公只是和往常一样去医院做一次例行的检查,住进北京医院,可是怎么也没想到……

这一切来得太快了,前后只不过两个多星期,到现在也才不过两个多月,可又似乎已隔了很久,很久……

初到美国的日子是紧张而忙碌的,然而在繁忙的学习和工作之余,思绪常会飘回梦中的燕园。毕竟那里的一切都太令人难以忘怀。四年来,课堂、图书馆、实验室是我获取知识的殿堂,这里有严谨的恩师、热情的同学;燕南园则是我生活中不可缺少的另一部分,这里有慈爱的长辈、无间的朋友。所有这一切,从陌生到熟悉,以至于成为记忆中恒久不变的一页……

想起第一次走进燕南园55号,想起每次回福州时伯公托我捎去对家乡亲人的问候和捐赠的著作,想起每次从福州来时带给伯公爱吃的家乡的橄榄和红糟,想起伯公等待着我讲述家乡的情况,想起这四年来每个中秋夜团聚在燕南园,想起伯公95华诞时的盛况,想起毕业前夕和晴晴、冰冰共商待伯公百岁大寿时重聚燕南园的约定……我不禁怅然……

伯公对我的学习和生活一直是很关心的,甚至于连冬天宿舍里何时通暖气也要问个清楚,并提醒我多穿衣服。当我告诉伯公我要去宾夕法尼亚大学读书时,伯公便问我有没有准备大衣,说费城的冬天很冷,事后又督促了好几回,并

---

* 陈郁,陈岱孙先生侄孙,北京大学校友。

说买不到就定做一件,直到听说我有羽绒服后才放心。

在联系出国的过程中,我曾请教于伯公。伯公年轻时留学美国,对美国的高等教育了如指掌,娓娓道来,如数家珍,使我受益匪浅。谈起在美国读书的日子,伯公神采奕奕,仿佛又回到了七十多年前:美丽的哈佛校园,翩翩的中华学子……

又想起我离开北大时留给燕南园的纪念,一个装在伯公床头的电铃。入夏时,伯公的身体已不是太好,由于天热,晚上常常睡不着觉。斯复姑姑便提议装一个电铃,这样晚上伯公有什么事可以招呼一下,可是伯公认为没必要,不用麻烦大家,后来在我们的坚持下,伯公总算同意了。于是由我趁毕业论文完稿后的闲暇将它安好,但随后伯公便去住院了,伯公终于还是没有使用它。

可是伯公现在已经离我而去了!

伯公住院的第二天,我赶回福州准备行装,原想回京后的第一件事便是去北京医院看望伯公,告诉他家乡的情况。万没想到未能见上最后一面,深感遗憾! 大人们说还是让伯公活着的形象留在我心中。8月1日,我泪洒北京机场,飞赴美国。未能参加伯公的追悼会和遗体告别仪式,实为遗憾之二! 此值伯公97诞辰,远在万里之遥的异国他乡,梦中的伯公神采奕奕,坐在围满鲜花的沙发上,听我向他讲述我的新生活……

作为世纪同龄人,伯公历经近百年的风雨;作为燕南园中最负盛名的教育家,伯公一生桃李满天下。伯公留下遗愿:将他最大的财富——书籍,留给学院和老师们。伯公的精神,也应由我们年轻的一辈继承并发扬。

1997年9月29日夜于美国费城

他的生命因孤独而见深邃

□ 萧　冰*

1997年7月,我从北大经济学院毕业。同年同月,舅公永远地离开了燕南园。在那里,我与另一位表哥陪伴舅公将近四年。

舅公没有等及聆听孩子们讲述外面的世界,没有等及接受青年一辈怀无限敬仰立志给他老人家的一份回报,独自走开了,走前留下的话是"要好好工作"。

那曾经扑面而来的熟悉的笑容、熟悉的身影化作一片冰冷,似乎成为生活的空白。但怎么会?!如果说青春的生命如溪水,那么舅公则如青山雄伟,它不会化为空虚,它就在那里!

舅公是踏踏实实做学问的人,有着不寻常的智慧,但从不浮夸,在孤独中探索,自强不息。听舅公说,他在美国威斯康星州立大学读书时,觉得功课都能应付自如,并不太注意努力。但当他去哈佛大学攻读博士学位时,却被外国才子们的旁征博引深深触动,于是开始了只有星期七没有星期日的发奋苦读。经过这样一段"沉下去"的生活,舅公终于在四年时间内以优异的成绩拿到了硕士、博士学位。回国选定了在大学教书后,又怀着一腔热情到欧洲、美国等多处高等学府、图书馆搜集资料,准备为国内编写一套完整、系统的财政学教科书。但抗战爆发,为这一切画上了句号。为筹备清华南迁,舅公首先受命并义无反顾地南下,承担起各项重任。而多年来他精心整理的资料笔记却遗落于清华园,在战火中不知去向了。这在国难当头、纷飞战火中或许并不显得重要,但对一个学者来说,这无疑是一种莫大的悲哀,同时也是对个人青春理想的沉重一击。

舅公的眼神里更多了一份深沉,但舅公从未放弃自己的理想。在今天,经济学界各流派虽观点不同,但对舅公都怀有共同的尊敬。舅公曾指出的"大专问题"——即大学分科过专过细的问题,现在正是教育改革的一项重要内容。舅公对很多问题的看法常常是超前的。虽然他不能像政治家们那样扭转乾坤,

---

* 萧冰,陈岱孙先生外甥孙女,北京大学经济学院校友。

像商人们那样呼风唤雨,但他不正是兢兢业业地承担着知识分子的重任吗?舅公每次在会上做的发言,字字铿锵有力,句句发自肺腑,每个人都会专注地聆听。因为它严肃、专注、情寓其中,那似乎是生命力的一种释放。我深深地折服于一种超越命运的人的力量。

如一首乐曲,或许已经有了庄重严谨的主题,再加上抒情的广板、活泼的小快板才更加完整而丰富。人更是如此。每当看到、感受到平素不多言的舅公那种对生活对人类最真切的情感流露时,我都不由得生出对舅公更深的敬意。

记得舅公不止一次提起过一段旧事,具体情节记不清了,依稀是说两位文人用不同语言同译一篇名著,在钱塘江边共叙苦功时倍觉意气相投,酣畅淋漓,于是在亭子里就相拥大哭,旁若无人。舅公每说至此,都会竖起大拇指。然后再指指自己,摆摆手。

或许舅公不能像文人们那样直接地抒情吧,但谁能说舅公没有那样一份热烈的情感呢?那是一个平常的晚上,家里人围坐着看新闻。电视里的人们忽然起立,紧接着回响起庄严的国歌声,电视上切换着不同的战争画面。那天是国庆。我瞥见舅公用手支住额头,正想问一下是否不舒服,却蓦地发现了舅公眼角的泪滴。舅公流泪了……我有些吃惊,但转而化作一种感动。那几滴泪珠里凝集着多少旧事、多少怅惘、多少希望。

舅公曾通读过四遍圣经,但他是一个彻底的无神论者,甚至不相信气功。他对别人有着非常的关注与尊重。

记得每次帮舅公从经济学院取信回来,都会马上挑出非公函的信件,一一拆开细读。因为有些信不便亲自回,便叫我以秘书的名义代回。他每次都亲笔草拟好原稿,并让我详细了解事情的原委,看看有什么意见,怎么解决,之后再誊写。信封写好后还要亲自检查一遍地址、邮编,才放心地让我发出去。遇到希望得到文集的人,舅公就会自己拿钱,叫我到书店专门买××年校正、错误较少的那一版,亲自包好,再发出去。每次相似情形都会这样处理,除非是身体不太舒服,才会找人帮忙代发。

像这样对不熟识的人的关注、尊重甚至资助的情形很多。要知道舅公并不富裕,靠不足 1 000 元的工资和其他一些稿费生活,但我仍然觉得舅公是贵族,他拥有骄傲的资本,他有太多人回馈的爱与敬仰。

舅公的生活很平常,他的人格却卓尔不群。他的生命因孤独而见深邃,因坚韧而见力度,因博爱而见宽广。如一首雄浑的交响乐,能久久撞击人的心灵;如夕阳洒下的金光,归于一种饱含激情的平静。从舅公身上,我渐渐理解不朽,那是一种精神,是人类共唱的生命的欢歌。

清明将近,深切怀念舅公!

1998 年 3 月

陈岱孙　林中此路

□ 李俊兰

一尊半身铜像，伫立在黑色的大理石台座上，大理石台座伫立于清华大学经济管理学院人来人往的大厅里。2000年4月清华校庆日，新老清华学人在此举行陈岱孙先生铜像揭幕仪式，红绸起处，一位面目清俊的肃然学者便成为这煌煌学府一个恒定的存在。清华人说，早在20世纪20年代，陈岱老便成为清华大学经济学科的创始人，他70年的教学生涯是从这里起步的……

一位扶杖老人，在燕南园的松风花影中冥坐，松风花影的燕南园是北京大学名师宿儒的汇聚之地。1998年5月4日北大百年校庆，一批又一批海内外学子走进燕南园，向这尊面带微笑的蔼然长者铜像鞠躬致敬。北大人说，陈岱老在北大45年，育人无数，他97载生命岁月是在这里结束的。

1997年那个苦热的7月，陈岱老是拄着拐杖离开燕南园寓所的，亲友劝他换件"出门衣服"，陈岱老摆手："不必换了，到医院住几天就回来。"他平素讲话，文白相间，略带福建方音，只是一生谦逊的他却自认"普通话很标准"，因此常被小辈们打笑。去世前一天，他从病床上睁开双眼，见平日总伴他嘻嘻作笑的晚辈人人面带悲戚之色，"福建普通话"说："你们以为我要走了吗？没有这么简单！"他挣扎着站起身，缓缓挪动一米八的身躯，走进卫生间自理，然后衣、容整洁地回到病床上。

他知道他的那些散布于海内外的学生已经在酝酿他的百岁庆典，生于1900年与20世纪同庚，他自信能够达于"期颐"之年。

离开燕南园不过18天，待北大、清华两校学子再见陈岱老时，他已安卧鲜花丛中，身着黑呢中山装，一如生前风纪谨然。清华人想起来了，20世纪80年代历次校庆，陈岱老都是以这身黑呢中山装出场，一米八十、从未臃肿过的挺拔身材，根于学养的雍容气度，鬓上银丝也不掩其翩翩风采。北大人也想起来，80年代初墨西哥总统访问北大，时任经济系主任的陈岱老陪同，师生们则夹道欢迎。只见陈先生身着黑呢中山装，手中一根"文明棍"，周身一派高贵之气，竟把经济系的二班青皮后生看"傻"了，以致感叹：这俩人到底谁是总统哇？——这看"傻"眼的毛头小伙中,就有如今以"京城四少"而广为社会所知的青年经济学家、北京大学经济学院院长刘伟……

人间有意,自然无情。97岁的陈岱老还是离去了,带着他的满腹学问,带着他的翩翩风采,带着他对清华荷塘、北大湖塔的依依恋恋,带着他生命中曾有过的欢乐与寂寥。

今天,正是他的五周年祭日。

"陈岱老是个谜"

陈岱老辞世,远在美国的顾毓琇老先生写来纪念文章,缅怀共同执教清华的岁月,认为"经济泰斗"岱孙兄以高寿谢世,"乃国之人瑞也"。

1926年的哈佛博士,是在长寿的晚年达于学术声望与人格、师品的峰巅,当其生命戛然而止时,江泽民、李鹏等党和国家领导人敬献花圈,朱镕基、李岚清同志亲临追悼会吊唁。

1995年陈岱老95岁华诞,李岚清同志曾挥墨致贺:一代宗师,桃李满园。

朱镕基副总理则在贺信中对"适因公须即日离京,未克践约",表达了"怅何如之"的心情。

1994年,在清华大学经济管理学院成立十周年大会上,其时兼任经管学院院长的朱镕基在讲话中忽然转向在座的陈岱孙先生:"陈岱老,我是学生,我想请教一个问题……"当时的朱副总理请教了什么已不重要,但面对千人之众,执弟子礼,以师道尊之,此番话语其后在高校、在学界不胫而走。

有人说"陈岱老是一棵大树"——中国经济学界有六代人师出其门。

有人说"陈岱老是一面镜子"——没有读好书的、没有教好书的都应感到惭愧。

北京大学一位文学博士则独发机杼:"我觉得陈岱老是个谜。"

谜面之一,与国家领导人对陈岱老的尊崇有加形成强烈反差,是他日常生活的低调和深居简出,他有那样高的声望,却从未听说有什么"牛气"的举动,不喧不嚣、不招摇,他何以能那样的"显",又是如此的"隐"?

谜面之二,他是哈佛博士,受过规范的经济学训练,无论中华人民共和国成立之前还是之后,这样的人都凤毛麟角。但在计划经济一统天下时,不懂经济的人在指挥经济,他内心是怎么想的?是否有所抵牾?何以自持?

这样的问题牵引着我们去了解：鲜花与掌声之外、亦显亦隐的陈岱老；一个被20世纪长长的历史影线有所遮蔽的陈岱老。

金钥匙：一把还是三把

在生命的最后时刻，神志已经恍惚的陈岱老断断续续留下这样两句话："这里是清华……""金钥匙，现在在什么人手里？"

这是他内心深处的两个情结，金钥匙自"文化大革命"红卫兵抄家便一去不返。

陈岱老的学生、亲属都知道"金钥匙"是他留学美国的荣誉，但由于他生前"不自表暴"，众人对其出处又不甚了了。曾追随他先读硕后读博的北大经济学院王志伟教授认为，陈岱老的博士论文《麻萨诸塞州地方政府开支和人口密度的关系》得到他的导师卜洛克的高度评价，不仅在学术上有独到之处，而且对地方政府有实际价值，"金钥匙"是否同波士顿"荣誉市民"有关？陈岱老的外甥女、《文汇报》主任记者唐斯复，朦胧地记得多年前曾问过"大舅"，好像是"全美学生会"的奖项，同博士论文不相干。著名表演艺术家英若诚1946年就读于清华大学外文系，他回忆"按学校要求外文系学生必须选修一门社科课程，我选了陈岱孙先生的'经济学概论'，受益匪浅。当时我就听说他留学美国学业优异，得到美国几所著名大学联合颁发的金钥匙，他有三把，上面有希腊文的缩写字母……"

隔着天人之界，陈岱老留下一个费解的话题。

他97年的人生历程更是不易读解的课题。

姓陈名总，字岱孙，先生以字行，福建闽侯人，出身名门望族，其伯祖父陈宝琛为末代帝王师，乃宣统皇帝的"陈师傅"。祖父陈宝璐，晚清进士，曾供职翰林院。

母系一族同样显赫，外祖父罗丰禄毕业于福州船政学堂，与刘步蟾、林泰曾等同为清政府派往欧洲的第一批留学生。后从事外交，任中国驻英国、意大利、比利时三国公使，曾随李鸿章参加"甲午战败对日谈判"，参加沙皇尼古拉二世加冕礼，参加李鸿章与俾斯麦会谈，谒见英国维多利亚女王。陈岱老的两位舅父亦曾分别担任中国驻伦敦副总领事、中国驻丹麦公使，人称"外交世家"。

这样的家庭背景，使他"四五岁时学过若干汉字，念过三字经、千字文、千家诗"。6岁入私塾，读史，读十三经，9岁开始做文章，10年旧学，用足童子功。

在陈岱老仅有的一篇回忆童年生活的短文里,他引用了私塾先生送他的一首扇面诗:

> 本是龙门诮李膺,虬枝得所气休矜,
> 人间饮啄原前定,不露聪明即寿徵。

陈岱老自己解释:"在塾中年纪最小,自以为书香门第,书念得还不错,就不时器小易盈地,冒出一些骄矜之气。石老师及时给我一个训诫,我感谢我的老师。这首诗我一直记着,不敢忘。"从这里可以看出,为什么几十年后人们会用"高贵又谦和"这样似乎有着对立关系的词语来评价陈岱老。他幼年时已懂得以"不露"去骄矜,老年时的"不喧不嚣、不招摇"自在情理之中。

这位私塾先生的扇面诗,可以看作我们解读陈岱孙先生人生态度、性格逻辑的一把金钥匙。

辛亥革命,清廷退位,11 岁的陈岱孙剪了脑后的小辫子:"我是最小的革命党。"15 岁进新式学堂——福州鹤龄英华中学,从此他的名字就同侯德榜及其后的陈景润等一起,成为这个学校永远的光荣。

1918 年赴上海投考清华学堂,在黄浦江畔公园前撞见"华人与狗不得入内"的牌子,"只觉得似乎全身的血都涌向头部"。"到清华读书第一年赶上'五四',当然游行、请愿、宣传都参加了,但只有摇旗呐喊的份儿。我当时总觉得我们似乎有一个基本问题需要解决,想起了古书中所说的'足食足兵'的重要性和积贫积弱显然是导致横逆的原因,那么富国似乎是当务之急。"于是,1920 年考中"庚款留美",他选择了经济学科,他认为自己秉持的是"经济救国论"。

"没有星期日,只有星期七""没有寒暑假,只有寒暑期",是青年陈岱孙留美 6 年的基本生活形态。1922 年自威斯康星大学毕业,慕名考取哈佛大学研究院,1924 年获硕士学位,1926 年取得博士学位。直至晚年,陈岱老还十分留恋那段清苦却快乐的读书时光,"由于导师教授推荐,获得在图书总馆书库里,使用一个摆有一小书桌的研究小隔间的权利""我在哈佛最后的二年,是在这个小隔间度过的"。此时,他通读了原版的《资本论》和《圣经》。

就是在这小隔间里,他完成了颇得导师赞许的博士论文《麻萨诸塞州地方政府开支和人口密度的关系》,一个异国学生以美国地方财政为选题,独到且具难度。六十多年后,他的学生晏智杰教授将其译成中文时评价"一切结论都是在对丰富资料的周密分析之后得出的""这些见解即使在今天也没有失去其科学价值"。陈岱老也是在多年之后偶然提及"论文颇得导师称许"的原因："也许当时对以烦琐的数学资料用统计分析的方法，对某一经济问题做实证探索的研究不甚多。"在数理经济学大行其道的今天，人们应该知道，早在理论经济学当家的 20 世纪 20 年代，有一位中国青年已经进行了这样的实证探索。

可以想见，当这位高高瘦瘦的中国青年将光灿灿的"金钥匙"执于手中时，内心会怎样地澜起波涌？因了国家与民族的落后，面对这份荣誉情感可能会更为复杂。

欧洲游学一年后，27 岁的陈岱孙回到祖国，立足未稳，清华大学的教授聘书就翩然而至，1928 年担任经济学系主任，1929 年兼任法学院院长。

陈岱老的外甥女唐斯复说："1927 年至 1937 年是大舅人生最快意的时期，正值大好年华，西学归来事业有成，月薪 400 多大洋，他在清华有一个非常讲究的家，红木家具、米色地毯，授课、教务之余，他非常喜欢运动，网球、马球、桥牌，各种西装、猎装、舞鞋……尽管他一生未娶，我却认为他是真正生活过的人，他很会享受生活。"

卢沟炮响，清华南迁，先长沙，后昆明，成立西南联大，艰苦备尝，"课堂分散，大舅不会骑车就骑马，后来连人都养不起何况养马，徒步走 40 分钟去上课，吸烟要一根一根地买……"

据如今分散在海内外的西南联大老同学回忆，此时的陈教授依然衣冠整洁，谈吐高雅，既有中国学者风度，又有英美绅士派头。上课前一两分钟他已站在黑板前，难得的是他讲完最后一句话，合上书本，下课铃也同时响起来，让同学们既惊叹又欣赏。他讲课言简意赅，条理分明，没有废言。他不念讲稿，但每每课后翻阅笔记，不须增减，就是一篇完整的佳作。任继愈先生撰文说："这种出口成章的才能，西南联大教授中只有两位，一位是陈先生，另一位是冯友兰先生。"

日本投降，抗战胜利，国内政局依然动荡。1945 年秋，陈岱孙与张奚若、闻一多、朱自清等联合发表了反对内战的《十教授公开信》，这是陈岱孙先生不为多见的一次公开政治表态。

多年前他自哈佛归国后，同为哈佛校友的南京政府行政院长宋子文，曾有意邀请他出任财政部长，被婉言谢绝。

再至后来，中华人民共和国成立前夕，清华大学梅贻琦校长转告：蒋先生请您一定启程,到台湾再办清华大学。陈岱孙先生摆手作罢。后来有人问他为何对国民党如此没有信心,陈先生口出二字:"腐败!"

> 浊世翩翩迥不群,胜流累叶旧知闻。
> 书林贯穿东西国,武库供张前后军。
> 冷眼洞穿肠九转,片言深入木三分,
> 闻君最爱长桥戏,笑谑无遮始见君。

这是朱自清先生所作《赠岱孙》,写于西南联大时期。诗中"胜流累叶"指陈先生乃福州螺江名门之后,"武库"用典,指晋杜预典治财有道,人称杜武库,喻指陈的财政专业。朱先生以一代文学大家的艺术敏感,以抵达灵魂的笔力,为陈岱孙先生"画像"。无疑,这是我们解读陈岱老的又一把金钥匙。

20年沉默:学术缺憾还是人格完整

从北大镜春园南行数十步,抬眼,未名湖和博雅塔豁然眼前,水中粼粼波光,绕堤依依垂柳,如诗如画,尽去俗尘。

据说这湖建于乾隆年,本无名,著名历史学家钱穆教授因即命名曰:未名湖。

博雅塔的命名则同当时燕京大学哲学系美籍教授博晨光有关,他深受中国传统文化影响,曾兼任哈佛燕京学社的工作,他的前辈也曾为燕京大学前身通州协和大学的发展做出过贡献,为纪念这一历史渊源,校园内建自来水塔就采取了通州燃灯塔的造型,取名博雅塔,雅是儒雅学者之意。

博雅塔凌空而立,它证明着:20世纪50年代初的中国高等学府尚有那样的文化气度。

陈岱老在未名湖北岸的镜春园一住就是36年。

1952年院系调整,他离开了清华大学,内心想必是不舍、不愿的,清华的教育理念强调通才与通识,而一所大学被肢解意味着什么?其次是个人情感,他先是清华的学生,后成清华的先生,十多年眠宿之地,特别是1945年年底作为接收大员从昆明先行回到被日军的碉堡、马厩、伤兵医院摧残得满目疮痍的清华园,全面清理、修葺,四处追收散佚的书籍和实验设备,清华的一草一木,有他的殷殷心血。

然而在大的历史命运面前,个人常常是无力的。

据说，在20世纪50年代的"早春天气"里，一向沉稳的陈岱老，也就人口问题"鸣放"了一次，有人曾想据此划他"右派"，后来不了了之。

他的学生却在劫难逃，高高大大的范钟民戴上"右派"帽子心里不服，从劳动基地跑回北京，被公安局抓进"班房"。陈岱老找他谈话，送了八个字"小心谨慎，好自为之"。得知范钟民没钱没衣没布票，给他寄去了过冬的绒衣衫裤。多年后远在加拿大的范钟民得知陈岱老逝世的消息，当晚待家人睡去后，在客厅里洒泪跪拜。

还有他最得意的门生朱声绂，才华过人，能说几门外语，被打成"右派"，从此一生坎坷。

这些势必要影响到他的心境，但真正令其受伤的是40万字的《经济学说史》讲义，于1958年受到批判。北京大学经济学院张友仁教授说："这套讲义在当时是空前水平的，在内容上超过了当时的苏联教材，而且为后来几十年的经济学说史教材奠定了基础。可在不正常的政治环境中受到了不公正的待遇。"

陈岱老在学术上沉默了。在其后20年的时间里，不发表文章、不做学术演讲。

清代人有"但开风气不为师"之说，在陈岱老，只想反向："不开风气但为师"，只想"以教书安身立命"。1962年经济学系教师组织了一个"读书会"，陈岱老任会长，但在"社教"和"文化大革命"中被打成"裴多菲俱乐部"。

"文化大革命"中被抄家，因生病住院得以躲过批斗高峰。但其后的"专案组"和大批判是跑不掉的，据说理由有三：他的反动家庭，他留学美国，他是资产阶级学术权威，被"集中"到37楼办学习班。每日批判——检查——批判，要他交代："提暖瓶去水房打水时，是怎样同特务接头的？"年近七旬的老人每天要跑早操，一次跑步时绊倒，一下子竟摔晕过去，送校医院醒来，继续办学习班。

他85岁那年，一天晚上在校园散步时也绊了一跤，据说他当时就势一个前滚翻，毫发未损。站起身拍拍土说，感谢当年清华的体育教师马约翰，这个前滚翻的动作过程同马先生教授的要领一模一样。

可在年轻十几岁时却有摔晕的一幕，显然同心情的沉重、精神的压抑有关。据一位1970年的工农兵学员回忆。见到开会用英文做记录的陈先生很钦佩，后来就出面请他教大家英语，70岁的陈先生答应了，利用业余时间到系里给大家讲授，但时间不长就被军宣队领导制止了。

陈岱老西南联大时期的老学生张友仁教授回忆说："到'文化大革命'后期

可以上讲台了;但只能讲毛选和马列著作。陈岱老非常认真地对待马列经典著作的教学,他说一定要忠于原著,查阅各种版本,校出中文本存在的大量误译和不准确的地方。每次讲课都让我先在黑板上——'改错',然后陈岱老按原文讲解……"

北京大学哲学系副教授聂锦芳,是"马哲"专业博士,他认为陈岱老在大约三十年前就能以忠于原著的学术精神从事教学,是具有前瞻性的。近年国内"马哲"研究界也在关注译本问题。中华人民共和国成立后,马恩著作中文本是从俄文本而来,而俄文本又从英文或德文本而来,在语言转换过程中自然有"走失",而且俄文本有斯大林时代特定历史时期对马克思主义的理解,所以现在哲学界提出"回到马克思",陈岱老是令人肃然起敬的。

张友仁教授还有如下回忆:"当时学习《反杜林论》,其中的《批判史》有如天书,可以说当时整个中国没有一两个人懂,陈岱老凭借他的经济学造诣,下功夫读懂了,给大家解释得明明白白……"

所以有人说,没有西方经济学的教育背景,不可能真正读懂马恩的经济学著作,特别是在教条主义猖獗时,你愈用力读,有可能离马恩愈远。

张友仁、张秋舫夫妇认为,"文化大革命"中的陈岱老是乐观、自信的,"他总说这些学生懂。有真理在,真相总会大白。因此,他不和学生硬顶,那么大的政治风浪,他的态度是——逆来顺受"。

所以,当天开日丽、大地回暖时节,汤燕、胡坚一班燕园小辈都说陈岱老"命好",尽管是相差至六十岁的祖父辈;陈岱老却让她们喊"大舅",他说:"这样,年轻些……"

他真的年轻了,1981年出版了《从古典经济学派到马克思》,经济学界称之为"经典",评价是:只有陈岱老这种具有深厚西方经济学学养的人,才能写出。

20世纪80年代中后期,关于"亚当·斯密矛盾"的论述,廓清了一个重要的理论问题。

此外,还有经济学圈外人根本听不懂的魁奈《经济表》的问题探讨。但他有一句每个人都能听懂、必定会代代相传的经典名言:"经济学是致用之学。"

当他"多产"时,有人为他的20年"空白期"惋惜:真话不能说,假话不愿说。也有人据此断言:陈岱老不搞风头经济学,"空白"正是他的科学品格。他的学生晏智杰教授说"就某个时期的观点来说,难免带有一定的历史局限性",但"从没有出现原则性的曲折和反复"。

人们把"一代宗师"的称誉献给他,实至名归。

冯友兰先生的女儿宗璞说:"陈先生身上体观了人格的中西合璧,既有中国人发自内心的'礼',又有西方的平等精神。这样的人愈来愈少了。"

他能像普通大学生那样说"晏老师如何如何",而晏老师正是他的学生。他的学生留校成为他的同事后,他便称"刘伟老弟""志伟老弟";他有事不能到会,就非常恭敬地给"老弟"写"请假条"。

他为学生的成绩高兴,譬如厉以宁教授的专著出版。他也为学生的焦虑而焦虑,他拄着拐杖穿过冯友兰先生家的后院去邮局,寄出一份治疗癌症的信息,他惦念那个风华正茂的年轻学生。

刘伟院长说:"每逢心里有了不快、郁闷的事,到他那里坐一坐,聊的是天南地北。可从屋里出来,觉得天也蓝了,路也宽了,很奇怪,他有一种宗教般的力量……"

他用以净化人心灵的力量,是他的境界。

他的外甥女唐斯复认为他也有遗憾之处,"譬如那么多人求他写序、写留学推荐信、找工作的联系信,他呢,却不会拒绝,难以推却,不免也有违心之举……但是,他离完美已经很近很近"。

他身后,亲属们清理遗物,发现他留有的床单、被罩、衬衣裤,还可以用若干年。他们说:"他留下的是一个 97 岁人的生活信念,他对生命的热爱。"

陈岱老已经离世五年了。

天堂里有他的一班老友:风流倜傥的金岳霖先生,善解人意的叶企孙先生,"美髯公"冯友兰先生,他的挚友、满头白发的周培源先生……

他们走在天堂的林中路上。他们是 20 世纪中国的风华一代。可关于他们的话题,会被中国文化人在很多年里谈论。

(原载 2002 年 7 月 27 日《北京青年报》)

一棵大树——陈岱孙

□ 李彦春　甄 蓁

"我要自己起来。我要是起不来,就永远起不来了。"这是经济学界泰斗、宗师陈岱孙在北京医院给人世间的最后留言。时间是1997年7月26日晨4时。他推开家人的手,挺着1.8米的身板缓缓走进卫生间,自理完一切,头脸光鲜、衣扣整齐地回到病床上。16个小时后,27日8时12分,死于心、肺、肾功能衰竭。中国经济学界的一棵大树在滋养了无数繁枝茂叶后去世,享年97岁。

陈岱孙的亲属唐斯复哽咽道:"在舅舅不能为社会尽责尽力的时候,自己需他人照顾的时候,他,走了。"当日下午,朱镕基办公室来电话委托北京大学领导携花圈来家吊唁。28日,李铁映对陈家人说:"我感到震惊、非常悲痛,没想到走得这么快。岱老的仙逝,是中国教育界、学术界的重大损失。""损失,无法弥补的损失。"经济学家陶大镛老泪纵横:"像岱老这样学贯中西的马克思主义经济学家短时间内无人替代,他的主导性意见影响中国经济的走向,功不可没呵!"

中国经济学界有六代人师出陈门

陈岱孙从事西方经济学说的研究逾70年。在1926年取得美国哈佛大学博士学位回国后,就在清华大学、北京大学执教。27岁上讲台,95岁仍在指导博士生。70年中,育人多少,无从计数。至少,中国经济学界的六代人中有一部分师出陈门,受他恩泽。陈岱孙一生坚持的观点始终如一,没有原则性的反复。不人云亦云,更不受风潮左右。"我是个教员,教员出口之言必须是真话实话。"他研究经济学的基点:经济学是致用之学,教学与研究需从中国国情出发,理论联系实际。

自1979年改革开放始至他临终,正如陶大镛讲述的,陈岱孙的思想影响了国计民生。计划经济转轨市场经济,陈岱孙提出了一系列真知灼见:

第一,市场经济应与国家宏观调控相结合。

第二,反对经济过热,尤其是"通货膨胀有益论"。

第三，正确对待西方经济学。

陈岱孙的同行评价:"岱老是读懂了《资本论》的人。"

18年来，我国走过的是摸石头过河的经济道路。回看足印，陈岱孙的主张大多具有前瞻性。朱镕基在给陈岱孙过95岁的贺信中写道:"1947年，我进清华虽不是您的及门弟子，但对您学贯中西的学问，甚为敬仰，得到您的教诲后，受益良多。"

1979—1995年，在中国经济转型期，陈岱孙作为中国研究经济学的泰斗，著文百万字。

岱老的每篇序言都是高水平的散文式论文

陈岱孙从教70年，人称教育家。他的30—90岁的六代学生说他的教育思想、教学艺术、为人师表高山仰止，难得真传。

六代人从陈岱孙这棵大树下分长出的枝蔓又带新徒无数，新徒仰问六七十岁的先生:"如此认真，缘何?"白发满头的陈氏门徒答:"得岱老益，传岱老风。"陈岱孙的认真与负责是他受人尊敬爱戴的品性之一。对59分的学生，批卷绝不提到60分。授课时携一提纲，一路扬洒开去，不闻废话半句。授课前一小时，以80多岁的高龄，仍备课一小时，理由是:"虽心熟悉，但人老了，就怕出错，误人子弟，子弟再误人，岂不罪过。"唐斯复回忆:舅舅一生追求完美，完美的结果是每个环节都书写着认真二字。常常白发黑发的学生携己书稿请他作序。他不推诿，认真阅读后，圈圈点点，密密批文穿插其间。他的序文不溢美、发己见。人们说:"岱老的每篇序言都是高水平的散文式的论文。"时有这样的场面，他讲述某译著时，先找文句不妥之处，待一一更正后，开讲。1990年，他90岁时，讲授经济学说史。这次授课，他采用西敏纳尔教学法，即学生先讨论，后提问，教师针对问题解答。这就把教师逼上山峰，山峰越高，教师压力越大，陈岱孙认为"对提高教师素质有益"。他反对教师只讲某学科某数章节的授课形式，"弊病多，不能融会贯通"。通才与专才教育的结合是理想教育。他希望学生有金字塔式而不是独秀峰式的知识结构。1952年的文理分家、院系调整，他始终持异议。每每提及，心情沉重:"文理分家，难免出现一臂强壮，一臂肌无力现象。应尝试学分制。"如今，学分制已实施，分家的又合拢。

1997年7月26日，待家人齐集医院时，他环视一周:"你们以为我要走了吗? 没有这么简单!"作为世纪同龄人，他希望走过世纪，看到中国经济成规成矩成方圆的一天。遗憾的是,他走了。一棵擎中国经济改革之天的大树干老化成茧,吐丝西去。一个忧国忧民、发民众之声的声音哑了。但他身后30—90岁的六代门徒散着桃李的芳香继续在先师的道路上为中国民众的利益和幸福努力着。

弟子眼中的陈岱孙

1997年8月1日,雨声中的北大燕南园55号陈宅显得格外沉寂,只有满室鲜花和照片中老人的微笑给这所老房子带来几分生机。这位老人的离去,使这个弟子们心中的"圣地"变成了他们寄托哀思的地方。

自7月27日岱老在北京医院去世,他的客厅就被亲友和学生们布置成灵堂。灵堂正中陈岱老的遗像取自不知出于何人之手的一幅生活照,熟人们都说一如他生前的温和豁达。条案上摆着李岚清副总理在岱老95岁华诞时的贺词和北大经济学院的师生们当年的贺寿银盘,以及鲜花篮和挽联,它们来自他在清华、北大、中央财经大学甚至西南联大时期的学生们,也来自他的亲友和所有仰慕他的人们,其中一个花篮是海淀区区长张茅和区委书记朱善璐赠送的。

8月1日与记者一同踏进陈宅的是经济科学出版社编审室主任李宪奎先生。李先生1960—1965年在北大经济系读书时,岱老任系主任,曾为其讲授经济学说史。李先生印象最深的是岱老在毕业典礼上的讲话。"他的讲话很短,但都有一个小稿子,也起了题目,记得1964届时题目为《杀鸡焉用牛刀》,意思是毕业后不能骄傲,不能瞧不起岗位和同事。我们1965届毕业时他讲的是《要虚心不要心虚》,教育我们既不要妄自尊大也不要妄自菲薄。先生自己虽然学贯中西,治学却十分严谨,那时商务印书馆要出版他的《经济学说史》,他不同意,说还需要修改。他的学问和人品正像我的同学王梦奎写的这幅'九五之尊'一样,堪为人师世范。"

岱老的生日是闰八月二十七日,与世传的孔子生辰同日,然而孔门"弟子三千,贤者七十二"的说法却无法概括岱老桃李满天下的从教生涯。岱老自1927年从哈佛学成归来接了清华大学的聘书,直至辞世前都在带研究生,早期担任清华大学法学院院长,后期担任北大经济系主任近30年,70年间听过他课的学生不计其数,他自己也常说自己只会教书,而他的学生和晚辈在学问之余时刻感受着他人格的魅力。

尽管签到簿上没有厉以宁的名字,但他的确是闻讯后第二个赶来悼念的人。当年厉以宁从北大经济系毕业时受到冲击,被分到图书馆,陈岱老却主张:"厉以宁是个人才,还是调回来教书吧。"在当时的政治气候下这是很危险的言论,但岱老仍坚持这样说。厉以宁与夫人已为岱老准备好今年的生日礼物,他没有想到,老师生命的指针已永远停在了1997年7月27日8时12分。

8月1日在岱老家里值班的北大经济学院副院长胡坚一直叫陈岱老"大舅",她一生的每一个阶段都或多或少地与"大舅"联系在一起。20世纪60年代胡坚的家住在北大朗润园,与岱老堂妹家是邻居,因而岱老住的镜春园甲79号也是她常来常往的地方。院子里有棵香椿树,"大舅"春天常摘嫩叶给孩子们炒香椿,"大舅"还常给小胡坚讲他养的猫妈妈和猫宝宝的趣事。1982年胡坚考进北大做厉以宁的研究生,外国经济思想史专业的"剩余价值学说史"由陈岱老主讲。"大舅那时已80多岁,精神和身体都很好,上课从不迟到早退。他是福州人,讲课却没有口音,基本上是纯正的普通话,舒张有致,言简意赅。"那门课的期末考试从早8点考到12点,学生们没答完,80多岁的岱老就坚持等在一边。1985年胡坚毕业后留校任教,与"大舅"成了同事,每周三下午的学习,岱老总是第一个到场,听得认认真真。给年轻人写出国留学的推荐信,连信纸怎么折都仔仔细细地传授。"岱老的风范是多少年文化沉淀、经过很多人生的大起大落使人格放出独特的光辉。他的想法也许别人看来很老旧,但现代化的发展需要知识分子的学问,更需要知识分子懂得做人。他一生追求学术思想上的谨严,一生淡泊名利,为人为师都是我们的典范。"

从20岁留美算起,浸淫学海70余年,岱老并没有著作等身的圆满功德,但他留下的《从古典经济学派到马克思》《陈岱孙文集》《陈岱孙学术论著自选集》等著作都是学界公认的扛鼎之作。更重要的是,他的学术思想、治学风格被几代经济学家衣钵相传,他的人格光辉通过不计其数的学生辐射整个中国知识界,这是一个为人师者的光荣,也是一个国家的财富。

(原载1997年8月2日《北京青年报》)

后人叙谈陈岱孙

□ 阳 子

> 非常感激编辑坚持要我为陈岱孙先生做一篇文章——当我在记忆中搜索时,浮现的只有他的音容笑貌这样一些细节;在采访中,人人也都说,能回忆起来的只有他那些平平凡凡的小事。然而,采访结束后,我知道,我又真切地触摸到了高贵。许多被人欲横流所淹没的东西重又清晰,许多曾经有过的动摇又重被坚定。
>
> ——作者手记

1997年7月27日,北京大学教授、一代学界泰斗陈岱孙逝世,享年97岁。他的去世,在北京大学引起极大的震动。

陈振汉与崔书香的故事

"人人都欠他的。他对别人都太好了,别人没法对他那么好。"

(陈振汉,85岁,北京大学经济学著名教授。崔书香,83岁,陈振汉夫人,中央财经大学统计学教授。陈与崔20世纪30年代便成为陈岱孙先生的学生,继而同事,而朋友,但提起先生,唯敬重有加。)

我们1936年离开清华赴美留学,1940年回国时,正是抗战期间。在去当时迁到重庆的南开大学经济研究所途中,我们去昆明拜见岱老。他见到我们高兴极了,热情地接待我们。那个时候物价上涨,教授待遇差。他喜欢吸烟,西南联大的生活很清苦,先生们买纸烟只能一根一根地买,就这一根也舍不得一次抽完。我们那时太年轻、太不懂事,一点礼物也没有带给他,倒是他很郑重很丰富地宴请我们,那么一大桌子那么多菜。我们经常感觉一辈子欠他的。

他平常说话不多。不必说的话从不说。除教学外,和学生也不大往来。感情很深不外露,别人不容易知道他。但他实事求是,不伤害人,对后辈的热情和爱护最让人感动。任何人有困难他都帮忙,有些运动中受委屈的学生回来后写信让他找工作,好几次他亲自拿着信到我家说明情况,请我们在财经学院想想办法。其实这些学生和他并没有特别深的关系。

他有一个非常好的学生徐毓楠,生前是我们很要好的朋友,也是北大教员,1958年因为癌症去世,葬在万安公墓。岱老亲自去送殡,那是秋天,他在墓前放声大哭。我们第一次看见他流露对人的感情。

院系调整前,我(陈振汉)在北大经济系代理系主任。岱老到北大做系主任后,教授经济学说史,我是经济史经济学说史教研室主任。在教研室内,他一点没有架子,很好地做一个教员的工作:教学计划、工作总结、学科报告,都如期完成上交;每次开会,他都先到,丝毫没有与众不同。

岱老讲课很有名,教学游刃有余。条理清楚、表达简练、很吸引人都还在其次,每节课他讲到该结束的地方,正好他讲完最后一个字,下课铃紧接着就会响。这是技巧,也是因为准备非常充分。

他有一个最大的特点:不做官。20世纪三四十年代,名流教授做官的很普遍,而在我们看来,他是最有条件做官的。他学的是经济,宋子文与他是哈佛的校友。岱老长于口才,英文很好,学历是博士,是清华有名的有行政管理能力的人,他却岿然不动。也曾当面问过他,回答是:"懒吧!""清华待熟了,不想动了。"20世纪50年代,据说财政部要他去当司长,他不肯,但他却把教育作为一件事情,把培养学生作为一件事情。他对教育事业是很执着的。

有些事情他是绝对不会做的。他有基本的原则:愿意付出;待人接物公正求实;个人得失不去计较。他很高尚。

厉以宁的故事

"学生们都在想:要是再过三年,他仍健在,让我们为他举行百岁寿典该多好! 天地宽阔,师道长存。"

(厉以宁,北京大学光华管理学院教授、名誉院长,北京大学经济系校友。)

那天,我们到他家里向他的遗像鞠躬致哀,家里的摆设依旧。那些陈旧的家具已陪伴先生几十年了。书桌上还摊放着常用的书、学生们写来的信、素不相识的人寄来的稿件,他要为他们审阅写序写跋。房间里静静的,一切都和往日一样,就好像先生出去开会了。

40多年前,我在北大经济系刚听他讲课时,先生不过50出头。从那以后,1957年到1959年的反右、"大跃进",后来的三年灾荒,接着是"文化大革命"、改革开放。我们和他一道风风雨雨,过去几十年的师生之情,让人心情无法平静。40年了,后来我的两个孩子也都曾受教于他,他送给他们的著作,孩子们都珍藏着。他是我们全家的老师。

他对西方经济学有精深的了解,同时有国学的深厚根底。1979年春天,我陪他去杭州开会,同住一个房间。他随身带的是六朝诗选,一有空就翻开阅读。先生从没有睡午觉的习惯,中午我睡了,他却还在读诗选。

1985年到1987年,我有幸和先生合开过两门课:西方经济学名著选读和国际金融学说专题。岱孙先生讲凯恩斯以前的部分,而把凯恩斯和凯恩斯以后的部分让给我讲。每次我上课,他都同学生坐在一起听。每堂课下来后,他都要拿着简要的笔记同我讨论:哪些地方讲得好,哪些地方讲得不足,下一次讲课有什么需要注意。令我非常感动。我常想:以他近90岁的高龄,对学生如此地认真负责、一丝不苟,我们这些后辈还有什么理由不敬业呢?

岱孙先生一生严谨、求实。我和岱孙先生共同主编过一本《国际金融学说史》,全书共60余万字。定稿时,他亲自审定,对术语的译名反复推敲;校对清样时,他亲自过目,并用铅笔在一些地方做出记号,写上"以宁再斟酌"。这时他已是90岁了!这本书被认为填补了国内外经济学说史的一个空白,这是先生晚年最高兴的事情之一。

我曾填过一首《秋波媚》贺先生90寿辰,下半阕是:"弦歌不绝风骚在,道德并文章。最堪欣慰,三春桃李,辉映门墙。"

晏智杰的故事

"他就像一棵大树,能够荫蔽许多人;又像一个港湾,可以避风避雨。总可以给你安慰、理解和帮助。更不用说他是学界泰斗,人们都愿意集合在他的旗帜下。"

(晏智杰,北京大学教授、博士生导师,北大经济学院院长。)

陈先生一辈子自爱、自律、自洁,一辈子追求卓越。我对他几十年都是这个印象。

我1957年进入北大经济系,系主任是陈先生。那一年他57岁,高高的个子,花白头发,风度翩翩。我们对他敬仰极了。1962年,我成为1949年之后他的第一个研究生,从此以后,我一直在他身边。

1995年,我们为他祝贺95寿辰时,他引用孟子的一句话:"得天下英才而教育之,一乐也。"他把教育看作他人生的一大乐事,而不仅仅是责任,更不仅仅是职业。做他的研究生,我既感到幸运,又感到压力很大。几年里,岱老对我耳提面命,尽心尽责。那时,经常是师徒对坐,各自摊开同一本书,他仔细地听我谈阅读体会、问题。如果我谈到一点想法,他会非常高兴,"很可取,应继续考虑下去"。他在自己的书上划来划去,圈圈点点。老人一生习惯用一把木尺比着读书读稿,写出他的批语。这一章这一节怎么阅读,他完全是胸有成竹。同学们都羡慕我有一个传道授业解惑的地道的好老师。

以后几十年,他一直如此。1980年,我曾经在他的指导下做过"经济学中的边际主义"课题。前后六年,四易其稿。每一稿他都仔细看过,每一次都写出几千字的意见,包括主题的确定、框架的规划、观点的评述、段落的划分直至标点符号、错别字,甚至比他自己的著作还上心。他也非常敏锐。一次他写信给我:"最近有一本西方刚出的书,从题目看,和您的课题有关,可以找来看一看。"当时北大图书馆没有,我去北图找,说是订了还没有进来,后来借到了,果然和我的题目有关。我的感觉就好像是,他带我进入一楼,然后告诉我,这仅仅是一楼,我自觉又上了一层楼后,他又说,上面还有第三层。岱老为书写的序,就是一篇高水平的学术论文。

他对后学的拳拳之心,无人可以替代。一次,我突然接到他一封信,打开一看,是告诉我如何阅读马歇尔《经济学原理》。他说,如果时间有限,不一定一页页读。根据他几十年看此书的经验,可以先读哪些,后读哪些。原来,几天前,我同他一道进城的路上,他问我在读什么,我告诉他读马歇尔。我老伴也看到了那信,她对我感叹:"你真有福气!"他的力量时刻感染着你,让你不敢懈怠。

1991年我第二次出国去法国,向他告别。他带我过了客厅,过了卧室,进了书房。"你坐一会儿。"我正奇怪,他拿来两包衣服,一包是一套崭新的藏蓝色西装,一包是美国朋友送他的一件新毛料风衣。"智杰,这两件衣服我用不上了,你拿去也许有用。"老人家知道欧洲的气候,那件风衣,我在国外一大半的时间都要用到。

1957年,北大一位青年教师被打成"右派"下乡劳改,冬天没有衣服,冻得受不了,不敢去借也没人敢借他。实在没法,他给岱老写了封信。没过几天,他就接到了一大包衣服,邮包下面工工整整写着:陈岱孙寄。拿着衣服回到住地,他大哭一场。我们从未听岱孙先生提起过这件事,是这位教师定居加拿大后回国才说起的。他说着就又哭了。

先生是个很明白的人,一点也不市侩。他虽然处世平和言语有分寸,但主意非常坚定。1956年到1976年,他沉默了20年,既不发表论文也不写书。20年的沉默,反映了一个正直的学者在应付不正常的政治环境中的最值得肯定的选择。

他是一个平凡的人,没有轰轰烈烈。他的影响来自他人品的高贵、学问的高深。

刘伟的故事

"每次去他那里,他都能为你营造一种很坦诚很温馨的心理环境。从他那里出来,我们都有一个共同的感觉:天更蓝了。"

(刘伟,中国人民大学校长,北京大学经济系校友。)

20世纪80年代初,我刚留校时,去看望陈先生,他对我说,一个合格的教师应该有这样三条:学生能从你这里增长知识、增长智慧、增长道义。陈先生从教70年,这三条他全出色地做到了。作为教育家,他是中国历史上少有的。他以他内在的力量影响了一代又一代人。

陈先生永远平和从容,从来没人见他发脾气。在学生面前都是笑眯眯的,说话娓娓道来,从不大声。但是没有一个学生对他不是敬而畏之,甚至有一种宗教的味道——他是很多学生心目中的图腾。

我毕业时,有一段时间财政部想要我,条件非常优厚,我很满意。去看陈先生时,说到了这事,我便把这些优厚的条件历数了一遍。当时想必是得意之情溢于言表。陈先生不动声色地听完,很平淡地说道:"如果那样,你我就是两股道上跑的车了。"先生没有一点特别的表示,可对我来说,他的话是金口玉言。先生的话能说到此,就说明他对我的得意不以为然。说实话,这句淡淡的话,对我的选择有决定性的影响。现在看,我对教学研究很有兴趣也很适合。他对学生了解很透,也很负责任。

在我们一代代的学生们中间,一直流传着陈先生终身未娶的故事。尽管没有一个人敢于向先生证实,但是我们宁肯信其有,不肯信其无。我们相信先生对于感情的认真执着,我们相信先生为真挚的感情再大的代价也敢于支付。这是一条汉子,执着真诚强大有力。没有谁把它作为有辱先生形象的故事来听来说,而这种学生们的代代推崇,塑造了一代代的人。

陈先生的特点在我看来,不在于他写了多少书,发表了多少观点,而在于他震慑人的人格力量。

有次我们在未名湖边散步,前面那人,看着像陈先生,但蓝中山装磨得花白的胳膊肘上是一块补丁,追上去果然是他。我半开玩笑说:"好多年了,没见过穿打补丁衣服的,第一次看见,没想到是您。"他笑笑说:"很舒服,这件衣服穿着很舒服。"没有丝毫窘迫。我唯一一次听他说起钱是在一个春节,几个人约好去看他,他微笑着说:"前几年有些晚辈子侄经常来玩,我常给小孩子们钱,这几年他们都大了,我也没钱给他们了。"

先生一次去买烟,正好他的一个学生也去商店,学生买完东西,和他打了招呼离开了。40分钟后,学生有事情回来,发现陈先生还站在柜台外等候,售货员却在聊天。学生很生气:"嗨!老先生等了这么长时间了,还不给他买!"陈先生静静地说:"我等她,她忙。"这涵养真是太可以了。唯他能够这样责己和自律。确确实实博大,这就是文化。

他抽烟抽了一辈子,到84岁,说戒就戒掉了。我折腾了好几回也没成。我问他是不是有什么特别的办法。他轻描淡写地说:"没有什么特别的,不抽就不抽了。"伟大的人必有过人之处。

他给所有的人写信,抬头都是"某某老弟"。全用旧体的竖格纸,规规矩矩。

多年来,清楚地记着的都是这些小事,再平淡再自然不过。再记住的,就是他一脸的坦荡。

唐斯复的故事

"我最喜欢和大舅一起在未名湖畔散步。后面的人骑车经过我们,下车喊一声陈先生;迎面骑车过来的人,也要下来侧身喊一声陈先生。他也侧身站在路旁,把他们让过去。"

(唐斯复,《文汇报》记者,陈岱孙先生堂外甥女。)

他去世那几天,来我们家吊唁的人很多,花篮多得进都进不来。连北大商店里的售货员也排着队来向他告别。经济学院一个工友,可能是学院最后接到通知的,跑得喘得呀,从中关园的平房跑到燕南园,来给舅舅鞠一个躬。他说:"陈先生对我们好哇!"

其实,他对人好,无非就是尊重别人。所有的来信,无论是向他要求什么,他有来必复。他把信标成三类:"已复""待复""不复"。不复的信只有一种,所有征集《名人录》的一概不回。别人寄来的稿子,他一页页仔细看。为人家写意见,密密麻麻的字写几十页。这些人中有的他根本就不认识。

大舅说:"我这一辈子只做了一件事,教书。我一辈子只做好了一件事,也是教书。"有一段时间,是 1976—1977 年,他每周要有好几天,早出晚归去给工农兵学员上课。那时候,社会上对工农兵学员有许多议论。他说:"这样对他们不公平。我自己去给他们上课。"那时,他瘦极了,每天提着一个布包,里面是讲义,早上出去,直到快 12 点才慢慢走回来。四婆婆去世后,我妈妈和他住在一起。妈妈问:"累了吧?"大舅说:"真累。"他坐在那儿,一杯一杯地喝茶,要喝好多杯,才能去吃饭。下午有时也要去,不去也在家里备课。

他曾经给中国人民银行金融研究生院上过课。司机对我说,每次来接他,都见老先生早早站在路边等着,"以后,我就早早来"。大舅书读得特别多,整天看书,手不释卷。今年春天,他的身体已经很差了,我去看他,他还在看那么厚的一本《凯恩斯传》。他看报纸特认真,凡有价值的文章,要我们读的文章,他都打上钩。在医院的最后一天,他还在《文汇报》的一篇文章上打了钩,歪歪扭扭地写上"留"。

我所有的事情,都爱对我大舅说。受了委屈,都爱对着他诉苦。他坐在那儿,心静如水,不置可否。可是你看着他,把自己的话全说完了,就没事儿了,一点事儿都没了,全化解了。我大舅真是智慧,都神了。

宣统帝师陈宝琛是我的曾外祖父,是他的伯公。你想,他小时是过过很好日子的。年轻时,他也很讲究穿着,他的衣服都是很考究的,猎装、马装、舞鞋……他 1937 年买的一套高尔夫球杆刚刚被我儿子讨去。可现在我们全家人的工资都比他高。好几年年终扣完全年的水电费后,工资条上是个负数,我们还要帮他倒找给学校钱。多少年来,都是一身洗白的蓝的卡。他让我去给他买蓝的卡,我说:"现在上哪儿去买这东西?"别看他足不出户,什么都明白。他说,"你上前门外的瑞蚨祥去买,多买两件。"果然就那儿有。售货员一边撕布一边问:"买这干吗?谁还穿这个?"他是真淡泊。

其实,大舅是个豪爽大方的人,无论谁需要帮助,他从不在乎钱物。他有好多学生曾被打成"右派",他伤心极了,"好多人才,可惜了!"后来这些学生陆续被平反回来,所有的人,他都隆重地请人家吃饭。

从 20 世纪 50 年代起,我就待在北大,寒假暑假,都住在大舅家里。那时家里有四个人,舅舅的妈妈,我们叫她四婆婆、舅舅、保姆,还有一个一直帮他们管家的。四婆婆"文化大革命"中去世后,大舅对他说:"你可以回家了。姆姆的东西用得着的你尽量拿走。你的生活我管到底。"很长一段时间,大舅拿到工资后第一件事,就是直接去邮局给他寄钱。他去世后,他的儿子写信来说,不必寄钱了,大舅又寄了一笔钱去,让他给他父亲做后事。他对任何人都是平等的。他亲自教保姆学地理学历史,派我们给她们买书。

很难衡量,他的心里装了多少人。

我 的 故 事

在我的记忆中,印象最深刻的,是陈岱孙先生的宁静和淡泊。无论何时去看他,他似乎都穿着同一件中山装,同一双布鞋,一脸同样的平静。去时,他亲自来应门;走时,他要送到门口。

他的桌上,永远是一把木尺,木尺下面,压着的永远是别人的文稿。他微笑着对我说:"我现在什么事情都不做,只是忙着还文债。文债难还啊。"我抱怨说,好多不认识的人也给我公公(张岱年)寄来稿子,他就责无旁贷地给他们看。他又笑了,然后说:"这是我们的通病。"

1995年元旦,我们为报纸去给他拍照,同去的五个人,人人穿得都比他高档。我们一会儿让他坐在这儿,一会儿让他坐在那儿;一会儿打灯,一会儿关灯;一会儿开窗帘,一会儿拉窗帘……自始至终,他安静地由着我们"摆布"。

那时,他身材直直的,走路说话没有一点老态。

我从来没有和名人留影的习惯。但是这些天来,时时让我后悔的一件事是,为什么没有和他在一起拍张照片?

(本文为1997年8月29日《中华工商时报》的特别报道)

记忆与传承

□ 王乐仪*

2020年夏天,美国的新冠肺炎疫情反反复复,我整天出不了门,便在家中浏览挑选未来心仪的大学和专业。在看弗吉尼亚大学的网页时,我注意到它的东亚语言文化研究专业有这么一位名誉教授——易社强(John Israel),这位教授是著名学者费正清先生的学生,同时也是威斯康星大学的毕业生。他的代表作是针对西南联大的研究,书名叫《西南联大:战争与革命中的一所中国大学》(*Lianda: A Chinese University in War and Revolution*)。我在这本书里看到了关于一位教授的记述:"身材高大、英俊、衣着整洁的陈通常穿着西式外套和裤子,很引人注目。偶尔他穿一件中式短外套,这使他显得更加优雅……"这位教授便是陈岱孙先生。

作为一名在美国高中上学的中国留学生,平时虽然机会不多,但对自己国家的历史一直保有浓厚的兴趣,特别是对当年留美学生的历史颇感兴趣。

关于陈岱孙先生的回忆趣事奇闻不少,其中一些曾经的学生回忆了许多先生在课堂上的故事。如北大王铁崖教授曾口述了一篇名为《追思陈岱孙先生》的回忆散文:"陈先生对学生平易近人,但不苟言笑。学生们都很喜欢他,主要是尊敬他。我们一群学生称他为'陈博',因为他荣获哈佛大学博士回国任教,这在当时是罕见的……陈先生生活朴素,下午课余我经常看到他在图书馆期刊阅览室阅读新来的期刊。"除此之外,分秒不差的授课时间和准确严谨的课纲,都构成了陈岱孙先生独特出色的教学风格。

对待学术的严谨风格是陈岱孙先生坚持了一生的品质。他留下的著作不多,文字也简洁凝练。如前文所说,他在学生中威望颇高,其实也是大家对他学术研究的一种认可。这与他在美国六年苦读时打下的坚实基础有相当大的关系。美国的教育,根据我自己的感受,像是攀登一座没有顶端的金字塔一般,在高中时便会接受一些学术研究的技巧和写作规矩的训练,而这通常是最令人头

---

* 王乐仪,美国 M. B. Lamar 高中学生。

疼的一个部分。百年前的留学生能取得像陈岱孙这样杰出的成就经常令我觉得不可思议。他的论文《麻萨诸塞州地方政府开支和人口密度的关系》被收入《哈佛大学经济学丛书》中,还获得了美国大学生的最高荣誉"金钥匙奖"。

陈先生很擅长走下象牙塔,处理一些繁杂的事务。这或许是另一种理论联系实际、学以致用吧。金岳霖先生曾经在一次"自证"式的回忆里提过陈岱孙一句:"哲学所从前有一位青年同事曾大声说:'我发现知识分子不能办事。'我没有多少知识,……但是,还是要承认有非常之能办事的知识分子,陈岱孙先生就是这样一位。"他举例,在抗战胜利之初,西南联大校长梅贻琦派陈岱孙先行回北京。战争刚结束时,校园还是一片狼藉,教员的房子也都被日本人改成了养马的地方。而陈岱孙在短时间之内就把校园收拾妥帖重新开放,也在相当程度上证明了陈岱孙先生在行政方面也很有能力。金岳霖写道:"这就说明,有的知识分子是可以做工作的,可以办事的。陈岱孙是能够办事的知识分子。"

陈岱孙先生是中国近代历史上继留美幼童之后第二批赴美留学潮中的杰出代表。这些早期的留美学生构成了一个优秀的群体。他们从一个积贫积弱的国家来求学,回国后成为各个行业里的精英翘楚。而今天的留学生面临的环境和前三次留学潮都不太一样。中国成为世界第二大经济体之后,特别是在当下中美教育交流方面,美国的态度发生了很多变化。虽然和一些机会注定无缘,但大部分中国留学生还是从留美前辈那里,传承了勤奋与刻苦,坚定了信心与力量。

"仰不愧于天,俯不怍于人。"在这个大变局与信息碎片化的时代,缅怀陈岱孙先生高峻的人格和一生对学术工作的严谨、对报效国家的初心,或许可以使潜心于某一件事的朋友们不生寂寞之感。

编 四

总总如川　弦歌永扬

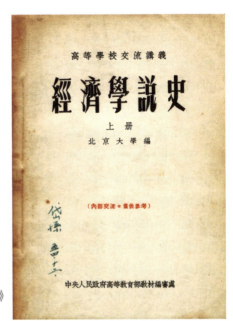

▶ 1954 年陈岱孙先生《经济学说史》讲义封面

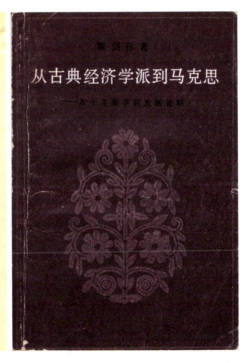

▶ 1979 年《经济科学》创刊号上陈岱孙先生发表《经济科学研究要为四个现代化服务》

▶ 1981 年陈岱孙先生出版的《从古典经济学派到马克思》（封面），该书在改革开放初期影响巨大

▶《陈岱孙文集》

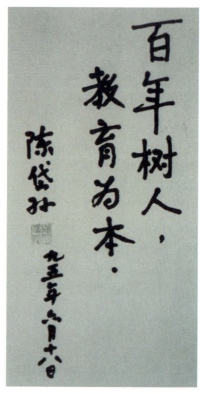

▶ 陈岱孙先生题字

▶ 第一届全国政协组织的宪法草案座谈会第十一组合影，前排左一陈岱孙、左二蒋南翔、左三刘仙洲、左十马寅初、左十一叶企孙、左十四钱端升、左十六马约翰、左十七冯友兰、左十九周培源，摄于1954年5月

▶ 陈岱孙先生在香港中文大学讲学期间,与在香港的清华、西南联大校友见面,摄于1983年

▶ 清华大学75周年校庆时的陈岱孙先生,摄于1986年4月

▶ 朱镕基和陈岱孙先生在清华大学经管学院10周年庆祝会上亲切交谈,摄于1994年4月

▶ 陈岱孙先生的生日。左起:陈荷、戴世光夫人、巫宝三夫人、戴世光、陈岱孙、陈振汉、巫宝三、陈振汉夫人、厉以宁夫人、厉以宁

▶ 北京大学经济学院建院 10 周年大会，摄于 1995 年

▶ 陈岱孙先生在北京大学经济学院建院 10 周年大会，摄于 1995 年

▶ 陈岱孙先生九十五寿辰暨从事教学科研七十周年庆祝会入场券

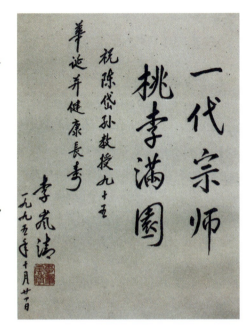

▶ 时任中共中央政治局常委、国务院副总理朱镕基同志给陈岱孙先生的九十五岁大寿贺信

▶ 时任国务院副总理、国务院学位委员会主任委员李岚清为陈岱孙先生九十五寿辰题词

▶时任中共中央政治局常委、中共中央组织部部长宋平，时任中央统战部副部长刘延东，时任国务院政策研究室主任王梦奎（北大经济系 1964 届本科校友），时任北京大学校长吴树青，时任北京大学党委书记任彦申等出席陈岱孙先生九十五寿辰庆祝大会，摄于 1995 年 10 月

▶ 陈岱孙先生在他九十五寿辰庆祝大会，摄于 1995 年

▶ 陈岱孙先生与时任北京大学校长吴树青在陈岱孙先生九十五寿辰庆祝大会，摄于 1995 年 10 月

▶ 纪念陈岱孙先生诞辰 112 周年暨陈岱孙经济学基金发展论坛举行，摄于 2012 年

▶ 北京大学经济学院毕业典礼"陈岱孙杯"创新人才奖颁奖仪式，摄于 2017 年 7 月

陈岱老学术精神纪念

□ 唐 琦*

第一次听到陈岱孙先生的名字并不是在课堂上或者书本中,而是曾经的"面食部"食堂卖小笼包的档口。当时是 2009 年,我刚刚入学经济学院,对将要学习的内容都还懵懵懂懂。有天打饭时,帮排在队伍前面的一位老者刷了卡,他便倒了一碟醋和我对坐吃饭。聊天中我得知他是西南联大的校友,回燕园是为参加返校活动。于是,那个上午,西南联大的许多往事被这位老者娓娓道来,老先生们的学识与风骨让我听得更多了几分恨不得相见的酸意。其中便有陈岱孙先生,我只记得老者说他学识极好,上课分秒不差,加之不苟言笑,便很有神秘感。

之后,陈先生的名字便常常出现在课堂上。大学二年级时选修王曙光老师的课程,听到了更多讲授,得知陈先生治学严谨,一丝不苟,又出身名门,却茕立终身,是如同神仙一般的人物。再后来我进入经济学系,开始学习经济思想史的必修课,在教材之外的学习材料中找到了陈先生所写的《从古典经济学派到马克思》这本著作。拿到书(45 甲楼打印店"出版")的时候颇有种神交古人的感觉,一方面陈先生的大名早已灌满双耳,另一方面书中内容更是把读者带到了一个经济学的"上古"年代,让人回到经济学初生时对价值学说、资本积累、社会制度的抉择进行锱铢必较的探讨的那个年代。

这样的学问做起来实在艰难——从威廉·配第、布阿吉尔贝尔开始的古典政治经济学者们对工业时代的经济现象进行了太多片段式的探讨,尔后的重农学派和斯密、李嘉图等人开始形成体系,再到马克思的批判、继承和大综合。其中所涉及的人物、学派和思想实在是斑驳零乱、错综复杂,流水账一样按照时间线写出各人的观点已实属不易,倘若抽丝剥茧分析每一种观点的源流、修剪与转合,并言中其谬误与贡献,没有数十年的积淀与思考是万万不能的。然而更难能可贵的是,这本书仅有二百余页,并非想象中的大部头,简直是字字珠玑,

---

* 唐琦,北京大学医学人文学院讲师,第八届"陈岱孙杯创新人才奖"获得者。

绝无冗费的言语了。读时,我常汗颜,且不说做研究时这份不动如山的定力无法望大师项背,但就"不为凑字数而没话找话说"的这种学术清高便已是云泥之别了。

后来我也有幸开始了政治经济学的教学工作,终于出于"为人师表"的考虑购买了一本正版的书籍以便在教室中阅读,原本的"网络残卷"中所未见的厉以宁、晏智杰等老师所著的《陈岱孙先生学术年表》《弦歌不绝　道德文章》等文章也终于映入眼帘。从《年表》中可知陈先生生于清末,长于民国,又留学海外、满载而归,为新中国教育事业和经济学科建设做出了巨大的贡献。新旧世界的鼎革、中外国情的差异、时代变迁的沧桑,无疑是陈先生一生孤独、漂泊的遭际以及人格、学术臻于无瑕的外因。

同电影《海上钢琴师》的主人公相似,陈先生也生于20世纪之初的1900年。由于不曾与先生谋面,所以对他那份认真、优雅、古典,于世俗偏见不屑一顾并最终孑然一身的气质,我也只好以影视形象而带入想象。我所臆测的陈先生是一个在时代转换的大势下不变自己初心的人,他对经济学的热爱走过了近百年的历史,并坚守在特殊的年代。与众多我们时常津津乐道的"大师"们的选择不同,经济学在民国时期并非显学,然而,从1920年留学开始,陈先生一坚持便是77年。陈先生先在威斯康星大学获得学士学位,尔后于哈佛大学连续获得硕士与博士学位(与我们熟知的"垄断竞争"张伯伦同窗),回国后著书教学,相继不断。陈先生一生的著作与授课不仅几乎横跨了经济学的各个分支,更是为多个院校的发展做出了卓越的贡献。从北京大学、清华大学到中央财经学院,以及曾经的长沙临时大学、西南联合大学,先生足迹所至而传播的经济学星星之火如今成就了当下百家争鸣的学科态势。

陈先生的研究一开始是面向应用的。他的学士学位论文研究了煤炭产业,博士论文研究了政府开支与人口密度,游学欧洲时醉心于货币金融学课程,回国后的研究也集中于财政、金融、贸易等领域。他撰写的《论整理旧债》《交通发展与内地经济》《华北法币伪币问题》等论文都直面中国问题,借助于当时西方经济学理论的研究成果为国家谋出路。同时,经济学概论、经济学说史等理论的研究与教学也始终不曾离开陈先生的工作范围,并且同政治经济学一起在中华人民共和国成立后成为他研究的主要领域。陈先生学识广博,从未拘泥于一个领域,而是对经济学的多种理论、分支和应用都做到了然于胸。至于何时著书立说,何时卷而怀之,却是经世济民的赤子之心在风云变幻中做出的最有利于国家与学科发展的选择。

如同司马迁仰慕孔子时发出的感叹——"高山仰止,景行行止",虽不能至,然心向往之。我们后辈学生仰望大师模糊的身影时也有这样的感慨。而能够沿着陈先生留下的坚实脚印继续前行,则是我们经院学子的荣幸。斯人已逝,但学脉延绵,探索真理的勇气和经世济民的情怀始终浸染着一代又一代的学子。而我应该是毕业的学生中最为幸运的之一,不仅能在求学时耳闻先生的诸多故事,也在2018年即将从我学习了九年的母院毕业时收获了以陈先生冠名的"陈岱孙杯创新人才奖"。临别挥手时,能够得此奖励,我感觉如同是被命运选中而披上霞光一般,使我在踏出院门时,回首过往,以能够感受到先生些许的精神与气质而自豪,抬头前行,也将以先生高尚的人格和学术品格而激励自己。

一生只为一件事来

□ 张轶龙*

2019年6月,在博士毕业前夕,我有幸荣获北京大学经济学院第九届"陈岱孙杯创新人才奖"。"高山仰止,景行行止,虽不能至,然心向往之",在经院求学的五年时间里,师长们每每谈及先生,无不满怀敬意。先生虽已离去二十余载,但其崇高品德与学术成就必将代代相传,泽被后世。值此先生诞辰120周年之际,谨以小文分享陈岱孙精神对我的影响。

2014年,我进入北京大学经济学院攻读西方经济学直博项目。入学第一学期,抱着"补课"的心态,我选修了杜丽群老师的外国经济思想史和张亚光老师的中国近现代经济思想史。在课堂上,我知道晚辈亲切地称陈岱孙先生为"岱老";他在哈佛读博士时经常和同学张伯伦辩论;他是理论联系实际的大力倡导者……带着对岱老的景仰之情,我在课后查阅了相关资料,先生的一句话让我深受感动:"我这一辈子只做了一件事,教书。"今天,我们缅怀岱老,就是要学习他对初心的执着坚守,对学术的求实笃行,对事业的勤勉认真,对人生的清白坦荡。

坚守初心

1927年从哈佛大学学成回国后,面对南京国民政府财政部长的职位和清华大学的邀请,岱老毫不犹豫选择了后者。中华人民共和国成立前夕,他拒绝蒋介石,坚定留在大陆。在清华、西南联大、中财院、北大执教七十载,岱老年逾八旬仍坚持上讲台,年过九旬仍坚持指导研究生,95岁仍主持博士生答辩……岱老将一生奉献给了学术和教育,用实际行动诠释着一名人民教师的初心。对于岱老,教书育人不仅是安身立命的职业,更是他人生中的最大乐事。人生诱惑、挑战、挫折何其之多,能够一辈子心无旁骛地做好一件事,这本身就是一件

---

* 张轶龙,中央国债登记结算有限责任公司中债研发中心高级副经理,第九届"陈岱孙杯创新人才奖"获得者。

伟大的事。

一生只为一件事来,在今天,这份纯粹与专注既让我们感动,也让我们羡慕。在工作、学习、生活中,我们会为选择有限而无奈,但更多的,是因选择太多而苦恼。相比于当年的岱老,今天的我们似乎有了更多"随心所欲"的理由和空间。殊不知,在体验变化之快感的同时,我们也丢掉了专注背后的从容。社会越是纷繁复杂,内心越要坚定执着。小到修身齐家,大到治国平天下,我们每个人都有一份自己的初心。唯有坚定执着地抱定初心,久久为功,我们才能如岱老一般,在平凡中实现无愧于自己、无愧于事业、无愧于国家的伟大。

求实笃行

岱老在哈佛的同学中有后来提出"垄断竞争"学说的张伯伦,有1977年诺贝尔经济学奖得主俄林,可谓藏龙卧虎。岱老曾回忆道:"四年发愤苦读的生涯就是在这压力下迫出来的。从这时候起,在这四年中,我根本没星期日,只有星期七。""文化大革命"动荡时期,岱老被当作"资产阶级学术权威",但他仍坚守学问良知,实事求是,没有见风使舵,没有发表一篇论文,没有做过一次演讲,整整沉默了20年。1981年,他的代表作《从古典经济学派到马克思》终于问世。在此后的研究中,岱老强调经济学教学研究一定要理论联系实际,始终保持追求真理的向上心态。用他的话说:"老之将至而不知,知后还要'挣扎着不肯服老'。"

在北大读书期间出国学习、参会的经历,让我真切感受到当今中国问题在国际学界享有的高关注度。与岱老求学时不同,今天中国作为世界第二大经济体,面临着前所未有的机遇和挑战;经济学理论成果不断涌现,研究工具丰富先进。但与此同时,我们似乎也更"脆弱"了——研究选题"不热门"则发不出论文,实证结果"不显著"则心灰意冷,数理工具"太烧脑"则胆怯恐惧,问出"为什么"和解答"为什么"的勇气和毅力变得那样可贵。回顾岱老的科研生涯,虽然外部环境、研究条件复杂艰苦,但始终能把科学研究同我国实际相结合,实事求是,开拓创新,由此回答了我国经济发展中的一个个理论和实践问题。岱老用他的实际行动告诉我们,唯有把论文写在祖国大地上,追求真理,笃定前行,才能使经济学真正成为经世济民之术。

认真做事

岱老从教七十载,任何时候都衣着整齐,雪白的衬衫、笔挺的西服,早已传为佳话。他精心备课,认真授课,总是课前两分钟站在黑板前,下课铃响正好讲完,可见岱老工作之严谨,做事之认真。

读书期间,我养成了在画等号、分数线、横线时用尺子的习惯,并保持至今。在学校做好每份作业,在单位做好每项工作,人生每个阶段都应认真以待。在做助教时,我也曾学着岱老和前辈的样子,认真批改每份作业,认真准备习题课并手写讲义。我会在大部分作业后面写几句评语,或是探讨问题、解答困惑,或是给予鼓励、指出不足。真心和努力不会被辜负,助教以身作则,同学们对待作业的态度也积极认真了许多。在工作中也是一样,很多情况没有先例,很多问题无法预料。面对这种情形,我们既要有坚定的意志,相信办法总比困难多;又要有认真的态度,摒弃"差不多"思维,一步一个脚印,稳扎稳打破解难题。

坦荡为人

岱老出生于富足人家,但他一直视金钱为身外物,追寻内心充实。在西南联大的困境中,他每日穿戴齐整,认真讲课;在"文化大革命"动荡中,他不怕牵连,慷慨接济学生、照料朋友,对工农兵大学生一视同仁,为他们补习功课;在平日里,他对待青年学生平等真诚、宽厚仁爱,帮助学生解决工作和生活问题,从不以学术权威自居。岱老始终坚守自己的原则和良心,被誉为"三清"教授,即清白、清廉、清高。

做人是做学问、做工作的基石。我们要以岱老淡泊明志、朴实纯粹、重情重义的宝贵品格为镜子,在学习和工作中,坦荡为人、真诚待人,带着胸怀、勇气和格调,尽心竭力,善始善终。

岱老曾说:"我对我们的青年一代寄予了很大的希望,同时也将告诉他们有许多的工作需要他们去做。21世纪是他们的世纪,但是除了作为世纪的主人,还要担负起主人的责任。"让我们带着岱老的殷切嘱托和宝贵品格,热爱生活,热爱学业,热爱事业,拥抱多姿多彩的美好人生。

汲汲于求知,戚戚于众生

□ 吴群锋*

2020年是我国已故著名经济学家、北京大学经济学院陈岱孙教授诞辰120周年。陈岱孙先生从20世纪50年代开始持续就任北大经济系主任,又在北大经济学院建院之后不惮劳苦,以耄耋高龄长期执教育人。作为经院学子,虽然遗憾于不曾目睹领略先生之风采,但在入学之后我们就长期在学院和老师的引导下,学习陈岱孙先生的生平事迹与志向思想。适逢先生诞辰双甲子之年,谨以此前学习先生人生经历与经济思想的一些体会,敬表后学晚辈之遗思。

陈岱孙先生与20世纪同龄,不仅亲眼见证了20世纪中国波澜壮阔的历史变迁,同时也践行了那个苍茫时代知识分子赤心报国之举:在国家贫弱之时,陈岱孙先生在哈佛大学获得博士学位之后毅然回国任教;在国家陷入动荡之时,先生没有随波逐流,而是坚持信仰,静待时变;在国家重新进入改革发展的正常轨道时,先生又以耄耋之年著书执教,为国育才。近百年的人生里程,彰显了先生执着求知的高尚风采,也诠释了先生以经济学为依托经世济民的人生追求。

作为中国经济学界的一代宗师,陈岱孙先生学贯中西,在中国传统经济、马克思主义政治经济学、西方经济学等领域均有高深造诣。在北大经济学院成立十周年庆典上,先生追溯北大经济学科发展,解释"经济"在我国传统历史中的内涵时指出:"在我国经济学科的发展过程中,有一特点:学科的名称是古老的;学科的内涵则是外来的。'经济'一词在中国古籍早已有之。它见于文中子的礼乐篇中;见于晋书殷浩传中等处。'经济'一词的古意广泛地指包括我们今日政治、法律、经济、管理等等在内的治理国家的学问和才能。"基于此,先生进一步指明:"实际上,以经济为economics的汉译词实有旧瓶装新酒之嫌。'新酒'所指者为其内涵。西方经济学的含义是指16世纪以后,在工场手工业时期,以当时新兴的资本主义意识形态出现而起来的新学科。它的内容只涉于社会财富的生产、交换、分配、消费的各方面,和由之而产生的人们生产关系间的问题。

---

* 吴群锋,北京大学经济学院博士后,第七届"陈岱孙杯创新人才奖"获得者。

在我国,它如马克思在《资本论》第二版跋所说的'在德国,直至现在,政治经济学一直是外来的科学'一样,也一直是从国外引进的一外来科学。"正是基于七十余年对经济学的孜孜研究,先生用寥寥数语就将中外经济学历史发展渊源、西方经济学与马克思主义政治经济学的联系与分野勾勒出来。

"无知造成了自满,其表现形式就是采取不值一顾的无视态度。"陈岱孙先生追求真理知识,对于经济学科发展中的闭关锁国和盲目西化两种极端态度均给予了明确批评。先生一方面深刻指出西方经济学家值得学习之处:"他们在这几十年内,在经济现象量化分析方面所做的大量试验恰是我们一向所忽略的方面。又如在经济量化分析中,'作为辩证的辅助工具和表现方式'的数学的应用和现代计算技术、计算工具的使用,都有助于把我们社会主义经济核算体系的研究和实践进一步的提高",并提倡"对于我们经济科学工作者来说,一项刻不容缓的战斗任务,便是要尽快地建立起具有中国特色和世界先进水平的多门类的经济科学和管理科学"。另一方面,先生对西方经济学盲目崇拜、"述而不作"的现象提出了纠正,指出"从常识的角度接触西方经济学,就难免将西方经济学的谬误当作真理加以接受""资本主义的发展只有当经济行为摆脱政府等机构的任务羁绊而自由发挥其作用时,才能达到高峰。自由主义或者如他所说的'一个明显的、简单的自然自由主义'就是最好的经济制度。而个人主义伦理观又是这个规范的基础"。先生在九旬高龄仍在坚持经济学的探索工作,汲汲求知,终身不懈,对于中国的基本国情选择和西方经济学的基本制度前提的精深研究,为我们后人留下了宝贵的知识精神财富。

陈岱孙先生始终热切关注祖国和人民的命运,为国家建设事业奋斗不息。"哲学家们只是用不同的方式解释世界,而问题在于改变世界。"在中国正式开启改革开放后第一年的1979年11月,陈岱孙先生于北大经济学院《经济科学》杂志创刊号的代发刊词中明确提出:"经济科学研究要为四个现代化服务。"数十年如一日的求知研究,先生长期强调经济学科经世致用的目标,指出:"古往今来,与经济学有关的理论,或者经济学本身,应该说是一种致用之学,而不是纸上谈兵。"先生不仅学贯古今中西,而且以自身七十余年的经历为经济学者研究经济规律以经世致用的重要使命指明了方向。

以经济学研究为武器,陈岱孙先生致力于造福中国人民。先生经历了近百年的人生历程,看尽了中国人民从贫穷到独立、从动荡到改革开放的波澜历史,戚戚于中国人民长期所受的苦难,利用经济学为武器致力于建设富强的现代化中国。先生说:"实现现代化,把贫穷落后的中国建设成为一个伟大的繁荣昌盛的又富又强的国家,是一百多年以来全体中国人民梦寐以求的夙愿。"1996年,在仙逝的前一年,先生以96岁高龄撰文忧心指出盲目西化的危害:"中国经济发展比前苏联、东欧国家落后得多,人口又多得多,剧变的后果的严重性将更甚于前苏联、东欧国家。"个人的命运与国家民族的命运紧密相连,国家民族的命运又受发展阶段的限制,经济规律不可逆转。马克思说:"一个社会即使探索到了本身运动的自然规律,它还是既不能跳过也不能用法令取消自然的发展阶段。但是它能缩短和减轻分娩的痛苦。"陈岱孙先生造福人民和减轻苍生困难的人生追求,是我们晚辈经济学人的光辉榜样。

"千古兴亡多少事,悠悠,不尽长江滚滚流。"历史滚滚而去淹没所有物是人非,但陈岱孙先生汲汲求知、经世济用以建设富强中国的人生历程必将载于史册,载于经济学人心中。

二十多年以来,为了纪念陈岱孙先生、弘扬传承老先生的遗志,陈岱孙先生长期倾心执教的北大经济学院开展了多项系列活动,包括成立"陈岱孙经济学基金"、从2011年开始每年评选颁发"陈岱孙杯创新人才奖"等,以鼓励促进经济学人、后进经院学子学习传承陈岱孙先生经世济民的治学之风。我有幸受教于北大经院攻读博士学位,并于2017年获得第七届"陈岱孙杯创新人才奖",深深受益于陈岱孙先生精神遗泽。值今年先生诞辰120周年之际,谨以此文遥追先生人生风采,敬表遗思。

纪念陈岱孙先生诞辰120周年

□ 刘子宁*

在燕园乃至在中国经济学界,陈岱孙先生的故事一直不断地被人们传颂着。虽然我们这一代在经济学院求学的学子们没有机会聆听先生的教导,但是我们的老师曾经是先生的学生,这个校园也留下了先生太多的故事和传闻。因此,先生的精神是从未消亡的。在所有的传闻里,我印象最深的便是先生说过的一句话:"我一生只做了一件事,教书。"这句话后面却是先生"浊世翩翩迥不群"的一生。

青年时期的陈岱孙先生和我们现在很多学子一样,生活非常简单,一直在和书打交道。先生六岁入私塾,后考入了一所教会办的中学。1918年,他考入清华学校,因为入学晚了近一个月,落下的功课还来不及补上就去参加期中考试,有一门功课几乎不及格。自此,先生就不敢再有所懈怠,开始努力学习,但他在自己的著作中却谦虚地提到,所谓努力学习也只是熟读了课本教材而已。清华毕业后,先生便去威斯康星州立大学经济系开始了留学之旅,本科毕业后又前往哈佛大学经济系进行研究生阶段的学习,在1924年和1926年分别获得硕士和博士学位。先生了解到留学生回国后的就业不出经商、从政、教书三个方面,恰好清华大学发来了任职的邀请,而先生当时也并无"学而优则仕"的想法,于是就选择到清华教书,之后便渐渐地将教学作为毕生事业了,一生都在践行"我一生只做了一件事,教书"这句话。

中年时期的陈岱孙先生是爱国教育者。先生在上海曾经亲历"华人与狗不得入内"之辱,感受到了中华民族可能遭到亡国的惨运,加强了心中某种"救国论"的思想,也想到了古书中所说的"足食足兵"的重要性,认为积贫积弱是导致横逆以致灭亡的根本原因,富强是国家发展的当务之急,便一生投身于中国教育事业,致力于经济学的研究和发展。1937年抗战爆发,北大、清华、南开联合在长沙成立临时大学,先生辗转在长沙先上了一学期的课,又到云南蒙自上了

---

* 刘子宁,中央财经大学保险学院风险管理与保险系讲师,第九届"陈岱孙杯创新人才奖"获得者。

一学期的课,再返回昆明。在无比艰难的战争时期,先生承受过手稿在战争中化为乌有的打击,经历了各种动荡,却依然坚持自己的学术研究和科研工作。

晚年时期的陈岱孙先生是温柔的师长。先生在 1953 年 10 月被调到北京大学经济系,于 1954 年 7 月出任系主任,直到 1984 年。先生曾经的学生、我们敬爱的平新乔老师曾经回忆起先生向学生们提过的一些治学要点:第一,没有星期日,只有星期七,没有暑假寒假,只有暑期寒期;第二,要独立思考,要争辩、要争论;第三,用"十字法"构建经济学的框架,以微观、宏观和金融等领域为横坐标上的点,再建立一个理论史的纵坐标轴来记录从亚里士多德到今天各大经济学家的领域。这些建议对于我们现在的研究者而言也是极为有益的。陈岱孙先生不仅指导学生们在校的研究和学习,也关心学生们离校后的生计问题。比如,对于毕业班的学生,帮助其争取就业机会;对于留学生,帮助其写介绍信,还要教学生如何得体地折信纸;对于在三年困难时期陷入困境而无衣物的学生,先生便拿出自己平日的衣物,在包裹上写上自己的名字寄给学生。慈祥且温和的先生,一直在尽力帮助年轻的学生,从不吝惜对他们的关怀。

商务印书馆出版的陈岱孙先生著作《往事偶记》中记载着先生的一句话:"记得孩时吃丸药,常常喜欢把外面的糖壳先吃掉,尝一尝里边的苦味。久住在都市中,常感觉得我们沿海省市所谓物质文明,不过像丸药的糖壳,实在的生活是要在这糖壳底下去体尝。"对于大部分人,这个时代也许在物质上的供给已经充足了,但过于充足的物质或许会让生活充满了甜蜜的负担。回想先生那个时代,物质匮乏常有,但精神上的富足一直从未缺席,生活的苦涩在专心治学的学者眼里也是值得回味的。在先生 120 年诞辰时回忆起他,我们只会看到一个对于教育事业倾注了终生的热情,从治学到为人,一生矢志不渝,没有动摇过自己信念和追求的老师。先生留下的故事和精神一直留存在校园里,而对于这个"一辈子只教书"的匠人,我们的回忆永远不会停止。

静坐听雨

□ 戚逸康*

我进入北京大学经济学院就读是在2016年的秋天,在那之前我对于陈岱孙先生的了解仅限于一些文艺作品,包括历史纪录片,以及一些电影。在这些文艺作品中,我了解到,陈岱孙先生出身名门,立志报国,年少入读清华学校,之后赴美留学,26岁就获得了哈佛大学经济学博士学位,可谓年少有为。而后,陈岱孙先生受聘于清华大学,开始自己的执教生涯,一直到过世,一生只做一件事,站三尺讲台七十载,桃李满天下。入读北大之前,我心里对陈岱孙先生还很有距离感,总觉得是上个时代的伟人,与我的际遇相去甚远。但是,当我走进经院大楼,看到院墙上挂着的陈岱孙先生的照片时,瞬间觉得先生与我的距离其实很近。再到拜读了平新乔老师、王曙光老师、杜立群老师等回忆岱老事迹的文章之后,觉得岱老其实一直在我们身边,他的影响力从未消散,他的精神哺育着一代又一代的经院人。

2018年左右,我曾经看过一部电影《无问西东》,电影中条件艰苦的西南联合大学课堂上,因为下雨的缘故,教员的声音无法被学生听清,最终教员端坐讲台,在黑板上写下:静坐听雨。这一电影场景印在了我的脑海中,后来一个机缘巧合,才得知这位教员的原型就是陈岱孙老师。据称当时还非常年轻的陈老师曾戏言,这是"风声雨声读书声,声声入耳"。在那个艰苦的年代,生活困顿,温饱尚成问题,敌机轰炸,国家危亡只在旦夕,但在陈老师的课堂上却有着一丝难得的平静,能够洗去内心的浮尘,让精神为之放松,我想这是岱老穿越时空,给我上的第一课。

我在北京大学经济学院的四年,是很不平凡的四年。最初,考博的顺利让我精神为之亢奋,一时有些飘飘然。然而入学之后,沉重的学业压力与生活压力就一齐涌了上来。在平衡学习与生活的过程中,我时常感到不堪重负,内心也逐渐慌乱,甚至时常怀疑自己。直到《无问西东》的那一场景,"静坐听雨"四

---

* 戚逸康,中国人民银行营业管理部行员,第十届"陈岱孙杯创新人才奖"获得者。

字让我开始渐渐领会到,内心的平静其实是一种修养,不会为外物所侵扰。我相信是岱老的精神,通过电影这一渠道传递到了我这里,告诉我人生虽然无常,内心平静却常在。渐渐地,在处理学习和生活的压力时,虽然仍旧总是一团乱麻,但是不乱、不迫,平心静气,事情总能过去。

读博的选择对于我来说似乎是顺理成章的,因为从小就梦想着有朝一日能在全国最好的大学里深造。这一梦想没有在我高考和读研时实现,读博就成了我最后的机会,幸运的是我顺利来到了燕园,实现了梦想。只是令我没有想到的是,读博的难度与之前完全不同。"三高"的学习,看似每学期只有三门课,但给我的感觉似乎有三十门那么多,一时令我犯了难。再加之由于某种缘故,我必须人大北大两头跑,很多应该用来学习和处理作业的时间被消耗掉了,渐渐在三高学习中有跟不上节奏的感觉,人也变得焦躁了起来。有时我会抱怨,心里狠狠地抱怨,也不知未来该怎么办,只能咬牙坚持。就在这一阶段,每当心里实在苦闷时,我会在校园里转一转,在院楼里走一走。岱老的故居就在"三角地"附近,我遛弯儿的时候时常经过。这里以前有很多商店,但是在三年前都拆除了,从此之后就成了一个幽静的好去处。每当经过这里,内心便能稍感安宁,不至于那般慌乱,想起生活和学习中的种种也能冷静一些。岱老的故居矗立着他的一尊铜像,一直端坐在燕南园,既观寒来暑往、四季变迁,也送一届又一届莘莘学子走向社会,而我走在此处,似乎能感受到老师在抚慰着一个又一个疲惫学子的灵魂,告诉你"没啥大不了"。在繁忙的学习中,时间过得很快,三高和博资考还是被我熬过去了,但这也只是开始。

生活上的压力还是一如既往,人大北大两头跑的生活依然在消耗着我不多的精力。课程修习任务完成之后,科研任务随即到来。由于某种原因,我仿佛科研压力要更繁重一些。还记得我第一次投稿,满怀热情地投出后,直到第七本期刊才将我的文章接受。幸运的是,最终还是被录用了。我有一篇文章投了十本期刊至今未被录用,算是"烂"到自己手里了。印象中,在读文献时,仅仅接触过岱老的一本著作——《从古典经济学派到马克思》。岱老似乎并不是一位多产的学者,平生论文不多,这与当今学术界的追求大不相同。看传记里,陈岱孙先生上课的功夫堪称一绝。每次行课,时间拿捏精准到不可思议的地步,而且课程信息量大,讲义更是改了又改。可以说,陈岱孙先生的所有学术精力都用到课程讲义上去了,也就难免著作与论文很少。正如岱老所言:"我一生只做了一件事,教书。"我也时常思考岱老平生追求的真谛。的确,不论是生活还是科研,做一件事,应该要精且专,沉下去做好一件事,心无旁骛。虽然说在当前稍显功利与浮躁的现实中,我不大可能完全平心静气、心无尘埃,但是常常思考岱老的境界,能够给我一些力量,让我更能坚持,更想得通。

不断地坚持,最终还是有所回报。我完成了我的科研任务,博士论文的撰写与答辩也都比较顺利地通过了。似乎一时间,我完成了我的任务,内心应该会感到放松。遗憾的是,从在校学生到职场人士的角色转变,并没有看起来那样容易。生活的变故让我跑了整整四年的北大人大"往返线"变成了诙谐的一场空。幸运的是,我凭借四年的努力,获得了第十届"陈岱孙杯创新人才奖"。能够在百年不遇的新冠肺炎疫情背景下成为第十届获奖者,我的命运真是非常奇妙。我还记得颁奖典礼时,我们这一批返校的学生都戴着口罩,坐在院楼顶层的礼堂里,谁也看不到谁的面容。说来也奇怪,本来在毕业典礼那几日,我的生活遭遇堪称跌宕起伏,典礼上内心却安静了下来。我想,在未来的人生中,遭遇的所有艰难、困苦、不快与无常都会一点一点或快或慢地淡去,唯有我们这些学子曾经努力过的身影,以及"静坐听雨"的平静能够常伴诸君,走过一段又一段路。

忆陈岱孙先生

□ 周凌云*

2018年,我有幸获得第八届"陈岱孙杯创新人才奖"。今年恰逢陈岱孙先生诞辰120周年,很荣幸作为学生代表,有机会用一篇小文来讲述我与岱老之间的渊源,分享自己在学术道路上受益于先生的故事。

如果将时钟倒拨至九年前,一个在湖北县城长大的小姑娘第一次听闻岱老的名字,是缘于北京大学湖北招生组组长去我所在的中学和高三年级的几个学生交谈,给我们分发了意向学院的招生手册,那是我第一次知道,中国经济学界有一位叫"陈岱孙"的长者。后来,我在中央财经大学税务学院(2016年与财政学院合并,成为财政税务学院)度过了本科四年的求学时光,时任院长汤贡亮教授在我们开学第一课介绍中财人物时,便提到了1952年全国院系调整以后担任中央财经学院第一副院长的陈岱孙先生,并向我们重点推荐了《从古典经济学派到马克思》一书。

2015年,备战经济学院夏令营时,我反复研读过很多遍平新乔老师的《微观经济学十八讲》,折服于平老师对微观经济学的深刻领悟和掌握,并对平老师研究生阶段受教于哪位学者因此形成了如此扎实的经济学理论功底充满了好奇。当我真正踏入经济学院,并有幸在一些场合听到和看到平老师对他研究生求学经历的分享和回忆时,才知道岱老便是平老师在研究生阶段的指导老师。平老师分享的岱老在他们一级研究生新生入学时的两条教诲时至今日依旧记录在我的笔记本里:第一,从今以后,没有星期日,只有星期七,没有暑假寒假,只有暑期寒期;第二,要学会独立思考,要思辨、要争论,可以争论个通宵,为避免影响别人,可以到水房里去争论。2016年,直博基础课学习的那一年时光里,得益于这两条教诲以及身边优秀上进的同伴的鼓舞,自己真的拿出了高三的学习状态去一遍遍推演DSGE的五步法求解,向对面寝室的雨露、嫣然请教高计课上的线性代数推导,每天往返于41号楼和图书馆的时光虽然单调,但如今已然变

---

* 周凌云,北京大学经济学院博士研究生,第八届"陈岱孙杯创新人才奖"获得者。

成了一笔财富,因为沉下心来只读书的日子,在日益浮躁和物欲横流的经管圈子里,真的弥足珍贵!

经院三层的历史照片陈列墙上,至今可以看到一张1995年岱老和学生们在一起的照片,那么多学生簇拥在已到耄耋之年的岱老周围,让我联想到岱老晚年总结自己一生时说过的一句话——"我一生只做了一件事,教书"。时至今日,每每出入经济学院大门看到门口石碑上篆刻着"十年树木,百年树人"的题词,岱老的那些老照片便浮上脑海,虽说经济学本是一门充满烟火气息的学问,但岱老给我们后辈的感觉却是清高自在,犹如荷塘中出淤泥而不染的莲花一般。

虽不曾亲自聆听过岱老的教诲,但从流传至今的学术文章中,还是能够对岱老的学术思想略知一二。

第一,是对西方经济学的态度。岱老虽然在改革开放初期便将西方经济学引入中国,但一直强调对西方经济学不能盲目崇拜,要立足于中国特色社会主义的建设实践。具体来说,岱老对西方经济学研究工作的意见可以概括为以下三点:一是将当代西方经济学的研究与西方经济学说史的研究紧密地结合起来。西方经济学中每一种新的理论都可以在学说史上直接或间接地找到其思想根源。二是运用马克思主义的基本观点,将当代西方经济研究与世界经济研究紧密地结合起来,首先应当实事求是、科学地分析第二次世界大战后的西方经济发展,战后初期的经济繁荣是由特定的历史条件产生的特例,因而不可能长期持续下去。三是积极参与国内经济问题的研究,在切实做到以西方的经济理论联系中国实际的基础上,提出符合中国实际国情的政策建议。

第二,是对于财政学的贡献。岱老一直主张预算问题才是财政的"牛鼻子",应该从预算体制入手研究财政体制。我们今日在建立现代财政制度时对预算编制和审议的关注恰恰说明了岱老的远见卓识。

第三,是对于货币理论的贡献。20世纪80年代中后期,西方经济学中一种甚嚣尘上的说法,是认为"温和"或"适度"的通货膨胀是刺激生产、促进经济发展的有效工具。岱老对这一观点一直持否定态度,因为该理论是以资本主义自由市场制度下经常出现投资不足为前提的,而我国以公有制为主的社会主义制度中则经常存在处于所谓"投资饥渴"状态的过多的投资,并由之引起社会总需求大于总供给的状态,在这种情况下鼓吹通货膨胀政策只会加剧供需失衡。这一观点直至今日,依然有效指导着我国货币政策的总方向。

在经济学院求学的这四年时光中,每当自己的状态慵懒、行动散漫时,我都会散步到燕南园,在岱老的故居前停留许久,想起岱老说的"从今以后,没有星期日,只有星期七",总会有一种强烈的紧迫感催促自己尽可能快地调整状态,从而在燕园的每一天尽可能过得充实一些。每当读 *The Quarterly Journal of Economics*、*Econometrica* 等顶级期刊而怀疑人生时,我也慢慢学会了放弃过往的学霸包袱,敢于向老师甚至是师弟师妹们请教问题,养成了"勤思考、多动笔"的习惯。无论今后是否选择做学术,先生都犹如灯塔照亮了我的前行之路。而对一代代的经院人而言,先生的清峻风骨也使我们得其熏陶,有勇气看向那无尽的远方!

追思陈岱孙先生

□ 邓尚律*

  我于2012年秋季入学北大经院时,陈岱孙先生已仙去十有五载了。未能有幸与先生一见,我常引为一大遗憾。虽如此,我蒙先生遗泽,却不能算浅。其一,岱老自20世纪50年代起便执教北大经济系,为经济系奉献半生,所培养的学生很多也成了我的授业老师,甚至是更高几辈的师长。我在经济学院求学六年,所遇良师众多,这想必与各位老师对岱老风范的传承有莫大联系。其二,在经院攻读硕士学位期间,我曾有幸获得先生冠名的"陈岱孙杯创新人才奖"。该奖项由陈岱孙经济学基金出资,而这一基金则是由陈岱孙先生在其95寿辰时捐赠的毕生积蓄两万元,同先生的部分学生及社会人士的捐款设立。出于这些缘分,我常在各种资料中读到关于岱老生平的只言片语,也仿佛在字里行间与岱老相识,对他的高山景行心存向往。今年正值岱老诞辰120周年,我受经院学工老师邀请,以此文摘录对岱老言传身教的一些感悟。

  陈岱老认真严谨、全心付出的执教之道,给我留下了深刻印象。在平新乔老师追忆岱老的信中有这样一段"三易其稿"的经历:平老师将研究生毕业论文初稿送给岱老批阅,在两个星期后收到二十多页共六七千字的批注,平老师一遍读完竟致汗流浃背。此后对平老师改写的文稿,岱老也还给了六页竖行纸批注。直至三改,平老师的论文方才付印。当下我正在攻读博士学位,对这段经历有极深的共鸣。初读时甚至有恍如亲身经历的感觉。不久前,我才完稿博士第二年的学年论文。提交给系里主管研究生科研的教授查阅后,也在两星期内收到一封长电子邮件。我犹记得当时逐一读完邮件中的11个问题时心中的复杂情绪:既感慨、感动于师长的细心审阅、严谨推敲,又难免心生愧意。此后,我又在家中收到该教授邮寄来的对论文的逐句批注,心中感激,更不待言。这番经历让我更能体会到如岱老这样认真奉献的师者的可贵。对学生们的认真负责、悉心培育无疑让学生们受益无穷。而这些春风雨露般的行动,更能触动受

---

* 邓尚律,美国马里兰大学博士研究生,第八届"陈岱孙杯创新人才奖"获得者。

教者的内心，让他们在有朝一日拿起教鞭、站上讲台时，也将这份精神传承下去。

陈岱孙先生少年时远渡重洋，在哈佛大学获得经济学博士学位后，即回国参与中国经济学科的建设，在财政学、经济思想史等领域建树皆深。岱老为学之道，值得推敲、借鉴的地方众多，我对其中一个侧面的理解，可以概括成"手需释卷"四字。

岱老一贯主张经济学是致用的学科。1991年，他在北京大学毕业典礼的致辞中，给同学们留下了"学以致用、用在奉献"的寄语。① 我对这一见解深以为然，同样也受到自身经历的影响。在为学年论文选题时，我先是埋头在文献中，尝试各种对现存理论模型的小拓展，以求能找到一个有发展潜力的问题。当我阅读导师与合作者此前发表的一篇文章时，发现他们所分析的拍卖机制可以更加一般化，即用一个参数化的拍卖机制将此前的分析作为特例包括在内。有了这个观察，我满以为论文题目就可以确定了。没想到在去找导师报告、询问导师意见的时候，他开门见山地说了一句"不要在这个题目上花太多时间"。我听后着实吓了一跳。须知，许多美国教授对他人工作的评价常常不吝溢美之词，即便有不喜欢的地方，往往也会比较委婉地提出，这类直接的否定实属罕见。在做出这个判断后，导师才详细解释，说原文的发表实际上也不顺利，在其上的拓展可能更难引起关注。另外，研究问题的确定应该多从实际的角度出发，避免对现有结果做一些微小扰动(epsilon-perturbation)的研究。这一教导正与岱老主张的"不应从书本到书本，而脱离现实经济"不谋而合。

经济学应当服务于现实问题，经济学者也当有"家国天下，事事关心"的担当。岱老身体力行地向后学传达了这一信息。在抗战的艰苦卓绝中，他坚守在教育与研究的岗位上，并常有文章提出对抗战及经济建设的主张。1945年10月，他与另外九位教授致联名信，诤谏国是，要求立即召开政治会议、成立联合政府等，以绝战端。中华人民共和国成立以来，他积极参政，对通货膨胀等问题都提出了鲜明主张。他对于通货膨胀的观点，即认为这是一种"恶税"，至今看来仍是超前而深刻的。最近宏观经济学研究文献中大量出现的新货币主义相关文章正是一种印证。改革开放后，岱老又对社会各界如何正确认识西方经济学思

---

① 遗憾的是，我曾四处翻阅查找，也未能得见致辞全稿。百度百科中撷取了此句，以及"学无止境、自强不息"一句作为陈岱孙教授一生的写照，我才得以收录文中。

想做出了大量论述和指引。在当前并不稳定的国际形势下,岱老在历史重要阶段的选择与担当对我辈后学有重要的借鉴意义。

除了要研究现实问题、服务于现实问题,从岱老为学、执教的经历,我们还能读出"手需释卷"的另一层含义。据西南联大的学生们回忆,岱老讲课极为认真,上课时并不念讲稿,而听课者将内容记录下来即能成教科书的一个章节。这样出口成章的功夫,无疑需要平时大量的积累与准备,对所授内容了然于心。岱老准备上课的认真尤不止于此。任继愈在《我钦敬的陈岱孙先生》一文中写道:"(陈岱孙先生)讲课条理清晰,时间掌握准确,为全校第一。上课前一两分钟陈先生已站在黑板前(西南联大新校舍没有讲台),上课铃响,他开始讲课。这一点,别的老师认真去做不难办到,难得的是陈先生讲完最后一句话,恰恰是一定段落。下课铃也响起来。"甚至有一则轶闻提到,有一次岱老宣布下课而下课铃未响,事后查证竟是校工错过了打铃时间。

关于"手需释卷"的最后一点感悟,则是应当加强身体锻炼。岱老从年轻时便喜欢打球这类运动,在西南联大期间打网球"频频上网拦击制胜,引人注目"(载于《我钦敬的陈岱孙先生》)。唯仁者寿以外,坚持锻炼可能也是岱老年届耄耋时仍然健康、敏捷的一个原因。

岱岳青山,松柏傲立;东风桃李,下自成蹊。陈岱孙先生已经离开我们二十余年了,可他留下的精神财富必将常伴我们前行。

先生之风　山高水长

□ 沈　博*

现代经济学在中国的传播与发展已逾百年。在这一个多世纪的时间里，一代又一代本土经济学人为经济学在中国的扎根与成长贡献了他们的心血与智慧，书写了一段又一段可歌可泣的学科发展史。诚然，经济学的发展离不开新思想的萌生、新理论的发现乃至研究范式的变革，然而，经济学人的品格、情怀和担当同样是学科发展的重要组成部分，它们串起了学科发展中的一段段传奇故事，让经济学成为一门有血有肉有灵魂的学科。有鉴于此，人们在谈及近代中国经济学的百年发展史时，不得不提到的一位先贤便是我国经济学界的泰斗级人物陈岱孙先生。无论是治学成就，还是人格情怀，他都当属近代中国经济学人群像中的一个典范。时至今日，他仍旧是无数经济学人的楷模。

近代中国经济学的发展在很大程度上与当时救亡图存的社会诉求紧密相关。和当时不少经济学人一样，年轻时期的陈岱孙先生凭着一腔家国情怀选择学习经济学，寄希望于通过学习西方经济学，让当时处于内忧外患之中的中国走上富强之路。据他的回忆，早年他到上海参加清华高等插班生入学考试时，曾在毫无精神准备的情况下于黄浦滩公园门口草地上看到一块写着"华人与狗不得入内"的木牌，顿时"只觉得似乎全身的血都涌向头部"，过了许久才缓过气来。后来五四运动期间，陈岱老参与了当时的学生爱国宣传周运动。也正是在参与的过程中，他深有感触，由古书中所提及的"足食足兵"之重要联想到富强是当务之急，从而在脑海中进一步强化了"经济救国论"的思想萌芽。而后，陈岱孙赴美留学，确实是以经济学为专业。

陈岱孙先生在财政学、经济学说史等领域拥有极高的研究造诣。在哈佛大学读研究生期间，他师从卜洛克（Bullock）教授，专研财政学领域的话题，并完成博士论文《麻萨诸塞州地方政府开支和人口密度的关系》。回国到清华大学经济学系任教后，他继续钻研财政学，曾耗费多年心血编写《比较预算制度》，试图

---

* 沈博，北京大学经济学院博士研究生，第十届"陈岱孙杯创新人才奖"获得者。

作为本土财政学课程的讲义,不料抗战爆发,书记手稿和收集的一些欧洲财政税收资料皆毁于战火,实是经济学界一大憾事。此外,陈岱孙还长期给学生讲授经济学说史。他一生留下的唯一一本专著是改革开放后出版的经济学说史讲义《从古典经济学派到马克思》(1981)。该书从思想上打通了马克思主义和新古典经济学,充分彰显了他在经济学说史领域的极深造诣。

尽管留下的文章著作数量有限,然而陈岱孙先生在学术研究方面确有自己的独到见解。"事必求其抵,言必求其依据"是他的治学态度。据说当别人向他请教偏离他研究领域的问题时,他常会说"这个问题我没有研究过""这个问题我不懂",而不是摆出自己鸿儒的形象。而在20世纪特殊的历史年代里,他选择沉默20年,既不写文章抨击或迎合,也不发表著作。当时的造反派曾给高校里的教授们出考题,陈岱老端坐考场却一字不着,最终留下一张白卷。实际上,陈岱孙先生在研究上颇为推崇"通才",他自己本身也对多个领域的知识颇有涉猎。他认为,"治学如筑塔,基础须广大,然后层层堆建上去,将来总有合尖之一日。学经济学欲求专门深造,亦应先奠广基"。这或许跟他在哈佛大学读博的经历有很大关联。陈岱孙先生在哈佛大学经济系求学之初,发现身边的很多同学在讨论问题时所提及的意见和论点通常"不只限于课程所涉及或指定参考书的范围,而经常有更详尽、精辟的意见",这让他意识到"自己的眼光太窄了、识见太浅了",为此决心改变落后的状况,发愤苦读,在教师所指定的参考书之外,又以参考书为导线,阅读了不少相关的书籍和资料,进而奠定了其广博的知识基础。后来,他还曾拿经济学说史研究的例子谈道:"如果马列主义经典著作你没念过,经济史没念过,各种财政、金融、货币的制度不了解,当时历史也不知道,学说史是学不好的。"对于一名经济思想史专业的博士生而言,陈岱孙先生的这番言语具有重要的指导价值,这提醒我们,眼光决不能仅就思想史而论思想史,而需要打破"专才"的思想误区,让自己多接触和学习马列主义经典、经济史、各类历史以及各种财政、金融、货币制度等课程和知识,从整体的视角把握经济学说的发展脉络。

也正因为陈岱孙先生精通经济学说史,他认为经济学本来就是理论与应用的有机结合。"我们考察经济学发展的历史,可以看到无论古今中外,经济学总是二者合一的,既有实际,也有理论。应用是理论的实践,理论是应用的基础,二者应结合起来。"在"文化大革命"结束之后,年近八旬的陈岱老重新拾起笔头,撰文强调西方经济学研究与我国社会主义改革之间的重要关联,并主张"经济理论、经济史、经济思想史的研究是相互促进的"。不过,他也深知过度推崇西方经济学的潜在弊端,亟须加强本土经济学的自主研究,重视经济史学的研究价值。早在20世纪30年代初,陈岱孙先生就对教堂上用纯粹外语授课的"殖民地和半殖民地所养成的习惯"深恶痛绝,甚至亲自编撰适合本土教学的财政学讲义。时间过去了五六十年,他在支持国内经济学界"拨乱反正"的同时,仍不忘提醒国内经济学人要警惕对西方经济学盲目崇拜、一概肯定、照抄照搬的倾向,避免"述而不作"或"述而不批"的现象。为此,他在呼吁国内经济学人在理性认识新自由主义国际思潮、树立马克思主义世界观和人生观的基础上,立足于国内经济问题的实际,将当代西方经济学的研究与西方经济学说史的研究紧密结合,加强对西方正统派经济学、西方激进派经济学、发展中国家经济学家著作、苏联和东欧地区剧变前后的经济学说的研究。

陈岱孙先生对学术研究始终如一的执着追求也深深地印刻在他的教学工作中。据西南联大很多上过陈岱孙先生课程的同学回忆,他在西南联大上课时态度极为认真,上课前一两分钟便站在黑板前,上课铃声一响便开始讲课,待到讲完该节课最后一句话时,下课铃声也正好响起。他上课时并不念稿,听课的同学若是认真记下他的话语,便会发现一节课的笔记正好就是教科书一个章节的内容。这样的讲课艺术不由得让人惊叹和赞赏。纵然后来到北大经济系任教,据他的学生厉以宁先生回忆,在"文化大革命"前的那些年里,陈岱孙先生的经济学说史仍然是"北大经济系最受学生欢迎的一门课程"。改革开放后,年过八旬的陈岱孙先生仍站在讲台上给经济系的学生们讲授经济学说史,95岁高龄的他甚至还在指点博士生,主持博士生论文答辩。在陈岱孙先生的悉心指点下,厉以宁先生、晏智杰先生等迅速成长为国内经济学界的新翘楚,继续推动着国内经济学说史研究的发展。众所周知,陈岱孙先生虽身负才华却选择终身未娶。对此他曾称"一是因为没有时间,二是因为爱情需要两情相悦"。或许他将自己的热情与心力都投注到了研究与教学之中,难以再分心,以至于他自谦道:"我这一辈子只做了一件事,教书。"正因为如此,在他95岁寿辰之时,时任国务院副总理朱镕基在致陈岱老的贺信中表达了极高的敬意,称"先生年高德劭,学贯中西,授业育人,六十八年如一日,一代宗师,堪称桃李满天下"。

"先生之风,山高水长""丹青常照,真理永不倒"。陈岱孙先生的学术人生仿佛就是近代中国经济学探索的一个缩影,在时代的变换转型中既有让人慷慨激昂的家国情怀,也有令人唏嘘不已的诸行无常,然而演变的逻辑主线却始终如一。经济学虽是食人间烟火之显学,却也因知识分子的高贵气节而更显生机。很荣幸有陈岱孙先生这样的精神贵族和行动巨人为我们年轻学生树立学习的典范。在学术上,陈岱孙先生一丝不苟的治学精神是我们需要效仿的榜样;在为人处世上,陈岱孙先生一生专注于一件事的态度更是为当前浮躁的学界带来了一缕清风。陈岱孙先生对我们青年一代寄予了很大的期望,希望我们"除了作为世纪的主人,还要担负起主人的责任"。诚哉斯言,壮哉此行!吾辈青年当心怀家国,自请长缨,日夜兼程!

松石为骨　清泉为心

□ 毕　悦*

在北大校园的西南角，有一处堪称世外桃源的景致，那便是燕南园。一段低矮的围墙，几棵郁郁葱葱的古树，将这方天地与周遭的喧嚣嘈杂完全隔离开来。爬山虎在青砖铺就的二层小楼外自由延展着，几只悠然自得的猫咪在盛夏的阳光中慵懒地打盹。我初入园子时，常被这里的风光吸引来驻足欣赏。

初识岱老，就是在燕南园55号院。在青石板铺就的小径尽头，岱老的全身铜像就坐落在庭院一隅。和书刊上所见的照片相近，他身穿过膝的长风衣，挂着拐杖，腰杆却挺得笔直，风度气魄犹如在世。然而当时我对岱老的印象，也仅停留在教科书呆板的铅字中，停留在师长对院史校史的口口相传中，以及经院大厅里陈列的照片墙中。他和北大众多功绩卓著的大师们一样，像夜空中夺目的星斗，遥远而又令人心生向往。

在这个群星璀璨的园子里，时钟是被拨快的，燕园人站在了巨人的肩膀上，也更有了只争朝夕、我辈自强的自我鞭策感。2018年7月，我欣喜地迎来了学院颁发的"陈岱孙杯创新人才奖"，那一次全院获奖的本科生仅有两人。相隔数日，我又收到了推荐攻读本院经济思想史专业直博项目的通知。两桩喜事连在一起，看似并无关联，但作为专业半壁江山的外国经济思想史方向博士点，实则正是在岱老的倡议和推动下建立起来的。也正基于这一学缘，我才有机会深入走近岱老，感受一代经济学大家的风骨和底蕴。

三张成绩单

2020年疫情期间留守在家，我偶然间得知哈佛大学档案馆收藏着20世纪初所有毕业生的档案材料，且已面向社会开放查阅。带着对岱老一直以来的崇敬仰慕之情，加上对一个世纪前留美学生际遇的好奇，我向哈佛大学档案馆发去申请，希望查阅岱老在校期间的学生档案，没想到不消一月就收到

---

*毕悦，北京大学经济学院博士研究生，第八届"陈岱孙杯创新人才奖"获得者。

了回复。档案的内容并不庞杂,除部分学位申请的审批文件外,就是三张成绩单,分别来自其就读清华学校、威斯康星大学和哈佛大学时期。纸张陈旧泛黄,然而字迹却依然清晰可辨,生动地勾勒出岱老青年时在大洋彼岸的六载求学时光。

成绩单的构成极其简单,但其中蕴含的信息却值得人反复琢磨推敲。

其一,岱老虽然修读经济学专业,但也选修了诸如政治学、哲学、历史学等其他社科专业的课程。这种通识并举、广泛涉猎的学术习惯,自其幼年接受旧式私塾教育开始,一直延续至后来。岱老还常常教导同学们:"只能记账,只能算债票利息,并不够经济学家。就如同一个能绘图的绘图员不够工程师一样。求知识的要着不在那狭小的技术部分,也不在起始就求专门,而在使其基础坚固,广大。"这样的叮嘱在普遍倡导通识教育、打通学科边界的当下仍然丝毫没有过时。

其二,岱老在清华留美预备班的第二年,成绩单上出现了大量"因故缺考"的字眼。这当然不是来自岱老的个人原因,而是由于当年五四运动兴起,时局动荡,许多课程被迫结业停考,这也导致岱老来到威斯康星大学继续修习本科课程时,需要重新补足学分。令人震撼的是,在威斯康星大学的两年里,岱老共修读了 26 门课程,几乎每门课程的成绩都在 85 分以上,甚至引起了制度经济学代表人物康芒斯教授的注意,并最终使岱老获得了"金钥匙"的殊荣。我难以想象青年的岱老是如何于颠沛流离中远渡重洋,克服语言等种种困难,在同龄人中迅速崭露头角。恐怕在天赋之外,更是日复一日寂寞而扎实的求索,与不役于外物的从容定力。正如岱老后来的回忆:"我根本没星期日,只有星期七……这几年的寒暑假也根本取消了。"

其三,岱老在哈佛攻读硕士学位时,虽没有本科时期自由的选修空间,但仍选修了两门历史学课程,而这两门课程全部有着"远东""亚欧大陆"的字眼。诚然,留美的中国学生对这些历史更加熟稔和亲近;但另一层意味在于,岱老一直在提醒着自己赴美一行的关键意义和追求,那便是学成报国。对于 20 世纪初的中国而言,岱老比许多人都走得更远、看得更多了,但他从未忘记为什么出发。

在翻阅档案的过程中,我依稀感觉到,我与岱老的距离不再那么遥远。成绩单虽然只能描绘学生时代一个很小的侧面,但却向我敞开了一个独特的窗口,让我有机会回溯一位经济学大家所思所为的缘起,也更激励着我在珍贵的求学时光里再努力些、再踏实些。

秉笔直书与惜墨如金

岱老留给后人的宝贵精神财富,当然不止于学生时代,更在其归国任教之后。1949年前的二十余年里,他共发表了数十篇社论,篇幅有长有短,但均言之有物、从无虚言。从岱老选取的社论题材而言,或是其擅长的财政税收领域,或是当时中国亟待解决的产业、金融、货币问题,显然都是极端"入世"的;但从他的文笔风格来看,又常常是理性而入木三分的,许是正规经济学教育的培养,抑或是长期时代格局变迁的浸润。正是这种炙热话题与冷静说理的碰撞,让岱老的思想和文字拥有了超越时空的韧性,即使今日读来,也会为其广阔的学术视野和格局所震撼。

在经济学家特有的理性之外,岱老亦有过慷慨陈词、秉笔直书的时刻。1936年,在《我们的经济运命》一文中,岱老焦急地呼吁,必须把民族的经济自决权牢牢把握在自己手中,"我们要知道我们经济运命的决定,是我们神圣的责任和天然的权利,……推诿责任,便是不忠;放弃权利,便是不智"。1939年抗战进入关键时期,岱老再次大声疾呼:"必须阻止一切足以消耗经济力的行为,而鼓励一切足以增长经济力的行为。"抗战胜利后,他又与多名教授联名发表《十教授的公开信》和《我们对于"经济改革方案"之意见》,矛头直指国民党的反动统治与经济独裁政策。须知这些文章均写于战火纷飞时茅草屋中的西南联大,写于知识分子频频遇害、人身安全难保的动荡时期,这更彰显了一代经济学大家在极端危险艰苦的背景下舍身为国、秉笔直书的铁骨铮铮。

如果说直言敢谏展现的是知识分子的使命与担当,那么惜墨如金则是岱老更加可贵的操守和智慧。翻阅《陈岱孙文集》,很容易发现在20世纪六七十年代,岱老的文章经历了长达20年的空白。这20年的一言不发,不是虚度,是积淀;不是静默,是沉潜。这种静水流深的力量,使岱老即使行至耄耋之年,也能以"挣扎着不服老"的心态,时时跟进学术最前沿,创作出一流的学术成果。然而岱老对自己还有更高一层的要求。任教治学七十载,他只留下寥寥两卷文集,他总觉得还不够完美的,就不能留给后人。

我细细读着岱老的文集,忽然忆起了绘画艺术中的留白手法。有的部分适合浓墨重彩,大块色墨铺陈;有的部分则适合保留空白,无声胜有声。岱老在长达近一个世纪的人生旅途中,游刃有余、张弛有度,以对国家的忠诚热爱、对真理的执着追求、对时局的正直清醒、对自我的谦逊平和,为后辈经济学人、为燕园人留下了不朽的画卷。

先生的桃李春风

岱老曾有一句名言:"有生之年,我只做过一件事,就是一直在学校教书。"从1927年回国起,师者确是岱老一以贯之的符号和底色。我没有机缘接受岱老的教导,没能目睹其在三尺讲台上的潇洒风姿。然而岱老是经济学系最受学生爱戴和尊敬的教授之一,因此我也常常听及岱老与学生相处的故事,其中有两件事令我印象颇深。

一件事来自先生的"严"与"责"。岱老在担任西南联大经济学系主任期间,负责在开学初审核同学们的选课单。一次,有位同学在单子上写下了"国济贸易",岱老便拿铅笔指着"济"字让他改掉;学生复又改成了"暨",于是岱老二话不说,将这门课划掉,并填上了"大一国文"。

这只是一桩不起眼的小事,却反映了岱老一直以来的严谨认真。正如金岳霖先生在回忆录中评价的那样,岱老是一位"非常之能办事的知识分子"。从清华大学到西南联大再到北京大学,岱老一直是经济学系的"执牛耳者",经济学系又向来是学校的大系,故非有这般善治事、能决断者不能胜任。岱老对待事务性工作的一丝不苟,更是以言传身教告诉学生们,学术研究的工作来不得半点马虎和搪塞,"致广大而尽精微",才能收获真正的学问。

另一件事来自先生的"宽"与"爱"。岱老曾接济过一个学生,那是他30年前教过的学生,因被划为"右派",一家老小生活无着,几乎靠乞讨度日,亲友也对其避而远之。那时岱老已逾古稀、孑然一身,可他未曾犹豫,从自己的薪水中每月挤出五块钱接济学生一家,年复一年,整整八年,直至学生被平反。

岱老一直接济和救助别人,仿佛他仍是家世显赫的公子,不必为生计忧心。可有人上门拜访时,却发现岱老的一日三餐极其简朴,摆在公寓的家具甚至很多是西南联大时期留下的。到1995年,他的薪资也只有860元,甚至有时还要靠外甥接济。但他对名与利似乎从未挂心:"人不能没钱,钱是需要的。但做事情完全为了钱,抛弃理想和事业,那是很危险的。"

我常常想,虽然自踏入经济学门起,"理性人"就是悬在我们头顶的一把标尺,但是在理性之外,还需有一份对人、对物、对世界的感性和热忱。大师之所以成为大师,就在于其"桃李不言,下自成蹊"的奉献,在于其"老骥伏枥,志在千里"的坚守,在于其"为天下计,为苍生计"的广阔胸襟。正如《泰山颂》中的描绘:"高而可登,雄而可亲。松石为骨,清泉为心。"

处暑已过,长夏将尽,但燕南园仍草木茂盛、绿树如云;在树木掩映下的青砖小楼,虽然几经岁月剥蚀,却仍沉稳矗立、历久弥新,一如大师的风骨,给予后辈学人源源不断的奋进力量。

传承中的"变"与"不变"

□ 张皓辰[*]

我对陈岱孙先生的了解,开始于平新乔老师写的回忆文章,我印象中这样的文章平老师写了不止一篇,里面谈到的与陈先生工作、生活、待人接物有关的很多细节,一直让我印象深刻。大一的时候读到了陈先生的著作《从古典经济学派到马克思》,其实现在看来对其中的很多内容仍是一知半解,不过是在当时给自己心里种下了一颗学术的种子。我记得曾经去王曙光老师的办公室,看到他的办公桌对面放着陈先生的照片,并常听他在课上给我们讲起陈先生以前的故事,以及他和暮年的陈先生交往的经历。去平新乔老师的办公室,受到的震撼就更不必说了。我大三的时候选平老师作为我本科生科研论文的指导老师,有几次在平老师堆满了书的办公室的狭窄空间里聆听他的教诲,后来也经常在学院的研讨班上体会到他学术研究水平的精湛。总的说来,虽然没有直接接触过陈岱孙先生,但从我的老师们身上,我能够看到陈先生的影子,能够看到他的学术贡献和学术精神在一代一代地传承下来。所以这篇文章,我主要讲传承。

陈先生是 1900 年生人,1997 年逝世,而我恰是 1997 年生人,这中间隔了近 100 年,经历了几代人的时间。时代在变,传承中有些内容自然要变,有些内容则可以不变。90 后乃至 00 后这一代人是幸福的,不仅没有经历过战争年代,或者是中华人民共和国成立初期那些兴衰剧变的洗礼,而且成长的早年正好赶上国家融入经济全球化浪潮、经济高速发展的一个时间段,物质生活水平有了很大的提高。在信息化、全球化和多样的外来文化冲击下,这一代人的思想有了新的特点,强调个性,强调兴趣,强调人生体验,等等,而且这些变化开始逐步被大众所认同和接受,这其实是社会进步的表现。具体到经济学的学术研究,我们的上一代人,比如 20 世纪 90 年代或者 21 世纪初回国的海归经济学博士们,他们可以说是现在中国经济学界的中坚力量。他们当年出国的时候,想法多是"西天取经",学习西方的主流经济学为我们中国的经济建设所用,是一种更为

---

[*] 张皓辰,北京大学国家发展研究院博士研究生,第九届"陈岱孙杯创新人才奖"获得者。

实用主义的出发点；而如今我们这一代人想从事经济学学术研究的，特别是出国读博士的，给出的理由多为"我对经济学感兴趣"之类的提法。这是一个有意思的现象。当然，这可能与经济学研究分支日益细化、研究方法日益向自然科学靠拢有关。

而经济学的社会科学属性就决定了它区别于自然科学的一些特征，比如理论的适用性问题，这也是陈岱孙先生在引进西方经济学的时候十分强调的：必须把西方经济学的理论和中国的实际国情结合起来，找到理论与现实的连接点，才能更好地实现经济学改造世界的目标。这一点上，我也十分佩服林毅夫老师以及以他为代表的这一代经济学家，他们充满了对现实世界的关注，对现实经济运行机制有很好的把握，也善于从基本的经济现象中发现问题，实现理论创新。林老师做研究的基本精神就是从现象出发，实事求是地研究发展中国家的发展问题，这才有了新结构经济学，而这"实事求是"四个字的深刻含义，可能是需要在学术研究中长期摸爬滚打才能体味出来的。但我感觉，这种意识和能力在我们这一代人的身上还不够。当然，从主流文献出发是做学术研究初期的客观需要，但如果我们一直这样做下去，二三十年之后，在我们这一代人为中华民族的伟大复兴掌舵的时候，还能不能发挥其应有的作用？当然，也有可能到那个时候，中国就会像美国现在一样，经济学研究只是一份职业而已，对于多数人来说已经没有了"经世济民"的含义。但我觉得作为北大的学生，我们心里应该坚持这样一份使命感，应该始终思考一个问题，那就是经济学研究如何转化为改造世界的现实力量，而我们在这个过程中能够发挥怎样的或直接或间接的作用。

时代在变，经济学人的使命也在变。一百年前，五十年前，甚至十多年前，我们基本的发展思路还是引进西方经济学，学习西方经济学主流理论。至少在北大读本科的时候，我能够感受到的一种"场"，就是如果你要做学术，就一定要出国读博士，甚至你要是说想在国内读博士，别人的第一反应会是觉得你做学术的动机不纯。这个事情是需要改变的。最简单的一点，"21世纪是中国经济学家的世纪"，那么中国经济学家怎么能都是西方培养的呢？如果中国的经济决策、中国的经济发展，将来全要由一批海归说了算，我不认为那将是一件好事情。原因我在前面也谈到了，我们这一代人出国学习主流经济学和上一代人不一样，他们是带着对中国现实的理解去的，带着要解决的现实问题去的，而我们这一代人则不同，我们的兴趣和关注点越来越多地放到了对经济学研究具体的方法工具的掌握和运用上,我们的研究兴趣很多时候不是针对现实中的某个问题,而是看到主流文献最近对什么样的问题或者什么样基调的文章比较感兴趣,就跟着那个兴趣走。但事实上,要说方法工具,其实2010年前后归国的这些海归博士们,也就是我们现在学术阶梯中的青年学者们,很多已经掌握了较为扎实的方法工具,而且现在我们也有了更方便、更多样化的学习途径,这已经不构成在国内攻读经济学博士的主要障碍。当然,我认为目前国内可能还不具备做经济学纯理论研究的土壤,但应用理论和实证大有可为,因为新的理论必然来自新的现象,当前中国最不缺的就是新的现象,而随着我国成为世界第一大经济体,中国问题在主流经济学中的关注度以及关注的方式都会相比于现在有很大的变化。所以,中国经济学走向自主理论创新,是大势所趋。我现在从事的新结构经济学研究,我认为是代表这一历史趋势,当然它能否完成中国经济学学科振兴的历史使命,还有待我们这一代人的不懈努力。

总的说来,现在我们正处于中国经济学学科发展的一个过渡阶段,从引进学习主流经济学到逐渐向自主理论创新过渡的阶段,从"规范化和国际化为主"向"本土化、规范化和国际化并行"过渡的阶段,从唯西方的学术研究机构和期刊马首是瞻向我国成为世界经济学研究的中心阵地过渡的阶段。越是在这种过渡的阶段,就越是有激流险滩,越是有竞争和争论,越是有"各种不服",越是有不同的研究思想方法和价值取向相互碰撞,从而就越是需要我们有定力、有担当。

此次恰逢陈岱孙先生诞辰120周年,学院向获得过"陈岱孙杯学术创新奖"的学生约稿,我是其中一员,也是我们那一年获得这个奖励的唯一的本科生。但说实话,自己能不能担得起"陈岱孙"这三个字冠名的奖励,内心还是很惶恐的。这篇文章我讲传承中的变与不变,时代在变,趋势在变,人心在变,而什么是不变的呢?就是前面讲到的定力与担当,或者说其实就是这份"担得起",担得起经济学者对改造世界的责任,担得起学科振兴与民族复兴的历史重托。

陈岱孙教授学术年表

□ 晏智杰　刘　昀

1900 年

10 月 20 日,旧历闰八月二十七日,生于福建省闽县南台岛螺洲镇店前村(今属福州市仓山区)。

1906 年

入私塾就读,由塾师石卓斋传授经史诗文。

1915 年

秋,考取福州鹤龄英华学校(六年制中学),入三年级插班就读。

1918 年

年初,自英华学校毕业。

6 月,赴上海投考清华学校(八年制留美预备学校)高等科。考毕,于外滩公共花园见"华人与狗不得入内"标牌,深受震动。

9 月,入清华学校高等科文科三年级(即大学一年级)插班就读。

1919 年

6 月,"五四运动"期间,参加北京"全市学生爱国宣传周"游行。

1920 年

6 月,自清华学校毕业,经过甄别取得官费留美资格。

9 月,入威斯康星大学麦迪逊分校文理学院经济系三年级插班就读。

1922 年

6 月,自威斯康星大学毕业,获学士学位,学位论文由约翰·康芒斯教授指导,题为《煤炭业的产业治理》(Industrial Government in Anthracite Industry)。被"OΔΓ 荣誉经济学兄弟会"(又称"Artus 骑士团",由威斯康星大学和哈佛大学两校经济学会于 1915 年合并而成)吸收入会,获颁象征会员资格的金钥匙。

9 月,入哈佛大学文理研究生院经济系就读。

1924 年

6 月,获硕士学位,并取得候补博士资格。

是年,选定财政学为专业,师从查尔斯·杰西·布洛克教授,为博士论文进行专题研究。

1926 年

3 月,通过论文答辩,获哈佛大学博士学位。学位论文题为《麻萨诸塞州地方政府开支和人口密度的关系》(The Relation between Local Governmental Expenditures and Density of Population in Massachusetts),由哈佛大学出版社收入《哈佛大学经济学丛书》并于当年出版。

6 月至 12 月,旅欧游学,主要于巴黎大学文法学院旁听货币金融学课程。

1927 年

9 月,受聘担任清华学校大学部经济学系教授,主讲经济学概论、财政学、经济学说史课程。

1928 年

8 月,国民政府改清华学校为国立清华大学。

9 月,任清华大学经济学系教授兼主任(至 1952 年 8 月)。

11 月,任清华大学评议会评议员(至 1949 年 5 月)。

1929 年

7 月,任清华大学法学院院长(至 1952 年 8 月)、校务委员(至 1949 年 5 月)。

1930 年

任清华大学研究院法科研究所经济学部导师,指导经济学理论、货币银行学、财政学专业研究生,兼任法科研究所所长。[①] 为本科生主讲财政学、经济学说史课程。

1932 年

9 月,赴欧考察,为《比较预算制度》(其立志编写的财政学系列教材之第一部)查找文献资料以及采购参考书籍。

---

① 陈岱孙教授在清华大学的兼任职务有:聘任委员会委员,招考委员会委员,留美公费生考选委员会委员,出版委员会委员,《清华学报》编辑,《清华大学一览》委员会委员,图书馆委员会委员,特购图书(中外政府刊物及档案)委员会主席,校景设计委员会委员,学生生活指导委员会委员,八家村建设工作计划委员会委员,特种研究事业筹划委员会委员,特种研究事业建筑财务委员会主席。

1933 年

5月至7月,作为中国代表团专家,出席于伦敦召开的国际经济货币会议。

8月,作为特邀嘉宾,出席于加拿大班夫召开的太平洋国际学会双年会。

1934 年

6月至8月,于《益世报》(天津)先后发表社论《欧美间之战债问题》(6月15日)、《论遗产税法草案》(6月24日)、《论整理旧债》(7月10日)、《外债与建设》(7月15日)、《美国宣布白银国有》(8月13日)。

7月、10月,于《清华学报》先后发表《书籍评论:〈国际金融之幕后〉与〈金融与政治〉》(第九卷第3期)、《金汇本位与战后之欧洲金融》(第九卷第4期)。

1935 年

10月,于清华大学《社会科学》发表《"均衡"概念与动态经济》(第一卷第1期)《书籍评论:〈中国与银〉》。

1936 年

1月至11月,于《大公报》(天津)"星期论文"专栏先后发表《我们的经济运命》(1月5日)、《出超的分析》(3月29日)、《关于大学毕业生职业问题一个建议》(7月20日)、《经济侵略》(11月8日)。

1月、4月,于清华大学《社会科学》先后发表《书籍评论:〈中国的铁路〉》(第一卷第2期)、《通货膨胀与岁计》(第一卷第3期)。

5月至9月,于《独立评论》(北平)先后发表《所得遗承二税的举办与人民的负担》(第201号)、《谈经济建设》(第203号)、《中美卖银协定》(第206号)、《二十五年度国家总预算的分析》(第209号)、《币权统一》(第217号)、《交通发展与内地经济》(第220号)。

1937 年

1月,于清华大学《社会科学》发表《二十五年之所得税法则》(第二卷第2期)。

5月至7月,于《独立评论》先后发表《预算法之新修正》(第232号)、《一个应该消除的货币幻景》(第238号)、《二十六年度国家总预算》(第242号)。

7月,"卢沟桥事变"爆发。受邀南下庐山,出席国民党中央政治委员会和国民政府行政院举办的国是谈话会。

8月,受清华大学校务会议委托,同时由国民政府教育部任命为长沙临时大学筹备委员,赴长沙组织清华南迁,以及筹备与北京大学、南开大学合组临时大学事宜。《比较预算制度》文稿散失。

9月,任长沙临时大学课程委员会委员、图书设计委员会召集人。任长沙临时大学经济学系教授会主席(即系主任),为本科生主讲财政学、经济学说史课程。

1938年

4月,长沙临时大学西迁昆明并更名西南联合大学。任西南联合大学经济学系主任(至1945年11月),为本科生主讲财政学、经济学说史课程。

5月至8月,任西南联合大学蒙自分校(文学院、法商学院)校务委员兼教务主任。

11月,于《新经济半月刊》(重庆)发表《计划后方经济建设方针拟议》(第一卷第1期)。

1939年

1月至8月,于《今日评论》(昆明)先后发表《培植我们的经济力》(第一卷第1期)、《战时经济建设的几个原则》(第一卷第13期)、《法币汇价问题》(第二卷第1期)、《抗战中的经济政策》(第二卷第3期)、《法币汇价问题申论》(第二卷第8期)。

是年,于《今日评论》"时评"专栏陆续发表《苏日摩擦》(第一卷第1期)、《推行兵役》(第一卷第2期)、《国际经济制日的端倪》(第一卷第3期)、《华北法币伪币问题》(第一卷第10期)、《英国贷款》(第一卷第12期)、《12万万元建设及军需两项公债》(第一卷第18期)、《华北伪币狂跌》(第一卷第21期)、《日元在沪跌价》(第一卷第22期)。

1940年

1月、6月,于《今日评论》先后发表《政治经济化》(第三卷第1期)、《通货膨胀性质的一斑》(第三卷第22期),其间,于该刊"时评"专栏发表《农贷与合作》(第三卷第12期)、《英法新经济攻势》(第三卷第15期)。

10月,兼任西南联合大学商学系主任[①](至1945年11月)。

1941年

2月,于《新经济半月刊》发表《物价、财政与建设》(第四卷第10期)。

---

① 陈岱孙教授在西南联合大学的兼任职务有:一年级学生课业指导委员会委员、毕业生成绩审查委员会委员,西南联大与北平图书馆合作委员会委员,代表西南联大参加西南经济调查合作委员会并担任召集人。

3月,于《今日评论》发表《经济统制的礁石》(第五卷第11期)。

1944年

5月,于财政学、经济学说史之外,又为本科生主讲经济学概论课程。

1945年

10月,发表联名通电《国立西南联合大学张奚若等十教授为国共商谈致蒋毛电文》("十教授公开信"),刊载于《民主周刊》(昆明)(第二卷第12期)。

11月,任清华大学(北平)校产保管委员会主席(至1946年10月),同时由国民政府教育部任命为清华大学接收委员。于西南联合大学辞去经济学系主任、商学系主任等本兼各职。飞返北平,接收并整理清华大学校产,遣送清华园内日本战俘。

1946年

1月至7月,接收并整理清华大学校产,修复校园,扩充校舍,添置图书设备,筹备35周年校庆(4月28日)。

3月,发表联名意见书《北平名流对于东北问题的意见》,刊载于3月7日全国各大报章。

8月,主持清华大学复员后的新学年招生考试及考卷评阅。

10月,兼任清华大学政治学系主任(至1948年6月)。

1947年

7月,于《现代知识》(北平)发表《经济自由与政治自由》(第一卷第6期)。

8月,发表联名意见书《我们对于"经济改革方案"之意见》,刊载于《大公报》(8月28日)(天津)。

1949年

5月,由北平市军事管制委员会文化接管委员会任命为改组后的清华大学校务委员会常务委员兼法学院院长。

是年,任华北高等教育委员会委员。

1950年

3月,由中央人民政府教育部任命为再次改组后的清华大学校务委员会委员兼法学院院长。

5月,出席中国民主同盟文教委员会和光明日报社举办的高等教育问题座谈会。

6月,出席教育部召开的第一次全国高等教育会议。

1951 年

任北京市人民代表(至 1952 年)。

1952 年

9 月,调任中央财政经济学院第一副院长(代理院长),主持学院筹建。

1953 年

8 月,调任北京大学经济系教授(至 1984 年 8 月),专授经济学说史课程。

1954 年

7 月,任北京大学经济系主任(至 1984 年 2 月)、校务委员会委员。

是年至 1997 年,历任全国政协第二、三、四、五、六、七、八届委员,第六、七届常务委员。

1956 年

任国务院科学规划委员会委员、经济学组副组长。

被评为一级教授("高教 1 级")。

1957 年

3 月,于全国政协第二届第三次会议联名提案,建议在高等学校开设人口学课程、设置人口学专业,以及在中国科学院成立人口问题调研机构。

1959 年

于《经济研究》发表《从教学和研究工作谈谈经济科学的发展》(1959 年第 10 期)。

是年,撰写完成《经济学说史》讲义(二十六章,三册),供北京大学经济系教学使用。

1960 年

撰写完成《十九世纪末二十世纪初资产阶级庸俗经济学》讲义(三章,一册),供北京大学经济系教学使用。

1961—1964 年

为《经济学说史》全国统编教材撰写"德国的旧历史学派""德国的新历史学派""美国的制度学派""奥地利的边际学派""美国的边际学派""马歇尔的经济学说"等六章内容。

1978 年

7 月,为厉以宁《论加尔布雷思的制度经济学说》作序。

1979 年

11月,于北京大学经济系做学术报告《魁奈〈经济表〉中再生产规模的问题——从〈经济表〉的版本、模式讲起》,报告稿后刊载于北京大学经济系《经济资料》1980 年第 5 期(总第 19 期),1988 年 3 月由《马克思主义来源论丛》转载。

是年,任北京大学学术委员会委员、政治经济法律学术委员会分会主任委员、经济系学术委员会主任委员。

是年,北京大学经济系《经济科学》创刊,任主编,发表代发刊词《经济科学研究要为四个现代化服务》。

1981 年

1月,《从古典经济学派到马克思》由上海人民出版社出版(1982 年 7 月作为高等学校教材重印,1996 年 10 月由北京大学出版社作为"北京大学名著系列"重印)。

3月,中国经济学团体联合会成立,任顾问。

5月,中华外国经济学说研究会成立,任会长。于四川大学及四川财经学院做学术报告《规范经济学、实证经济学和西方资产阶级经济学说的发展》,报告稿刊载于《经济科学》(1981 年第 3 期)。

9月,于中国经济学团体联合会首届年会(大连)作题为《理论联系实际与经济科学的发展》的发言,发言稿刊载于《经济科学》(1981 年第 10 期)。于《世界经济导报》发表《在调整中作出补救》(9 月 21 日)。

10月,《政治经济学史》由吉林人民出版社出版,任主编,并撰写"重商主义的经济学说""法国资产阶级古典政治经济学的发展——重农学派""英国资产阶级古典政治经济学的完成者——李嘉图""法国资产阶级古典政治经济学的完成者——西斯蒙第""法国和英国资产阶级庸俗政治经济学的产生""十九世纪三十年代到一八四八年革命时期资产阶级政治经济学的进一步庸俗化""英国的李嘉图派社会主义者""法国空想社会主义的宗派发展""法国四十年代小资产阶级社会主义的发展"等九章内容。

11月,由国务院学位委员会公布为我国首批经济学博士生导师。于《世界经济导报》发表《经济学应是致用之学》(11 月 2 日)。

1983 年

5月,于《北京大学学报》(哲学社会科学版)发表《现代西方经济学的研究和我国社会主义经济现代化》(1983 年第 3 期)。

1984 年

1月,于《经济学周报》发表《坚持马列主义普遍真理与中国革命实践相结合》(1月2日)。于西南联合大学北京校友会成立会作题为《民主和科学的传统》的发言,发言稿刊载于西南联合大学北京校友会《简讯》(1984年1月)。

8月,以《西方经济学中经济自由主义和国家干预主义两思潮的消长》为题,于武汉向华中工学院经济研究所师生和中华外国经济学说研究会工作会议与会者做两次学术报告。

于《高教战线》发表《"通才"与"专才"》(1984年第8期)。

是年,北京大学经济系改组为经济学院。任北京大学经济学院教授、博士生导师、校务委员会副主任。

是年,清华大学经济管理工程系改组为经济管理学院。任清华大学名誉教授、经济管理学院名誉院长。

1985 年

4月,于《清华经济管理研究》创刊号发表《关于经济学学习问题的一次谈话》《关于工科大学办经济管理院系的问题》。

5月,于"中国社会主义经济理论的回顾与展望"学术讨论会发言,发言稿刊载于《经济学动态》(1985年第7期)。

1986 年

6月,于《人民日报》发表《经济理论的探索、创新和"百家争鸣"》(6月6日)。为宋承先等《当代西方经济思潮》作序。

是年,《中国大百科全书·经济卷》由中国大百科全书出版社出版,任副主编、外国经济思想史分支学科副主编,并撰写"西方经济思想史""英国古典政治经济学""重农学派""魁奈""杜尔哥""劳动价值论"等条目。

1987 年

1月,为晏智杰《经济学中的边际主义》作序。

3月,于《红旗》杂志联名发表《关于当代西方经济学评价的几个问题》(1987年第6期)。

1988 年

5月,为曹凤岐《货币金融学》作序。

10月,以王宽诚教育基金会学术讲座学者名义,应邀访问香港中文大学,以《西方经济学中经济自由主义和国家干预主义两思潮的消长》为题,向经济系师生做学术报告。
1989 年
4 月,为范家骧、高天虹《当代西方经济学》作序。
11 月,《陈岱孙文集》由北京大学出版社出版。
1990 年
于《真理的追求》发表《亚当·斯密思想体系中,同情心和利己主义矛盾的问题》(1990 年第 1 期)。
10 月,为赵崇龄《外国经济思想通史》作序,为商德文《马克思主义经济思想史》作序。
1991 年
7 月,《国际金融学说史》由中国金融出版社出版,与厉以宁联合主编。
8 月,为晏智杰《近代西方经济学史》作序。
1992 年
2 月,《新帕尔格雷夫经济学大辞典》(中文版四卷本)由经济科学出版社出版,任主编并作序。
1994 年
12 月,《陈岱孙学术论著自选集》由首都师范大学出版社出版。
1995 年
于《高校理论战线》发表《注意污染工业的转移,严防引进"赌博经济"》(1995 年第 5 期)。
1997 年
7 月 27 日,于北京医院辞世,享年 97 岁。

代跋：陈岱孙先生的三重身份*

□ 刘 昀

陈岱孙先生一身兼具三重身份：学者、教师、教育家。

陈岱孙是一位优秀的学者。

他的求学经历无与伦比，而他在治学的黄金年龄段由于担负教学和校务行政管理责任，以及国家遭遇大战等种种原因，始终没有机会塌下心来构建起属于自己的学术理论体系。教学的任务是繁重的，治校则是基于教职员们的信任而挑起的又一份担当，历史证明陈岱孙没有辜负这份重托。不过如此一来，他留给自己治学的时间就非常有限，只能利用假期，以及在平日里见缝插针。

自1927年起，清华大学的财政学课程一直由陈岱孙主讲，他是典型的讲义派，备课十分用功，讲义一遍一遍地讲，一遍一遍地改，却总是觉得无法令自己完全满意而不肯拿出来出版。学生们则发现，在陈岱孙课上记的笔记，不增不减就是一篇浑然天成的好文章。西南联大时期的研究生任继愈回忆说："这种出口成章的才能，联大教授中只有两位，一位是陈先生，另一位是冯友兰先生。"

《比较预算制度》是陈岱孙青年时期立志要编写的财政学系列教材的第一部，心血灌溉八年之久，但未及问世便在抗战烽火中毁于一旦。之后，由于研究条件所限，再之后，由于国家政治经济环境的变化，他的主要研究领域从财政学转向经济学说史。在不堪言问的1957—1976年的20年间，他没有发表过一篇论文，没有做过一次学术演讲。因此，我们不难理解，作为一代经济学宗师的陈岱孙，何以只留下一部两卷本的文集存世（指《陈岱孙文集》，上下卷，陈岱孙著，晏智杰编，北京大学出版社1989年出版）。

尽管如此，陈岱孙仍出色地践行着经济学家的社会责任和学术良知。

20世纪三四十年代，陈岱孙是一名活跃的撰稿人。战前战后，在平津地区的《益世报》《大公报》《独立评论》《现代知识》《清华学报》，抗战中，在大后方

---

* 本文节选自《碎金文丛·往事偶记》（陈岱孙著，刘昀编，商务印书馆2016年5月出版）之编后记，现标题为本文作者另拟。

昆明和重庆的《今日评论》《新经济半月刊》，他经常发表社论和时评，在财政、金融、国际收支、经济主权、战时建设，乃至内政外交等多个领域提出独立主张，对当局的政策始终保持批判和质疑的清醒立场。

陈岱孙识见敏锐，文章讲的桩桩件件都是国家当时的头等大事，他学养深厚，经济学是看家本领，此外，政治、法律、历史、社会、哲学功底均很扎实，加上国文功夫了得，文章一气呵成，立论鲜明，理直气壮，针砭时弊，鞭辟入里，当世之人读罢之后的快意令今人可以感同身受。其中一些名篇，如《"均衡"概念与动态经济》《我们的经济运命》《通货膨胀与岁计》《中美卖银协定》《抗战中的经济政策》《经济自由与政治自由》等，多有普世和现实意义，隔了七八十年仍值得反复阅读。

1933年，陈岱孙作为中国代表团专家赴伦敦出席旨在缓和世界经济危机的国际经济货币会议。这个在今天看来绝对是扬名立万的机会险些被他拒绝，原因只是他个人所坚持的学术观点与代表团挂名团长宋子文的立场不合。这是一件可以令当下许多知识分子汗颜的事。

1945年，抗战胜利，重庆谈判期间，陈岱孙等十人联名发表《国立西南联合大学张奚若等十教授为国共商谈致蒋毛电文》(即"十教授公开信")，呼吁国共两党"正心诚意，循宪政之常轨，以运用其党力，诚能以实际之措施求人民之拥护，藉人心之归向作施政之指针"，实现国内和平。

1946年，陈岱孙等41人联名发表《北平名流对于东北问题的意见》，抗议苏联红军逾期滞留中国东北，呼吁国人警惕"九·一八"事变重演。

1947年，陈岱孙等16人联名发表《我们对于经济改革方案之意见》，批评国民政府关门炮制的经改方案"对于过去种种错误，未尝虚心检讨""对于目前经济危机，并无救治之能力"，表达了完全失望之意。

经济学是致用之学，这是陈岱孙的毕生信条，而且身为表率。

陈先生是一位天生的教授。

他的课堪称条理清晰、稳重得体、细致周密的典范，学生对此印象深刻。有人回忆道，"无论哪样艰深的理论，总是有条不紊地，分析得很仔细，灌输在听讲人的脑中""听陈岱孙讲课是一种享受，无论谁，只要上过他的课，不能不赞叹他的口才，虽然是福建人，可是国语讲得够漂亮，一个一个字吐得很清楚""在上课的时候，学生没有一个敢作声的，只精心凝听，因为他的声音是有节奏的，有韵律的，能使人如同听音乐一样，起着一种内心的快感""一言一义无废辞，同学伏首急书,下课略加整理,即为一完整之讲稿"。

课堂上的陈岱孙衣冠整洁,一丝不苟,举止高雅,兼有中国学者风度和波士顿少年派头。"岱孙师伟岸修长,双目炯炯,予人第一印象,可望而不可即,颇有高山仰止之感。"每次上课,他总会提前几分钟站到教室黑板前,板书本堂课的提纲和参考书目,上课铃一响便准时开讲,如有学生迟到,则必约略重复一次。他一般很少提问,但乐于回答学生的任何问题。课堂上的每一分钟都在陈岱孙的控制之下,下课铃响,他也刚好讲完。

陈岱孙那一代人的爱国主义近于狂热与执拗,他认为教师用中英文夹杂着讲课是殖民地心态的表现,所以,在1927年赴任清华教授的途中,他就在备课时一口气把所有在讲授中可能涉及的学术术语、概念和借以表达意思的词句都译成中文。从第一天上课起,他在课堂上就纯粹用中文表达而不着西文一字(只在特别必要时才把原文写在黑板上当作注释)并将其作为一条终身自律的原则。

看到学生手里的教材和参考书还是英文的,陈岱孙很快就产生了一个宏大的志向——编写中文教科书。他为了《比较预算制度》,专门利用年休假到欧洲去查资料买书,可惜在抗战爆发之际,他刚从庐山回到北平,过家门而未入就受命赴长沙组织清华南迁,随着北平沦陷以及之后日寇将清华园里的教授住宅强征为兵营和随军妓院,书稿就此散失。

全用中文讲课,编写中文教材,为此,陈岱孙到底翻译引进了多少经济学专业名词和术语,已是一件难以统计和考证的事。

陈岱孙到清华后每学年教三门课——经济学概论、财政学、经济学说史,每周15课时。第二年,他担任经济学系主任,第三年(1929年)起又兼任法学院院长,管着政治、经济两个学系,这才根据校规被"豁免"了一门经济学概论,改为每学年只教两门。抗战期间在西南联大(由内迁的清华、北大、南开三校合组于云南昆明),由于经济学系萧蘧教授奉命另有任用而离职,经济学概论又被陈岱孙接了过来。

西南联大经济学系没有秘书之类的职员,因为没有需要。系主任陈岱孙亲自制订教学计划,安排课程,以及与三校协调商定各门课程的教员人选。他从不管教员如何讲课,不过对于他们每人讲授的主要内容和观点皆能了然于胸。

对学生,陈先生则不断告诫,"治学如筑塔,基础须广大,然后层层堆建上去,将来总有合尖之一日,学经济学欲求专门深造,亦应先奠广基",要求他们在本系课程之外,同时注重培育在其他学科领域的素养。在他的倡导和主持下,从清华到联大,经济学系一直以"理论、事实、技术三者兼重"作为培养目标。

礼敬名师,加上坚持实施通才教育,使得联大经济学系一届届学子受益匪浅。他们当中的一些,或被选送,或通过其他渠道去美国英国继续学业,到了之后发现当地学校的大多数课程都"极容易",有时所发表的专业见解竟然令洋导师哑口无言。联大毕业生这才明白了母校的厉害。

在西南联大,经济学系(含商学系)规模最大,各年级在读学生总数一度超过五百人,每年毕业人数最多,但不愉快的事情发生最少,师生多把这归功于系主任陈岱孙的"治事明快、言出必行、宽严相济"。

陈岱孙待人之严,有例为证。每学期开学时,学生都要填写选课单,然后恭恭敬敬地排队请系主任签字批准。一次,某系某生在单子上填了门"国济贸易",陈岱孙用铅笔指一指"济"字,说"改一改",某生马上改为"暨"字。陈岱孙二话不说,把这门课用笔划掉,替他填上了一门三学分的"大一国文"。还有,某生为选课而私刻了一枚陈岱孙的图章,被学校注册组发现,要开除学籍,跑来苦苦讨饶。陈岱孙不为所动,称不追究其伪造印信之罪,已属宽大,还有什么可通融的?

陈岱孙待人之宽,亦有例为证。他将丰富的政商各界人脉资源毫无保留地贡献出来,为毕业生尽心谋事。凡有求助者登门,一概热诚接待,决不拒人于千里之外。仅此一条,便足令全系学生对陈岱孙敬如神明,丝毫没有怨言。

陈岱孙真心爱教书、爱学生。即便后来对北大在"文化大革命"期间招收的工农兵学员,其中大部分人要从初中课程教起,他也一样是满怀温情,耐心对待。逢人就说,尽管他们程度低,但是读书很努力。

有教无类,是之谓也。

陈先生还是一位卓越的大学管理者,他的名字是和清华大学教授治校体制这座历史丰碑紧密联系在一起的。

清华大学的教授治校体制,是一种高度自治自决、具有浓厚英美文化传统色彩的大学治理体系。在这个体系中,由全体教授组成的教授会(Faculty)是最高决策机构,主管教学和研究的各学院院长、各学系主任均由教授会选举产生,校长对于这些职务的任命只是履行一个形式上的手续而已。

至于校务行政管理,所有重要事项,如制定校规、审议预算决算、制订学校基本建设计划、决定学院和学系之设立或废止等,均由评议会(Senate)说了算。

评议会由校长、教务长、秘书长、各学院院长作为当然成员,另有教授会推举的若干名教授参加,推举名额比当然成员人数必须要多出一人。

校务会议(Council)负责执行评议会各项决议,由校长、教务长、秘书长、各学院院长组成,可以被视为"集体CEO"。

民国时期,局势动荡不安,教授治校体制的首要任务是抵抗或缓和各种外部政治派系势力的侵入及控制,捍卫教育学术民主自由。

1928年,北伐成功,国民政府接管清华学校并将其改制为国立大学,委派罗家伦担任校长。从这一年起,陈岱孙担任经济学系主任至1952年,担任评议员至1949年评议会解散。

1929年,解决改制遗留问题,即(1)清华大学由外交部改归教育部专辖,(2)学校经费(美国退还庚款及其历年提留所形成的基金)之管理,由外交部把持改为托管给第三方(中华教育文化基金董事会)。教授会、评议会配合罗校长据理力争,大功告成。其间,"教授治校"四个字第一次以评议会决议的形式被明确提出。同一年,根据民国《大学组织法》,清华设立文、理、法三学院,教授治校体制作为国法之外的家法,开始全面规范运作,陈岱孙以法学院院长(至1952年)成为当然的评议员和校务委员,从此尽心尽力,履行校务行政管理职责23年。

1930年,中原大战爆发,国民政府势力暂时退出华北,罗家伦去职,待局面恢复,已是一年以后。其间,清华校长大位一直空缺,阎锡山曾试图派员充任,被师生拒之门外,很没面子。校内则是一派和谐,校务会议维持一切,教授安心讲课,学生安心读书。(这一年,清华大学研究院还增设了法科研究所,陈岱孙任经济学部导师兼法科研究所所长。)教授治校实战成功,声誉鹊起。

1931年,国民政府取得中原大战的完胜,腾出手来推行党化教育,派强势人物吴南轩出任清华校长,干了一个多月,惨遭师生驱逐。改派地质学家翁文灏教授代理校务,干了两个月,知难而退。年底,谦逊温和持重的梅贻琦先生到任,清华大学翻开了新的一页,自此长治久安18年。

尽管梅校长的法定权力受到教授治校体制的严重削弱和制约,但他不仅完全接受这个体制的精神,还协助把它巩固和完善下去。到后来,梅先生甚至认为,"校长不过是率领职工给教授们搬搬凳子的",说这样的话,他实在是过谦了,因为还有好几位教授在和他一起搬凳子。他们(1936年度校务委员),除校长外还有,教务长潘光旦、秘书长沈履、文学院院长冯友兰、法学院院长陈岱孙、理学院院长吴有训、工学院院长顾毓琇。

搬凳子的工作蛮辛苦,当年清华一切校务都由教授们自治自决,因此在校务会议之下成立了很多专门委员会,各当一面。为了确保校务当局充分尊重并贯彻民意,各会人选乃按照教授、评议员、校务委员三者兼顾的原则搭配着组成。于是,一专多能的陈岱孙兼任聘任委员会委员、招考委员会委员、留美公费生考选委员会委员、出版委员会委员、《清华学报》编辑、《清华大学一览》委员会委员、图书馆委员会委员、特购图书(中外政府刊物及档案)委员会主席、校景设计委员会委员、学生生活指导委员会委员、八家村建设工作计划委员会委员、特种研究事业筹划委员会委员、特种研究事业建筑财务委员会主席。其中一部分工作不幸因抗战爆发、清华南迁而中断。

抗战中,清华之上还有西南联大,联大实行"联邦制",清华、北大、南开三校仍保持高度独立。陈岱孙在清华的本兼各职仍如其旧,他同时是联大经济学系教授、主任,还陆续兼起了商学系主任、一年级学生课业指导委员会委员、毕业生成绩审查委员会委员等职务,还代表联大参加西南经济调查合作委员会并担任召集人,代表联大参加与北平图书馆的合作委员会。

抗战期间,治校的任务不仅繁重,而且艰苦卓绝。

战前,清华大学未雨绸缪,在长沙投资兴建备用校舍;抗战爆发后,长沙临时大学组建,但备用校舍尚未竣工,只好另觅他处,房源紧张,于是散居而栖;西南联大落脚昆明,房源更为紧张,为结束散居局面,于是买地筑屋;其间,又因战事不利而有迁校于四川之议,于是开始新一轮"累累若丧家之犬"的奔波。这些盖房子和找房子的反反复复的过程,陈岱孙都深度参与,他是关键的决策者和执行者,一路走来,从没掉过链子。朱自清有诗《赠岱孙》赞曰:书林贯串东西国,武库供张前后军。

从1928年改制算起,清华在短短不到十年间便跻身世界名校之列,经费充裕且财务独立大概算是一个原因。那么西南联大呢?筚路蓝缕,一穷二白,但"内树学术自由之规模,外来民主堡垒之称号",创造出了世界教育史上罕见的成就。可见,有钱没钱不是办大学的关键。

梅贻琦说:"所谓大学者,非谓有大楼之谓也,有大师之谓也。"补充两条,大学还必须要有能够将大师们凝聚起来的理念——教育学术民主自由,以及一个好的制度,对内维护教学秩序,树立兼容并包的学风,对外则抵抗或缓和各种政治势力的侵入和控制。

负责运作整套制度的管理团队必须由教授们信得过的德才兼备之人组成，他们作为教授和学者，在尽到本分之外，还得具备作为校务行政管理者的应有素质与品格——意志坚定、方正不阿、思虑周密、处事严谨、甘于奉献、任劳任怨、世事洞明、人情练达。

陈岱孙任教清华大学 25 年，在评议会和校务会议服务的年头差不多一样长，是教授治校体制创立、运行的关键人物，是梅校长最得力的助手。

陈岱孙是清华的大功臣，两次重大历史关头，一是抗战爆发时，形势紧迫，他毅然抛下家业，奔赴长沙筹备清华南迁；二是抗战结束后，他受命先期从昆明返回北平接收校园，遣返日军战俘，同觊觎清华校产的国军周旋，主持校舍修复和扩建工程，恢复和添置图书设备，招考新生，筹备新学年开学，迎回全校师生，

年中，陈岱孙核准的工程近百，经手的银钱无数，殚精竭虑，一汪清水。这两次不辱使命，值得清华学人永世感念。

写到这里，想到时下不少人因痛心于我国高等教育令人失望和焦虑的现状而大有恢复教授治校体制的议论，实有哭笑不得之感。教授治校体制的成功运行，实赖于体制开明、理念一致、用人得当。可世道人心无法再现，假设把大学交给今天大批的所谓"教授"们，只怕反而会酿成一场更大的灾难吧。

1952 年，陈岱孙离开清华，任教北大，专授经济学说史课程，自 1954 年至 1984 年担任北大经济系主任。

这期间，他遭遇了 20 世纪下半叶中国大地上发生的所有政治运动，所有"资产阶级知识分子"概莫能免的冲击，他都经历了。

不过，也许是由于他既没有因个人历史问题获罪，也没有因言获罪的缘故，陈岱孙并未受到足以置他于死地的羞辱和折磨，其亲友和学生也无一人因为他而受到株连。另一方面，陈岱孙更是从来没有作践自己、打击他人，也没有献上忠心、歌功颂德，而这些恰恰是多数人在历次运动中求得自保或是求得生存处境改善的惯用手段。

就这样，陈岱孙保持着尊严，"安然"度过了 20 年（1957—1976 年）学术空白期。这是带着苦笑的奇迹，又是知行合一的必然。他似一叶孤帆，优雅从容并坚定不屈地驶过 20 年惊涛骇浪，这该包含了何等博大精深的人生智慧。

鉴于陈岱孙晚年一向行事低调，在应约撰写的各篇回忆文章里，从不突出自己，加上他大部分的事功距今相当遥远，其所治之学又是精微幽深，曲高和寡，无法成为专业以外人士的谈论之资。渐渐地，陈岱孙在一代学人群像中的

面目变得模糊起来。渐渐地,关于他的传说,差不多只剩下一个终身不娶之谜,流传在辈分较高的北大、清华校友之间。有好些人对于陈岱孙完美人格的认识,乃是出自对他的爱情操守的莫名钦佩,这尽管不错,但过于肤浅和苍白了。

在陈岱孙先生的职业生涯(1927—1997年)中,他的三重身份,学者、教师、教育家,不能始终同时展现,在某些历史阶段,他不得不放弃其中之一、之二。只有教师这个身份一直伴随着他。从教70年,其中担任两大名校经济学系主任的年头合计超过半个世纪,相信这是一个永远空前绝后的世界纪录。

春风化雨,桃李满园,陈岱孙的生命由一代一代弟子延续着,不会结束。

所以,陈岱孙这样总结自己的一生:"我这辈子只做了一件事,教书。"

2020 年 10 月